마음의 지도

마음의 지도

발행일   2022년 4월 29일

지은이   최성규
펴낸이   손형국
펴낸곳   (주)북랩
편집인   선일영   편집   정두철, 배진용, 김현아, 박준, 장하영
디자인   이현수, 김민하, 안유경, 최성경   제작   박기성, 황동현, 구성우, 권태련
마케팅   김회란, 박진관
출판등록   2004. 12. 1(제2012-000051호)
주소   서울특별시 금천구 가산디지털 1로 168, 우림라이온스밸리 B동 B113~114호, C동 B101호
홈페이지   www.book.co.kr
전화번호   (02)2026-5777   팩스   (02)2026-5747

ISBN   979-11-6836-283-3 03180 (종이책)   979-11-6836-284-0 05180 (전자책)

(주)북랩 성공출판의 파트너

북랩 홈페이지와 패밀리 사이트에서 다양한 출판 솔루션을 만나 보세요!

홈페이지 book.co.kr   •   **블로그** blog.naver.com/essaybook   •   **출판문의** book@book.co.kr

작가 연락처 문의 ▸ ask.book.co.kr

작가 연락처는 개인정보이므로 북랩에서 알려드릴 수 없습니다.

심리적 에너지에 대하여

마음의 지도

최성규 지음

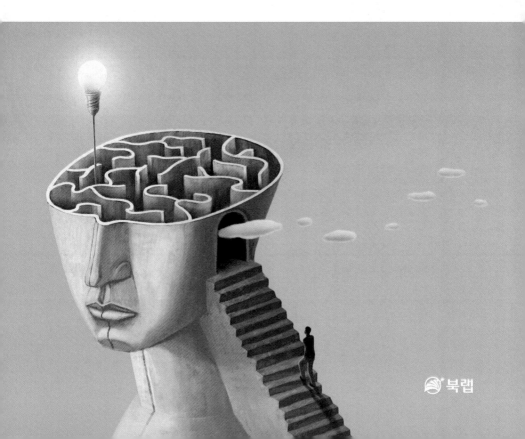

북랩

목차

1장 본능과 욕구

2장 결핍과 분노

3장 에너지 경제론

4장 무의식의 형성

5장 상황중독

6장 마중물 요법

성스러운 진리는

학자가 쓴 해롭고 잘못된 책보다는

무식한 이 혹은 어린아이의 말을 통해

더 자주 드러난다.

- 레프 톨스토이 『살아갈 날들을 위한 공부』 中 -

심리적 에너지를 찾아서

내가 심리적 에너지에 대해 생각하고 얘기하기 시작할 때만 해도 처음부터 심리적 에너지의 실재에 대해 진지하게 고민한 것은 아니었다. 심리적 에너지가 들고나면서 느껴지는 단순한 느낌과 그에 따른 현상과 증상들에만 초점을 맞추었기 때문이다. 하지만 심리적 에너지를 명료하게 느끼면 느낄수록, 심리적 에너지의 존재와 그 의미를 곱씹게 되면 될수록, 그리하여 심리적 에너지의 소실과 충전이 인간의 심리와 몸에 어떠한 영향을 가져다주는지 알게 되면 알게 될수록 심리적 에너지의 실체에 대한 고민을 더는 미룰 수가 없게 되었다. 그것이 과연 실재하는 에너지인지 아니면 마음속에서만 존재하는 에너지인지에 대해 궁금해지기 시작한 것이다. 그래서 앞으로 써나갈 일련의 글은 바로 그 심리적 에너지에 대해 가졌던 나의 관심의 행방을 따라가 보는 글이 될 것이다. 심리적 에너지를 내가 알아가는 여정 위에서 그것의 실체를 좀 더 자연스럽게 설명할 수 있을 것 같았다. 그렇다면 먼저 심리적 에너지라는 것을 어떻게 가정하게 되었는지를 우선으로 살펴보도록 하자.

정신과학이라는 학문처럼 경험적인 학문은 없다. 정신과학은 어찌 보면 정신에 대해 인간이 겪어왔던 모든 경험을 수집해 놓은 박물관과 같은 것이다. 인간의 정신은 아직도 미지의 영역이 많은 만큼 정신을 올바르게 유지하는 데 도움이 되었다는 누군가의 경험만 있다면 아무도 그 경험을 전적으로 무시할 수가 없기 때문이다. 만약 그 경험의 효과를 과학적인 방법으로 검증하게 되면 그 경험은 인간의 정신을 다루는 하나의 학문이 되는 것이다.

또 다른 관점에서 본다면 정신과학이란 다양한 단계의 공정에 있는 제품과 도구들을 모두 한 공간에 모아둔 이상한 백화점과 같은 것이라고 할 수 있다. 최종 상품인 구두와 원재료인 가죽과 그 가죽을 가공하는 기계까지 한 가게에서 팔고 있다. 그냥 소비자의 필요에 따라 원하는 것을 원하는 데로 주문하는 것이다. 원인과 결과는 상관없이 무조건 정신적인 상태에 영향을 미치는 모든 항목을 다 끄집어내어 한꺼번에 다루고 있는 것과 같다. 정신에 연관된 유전학이나 정신약물학부터 뇌 기능에 대한 영상 의학, 인간의 행동을 연구하는 행동과학, 심리학, 정신분석학, 사회학, 종교학에 이르기까지 다양한 학문을 병렬로 나열하여 만든 학문이다. 그런데 학문마다 정신 현상에 영향을 미치는 원인을 규명하기 위해 노력하는 것은 당연한 일이므로 그 노력을 다 하나하나 인정하고 원인으로 받아들이다 보면 한 가지 정신 현상의 원인이 그 주장하는 학문의 종류만큼 존재하게 된다.

간단한 예로 정신과학의 교과서를 열어서 우울증의 원인을 찾아보면 그 원인을 하나로 규정할 수 없다는 얘기가 나온다. 그와 동시에 우울증의 원인을 크게 생물학적인 원인과 사회심리학적 원인으로 나누고 다시 생물학적인 여러 원인과 사회심리학적인 여러 원인으로 세분하고 있는 것을 보게 될 것이다. 생물학적인 원인으로는 유전적인 요인과 함께 뇌 신경전달물질의 부족을 말한다. 유전적인 요인이란 우울증 환자의 혈연적 관계에서 우울증 환자들을 많이 발견하기 때문이다. 그러므로 유전이 우울증의 큰 원인 중에 하나라는 생각을 할 수 있다. 또 많은 우울증 환자에게서 카테콜아민으로 일컬어지는 도파민, 노르에피네프린, 에피네프린과 행복호르몬이라고 불리는 세로토닌 아니면 엔도르핀 등의 물질이 부족하다는 것을 발견했는데 그것은 이런 신경전달 물질의 부족이 우울증의 원인이라고 생각하는 근거가 되었다. 또 부신피질 호르몬 증가나 갑상선 호르몬의 저하까지 연관이 있다고 보고 있으므로 이것 역시 고려해야 할 사항이다. 사회심리학적 원인으로는 환경요인 및 생활사적인 사건 때문에 생기는 스트레스가 될 것이다. 생활사적 사건에서 생기는 스트레스는 이미 일반인들이 생활 속에서 느끼는 우울감과 밀접하게 관련 있는 부분이므로 이것 역시 소홀히 생각하거나 무시할 수 없다. 그와 함께 각 심리학파에 의해 주장되는 여러 정신역동적인psycho-dynamic 원인도 제시하고 있어서 현재의 환경이나 사건과 상관없이 과거의 환경이 만든 내부적인 갈등으로 인한 우울증도 존재한다고 얘기하고 있다.

노르에피네프린은 심장을 빨리 뛰게 하고 강하게 수축시키기도 하는데, 심리적 에너지와 흥미에 영향을 주고 우울증이 있는 사람은 이 물질들이 부족하다는 것이 밝혀지기도 했다. 도파민은 운동기능과 내적 동기에 영향을 주고 조현병, 우울증과 연관이 깊다. 세로토닌은 기분, 수면, 불안 등에 관여하며 우울증 환자의 뇌에는 세로토닌이 감소하여 있다는 것은 널리 알려진 사실이다. 그래서 이런 뇌 내의 신경전달 물질들의 농도를 높이기 위해 고안된 것이 정신과 의사들이 쓰고 있는 항우울제들이다. 실제로 이런 약물은 충분한 효과를 보인다. 사람마다 다르지만 몇 주 만의 치료로도 극적인 호전을 보이는 것을 보면 틀림없이 뇌 신경전달물질은 우울증의 원인인 것처럼 보인다.

마찬가지로 생활사적인 다양한 스트레스 역시 우울증의 직접적인 원인이 될 수 있다. 그것은 인간이라면 대부분 직접적으로 느끼는 것이기 때문에 이것 역시 사실이다. 오랫동안 키우던 반려견이 사망하여 마음 깊이 상심한 것이나, 친한 친구가 그 마음을 헤아려 주지 않아 크게 다투었고, 그 과정에서 생긴 오해로 인해 주변 사람으로부터의 평판이 급속히 나빠졌다고 하자. 이런 여러 사건이 한꺼번에 벌어지면서 우울증이 생겼다면 각각의 사건들 하나하나가 우울증의 원인이 아니라고 할 수 없을 것이다.

최초의 의문은 "뇌 신경전달물질의 저하와 우울증과 생활환경에서 오는 스트레스가 동시에 존재한다고 할 때, 과연 뇌 신경전달물질의 저하가 우울증의 원인에 해당한다고 봐야 하는가?" 하는 질문에서 시작되었다. 오해가 없기를 바란다. 뇌 신경전달물질이 우울증과 아무런 관계가 없다고 생각하는 것이 아니다. '뇌 신경전달물질이 줄어드는 것이 선행되어서 우울증에 걸린 것이며, 그 우울증의 증상들로 인해 생활환경에서 오는 스트레스가 증폭되게 느껴지는 것인가?' 아니면 '생활환경 스트레스를 처리하고 적응해가는 과정에서 생기는 결과로 뇌 신경전달물질의 감소가 생겼으며, 뇌 신경전달물질의 감소가 우울증의 증상으로 나타나는 것은 아닌가?' 하는 의문이다.

오랫동안 임상경험을 쌓으면서 환자를 치료하다 보면 이 두 가지 경우가 동시에 나타나는 것처럼 보이는 경우가 많았다. 아무리 봐도 생활환경에서 일어나는 생활사들이야말로 우울증의 직접적인 원인처럼 보인다. 환자들의 얘기를 듣다 보면 상상을 초월하는 최악의 경험을 많이 듣게 되고 이런 일을 겪은 사람이 우울증에 걸리지 않는 것이 이상한 것이라는 생각이 들 때가 많았다. 만약 그 환자가 그런 환경에서 살지 않았다면 그 사람은 우울증에 걸릴 일이 없었을 것이며 그로 인해 병원을 찾을 일도 없었을 것이었다. 그런데 그런 사람들일수록 자신의 현실을 비관적이고 부정적으로 바라보면서 우울증이 한층 더 깊어진다는 것도 간과할 수 없는 사실이다. 심하게 생각하면 이런 부정적인 반응이 자신의 주변에 영향을 주는 것이 더 근본적인 원인일 수도 있다는 것이다.

예를 들어 환자가 우울증이 심해져서 병든 반려견을 제때 치료하지 못한 것이 반려견의 사망에 선행한 사건일 수도 있다. 그로 인해 환자는 크게 자책하게 되고 자책이 깊어져서 모든 일을 자신의 탓으로 돌리는 경향이 강해지게 된다. 그러다 보면 친한 친구가 늘 해왔던 사소한 말과 행동조차 자신의 탓으로 돌리게 되어 스스로 상처받게 된다. 친한 친구가 아무리 아니라고 해도 이미 친구의 의도와는 상관없이 환자는 친구와 멀어질 수밖에 없는 것이다. 일견 정상인이 보기에 이해하기 어려운 행동에 대해 그 동료들이 지적하게 되면 피해 의식이 심해진 환자는 더 견디기 어려운 자책의 나락으로 떨어지게 된다.

당연히 이것도 저것도 모두 우울증의 원인처럼 보이기 때문에 모든 원인을 각각 상대하여 해결해야 한다고 생각하게 될 수밖에 없다. 마치 거대한 아메바가 여러 개의 부분으로 돌출되어 나와 각각 하나씩의 전투부대와 싸우고 있는 것 같은 장면이 떠오른다. 하나의 전투부대가 아무리 성과를 낸다고 하더라도 나머지 전투부대가 밀리면 이 거대 아메바는 소멸하지 않을 것이다. 각각의 부대가 전심전력으로 싸우고 있지만 어떻게 보면 하나의 부대는 자신이 맡은 전선에서 최소한 뒤로 밀리지 않게 하는 것이 목표인 것 같다. 하지만 그것이 전부다. 그렇게 그

럭저럭 지지 않는 싸움을 최선을 다해서 하고 있지만, 이 거대한 아메바 괴물 역시 아직 건재하다. 아메바 괴물의 근원적인 뿌리를 찾아내서 제거하거나 약점을 집중적으로 공략해서 없애려는 시도는 대부분 아메바 괴물이 잘 방어한 것으로 보인다. 만약 현재 벌어지고 있는 전투에서 이 괴물을 없애려면 모든 방면의 전선에서 동시에 공격해 들어가서 모두 승리해야 가능한 얘기다. 하지만 모든 전투 방법에 대해 능한 의사는 많지 않다. 그 모든 방법을 몰라서 그럴 수도 있지만 모든 방법과 전선에 익숙하다고 하더라도 모든 전선에 걸쳐서 골고루 전쟁할 만큼 에너지가 넉넉한 의사가 많지 않기 때문이기도 하다.

나는 이런 상황을 바꾸고 싶었다. 다른 과 의사도 마찬가지지만 정신과 의사란 어떻게 보면 전지전능해야 한다. 모든 의문에 대한 해답이 있어야 하고 모든 문제의 해결책을 제시해야 한다. 하지만 환자들이 호소하는 지극히 주관적이고 개인적인 고통과 불편함에 대한 이유를 어찌 의사라고 다 알겠는가? 하지만 환자들의 애절한 눈빛을 그냥 대답 없이 묵묵히 넘겨버리는 것은 내가 정신과 의사가 되려고 한 이유를 외면하는 것과 마찬가지다. 누군가 자신이나 자녀들의 증상(이라고 여겨지는 것)이 왜 생겼냐고 다짜고짜 물어볼 때마다 드는 난감한 감정들은 의사들을 꽤 지치게 한다. 그 상태에서 제대로 집중해서 봐야 할 환자가 오면 이미 에너지가 바닥이라 환자의 문제에 진정성을 가지고 다가설 수 없게 만든다. 환자의 문제를 겉핥기식으로 보게 되면 그것만큼 서로가 고통스러운 것도 없다. 그런 연유로 의사로서 먼저 벽을 치게 되고 대화의 명분을 주지 않으려고 한다. 진정성보다는 에너지를 지키려고 하는 것이다. 환자로서는 차갑고 어찌 보면 화가 난 것처럼 보이며 무섭기까지 할 것이다. 변명하자면 의사들

마음의 지도

의 불친절은 무기력을 막기 위한 고육책일 수도 있다는 것이다.

그래서 나는 각자의 전선으로 흩어져 있는 여러 부대가 각자의 원리를 들고 싸우고 있는 상황을 하나의 원리를 적용해 정리해 보기로 했다. 그 원리란 우리가 실생활에서 빈번히 느끼고 경험하고 있는 '심리적 에너지'라는 존재를 심리학의 중심에 놓고 생각하는 것이었다. 그러자 놀랍게도 모든 조각이 맞춰지는 것을 느낄 수 있었다. 각자의 부대는 다른 부대들과 유기적으로 연결되어 더 큰 힘을 발휘할 수 있게 되었다. 원인과 결과가 명확해지면서 원인을 제대로 공략할 수 있게 되었다. 그리고 중간중간 비어 있는 부대(이론)들의 문제점에 대해서도 명확해지는 것을 알 수가 있었다. 그리고 그 부대를 보완하여 좀 더 강력하고 통합된 부대(이론)를 만들어서 싸움에 투입할 수 있겠다는 생각이 들게 되었다.

내가 에너지에 대해 집착하게 된 계기는 다시 말하면 막연하고 지난한 정신분석학의 반감이었다고 할 수 있다. 실제 임상 상황에서 정신분석학이 제대로 적용되지 않는 경우도 많았고, 막상 적용되어 환자의 문제가 모두 해결되었다고 생각된 순간 다시 반복해서 고개를 내미는 경우도 너무 많았다. 특히나 오이디푸스 콤플렉스나 리비도의 개념 같은 경우에는 그 임상적 의미를 해석하고 적용하는 데 있어서 잠깐 서양의 가치관과 사고를 넘어갔다가 와야 하므로 좀 더 복잡하고 어려운 부분이 있었다. 그러니 그 의미를 정확하게 이해하고 환자의 삶에 제대로 적용하기가 어려운 것이다.

만약 제대로 적용하여 증상이 극적으로 사라졌다고 하자. 그렇다면 그 이론이 정확하다는 증거가 아니겠는가? 실제로 오랜 시간 고민하다가 제대로 된 해석을 제공했을 때 평생 바뀔 것 같지 않던 증상이 순식간에 사라지는 것을 직간접으로 많이 보았다. 맞다. 그것이 정신분석학의 묘미이자 매력이다. 그런데 이상하게도 시간이 지나면 사라졌던 증상이 스멀거리면서 다시 나타나는 것을 여러 번 보았다. 물론 그것 역시 훈습(working through : 자기 내부의 갈등이나 정신역동을 통찰하고 그 통찰을 여러 번 반복하여 습득하는 것)을 통해 여러 번 반복하여 해석하고 해석하면 어느새 빛바랜 빨래처럼 탈색되어가는 것 역시 보았지만, 그렇게 하기까지는 시간과 비용이 너무 든다는 생각이 들었다. 무엇보다 오이디푸스 콤플렉스 형성 이전의 결핍 문제에는 정신분석학이 던져주는 빛이 실질적으로 없다는 것을 깨달았을 때 무엇인가 잘못되었다는 생각이 들었다.

벌써 10년이 훨씬 지난 일이 되었나 보다. 그 당시 몇 년 동안 정신 치료를 지속해 오던 환자가 있었다. 내가 레지던트 수련을 받던 기간에 교수님의 소개로 치료를 시작하게 되었다. 그 후 전문의를 취득하고 멀리 떨어진 곳에 첫 직장을 잡았을 때도 그 환자가 찾아와서 치료가 계속 이어졌다. 또 첫 직장을 그만두고 다시 150㎞나 떨어진 곳으로 직장을 옮기는 과정에서도 그 환자는 따라와 주었다. 나를 신뢰하고 있었기 때문이라고 생각했고 그러면 그럴수록 나는 책임감을 느끼고 최선을 다해 노력했다. 그런데 그 환자에게 약간의 문제가 있었다. 그것은 치료 시간에 자주 늦는다는 것이었다. 거의 매번 10분에서 20분 정도 늦었다. 근무 환경상 점심시간밖에 쓸 수 없었기 때문에 조금도 늦어서는 안 되었지만, 그 환자는 항상 늦었다. 그리고는 그런 자신을 계속 자책했다. 나는 그것을 '전이'라고 생각하고 열심히 해석하고 또 해석하였다. 정신 치료는 치료자와 환자와의 상호 관계에서 일어나는 '전이와 역전이'를 해석하면서 일어난다. 쉽게 말

마음의 지도

해 전이란 환자가 중요한 사람과의 관계에서 생겼던 감정들을 치료자에게서 고스란히 재경험하는 것을 말한다. 역전이는 치료자가 자기 경험에 있던 감정을 환자에게서 느끼는 감정을 말한다. 여러 가지 의미로 해석을 바꾸어 접근했지만, 그 환자가 몇 년 동안 늦는 것은 거의 변함이 없었다. 나는 점점 지쳐가고 있었다. 바뀔 생각 없는 환자의 지각도 지각이었지만 힘없이 말하면서 축 처져있는 어깨와 늘 우울하고 괴로워하는 표정 역시도 나의 에너지를 빼앗았다.

물론 그 문제 때문만은 아니었을 것이다. 그 당시 나 역시 에너지가 많지 않았기 때문에 나의 유일한 에너지원은 환자가 좋아지는 모습을 보면서 나의 유능함을 인정받는 것이었다. 내가 들이는 노력만큼 환자가 좋아지는 것이 나의 유일한 에너지였다. 그런데 내가 최선을 다해 쏟아붓는 에너지에 비해 환자의 상태 호전으로 돌아오는 나의 대가가 너무 적었다. 그것은 치료 기간 내내 나의 에너지 손실로 이어졌고 그 손실을 참고 계속 치료를 이어가는 것 자체가 괴로움으로 느껴졌다. 그렇게 몇 년간 이어진 고통이 쌓여 내가 더 이상 참을 수도, 치료를 이어 갈 수도 없는 상태가 되었다. 어느 날 또 지각한 뒤 스스로 자책하는 그 환자를 보자마자 결국 나의 한계와 밑천이 드러나 버렸다. 그 환자에게 이제는 그만 자학하라고 크게 화를 내었다. 아무리 내가 좋은 것을 주고 싶어도 그것을 거부하고 자신을 자학하는 재료로 쓴다면 내가 더는 해줄 수 있는 것이 아무것도 없다고 했다. 그리고 그렇게 자책하면서도 매번 치료 시간에 늦는 환자의 모순된 행동을 지적했다. 격앙되어서 호통치는 나를 물끄러미 바라보던 그 환자는 그 후로 두 번 다시 내 앞에 나타나지 않았다.

지금에 와서 그 환자가 치료되지 않았던 주된 원인을 살펴보면 나의 치료자적 소양이 많이 모자랐다는 생각이 든다. 나는 그 환자를 대할 에너지가 많이 모자랐다. 그 환자는 나에게서 배려와 포용 그리고 격려와 칭찬을 원했으나 내가 줄 수 있는 것은 결국 호통뿐이었다. 그 환자는 몇 년째 자신을 자학하는 데 계속 집중하고 있었고 그 자학을 하는 데 나를 이용하고 있었다. 그와 동시에 나에게서 받을 가능성이 없는 따뜻함과 위로를 구하고 있었는데 나는 가당치도 않은 분석과 질타만을 했었다. 그 환자의 치료를 실패한 후로 내가 그토록 신봉하고 맹신했던 프로이트에 대한 믿음에 금이 갔다. 물론 프로이트 학파에서는 그것은 나의 문제이니 내가 치료받았어야 한다고 얘기했을 것이다. 그리고 그 말이 당연히 맞을 것이다. 하지만 나의 자질이 그렇게 문제였다면 그 환자와의 치료를 그렇게 몇 년이나 끌고 오는 것 자체가 어려웠을 것이다. 그 몇 년 동안 나는 꽤 잘해왔었고 그 환자도 그것을 느꼈었다. 조금씩이나마 나아지는 모습이 보였기 때문에 나와 환자는 그 치료를 몇 년씩 붙들고 있었던 것이다. 모든 문제가 좋아지고 나서 마침내 가장 핵심적인 문제만 남았을 때 그 핵심적인 문제가 몇 년이나 좋아지지 않고 있었다면, 나의 자질 문제를 떠나 다른 치료 방법을 찾아야 하는 것이 더 합리적이라고 생각한다. 여기서 자세히 말할 수는 없지만, 그 환자가 가지고 있던 결핍은 너무나 거대했다고 할 수 있다. 그래서 프로이트의 이론으로는 감당하지 못하는 결핍도 있다는 것을 알게 되었다.

혹여 프로이트 학파와 그 이론을 계승한 정신분석학에서는 그 공간을 메울 수 있다고 주장할 수도 있겠으나 그러기에는 너무 많은 시간이 필요하므로 효율적이지 못하다고 할 수 있겠다. 이 부분이 참 미묘한 부분이다. 오래 걸리더라도 결국 치료가 된다면 그것이 정확

마음의 지도

하고 올바른 이론이 아니겠느냐는 의문이 생길 수 있겠다. 하지만 문제는 그런 사람도 있고 그렇지 않은 사람도 있다는 것이다. 같은 이론을 적용했을 때 어떤 사람은 단시간 내에 치료되기도 하지만, 어떤 사람은 장시간에 걸쳐 치료해야 한다. 그런데 또 어떤 사람은 아무리 오랜 시간이 걸려도 치료되지 않는 사람도 있다. 이런 이론이 있다면 나는 그것이 완전하게 정확한 이론이라기보다는 상대적으로 나쁘지 않은 이론이라고 해야 더 맞을 것으로 생각한다. 정신분석학이 주는 창문은 얼룩덜룩 얼룩져있다. 커다란 진실을 부분부분 뚫린 창으로 군데군데만 들여다볼 수 있다고도 할 수 있겠다. 어떤 부분은 사실을 있는 그대로 보여주는 듯 보이나 어떤 부분은 진실을 가리고 있다. 사실과 사실 사이 불확실한 부분은 생각보다 위험하다. 그 불확실성을 드러난 부분만을 가지고 유추하다 보면 사실과 사실의 인과관계를 완전히 뒤바꿔 놓을 수도 있기 때문이다.

예를 들어보자. 항상 진실만을 보이는 하나의 창을 통해 창밖을 내다보고 있다고 하자. 창밖에 보이는 어떤 차가 정차하였다. 그리고 누군가 화가 잔뜩 난 채로 차에서 내려 보닛을 열고 이것저것 기계를 점검한다. 그리고는 보닛을 쾅 닫고 차를 걷어찼다. 이 짧은 사실만을 보여준 창을 통해 우리는 무엇을 유추할 수 있는가? 그리고 그 유추는 진실일까?

나는 프로이트 학파에서 좀 더 전문적인 공부를 하기로 했다가 이내 마음을 고쳐먹었다. 프로이트 학파의 이론으로 채워지지 않는 커다란 구멍에 대한 호기심이 생긴 것이다. 그 구멍에 대한 실체가 적어도 프로이트 학파를 포함한 자아 심리학이나 대상관계 이론, 하인즈 코헛Heinz Kohut의 자기 심리학으로 대표되는 정신분석의 분석 대상과는 조금 벗어나 있다는 생각이 들었다. 당시에 내 역전이를 분석하면서 받았던 내 느낌은 그 환자만 만나면 나의 에너지가 빠져나가는 느낌이 들었다는 것이다. 그것을 통해 그 환자는 나에게 엄청난 에너지를 요구한다는 것을 알 수 있었다. 예를 들면 무조건적인 헌신, 인내, 관용, 칭찬, 인정 등과 같은 것이다. 그러기에는 내 에너지가 절대적으로 부족하다는 느낌이 확연하게 다가왔다. 혹자는 그것은 대상관계 이론이나 자기 심리학의 범위 내 문제이며 치료자인 나 스스로 다른 치료자에게 치료받았어야 한다고 말할지도 모르겠다. 아마 그럴 수도 있었을 것이다. 하지만 대상관계 이론이나 자기 심리학의 이론으로는 환자로 인해 실질적으로 나의 에너지가 빠져나가는 느낌이 드는 것을 막을 수는 없었다. 내가 치료받는 문제 또한 내가 다른 치료자에게서 에너지를 받아 환자에게 전달하는 에너지 전달자의 역할에 국한될 것이므로 문제의 근원적 해결은 되지 않는다는 생각이었다. 그 에너지를 채워주는 좀 더 직접적이고 근본적이며 효율적인 방법이 필요했다.

어떻게 보면 기존의 이론가들은 이 에너지 부족의 문제를 이미 알고 있을지도 모른다는 생각이 들었다. 하지만 아무도 이 에너지에 관해 얘기하려고 하지 않는다. 그 문제를 꺼내는 순간 그 문제를 끄집어내는 사람이 그 문제의 해결까지도 책임을 져야 한다. 해결되지 않는 문제를 굳이 문제 삼을 이유가 없는 것이다. 해결할 수 없다고 여겨지는 문제는 문제가 아니라 현상이기 때문이다. 그래서 방대하고 거대한 문제라 해결할 수 없기에 현상이라 치부하고 외면해버린다. 에너지 부족이 일으킨 증상이 나타나면 에너지 부족은 자연적인 현상이므로 내버려 둔다. 그리고 남은 증상만을 자세하게 들여다본다.

마음의 지도

심층적으로 쪼개어 증상 하나를 여러 개의 증상으로 만든다. 그리고는 이 증상 간의 인과관계를 조사하고 증상 간의 우선순위와 시간적인 연결성을 고려하는 것이다. 그렇게 나는 이때까지 해온 작업이라는 것이 원인은 배제한 채 증상 간의 분석에만 매달리고 있던 것일지도 모른다는 생각이 들었다.

하지만 이 문제는 문제 전체를 한꺼번에 포함하여 이해하지 않았기 때문에 생긴 문제다. 마치 배터리가 다 된 라디오를 부품과 설계의 문제로 인식하여 라디오를 분해해 버리는 행위와 같다고 할 수 있다. 창문을 통해 보였던 진실은 너무 작은 부분이므로 전체를 정확하게 유추할 수는 없다. 만약 창문을 통해 운전자가 보이는 행동으로 말미암아 자동차가 고장 나서 운전자가 화가 난 것으로 추리했다면 대부분은 맞는 판단을 한 것일 테다. 하지만 그것이 모든 경우를 완벽히 파악한 것은 아니다. 정확하게 추리하려면 그동안 운전자가 자동차 연료를 제때제때 잘 넣은 것인지 아닌지를 먼저 고려해야 한다. 그 사실이 가려져 있으면 정말로 엉뚱한 결과가 나타나기 때문이다. 그렇다면 잘나가던 자동차가 도로 한복판에서 섰다고 해서 자동차가 고장 났다고 인식할 것이 아니라 기름이 떨어지지는 않았는지 먼저 점검해야 하는 상황임을 깨닫는 것이 우선이다. 물론 실제 자동차의 기계적 고장 때문일 수도 있다. 그리고 그런 경우가 더 많을 수도 있다. 그래서 처음에는 기계적인 결함을 설계도에 따라 재정비하면 고칠 수 있다. 만약 그런 일이 몇 번 연속으로 일어나게 된다면 자동차가 잘 나가다가 설 때마다 그 원인이 기계적 고장이라고 생각해버릴 확률이 높아진다. 문제는 거기에서 생긴다. 만약 기계적 정비만 신경 쓰고 연료를 넣는데 게을리하다가 차가 멈추어 선다고 하자. 그 경우

다시 기계적 고장 때문이라고 생각할 것이고 기계적인 정비를 하려고 들 것이다. 연료가 부족하다는 생각은 전혀 하지 않을 것이다. 연료가 떨어지면 아무리 기계적인 정비를 하더라도 문제가 개선되지 않는다. 이전에 여러 차례 같은 경험을 통해 얻은 해결법이 전혀 작동하지 않는 황당한 경험을 하게 되는 것이다. 이러한 문제는 현재 이론으로 인간의 정신 문제를 다루는 데 있어 심심치 않게 벌어지고 벌어질 수밖에 없는 것으로 생각한다. 그리고 바로 그것이 정확히 나와 내 환자에게 일어난 일이기도 하다.

누군가 자신의 고통에 대해서 온종일 불평하고 있다고 하자. 그러면 그 사람과 같이 한 공간에 있는 것이 얼마나 에너지 소모적인 행위인지를 아는 사람은 이미 다 알고 있을 것이다. 내 환자들의 말을 듣다 보면 에너지라는 것을 내가 설명하기 이전에 이미 환자들이 먼저 이해하고 있다는 것을 알 수 있었다. 주로 에너지를 얻는다는 개념보다는 에너지를 잃거나 빼앗기는 상황에 특화되어 있기는 했지만 몇몇 예민하고 날카로운 환자들은 자신이 누구로부터 에너지를 빼앗기는지, 어떤 상황에서 에너지를 빼앗기는지를 정확히 이해하고 있었다. 그리고 이 부분은 설령 환자가 예민하게 인지하고 있지 못한다고 해도 조금만 보조하여 유도하면 얼마든지 스스로 에너지가 빼앗기는 상황을 기술할 수 있게 되는 부분이기도 하다. "그 아이 때문에 기분 나빴어요."라고 말할 때 "그 아이가 에너지를 빼앗아 갔네요."라고 언급해주면 자연스럽게 자신의 에너지 상태를 얘기하게 된다는 것이다. "그러고 보니 그 아이가 에너지를 빼앗아 간 것이 이번 일만은 아니었어요. 훨씬 전부터 내 에너지를 빼앗아 가고 있었던 것 같아요."라는 식이다. 심지어 에너지가 채워지는 상황도 마찬가지다. 환자 대부분

마음의 지도

은 에너지가 들어오는 상태를 잘 인식하지는 못한다. "기분이 좋았다."라고 하거나 "별로 힘들지 않았다."라고 말한다. 그러면 그것 또한 에너지로 치환시키는데 그렇게 거부감이 없다. "그 말을 듣고 기분이 좋아졌어요."라고 말한다면 나는 "그 말을 듣고 에너지가 들어왔네요."라고 바꾸어준다. "맞아요. 그 말을 들으니 힘이 나더라고요." 그리고는 그 말을 들은 후에 우울할 때 하지 못하던 일들을 해치운 것에 대해 기분 좋게 얘기하곤 한다. 내가 기분을 에너지로 바꾸어 인식시켜주는 데는 이유가 있다. 그렇게 하면 단순히 기분 좋은 상태였다고 인식하고 말 일들을 기분 좋은 상태가 얼마나 많은 일을 할 수 있는지를 스스로 깨닫게 하는데 좀 더 유리하기 때문이다. 기분이 좋아지면 평소 하기 싫어하던 일들도 거뜬히 해내게 된다는 것은 조금만 생각하면 알 수 있는 일이다.

만약 에너지가 없어서 아무것도 안 하는 20대 남성이 있다고 하자. 그 남성은 자취하고 있다. 어린 시절부터 의붓어머니에게 학대받아 왔기 때문에 많이 우울한 유년기와 청소년기를 보냈다. 그래서 성인이 되자마자 집에서 독립하여 자취하기 시작했다. 막상 자취를 시작했지만 이미 정신은 우울증에 잠식되어 있다. 생계를 잇기 위해 간신히 일은 하고 있지만, 자신을 즐겁게 하려고 따로 쓸 에너지는 없다. 간간이 친구들을 만나 술을 마시는 정도다. 집에서 자신을 위해 밥을 지어 먹은 일은 별로 없다. 휴일이면 종일 굶다가 라면을 하나 끓여 먹는 것이 다이다. 라면을 끓여 먹고 설거지하지 않아 곰팡이가 피어도 별로 신경 쓰지 않는다. 청소는 치우고 정리하고 쓸고 닦는 것이 아니라 아무것도 어지르지 않는 것으로 생각하는 편이다. 빨래는 어쩔 수 없이 필요한 것만 하거나 산더미같이 쌓아뒀다가 세탁소에 맡긴다. 매일 맥주를 마시고 잠이 드는 날들이 많아지면서 몸이 축나고 정신이 피폐해지는 느낌이 들게 된다. 전반적으로 생활이 엉망이 되어가고 있다고 느끼지만 어쩔 수 없다. 그냥 견디고 있을 뿐이다. 하나같이 에너지가 빠져나가는 상황이며 그 상황이 변할 것 같지 않은 일상이다. 그런데 어느 순간 마법 같은 일이 일어난다. 생길 것 같지 않던 여자친구가 생긴 것이다. 여자친구가 생기는 과정은 생략하자. 우리의 관심은 연애가 아니라 에너지다. 그러므로 조금 건너뛰어 처음으로 여자친구를 자신의 자취방에 초대하는 데 성공했다고 가정해보자. 자신의 방에 첫 번째로 방문하는 여자친구를 생각하며 두근거리는 가슴을 붙잡고 침대에 누워 있다. 그러다가 뭔가 갑자기 생각난 듯 후다닥 일어난다. 샤워해야겠다고 생각한 모양이다. 샤워하면서 윤종신의 「환생」을 흥얼거린다.

다시 태어난 것 같아요
내 모든 게 다 달라졌어요
그대 만난 후로 난 새사람이 됐어요

아마도 이 남성이 현재 느끼는 마음을 가수 윤종신만큼 잘 표현한 사람은 없을 것이다. 거울을 보면서 말쑥해진 자신에 도취해 시답지 않은 영화 대사도 외워 본다. 뭔가 멋있는 것도 같다. 향수를 뿌리는 것은 조금 과하다고 생각한다. 그냥 깔끔한 모습만 보여주면 될 것이다. 그래서 그냥 이대로 여자친구가 올 때까지 기다리면 될 것이다. 응? 그런데 뭔가 찜찜함이 남는 이유는 무얼까? 이 남성이 위화감의 정체를 확인하고자 이리저리 고개를 돌려보았다. 그리고는 그제야

마음의 지도

그 이유를 깨달았다. 설거지하지 않은 싱크대, 머리카락과 먼지로 수북한 바닥, 침대 위에 널브러진 옷가지와 속옷과 동그랗게 말린 채 뒹구는 양말 등이 보이기 시작한 것이다. 남성은 이제 이 자취방에 살기 시작하면서 한 번도 해본 적이 없는 청소라는 것을 시작할 것이다. 빨래도 할 것이고 설거지도 할 것이다. 그것도 활기차고 즐거워 보이는 모습으로 할 것이 틀림없다. 그러면 도대체 비실대며 무기력하던 남성이 무엇 때문에 순간적으로 기운이 난 것일까? 이것이 단순히 여자친구에게 잘 보이려고 한시적으로 짜내어서 하는 행동일까? 아니면 여자친구를 이제 곧 자취방에서 만날 수 있다는 기분 좋음이 하기 싫은 일들을 하는 기분 나쁨을 상쇄시킨 것일까? 아니면 어떻게 주체할 수 없을 정도의 희열을 자기 몸으로 표현하는 것일까? 우울증 환자라고 해도 될듯한 생활이 무엇 때문에 극적으로 바뀌었을까? 이 경우라면 시체를 다시 살려 생기를 불어넣는 기적이라고 봐도 무방할 정도다. 이 정도로 우울한 환자를 이렇게 벌떡 일으켜 세워 청소와 빨래와 설거지를 시킬 수 있을 정도로 효과적인 약을 나는 알지 못한다. 만약 이것을 우리가 평소에 부르는 대로 에너지라고 얘기한다면, 이 에너지의 정체에 대해 심각하게 고민해 봐야 한다고 생각한다. 그리고 이 에너지를 채우는 방법을 우리가 제대로 알고 있다고 할 수 있는가 하는 것 역시 심각하게 고민해봐야 한다고 생각한다.

일상생활에서는 이렇게 우울감을 상쇄시키는 여러 가지 사건들과 관계들이 많이 일어난다. 그런 일들이 자주 일어나는 사람일수록 우울감과는 거리가 먼 사람일 것이다. 때로 우울증 때문에 정신과를 한 번 찾아왔다가 주변 환경이 좋아지면서 더는 정신과를 찾지 않는 사람들을 여러 경로를 통해 접하게 된다. 그렇게 사람은 자체적인 시스템을 사용하여 자신의 우울감을 해소하려고 하며 대부분은 성공적이다. 만약 그런 시스템이 잘 작동하지 않게 되어 정신과를 방문하는 사람들에게 정신과에서는 정신 치료와 함께 약물을 투여하게 된다. 그 방법은 사람이 스스로 회복시킬 수 있는 시스템이 망가졌을 때 쓰게 되는 것이다. 그러면 사람이 스스로 회복시킬 수 있는 시스템이라는 것은 무엇인가? 만약 스스로 회복시킬 수 있는 시스템이라는 것이 에너지를 얻는 것이라면 왜 정신과의 정신 치료에서는 이런 시스템을 이용할 수 없는 것일까? 아니 적어도 직접적으로 그 시스템을 이용하지는 못한다고 하더라도 언급조차 할 수 없는 것일까? 이미 언급하고 이용한다고 하는 것인데 다른 사람이 잘 못 받아들이는 것일까?

이 에너지에 대한 고찰이 제도권으로 들어올 수 없었던 이유는 간단하다. 우리가 생활 속에서 느끼는 에너지 속에는 뭔가 좀 근본적으로 다르고 더 복잡하고 일반인들은 알 수 없는 무의식적인 존재가 근원적으로 자리하고 있다는 생각 때문이다. 그것은 전적으로 프로이트의 영향 때문이라고 생각한다. 그 에너지의 근원이 성적인 에너지라고 단정해버렸기 때문에 우리가 일상생활에서 느끼는 에너지와 너무나도 큰 괴리감이 생겨버린 것이다. 성적인 에너지와 우리가 일상적으로 느끼는 에너지를 접목하기 위해 프로이트가 한평생 부단히 노력한 결과 프로이트의 방대한 저작이 생겨버렸고 시기별로 이론이 발전함에 따라 복잡함과 난해함은 더 가중되어 갈 수밖에 없었다. 나는 그것이 서양으로부터 생긴 정신분석학의 태생적인 한계라고 생각한다. 물론 자세한 얘기를 여기서 길게 하지는 않을 것이다. 뒤에 다시 얘기할 기회가 있을 것으로 생각하기 때문이다.

프로이트의 이론이 복잡하고 이해하기 어려운 이유는 근본적인 에너지라고 생각했던 리비도가 성욕에서부터 출발하기 때문이다. 성욕이 발생한 시점부터 성적인 흥분이 깊어지다가 사정을 하는 일련의 과정에서 보이는 성욕을 모든 욕구의 가장 근본적인 에너지로 보았다. 그래서 성욕이 내부적으로 쌓이면서 느끼는 성적인 흥분을 불쾌로 보고 그 내부적인 흥분을 사정을 통해 배출하는 것을 쾌락으로 보게 된다. 뭔가 에너지가 잔뜩 쌓이는 것을 불쾌라고 하고 그 에너지를 방출하고 쓰면서 해소하는 것을 쾌락으로 본다는 뜻이다. 나는 그런 관점은 신체적인 배설에 국한해야 한다고 생각한다. 마음에서 일어나는 심리적 문제는 반대로 얻고 채워지는 것을 쾌락으로 여긴다는 아주 단순한 생각이다. 이 생각은 어릴 때부터 정을 듬뿍 담아 채워주고 따뜻하게 보살펴주는 것을 미덕으로 여기는 한국인의 일반적인 사고와도 잘 맞는다. 정반대로 리비도에서 비롯되는 에너지는 일반인의 선입견에 가로막힌다. 자신이 의식의 표면에서 느끼는 에너지 말고 무의식적으로 느낀다고 일컬어지는 리비도는 전혀 다른 에너지라고 생각하게 된다. 평범한 사람은 전혀 알 수도 없고 알아서도 안 되는 관계자 외 출입 금지라는 노란 딱지를 붙이고 있다. 그래서 프로이트 이론에서 성적인 에너지가 잘 해소되지 않으면 억압된다. 억압된 리비도는 무의식으로 내려가서 쌓여 있다가 부지불식간에 자신의 존재감을 드러내고는 한다. 프로이트 이론으로는 결핍을 설명할 수 없다. 리비도를 배설하지 못하거나 분노를 표출하지 못해서 생기는 좌절을 가지고 결핍을 대체해야 한다. 만약 결핍을 얘기하고 싶다면 존 볼비John Bowlby의 애착이론을 가져다 써야 한다. 리비도는 결핍되는 것이 아니라 방출되거나 억압되는 것이다. 그러므로 일반적인 사람이 느끼는 뭔가가 빠져나가서 텅 비는 느낌을 느끼거나 아무리 채워도 채워지지 않는 무언가에 대한 갈증을 느낄 때의 그 무엇인가는 리비도가 아니다. 자신의 특별한 루틴을 통해 무언가가 채워지거나 지독한 무기력감을 벗어나게 해주는 사랑하는 사람의 도움 그 무엇인가 역시 리비도가 아닌 것이다.

심리적 에너지란 무엇인가?

그렇다면 도대체 심리적인 에너지라는 것은 무엇일까. 심리적인 에너지의 올바른 정의부터 짚고 넘어가 보자. 뭔가 대단하고 과학적인 정의를 내리겠다는 것은 아니다. 처음부터 심리적 에너지에 대한 논의는 우리의 감각으로부터 출발했으므로 감각으로 시작하도록 하자. 그 감각의 일반적인 공통점을 찾아보고 그 공통점을 조금만 숙고해 보기로 하자. 그런 후 가설을 세우고 그 가설을 경우에 따라서 조금씩 다듬어 가는 과정을 취해보자.

인간이 일반적으로 에너지라고 느끼는 상황은 기분이 좋아지는 상황이다. 우리가 앞의 글에서 20대 남성을 상상해보았다. 그 남성은 새로 만나는 여자친구로 인해 기분이 좋아졌으며 좋아진 기분에 의해 하지 않던 샤워도 하고 청소도 하고 설거지도 하는 것이다. 또 다른 상상을 해보자. 힘들게 하루하루를 살아가는 샐러리맨들의 일상에서 뜻하지 않던 보너스는 굉장히 기분을 좋게 만들어 주는 일이 된다. 그 힘으로 눈에 보이는 힘겨운 다음 몇 달을 또 버티게 되는 것이다.

아무도 자기 편이 없는 것 같은 고등학생이 있다고 하자. 부모님은 바쁘고 친구들은 언젠가부터 자신을 따돌린다. 선생님은 오해로 인

마음의 지도

해 더없이 차가운 눈으로 바라본다. 아무도 자신을 이해하지 않고 인정하지 않는 상황이다. 그러던 어느 날 엄마가 갑작스럽게 학교를 찾아온다. 선생님을 만나고 하교 시간에 맞춰 엄마와 같이 학교를 나와서 저녁을 먹는다. 엄마가 "많이 힘들지?"라고 위로의 말을 건넨다. 엄마는 바쁜 와중에서도 자녀의 얼굴이 어두워지는 것을 못내 마음 아파했던 것이다. 엄마의 따뜻한 한마디는 언제 들어도 기분 좋은 일이다. 자녀는 엄마 덕분에 다시 학교에서 버텨볼 힘을 얻을 것이다. 이 다양한 상황들 모두에 심리적 에너지는 존재한다. 사실 심리적 에너지는 단순하게 정해져 있는 것이 아니다. 앞의 경우 외에도 심리적 에너지가 생기는 상황은 얼마든지 존재한다. 그것 모두 다 심리적 에너지라고 할 수 있다. 그러므로 이 다양한 상황에 제각기 초점을 맞추면 심리적 에너지는 하나의 말로 정의할 수가 없다.

하지만 온갖 다양한 상황이 심리적 에너지가 되기까지 반드시 거쳐 가는 하나의 역이 있다. 그 역의 이름은 바로 '기분 좋음'이다. 우리가 심리적 힘을 얻었던 상황을 가만히 들여다보자. 그러면 그 심리적 에너지를 얻는 순간 직전에 하나의 감정인 기분 좋음을 거쳐 간다는 것을 알 수 있다. 물론 반드시 기분 좋음이라고 한가지 감정으로 못을 박을 필요는 없다. 편안함이라고도 할 수 있을 것이다. 불편함 해소라고도 할 수 있다. 그런 의미로 심리적 에너지를 기분 좋아지게 하는 그 무엇 또는 기분이 긍정적으로 나아지게 만드는 그 무엇과 동의어라고 하자. 아직은 확실하지 않으므로 심리적 에너지를 기분 좋아지는 상태가 되면 평상시 할 수 없던 것을 부가적으로 할 수 있게 해주는 그 무엇인가 라고도 설명하기로 하자. 그 어떤 것이든 기분이 좋아지게 되는 것과 관련이 있다고 할 수 있다.

아마 '심리적 에너지를 채우자'라고 한다면 대부분의 사람이 '도대체 어떻게 채워야 하는 거야?'라고 생각할 수가 있다. 그런데 '기분을 좋게 만들자'라고 한다면 어떻게 하는지 모르지는 않을 것이다. 단지 지금은 어렵다고 생각하거나 해봤는데 잘 안된다고 생각하는 정도일 것이다. 만약에 기분을 좋게 만들자고 하여서 성공했다면 그 사람은 자신에게 에너지를 채워준 사람이 되는 것이다. 그게 다이다. 심리적 에너지를 채우는 방법은 기분을 좋게 만들면 되는 것이다.

물론 제한 상황은 존재한다. 지금 당장 기분이 좋을 수는 있어도 기분이 좋아진 후에 곧바로 더 기분이 나빠지는 상황은 에너지라고 할 수 없다. 예를 들어 화가 난다고 지나가는 사람 아무나 붙잡고 폭력을 휘두른다고 하자. 당장은 자신보다 힘없는 사람들에게 자신의 위력을 과시함으로써 기분이 좋아질 수도 있다. 하지만 그 행위는 곧 사회적 법적인 책임을 져야 한다. 기분이 그 행위를 하기 이전보다 더 훨씬 나빠질 것이 분명하다. 그것도 장기간에 걸쳐서 나빠질 것이다. 그러므로 폭력을 쓰는 행위는 긴 안목으로 보자면 에너지가 얻어지는 행위는 아닌 것이다. 비슷한 이유로 마약이나 도박도 에너지가 얻어지는 행위는 아니다. 잠시 잠깐의 쾌락은 얻을지 몰라도 그 행위가 져야 할 책임은 아무리 회피하고 싶어도 회피가 되지 않는다. 대부분의 사람은 이렇게 순간적인 에너지가 진정한 에너지가 아니라는 것을 (무의식적으로나마) 잘 알고 있기에 잘 빠져들지 않는다.

그렇다면 다른 사람이 에너지가 아니라고 알고 있는 폭력이나 불법적인 쾌락에 그토록 쉽게 빠져드는 사람은 무슨 이유 때문일까? 에너지는 경제와 상당히 유사하다. 마치 경제적으로 곤란한 상태에 빠져 있는 사람들일수록 금리가 높은 금융을 선택할 수밖에 없는 이치이기도 하다. 에너지가 많이 부족한 사람이 당장 급한 불을 끄기 위해 위험도가 높지만 쉽게 접할 수 있는 에너지에 손을 대는 것이다. (먹고 살 최소한의 돈만 있어도 위험한 돈에 손대거나 어리석은 거래를 하지는 않을 것이다. 당장 굶어 죽게 생겼다면 어쩔 수 없이 미래를 저당 잡히더라도 현재를 살아야 하기에 고금리의 사채를 쓰는 것이다.) 그러므로 폭력이나 쾌락으로 자신의 에너지를 채우는 사람은 심리적 에너지가 심각하게 바닥으로 떨어진 상태의 사람이라는 것을 알 수 있다. 뇌물이나 횡령 등의 부당한 일을 벌이는 사람들 역시도 마찬가지일 것이다. 에너지가 없는 사람이 지금 당장 들어오는 재화가 주는 기분 좋음에 빠지게 된다. 고발될 일은 미래의 일이다. 현재에서 쓸 에너지가 충분하다면 미래의 일을 대비하겠지만 현재에 쓸 에너지가 없어 허덕이다 보면 뒤에 올 엄청난 양의 에너지 손실에 대해 눈을 감고 눈앞의 작은 탐욕이라도 끌어다 써야 한다. 이처럼 심리적 에너지는 시간적인 요소도 같이 고려해야 한다. 이 행위가 당장 심리적 에너지를 주고 있지만, 시간이 흐르고 상황이 바뀌어도 계속 심리적 에너지를 주는 요소일지를 한꺼번에 파악해야 하는 것이다.

자연스럽게 에너지가 빠져나가는 것도 얘기해볼 수 있다. 기분이 좋아지는 것이 에너지가 들어오는 것이라면 기분이 나빠지면 에너지가 빠지는 것이 당연한 얘기일 것이다. 그렇다면 기분이 나빠지면 예외 없이 심리적 에너지가 빠지는 것일까? 맞다. 기분이 나빠지면 지금 당장은 무조건 에너지가 빠지는 상황이다. 하지만 그 역은 아니다. 에너지가 빠지는 상황이라면 무조건 기분이 나빠졌기 때문이냐고 한다면 그렇지 않다. 기분이 나빠지는 상황이 에너지가 빠지는 상황의 전부는 아니기 때문이다. 기분이 나쁘지 않은데도 에너지가 빠지는 상황이 가끔 존재한다. 사람이 현명하다고 일컬어질 수 있었던 것은 미래를 예견하고 대비하기 때문일 것이다. 미래를 대비하는 사람이 대비하지 않는 사람에 비해서 훨씬 더 생존확률이 높을 것이다. 그래서 현재가 힘들어도 미래에 기대를 걸고 그 기대를 실현하기 위해 현재를 참는 경우가 생긴다. 현재는 기분이 나빠도 기대를 실현했을 때의 기분을 미리 예상하여 느끼고 있으므로 현재를 기분이 좋은 상태로 착각하게 된다. 간단한 예를 들어서 콘서트를 보기 위해 긴 줄을 기다리고 있는 사람들을 생각해 보자. 지금 당장 줄 서서 장시간 기다리는 것은 고통스럽지만 조금 있다가 볼 콘서트 생각에 신이 나 있는 것이다. 그렇다면 이런 상황은 기분이 좋은 상황이므로 에너지가 들어오는 상황일까? 그렇지 않다. 이런 상황은 에너지가 빠져나가고 있는 상황을 미래의 기분 좋음으로 견디고 있는 것일 뿐이다. 만약 실제 콘서트가 자신의 기대에 훨씬 못 미치거나 표에 찍힌 날짜를 잘 못 착각해서 콘서트장 자체를 못 들어갔다고 생각해 보자. 콘서트에 대한 실망감은 둘째 치고라도 그 긴 줄을 견디느라 들인 에너지 소모는 피곤함으로 변해 빚쟁이처럼 쏟아져 들어올 것이다. 이것만 봐도 기분이 좋다고 느끼는데도 오히려 에너지가 빠지는 상황이 생길 수가 있다는 것을 알 수가 있다.

그러므로 에너지가 빠져나가는 것은 기분이 나빠지는 것으로만 표현하다 보면 어디에서 에너지가 빠져나갔는지 도무지 알 수 없는 현상이 벌어지고는 한다. 이것을 보정하기 위해서는 우리가 아까 에너지가 들어오는 경우에서 생각했던 방법과 마찬가지로 하나의 공통성을 살펴보면 된다. 그렇게 보면 여러 가지 다양한 상황 즉 기분이 좋던 나쁘던 상관없이 에너지가 빠져나가는 느낌에 도달하기 위해서는

마음의 지도

한 가지 역을 지나가는 것이 관찰된다. 그 역의 이름은 바로 '참고 견 딤'이다. 기분이 좋던 나쁘던 상관없이 무엇인가를 참거나 견디고 있 을 때 에너지가 빠져나가는 것으로 설명하면 된다. 그러면 그 역도 성립한다. 에너지가 빠져나간다면 무조건 무언가를 참거나 견디고 있 다는 뜻이다. 이 보정된 명제는 더 이상 예외가 없다. 에너지가 들어 오는 경우와는 다르게 에너지가 빠지는 경우는 이것만 생각하면 된 다는 뜻이다. 현재까지의 임상적 관찰에 따르면 그렇다. 만약 존재하 더라도 임상적 의미는 미미할 것으로 보인다. 이 명제의 대우인 '무언 가를 견디지 않는다면 에너지가 빠져나가지 않는다'라는 것은 참이 다. 하지만 에너지가 들어오는 것과 에너지가 빠져나가지 않는 것과 는 명제 자체가 다르기 때문에 무언가를 참고 견디지 않는다고 해서 에너지가 들어오는 것은 아니라고 할 수 있다.

이렇듯 에너지가 들고 나는 것에 대해서는 고려할 상황이 많지 않 아서 일견 명확해 보인다. 에너지가 들어올 때는 '기분 좋음'을 통해 들어오고 에너지가 나갈 때는 '참고 견딤'을 통해 나간다. 대체로 맞 는 말이다. 하지만 에너지가 들고 나는 것에 있어서 한 가지 더 고려 해야 할 사항이 있다고 하였다. 이미 언급했듯이 그것은 바로 시간이 다. 미래를 위해 현재를 투자하는 사람은 미래의 에너지를 얻기 위해 현재의 에너지를 희생해야 한다. 미래의 에너지를 위해 투자해야 할 에너지를 현재의 즐거움으로 환전해 버린다면 미래에 적금 타듯 타낼 준비된 즐거움은 맛볼 수 없을 것이다. 그리하여 어느 정도 성숙한 사람에게는 그러한 에너지의 미래까지 보이기 때문에 지금 당장 고통 스러워도 미래를 위해 쌓인 적금을 보며 기분 좋을 수가 있다. 마찬 가지로 지금 당장 즐거움만을 추구하는 순간 동시에 절망을 맛보는 사람 또한 존재할 수 있는 것이다.

예를 들어보자. 지금 당장 게임기를 끄고 공부를 하라고 하는 엄마의 잔소리에 기분 나빠진 아이가 있다고 하자. 아이는 기분이 나빠졌으므로 에너지가 빠진 것일까? 만약 잔소리할 엄마가 볼일이 있어 밖으로 나가버렸다고 하자. 아이는 계속 게임을 할 수 있으므로 기분이 좋아졌을 것이다. 그렇다면 이 아이는 에너지가 들어온 것일까? 만약 아이가 나중에 엄마가 돌아왔을 때 혼날 것을 염려했다고 해보자. 그래서 엄마의 말대로 게임을 하고 싶어 하는 마음을 참고 공부를 했다고 하자. 아이는 참았으므로 에너지가 빠져나간 것일까? 물론 기분이 나쁘다거나 뭔가를 참고 견뎌야 한다면 지금 당장 에너지가 빠져나가는 것은 당연한 것이라고 하였다.

앞서 예를 들었던 폭력이나 마약은 그 결과가 너무나도 명백하다. 모든 사람이 그 행위가 에너지를 빠지게 하는지 들어오게 하는지 판단하는데 조금도 주저하지 않을 것이다. 하지만 좀 다른 예를 생각해보자. 엄마가 심한 우울증에 걸려 있어서 아이에게 아무런 잔소리를 할 기력이 없다고 해보자. 잔소리를 듣는 아이의 경우보다 에너지가 덜 빠져나가는 것일까? 만약 맨날 밖으로 나가서 대외적인 활동에 매달리며 아이에게 무관심하던 엄마가 밖으로 나가지 않고 계속 잔소리를 하는 것은 아이의 에너지를 빼앗는 것일까? 아니면 엄마의 잔소리를 무시하거나 엄마에게 반항하면서 자기가 하고 싶은 대로 마음껏 화내고 마음껏 게으르다면 이것은 에너지가 들어오는 것일까? 이렇게 뻔해 보이는 질문들도 막상 생활현장에서 느끼는 감각은 많이 혼란할 수밖에 없다. 이런 질문들에 정확하게 답을 하기 위해서는 지금 현재를 횡단면으로 잘라 평가하면 안 될 것이다. 그 행동의 결과까지

마음의 지도

도 포함시킬 수 있도록 시간을 따라 길게 종단면으로 절단해서 긴 시간 인내심을 갖고 들여다보아야 하는 것이다.

엄마의 얘기를 듣고 게임하고 싶은 마음을 억누른 채 공부를 열심히 하였다면 대부분의 경우 중간고사 성적도 저번보다는 좋아졌을 것이다. 그 성적을 두고 엄마가 칭찬을 해주었다면 아이는 에너지가 들어오는 것을 느끼게 된다. 공부할 당시에 하기 싫은 공부를 억지로 참고하는 것과 엄마의 잔소리를 듣고 견뎌야 하는 것 그리고 게임을 하고 싶은 마음까지도 애써 억누르며 공부를 해야 한다. 당연히 그 당시에는 에너지가 빠지는 것이다. 그런데 시간이 지나서 시험 결과가 나온 뒤 그 결과로 인해 엄마에게 칭찬을 듣는다면 마음이 뿌듯해지고 자존감이 올라갈 것이다. 처음은 에너지가 빠져나가고 나중에는 에너지가 들어온다면 이 행동은 에너지가 빠지는 행동이라고 해야 할까 아니면 에너지가 들어오는 행동이라고 해야 할까?

그것을 좀 더 면밀히 살피기 위해서는 심리적 에너지라는 이 한 가지 대 전제를 인간의 발달에 맞추어 생각해야 한다. 그리고 인간이 발달함에 따라 대전제에서 비롯된 여러 가지 욕구들을 통해 복잡한 인간의 행동방식을 선택하게 되는 모든 과정을 추적하려고 한다. 내가 이 글을 시작하면서 생각하는 가장 중심적인 주제가 있다. 모든 사람은 환경에 맞게 자신의 능력을 사용하여 심리적 에너지를 얻기를 노력한다는 것이다. 그것이 본능인 것이다. 그런데 이 본능은 뭔가 대단한 의미로 몸과 마음에 복잡하게 코딩되어있는 것은 아니다. 아주 단순한 이유와 원인에 의해서 말과 행동이 목적을 가지기 시작한 것일 뿐이다. 그리고 그러한 말과 행동의 원인과 목적을 알아보기 위해서는 우리가 태어나는 시점으로 돌아가서 다시 관찰해야 한다.

특별히 심리적 에너지에 관점을 맞춰 관찰하자는 것은 아니지만 심리적 에너지를 염두에 둔 관찰 정도는 해야 할 것이다. 그러다 보면 자연스럽게 모든 사람은 에너지를 얻기 위해 행동한다고 결론 내리게 될 것이다. 그냥 사고를 열어두고 따라오기만 하면 된다. 자, 시작해 보자.

1장

본능과 욕구

심리적 과정의 목표가 쾌를 얻고 불쾌는 제거하는 것…[1)]

따라서 대뇌 성분들은 완전히 회복된 다음 쉬고 있을 때에도 일정량의
에너지를 방출한다. 그리고 이 에너지가 활동에 쓰이지 않는다면 이것이
평상시의 대뇌 흥분을 증가시킨다. 그 결과가 바로 불쾌감이다. 그러한 불
쾌감은 유기체의 욕구가 충족되지 못했을 때 생기게 마련이다. 방출된 잉
여에너지가 활동에 쓰일 때 그러한 불쾌감이 사라지는 것으로 보아 유기
체가 잉여 흥분을 제거하려는 욕구를 가진다고 결론 내릴 수 있다. 그리
고 여기서 우리는 처음으로 유기체에는 〈뇌 안의 흥분을 항상 일정하게
유지하려는 경향〉(프로이트)이 존재한다는 사실과 맞닥뜨리게 된다.[2)]

"밑 빠진 독에 물 붓기"라는 속담이 있다. 아무리 물을 부어도 밑바닥
이 깨진 독은 물이 차오르지 않는다. 콩쥐처럼 두꺼비가 깨진 부분을 막
아주지 않는다면 불가능한 일이다. 콩쥐는 물독에 구멍이 난 줄 모르고
계속 물을 부었지만, 물이 차오르지 않는 것을 보고 낙담하였다. 그러자
어디선가 두꺼비가 나타나 독에 구멍이 뚫려 있다고 알려준다. 자기가 막
아줘야 물이 고일 것이라고 하면서 자기가 독 밑으로 들어갈 수 있도록

1)   지크문트 프로이트, 『일상생활의 정신 병리학 (프로이트 전집 5)』, 열린책들
2)   지크문트 프로이트·요제프 브로이어, 『히스테리 연구 (프로이트 전집 3)』, 열린책들

물독을 기울이라고 한다. 하지만 마음 착한 콩쥐는 두꺼비가 다칠 것을 염려하여 그 제안을 거절한다. 하지만 물독은 여전히 물이 채워지지 않았다. 짐짓 두꺼비의 호통을 듣고서야 물독을 기울여주었고 두꺼비가 독 밑으로 들어가서 구멍을 막은 다음에는 무사히 물을 채울 수가 있었다.

불편함(불쾌不快)을 제거하는 것과 편함(쾌快)을 추구하는 것은 전혀 다른 행동이면서도 같은 결과를 낳는 행동이다. 원래 불편함(불쾌)을 제거하는 것이 편함(쾌)을 추구하는 것에 앞서는 행동이다. 불편함(불쾌)을 제거하기만 하면 편함(쾌)은 스스로 차오르는 것처럼 관찰된다. 만약 불편함(불쾌)을 제거하는 것을 중요하게 생각하지 않고 바라보면 관찰자는 편함(쾌)이 스스로 차오르는 것처럼 보일 것이다. 이를테면 두꺼비가 밑 빠진 독을 막고 있지만, 자신이 막고 있다는 사실을 알려주지 않고 있는 경우라 할 수 있다. 콩쥐는 독에 물을 붓는 일에 열중하며 그것이 아주 자연스러운 현상이라고 여길 것이다. 그런 경험을 한 콩쥐라면 앞으로도 모든 독에 물을 부을 때 밑 빠진 독을 점검하지 않고 무조건 물을 붓기만 하면 된다고 생각할 것이다.

이 과정과 흡사하게 인류는 불편함(불쾌)을 제거해야 한다는 것을 머릿속에서 지워버렸다. 그리고 불편함(불쾌)을 제거하는 방법을 잃어버리면서 편함(쾌)을 추구하는 방법만이 진실이라고 여기게 되었다. 모두 그렇게 믿는 상황에서는 밑 빠진 독(불편함)이 눈에 보여도 그것이 무엇을 의미하는지 알 수 없게 되었다. 밑 빠진 독(불편함)으로 인해 물이 차지(편함이 느껴지지) 않는 것으로는 생각할 수 없게 된 것이다. 심지어 한 손으로는 임시방편으로나마 뚫린 구멍을 막고 있지만, 자신이 구멍을 막고 있다는 생각조차 하지 못하게 되었다. 오로지 빠져나가는 물의 속도보다 더 빨리, 흘러나가는 물의 양보다 더 많이 물을 채울 생각만 하는 것이다. 불편함(불쾌)을 제거하는 것과 편함(쾌)을 추구하는 것이 같은 결과를 초래하므로 편함(쾌)을 추구하는 것이 불편함(불쾌) 제거를 대체할 수 있다고 착각하는 것이다. 하지만 불편함(불쾌)을 남겨둔 채 아무리 편함(쾌)을 추구해 봐야 밑 빠진 독에 물 붓듯 사라진다. 편함(쾌)이 빠져나가면 나갈수록 편함(쾌)을 더 채워야겠다고 생각하여 마치 빠져나가는 속도를 따라잡을 생각인 양 모든 에너지를 편함(쾌)을 채우는 데 집중한다. 구멍 난 양철물통에 수돗물을 애타게 받아보지만 얼마 못 가 새어나가 버리듯, 편함(쾌)이라는 것은 온 힘을 다해 잡았다고 생각하는 순간 손에서 빠져나가는 신기루가 된다.

1) 본능의 정의

신생아는 양육자의 존재에 기대지 않고서는 그 존재의 의미가 없다. 양육자가 제공하는 환경을 통해 그 환경에 대한 반응을 좋고 싫다는 명확한 감정으로 표현할 수 있게 되면 신생아는 조금 더 복잡한 것을 주문하게 된다. 이미 여러 차례 당한바 있는 경험들에 대해 한 가지 뚜렷한 주관적인 기준이 생기기 시작하기 때문인데 자신의 환경이 예전에 경험했던 것보다 불편하므로 지금 자신이 불편한 것을 예전에 느꼈던 안락하고 쾌적한 환경으로 바꾸어 놓으라는 요구(신생아는 단지 불편하다고 울 뿐이다.)를 하게 된다. 불편함을 **표현**하게 되는 것이다. 그 후 그 불편함이 즉각적으로 해소가 되면 다시 평안함을 되찾겠지만 불편함을 표현해도 해소되지 않는 시간이 길어지게

(좌절 후 비교기준에 못 미치는 불편함을 결핍으로 느낌) 되면 결국 거센 **항의**를 하게 된다. 양육자(대상)를 통해 학습된 만족의 기준과 비교하여 현재가 불편한지 아닌지를 느끼게 되고 <u>느껴지는 불편함이 해소되기를 바라는 마음</u>(결핍에 대한 복구욕)이 생기는데 바로 이 마음을 (관찰자 시점에서 본) <u>본능</u>이라고 부르고자 한다. 이 문장은 그대로 심리적 항상성psychic homeostasis이라고도 얘기할 수 있다. 이 책에서의 본능은 결국 본능 자체에 결핍이 선행되어 있다는 사실과 양육자가 그 대상이라는 사실을 포함하고 있다.

2) 본능과 욕구

일반적인 사람은 욕구를 잘 이해하고 있다. 먹고자 하는 욕구가 있고 잠자고자 하는 욕구가 있으며 누군가를 애타게 보고 싶어 하는 욕구가 있다는 것을 알고 있다. 하지만 본능이 어떠한지는 잘 이해하지 못한다. 프로이트의 본능이론을 알고 있다고 하더라도 욕구와 어떤 관계가 있는지 모른다. 리비도가 모든 욕구의 근원적인 에너지라고 인정하더라도 그 근원적인 본능 에너지가 어떻게 개개의 욕구로 분화되는지 알지 못한다. 그것은 전문가들도 마찬가지다. 단순하게 본능과 욕구들을 병렬로 늘어놓을 뿐이며 임상에서는 욕구보다 전이transference현상이나 콤플렉스가 더 중요하게 여겨진다. 환자를 보기 위해서는 본능이론을 우선하고 심리학적 연구를 하기 위해서는 욕구가 우선이 되는 것이다.

이 책에서는 바로 이러한 본능과 욕구의 오래된 불협화음을 조율해 볼 생각이다. 거기에는 약간의 신념과 지혜가 필요하다. 신념이라고 하면 본능이 상위 개념이며 본능으로 인해 욕구가 발생할 것이라는 막연한 믿음이다. 지혜라고 한다면 본능을 쾌락원칙의 일부분에서 심리적 항상성을 재발견해 내는 과정이라고 할 수 있다. 여기서 심리적 항상성psychic homeostasis은 프로이트가 말하는 항상성의 원칙principle of constancy과 다른 것이다. 얼핏 보기에는 같은 것으로 보인다. 일정하게 유지한다는 의미로는 같다고 할 수 있다. 심리적 항상성은 외부에 의해 발생한 결손을 채우는 의미이며 항상성의 원칙은 계속 솟아나는 흥분, 자극, 긴장을 덜어내는 의미다. 이 차이는 크다. 이 차이로 인해 본능과 욕구가 통합되지 못했다고 할 수 있다. 그것을 증명하기 위해 심리적 항상성이 어떻게 욕구들을 잉태해 내며 그 과정 중에서 어떻게 분노와 리비도libido(프로이트가 본능으로 제시한 성적욕구를 일컫는다. 성적욕구에 한정되어있던 의미가 나중에 전반적인 인간의 행동을 시작하게 하는 동력이라는 의미로 바뀌게 된다.)가 끼어들게 되는지 설명해 볼 생각이다.

사물을 바라보는 동서양의 시각 차이

지금껏 나온 이론들의 복잡함이 관찰자가 서양인이었기 때문에 나온 외길수순이었다면 관찰자를 동양인으로 바꾸었을 때 나오는 다른 수순에 주목할 필요가 있다. 서양인이 보여준 외길 수순이 막다른 골목이었으므로 동양인이 보여주는 수순이 어쩌면 활로를 열지도 모른다.

마음의 지도

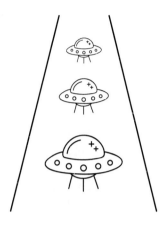

이 그림을 보여주면서 어떤 비행접시가 앞에 있는 것이냐고 묻는다면 대부분의 서양인은 위에 있는 작은 비행접시가 앞에 있다고 얘기한다. 하지만 대부분의 동양인은 아래에 있는 큰 비행접시가 앞에 있다고 얘기한다. 서양인은 관찰자인 자신을 위주로 사고하므로 자신의 앞쪽으로 뻗어 나가는 것을 앞이라고 생각한다. 하지만 동양인은 대상의 시점으로 생각하고 비행접시 입장에서 '나'를 관찰하게 되므로 '내' 앞에 다가온 쪽을 앞이라고 생각한다. (출처: 『EBS 다큐멘터리 동과 서』, 김명진·EBS 동과서 제작팀, 지식채널, 2012)

EBS 다큐멘터리 제작팀이 쓴 책인 『EBS 다큐멘터리 동과 서』를 읽어보면 이러한 서양과 동양의 사고방식의 차이를 명확하게 정리했다.

신생아가 가진 인간의 가장 기본적인 본능을 밝히는데 필요한 것은 관찰자의 관점에서 신생아를 관찰하는 것이 아니라 신생아의 관점에서 관찰자의 목적을 이해하는 일견 비합리적인 듯한 시점이 필요하다. 서양의 시점에서 발생한 오류는 관찰자의 관점에서 신생아를 보았기 때문에 이미 관찰자가 가지고 있는 쾌락추구를 기정사실로 정해놓고 관찰하는 신생아에서 그 해답을 찾으려 했기 때문에 발생한 것이다. 이제 동양적 시점에서 살펴본다면 관찰자가 보려고 하는 목적을 인지하면서 스스로 신생아가 되어 관찰자가 가진 성인의 마음을 버리고 바라보아야 한다. 신생아는 아무 생각이 없다. 그냥 불쾌한 것이 싫을 뿐이다. 불쾌한 느낌이 관찰자에 의해 제거되면 누가 제거했는지도 신경 쓰지 않는다. 만족을 모르고 계속 만족스럽게 해달라고 조르거나 이것보다 더 즐거운 일이 있는지 찾지도 않는다. 심지어 불쾌감이 제거되어서 만족스럽다는 생각도 하지 않는다. 그냥 불쾌하면 울어서 표현하고 불쾌감이 없어지면 멈춘다. 전적으로 환경에 수동적이며 신생아 스스로 쾌락을 찾는 일은 일어나지 않는다.

빨기 반사sucking reflex 역시 양육자에 의해 젖을 입가까지 갖다 대기까지는 일어나지 않는다. 빨기 반사가 쾌락 추구의 능동적인 행동에서 나왔다기보다는 몸속에 갖춰진 최소한의 생존 조건이라고 봐야 한다. 만약 능동적인 쾌락추구라면 젖을 갖다 대지 않아도 같은 행동이 나와야 하며 배고프지 않아도 같은 행동이 나와야 한다. 배가 고프면 입을 오므려 빠는 행동을 하는 것이 아니라 울기만 한다. 불쾌감을 표현하는 것이다. 양육자가 젖을 갖다 대어야 빨게 되며 그것도 실컷 먹고 나면 떨어져 나가 더 이상 빨지 않는다. 이것은 쾌락추구가 아니라 불쾌의 제거가 더 본능에 가깝다는 것을 설명한다. 같은 얘기처럼 들리지만, 이 차이는 비행접시 그림에서 아래쪽 큰 것을 앞이라고 하느냐 위쪽의 작은 것을 앞이라고 하느냐의 차이를 낳게 된다. 서로 앞이라고 얘기하지만 지칭하는 대상이 달라지는 것이다.

프로이트의 '쾌락 추구'보다 더 근본적인 '불편함 해결'

　프로이트의 불쾌는 이 책의 불편함과 표현되는 방향성이 반대의 성격을 띠고 있다. 프로이트의 불쾌는 대뇌 흥분의 증가로 인한 잉여에너지를 일컫는다. 그러므로 잉여에너지를 방출함으로써 불쾌제거와 쾌를 얻는 행위가 동시에 일어나게 된다. 하지만 이런 욕구는 아무리 생각해봐도 생리적 욕구에 해당하는 성욕과 배설욕 밖에 없다. 이것을 심리적인 여러 가지 욕구들에 적용하려고 하면 무리가 따를 수밖에 없다. 원래 일반인이 느끼는 심리적인 불쾌는 불만족이라는 느낌이므로 채워지지 않음의 느낌이 더 크다. 만약 프로이트의 문법으로 얘기하자면 채워지지 않는 것보다는 에너지가 방출되지 못하고 좌절되는 것으로 표현할 수밖에 없다. 그러니 프로이트 학파에서는 결핍보다는 좌절이라는 용어가 더 유용하다. 그래서 결핍을 설명하기 위해서는 중간에 매개체를 삽입하여 역으로 전환하는 단계를 거쳐야 한다. 프로이트의 이론이 일반인에게 너무 어려운 이유가 바로 그것이다. 실생활에서 느껴지는 에너지와 전혀 다른 에너지를 묘사하고 있다는 느낌이 들게 하기 때문이다. 그런 이유로 나는 '불쾌'보다는 '불편함'이 인간의 결핍을 가장 잘 설명해줄 수 있는 개념이라고 생각한다. 그래서 불편함을 해결('나의 입장에서는 '불편함의 표현'이 맞지만, 시간이 지나면서 '나'의 성장과 더불어 '표현'이 '해결'로 바뀐다. 일반적인 관찰자 입장에서 표현한다면 '복구'가 맞다고 할 수 있다.)하고 편함을 추구하는 것이 본능이라고 말하고 싶다. 불편함을 해결하고 편함을 추구하는 것은 쾌를 추구하는 것보다 선행되는 사건이라고 생각한다. 쾌는 불편함에서 편함으로 옮겨가는 과정에서 얻어지는 부수적인 현상일 뿐이다. 만약 불편함을 해결하지 않고 따로 쾌를 추구하는 것은 문제를 덮어 둔 채로 부수적인 현상에만 집착하는 것과 다름없다. 독에 난 구멍을 무시하고 최대한 많은 양의 물을 붓는데 신경을 쓰는 격이다. (엄밀하게 말하면 항상 '불편함을 제거하고 편함을 추구하는 것'으로 써야 맞겠지만, 앞으로 설명의 편의상 관행적으로 사용되는 '불쾌를 제거하고 쾌를 추구한다'는 말을 필자가 실수로 사용한다고 해도 그 뜻은 '불편함을 제거하고 편함을 추구하는 것'으로 이해하는 것이 그 뜻에 왜곡이 없을 것이다. 이 책에서도 특별한 언급이 없다면 원래 프로이트의 의미를 따르지 않고 위와 같은 의미로 사용하고 있다는 것을 미리 말해 둔다.)

원래 프로이트의 쾌락 추구는 불쾌의 회피에 우선한다. 쾌락추구를 하면 불쾌의 회피는 부수적으로 달려오는 것이다. 반대로 이 책에서 말하는 편함의 추구는 불편함을 해결하면 달려오는 부수적 현상이다. 그리고 이 부수적 현상인 편함을 추구하는 부분을 따로 떼어내어 불편함을 해결하지 않은 채 편함만 추구하면 그것이 바로 불쾌를 회피하는 쾌락 추구라고 할 수 있다. 그러므로 프로이트의 쾌락원칙은 (이 책에서 말하는) 불편함을 해결하는 과정에서 부가적으로 생기는 '편함의 추구' 속에 포함시켜도 될 듯하다. '불편함을 복구하고 편함을 추구' 하는 것이 이 책에서 얘기하는 본능이며 이 본능에 포함된 쾌락원칙은 〈5장 상황중독〉에서 설명할 상황중독으로 충분히 대체될 수 있을 것이다.

(이로써 불편함을 해결하지 못해서 생기는 결핍과 그 결핍을 해결하지 못해서 생기는 분노와 그 분노를 대신해서 해결하도록 만들어진 욕구들과 이도 저도 아니게 된 상태에서 최후로 택하게 되는 쾌락-상황중독-과 그 쾌락마저도 막혔을 때 터지게 되는 분노폭발까지도 한가지 본능에서 비롯되

었다는 것을 설명할 수 있게 된 것이다.)

욕구들의 보편적인 공통점으로서의 본능(욕구에서 본능 도출)

본능이란 모든 욕구들의 공통분모라고 할 수 있다. 개개의 욕구들을 설명하기 이전에 이미 본능을 설명한 것이다. 하지만 인간의 의식 속에서 비어져 나오는 것은 원래 욕구이며 이 욕구들이 모여 본능이라는 공통성을 내포하게 된다. 백성이 만들어져서야 그들을 공통으로 대표할 대표자의 필요성을 느끼고 그 대표자를 선출하는 것과 같은 이치이다. 그렇게 따지면 모든 백성에게는 대표자의 공통적인 면을 이미 지니고 있다는 것과 마찬가지로 욕구가 나오는 것에는 이미 본능이 포함되어 있다는 것으로 설명할 수 있다. '닭이 먼저냐 달걀이 먼저냐'와 같은 문제이다. 원래 먼저 존재하는 것은 본능이며 인간이 먼저 인식하는 것은 욕구인 것으로 보인다. 그래서 본능을 설명하려면 인간이 인식하고 있는 욕구를 먼저 설명하고 그 욕구의 공통성을 통해 본능을 얘기하게 된다. (하지만 욕구와 본능의 접점으로 욕구들의 공통분모가 본능이라고 설정하는 부분조차도 개인적인 견해에 의한 조작적 정의임을 미리 밝혀둔다.)

예를 들어 배가 고프다는 기본적인 욕구에는 원래 배가 고프지 않아본 적이 있다는 경험과 그 경험이 기준이 되어 현재를 불편함을 평가하고 그 불편함을 바로잡아주는 양육자를 향해 불편하다고 표현하는 과정이 포함된다. 만약 누군가가 '만약 어른이라면 배가 고프다고 해서 자기가 배고프다고 생각만 하는 것이지 그 생각을 누구에게 얘기하겠냐, 얘기한들 그 사람이 대신 밥을 해 줄 것이라고 생각하는 사람이 어딨겠냐고 할 수도 있다. 또 '배고프다는 생각이야말로 뿌리 깊은 본능이지 어딘가 비교를 한 결과가 아니'라고 생각할 수 있다. 하지만 그것은 어른이 되어 이 글을 읽고 있는 사람의 생각이다. 지금은 본능이 만들어지는 시작점에 초점을 맞추고 있으므로 신생아의 생각을 유추하여 생각해야 한다. 물론 신생아의 생각을 우리가 검증할 수 있을 리는 만무하다. 그래서 가설을 세워 접근하는 것이며 신생아가 생각할 법한 가장 타당한 생각을 유추해 내는 것이 이 이론의 핵심적인 부분이다.

어쨌든 거기서 도출된 항상성이 바로 '불편함을 대상에게 표현함'이된다. 그리고 이 본능(심리적 항상성)이 욕구들을 분출하고 이 욕구들(정확히는 대리 욕구. 대리 욕구에 대해서는 추후 논하기로 한다.)을 운용하는 과정에서 생기는 분노와 결핍을 합쳐 세가지 본능인자를 형성한다. 그리고 이 본능인자를 통해 인간의 모든 행동을 지배하는 것으로 보인다. (인간의 감정과 생각, 행동을 증폭시키는 상황중독도 빼놓을 수 없는 부분이다. 〈5장 상황중독〉 참조) 이 얘기는 따로 설명할 자리를 마련하도록 하자.

본능(항상성)에 주어진 제한 조건의 결과로서의 욕구(본능에서 욕구 도출)

본능에는 불편함(결핍)이 이미 포함되어있다고 설명하였다. 이 불편함(결핍)이 욕구에 포함될 때 막연한 개념으로 포함되지는 않는다. 아주 구체적이고 자세한 불편감이 선행되는 것이다. 그리고 그 불편함

마음의 지도

은 신생아의 무능함과 양육자의 부재不在에 의해 생긴다. 본능과 욕구의 차이를 또 다른 방법으로 설명해보자. 본능은 새로 발생한 모든 불편함을 제거하고자 하는 환경에 대한 공통적인 복구 욕(심리적 항상성)이라고 한다면, 욕구는 신생아의 무능함(인식하지도 못하는 무능함) 때문에 발생한다. 무능한 신생아의 말초기관에서 느껴지는 불편함(의식적이지만 인식하지 못하거나 인식하더라도 중요하게 생각하지 못함)으로 인해 양육자를 향해 발생하는 복구 욕(의식적이나 인식하지 못함)이라고 할 수 있겠다. 즉 어떤 형태의 불편함(결핍)이냐, 어떤 말초기관을 통해 유입된 불편함이냐에 따라 욕구의 종류가 달라지는 것이다. 그러므로 욕구가 다양해질 수밖에 없다.

여기서 신생아가 최초로 느끼는 불편함, 춥거나 배고픔을 느끼는 것은 인간이 가지고 있는 유한한 조건들 때문에 나타나는 현상일 뿐이다. 인간은 털이 없어서 체온을 유지하는 데 어려움이 있다. 체온을 유지하려면 에너지가 소모되어야 하고 에너지를 소모하려면 먹어서 채워야 한다. 그것은 마치 인류가 어떤 자연환경에서 정착하게 되었는지에 따라 문화가 달라지는 것과 같은 것이다. 물이 부족하고 넓은 벌판과 목초지밖에 없는 대초원에서는 말을 타고 달리며 가축을 키우는 삶을 살 수밖에 없다. 그리고 모든 음식을 가축으로부터 얻는다. 북극에 가까이 사는 사람은 농사도 축산도 할 수 없기 때문에 사냥에 의지하며 심지어 비타민까지도 날고기로 채워야 한다. 그들의 삶이 우리와 그렇게 다른 이유는 그 자연환경의 제한 조건 때문이다. 할 수 없는 것과 있는 것이 너무나 분명하므로 인간은 할 수 있는 것에 집중할 수밖에 없다(할 수 없는 것을 극복하고자 하는 인간의 자유의지는 그다음 단계의 얘기다.) 물은 지형에 따라 흐르듯이 우리의 마음도 제한된 환경에 따라 흐른다. 형식이 내용을 지배하는 것이다. 아마 '내' 마음의 흐름도 몸이 제한되었기 때문에 생기는 마음의 물길을 따라 흐르도록 정해져 있다고 할 수 있다.

서양에서는 인간의 마음이 태어나면서부터 원래 존재한다는 생각이다. 하지만 이 책에서는 동양에서 늘 그러하듯 마음은 인간의 속에 있기도 하고 없기도 하다고 얘기하고 싶다. 원래 인간의 마음은 고요한 수면과도 같은 상태였으나 주변의 환경에 의해 물결이 일게 되었고 그 물결에 의해 마음이 생긴다고 말하고 싶다. 원래 마음이 생길 수 있는 조건이 갖추어진 것으로 마음은 이미 존재해 있다고도 할 수 있지만, 주변의 환경이 존재하지 않으면 마음은 있어도 존재하지 않는 것이나 마찬가지다.

마음이 포함되어 있지 않은 인간의 제한된 조건을 양육자가 보충하고 늘 일정 분량을 채워서 조건을 극복하게 도와주면 '나'는 아무런 기준이 없던 상태에서 양육자가 늘 제시하는 그 새로운 기준을 기대하게 되는 상태로 바뀌게 된다(비교기준 상향조정). 그리고 그 기대가 채워지지 않으면 채워지기를 바라는 '소망(뭐라 부르든 상관없다.)'이 발생하게 된다. 그 마음을 **본능**이라고 생각하는 것이다. 그리고 그 소망이 어떤 조건에 관한 소망이냐에 따라 체온을 유지하고자 하는 욕구, 먹고자 하는 욕구, 자고 싶어 하는 욕구 등등의 **욕구**로 불리게 된다.

이 생각이 아주 중요하다. 바로 이런 본능과 욕구의 관계를 통해서 프로이트의 본능이론(프로이트와 그 동료들은 인간의 본능이 성적본능 Eros과 공격본능이라고 했다.)과 매슬로(매슬로의 욕구 단계설. 인간의 욕구가 낮은 단계에서 높은 단계로 구성되어있고 낮은 단계가 충족되고 나서야 다음 단계의 욕구를 충족시키려 한다는 이론이다. 생리적 욕구, 안전 욕구, 소속 및 애정욕구, 존중 욕구, 자기실현의 욕구 등으로 나눈다.[3]의 욕구 이론을 결합하는 열쇠가 되기 때문이다. 물론 두 이론이 합쳐지기 위해서는 있는 그대로의 모습으로 우주정거장 도킹하듯 붙일 수는 없다. 예전에 몽당연필에 볼펜 깍지를 끼우듯 연필 뒷부분도 깎고 볼펜대도 불에 달구어 늘여야 한다. 프로이트의 본능이론을 조금 수정하기만 하면 바로 거기서 매슬로의 욕구이론과는 조금 다른 욕구들이 줄지어 나오기 때문이다. 본능을 바꾼 뒤 어떤 요구들이 생성되는지 지켜보자.

---

3) A. H. Maslow, 1943, 『A Theory of Human Motivation, Classics in the History of Psychology』, Originally Published in Psychological Review, 50, 370-396.

☆☆

1. 욕구의 발달

---

1) 기본적 욕구1 (생리적 욕구 기반)

가장 단순한 인간의 제한된 조건으로 생기는 욕구일 것이다. 스스로 발생시키는 열이 환경을 이겨 내기에 충분치 않으므로 체온을 유지해야 한다. 스스로 광합성을 할 수 없으므로 먹어야 한다. 피부로 습기를 빨아들일 수 없으므로 마셔야 한다. 사용된 에너지의 폐기물이 쌓이면 배설하기도 해야 한다. 그리고 정신적인 피로가 쌓이면 자야 한다. 그것이 인간이 태어났을 때부터 가지게 되는 제한된 조건이자 거기에 따른 기본적인 욕구일 것이다. 제한된 조건으로 인해 결핍이 생기고 그 결핍을 복구하고자 하는 욕구들이므로 모든 욕구에는 결핍이 선행하고 있다. 좁은 의미에서 쾌의 추구가 아니라 불쾌의 제거(정확하게는 불편함의 해결이다.)가 본능에 가깝다는 것을 다시 한번 강조하고자 한다.

생리적 욕구와 학습된 욕구

신생아는 대부분의 시간을 잠을 자는데 보낸다. 깨어 있는 시간 보다 잠자는 시간이 더 많다. 그래서 잠을 자는 것이 중요하다. 신생아가 잠을 못 자는 것은 추위와 배고픔 그리고 기저귀 불결과 밀접한 연관이 있다. 이런 것이 해결되지 않으면 잠을 잘 이룰 수가 없다. 이러한 불편함 때문에 울게 되면 24시간 들여다보려고 애쓰고 있는 양육자에 의해 양육자가 할 수 있는 최대한 즉각적으로 해결이 된다. 아기가 불편함을 느껴 표현하면 양육자가 불편함을 제거해 줌으로써 아기는 자신이(자신의 불편함에 대한 표현이) 자신의 불편함을 제거했다고 느낄 것이다. 이러한 즉각적인 해결이 점점 쌓여 학습되면 다음에 있을 불편함의 해결이 조금이라도 지연될 경우 이 지연을 또 다른 불편함으로 느끼게 될 시간적 비교 기준이 형성된다. 신생아는 생각보다 굉장히 빠르게 학습한다는 전제조건이 필요하나 이는 신생아 생존에 직결된 문제이며 우리가 이를 쉽게 관찰할 수 있으므로 무리가 없을 것으로 판단된다. (불편함을 느끼는 것 자체가 결핍을 느끼는 것이며 그 불편함을 표현하는 방법이 분노다. 〈2장 결핍과 분노〉에서 자세히 얘기하자.)

Gilbert Gottlieb(1991)는 알에서 부화하기 전에 알 속에서 닭이 부르는 소리만 들었던 새끼 물오리는 어미물오리가 부르는 소리보다 닭이 부르는 소리를 더 좋아한다는 것을 발견했다! 이 경우, 물오리의 알속에서의 경험이 유전적 성향을 압도한다. 물론 인간은 물오리보다 학습 능력을 더 많이 갖고 있다. 인간의 이런 학습 능력은 인간 행동과 특성의 형성에서 문화적 학습경험이 선천적 진화기제를 빨리 가려

버린다고 주장하는 비판을 이끌어낸다.[4]

앞에서도 언급했지만, 생리적인 욕구 중에 잠자고 싶은 욕구와 배설의 욕구 말고는 모두 양육자에 의해 절반은 학습되어야 갖게 되는 욕구라고 생각한다. 욕구란 말 자체에 이미 결핍을 포함하고 있다고 한 것을 떠올려 보자. 그리고 양육자가 제공한 기준이 되는 만족을 다시 재경험하고 싶다는 의미로서의 욕구라는 것을 생각해 보자. 먹고자 하는 것은 생리적 욕구지만 그 생리적인 욕구가 양육자가 없이는 절대로 채워질 수 없는 욕구라는 것을 인지하자. 처음부터 반은 양육자에 의해 학습되어야 만들어지는 욕구다. 양육자가 존재해야 하고 젖꼭지를 물려줘야 '내'가 힘차게 빨아 댈 수 있는 것이다. 심지어 잠자고 싶은 욕구와 배설의 욕구(태어났을 때는 전혀 양육자의 존재가 필요 없이 채워질 수 있었던 생리적인 욕구)조차 양육자에 의해 기준이 재설정 될 수도 있다. 그냥 졸리면 자던 아기를 잘 때마다 충분한 수유를 한 뒤에 그 싫어하는 목욕을 시키고 새로 빨아 소독한 배냇저고리를 입히고 온도가 적당한 방에서 불을 끄고 조용한 상태를 유지하여 잠을 재웠다면 그 아기가 잠을 자려고 하는 기본적인 욕구는 그 환경에 의해 기준이 새로 설정된다. 그런 환경이 되지 못하면 잠을 잘 자는데 지장을 받을 수밖에 없게 된다. 그것은 결국 가장 강력한 생리적 욕구인 잠자는 욕구마저 일정 부분 새로운 기준으로 변형된다는 뜻이다. 배설의 욕구 또한 마찬가지다. 그냥 변의를 느끼면 싸

---

4) David R. Shaffer·Katherine Kipp, 2014, 『Developmental Psychology: Childhood and Adolescence, international edition, 9th Edition』, Cengage learning korea, Ltd. 박영스토리, 91.

마음의 지도

면 되는 욕구이지만 열심히 치워주는 양육자에 의해 그 기준이 달라진다. 싸고 나서 치워주지 않았을 때 남는 불쾌감은 양육자에 의해 재설정된 새로운 기준에 의한 것이다. 치워주는 것은 전적으로 양육자의 몫이지만 잘 치워주지 않았을 때 생기는 불쾌감은 대변을 마음껏 보는 데 걸림돌이 되기에 충분하다. 양육자가 대변을 깨끗이 씻겨주지 않으면 배설의 욕구가 제대로 채워지지 않는다고 봐야 한다.

나머지 생리적인 욕구 또한 마찬가지다. 체온 유지를 위해서는 양육자의 양육이 절대적으로 필요하다. 이 경우는 체온 유지를 위해 늘 양육자가 해왔던 방식이 적절했다면 그것이 곧 기존의 기준이자 새로운 기준이다. 체온을 유지하는데 양육자의 노력 없이 신생아 스스로 유지할 수 있는 것은 우는 것 말고는 없기 때문이다. 먹고 마시는 욕구에 대해서도 마찬가지다. 스스로 먹고자 하는 욕구는 타고난 것이겠지만 신생아의 신체적인 한계와 무능으로 인해 양육자가 없으면 절대로 채워질 수 없는 욕구인 것이다. 이러한 생리적 욕구에 양육자의 양육이 더해지면 '나'에게 새로운 기준이 학습되어 생리적 욕구가 변형된다.

기본적인 욕구가 생리적인 욕구에 기반하게 되지만, 그 생리적인 욕구 역시 상당부분 학습된 부분이 덧붙여지게 된다. 생리적인 욕구와 학습된 욕구들로 구분하는 데 있어 생리적인 욕구라고 불리는 욕구조차도 전적으로 생리적인 욕구로만 이루어진 욕구는 없다는 것을 다시 한 번 강조하고자 한다. 신생아('나')에게는 순수하게 생리적인 욕구라 하더라도 그것은 신생아의 한계로 인해 양육자에 의해 채워져야만 하는 것이다. 어쩔 수 없이 학습된 욕구가 포함될 수밖에 없다는 뜻이다.

스스로 느꼈던 생리적 욕구와는 별개로 양육자의 양육을 통해 욕구의 새로운 기준을 학습함으로써, 원래 '나' 자신이 가진 생리적 욕구와는 조금 다른 변형된 욕구가 발생하거나, 없던 욕구가 새로 만들어지는 경우, 그것을 학습된 욕구라고 부르기로 하자. 그러나 이 책에서는 논의의 편의상 태어나자마자 생리적으로 발생하는 부분이 조금이라도 있는 욕구를 생리적인 욕구라 하고, 생리적인 욕구 없이 전적으로 학습으로만 생기는 욕구를 학습된 욕구라고 부를 경우가 많을 것임을 미리 언급해둔다. (물론 그 구분이 아주 깨끗하지는 않다.)

생리적 체온 유지욕구

제일 처음 신생아가 태어나서 느낄 수 있는 불편함을 상상해 보자. 아마도 '추위'일 것이다. 따뜻한 양수 속에서 지내다가 뛰쳐나온 세상의 첫 번째 공기는 꽤 스산할지도 모른다. 신생아가 태어나자마자 우는 이유는 산부인과 의사가 엉덩이를 때려서가 아니라면 너무 추워서일 것이다. 추위를 느껴 우는 것은 체온 유지욕구에 해당한다고 생각할 수 있다. 이미 따뜻함을 엄마의 뱃속에서 오랫동안 경험하고 느껴본 적이 있기 때문이다. 그 경험의 기억에 비해 분만실에서 체감하는 체온은 많이 낮을 것이다. 거기서 추위라는 불편함(결핍)이 발생하고 그 불편함에 대한 반응으로 울게 된다. 태어날 때부터 자신의 체온에 대한 비교 기준을 가지고 태어나므로 생리적 체온 유지욕구가 생성된 상태로 태어난다고 봐도 무방하다.

마음의 지도

생리적 체온 유지욕구에서 학습된 체온 유지욕구로

하지만 신생아는 곧 이런 추위를 못 느끼게 된다. 체온을 유지하는 것은 신생아에게 너무도 중요하다. 그 때문에 양육자가 최우선으로 다루어야 하는 문제다. 신생아가 거의 불편함을 느낄 틈도 없이 기민하게 양육자가 반응하게 된다. 양육자가 존재하는 한, 대부분의 인간이 체온 유지에 실패할 일은 없다. 체온 유지를 하지 못한 기억이 트라우마로 남거나 장기간의 체온 유지 실패로 인한(그렇게 되면 죽겠지만) 결핍을 안고 살아가는 경우는 거의 없다고 보인다. (그 결과 인간은 자동으로 무의식 속에서 체온을 유지하고자 하는 욕구가 유지된다.) 양육자는 신생아에게 거의 즉각적으로 반응한다. 자라면서 양육자가 생각하는 만큼 아이 스스로도 완벽하게 체온을 유지할 수 있게 되기를 기대한다. 그리고 어지간해서는 그러한 양육자의 의도가 아무런 저항과 결핍 없이 아이에게 전달되며 그 아이가 자라면서 그 의도를 완벽하게 승계하는 경우 그 대목에서는 양육자와의 갈등이나 자기 자신과의 갈등이 생기기 어렵다. 그 결과 아이('내')가 느끼는 불편함은 거의 느낄 수가 없는 상태가 되며 체온 유지욕구가 나타나는 빈도가 줄어들게 된다. 나타난다고 하더라도 결핍이 거의 발생하지 않고 결핍이 발생한다고 하더라도 거의 인지되지 않는다.

생리적 체온 유지욕구가 양육자에 의해 채워지고 있는 동안에는, 체온 유지가 '나'에게 더 이상 중요한 관심사가 아니다. 양육자가 너무 중요하게 생각한 나머지 체온 유지욕구에는 심리학적 임상에서 유의한 문제가 생길 틈이 없다. 양육자나 신생아나 크게 신경 쓰지 않는 욕구가 되어 버린다. 오히려 체온 유지를 위해 사용되는 도구나 방법에 대해 의식하고 인지하게 된다. 점점 생리적 체온 유지욕구는 도구에 대한 욕구로 변질된다. 양육자가 긴밀하게 체온 유지를 위해 사용하던 도구가 더 신경이 쓰이는 임상적 중요성을 갖게 된다. 체온 유지를 위해 사용하던 도구는 옷이나 냉난방 장치가 달린 집이 될 것이다. '나'는 당장 체온을 유지하고자 하는 욕구보다는 옷이나 집에 관심을 두게 된다는 의미이며 양육자의 양육에 의하여 그 관심이 바뀌게 되는 것이다. 그 결과 체온 유지욕구는 생리적 욕구의 성질로 남아 있다기보다는 학습된 욕구로 변형된다. (체온 유지욕구가 없어진다는 말이 아니다. 체온 유지욕구를 채우기 위해 옷을 입는 행동에 아무런 문제가 생기지 않는다는 의미다. 체온 유지욕구가 임상적 의미를 가지는 상황은 기온이 갑자기 떨어지면서 발생하는 계절성 우울증이나 청소년의 마중물 요법을 다룰 때 정도다.)

양육자가 신생아의 체온 유지욕구를 채우기 위해 옷을 입히는 과정이 반복되고 실내의 난방에 신경 쓰는 일이 반복된다. 신생아('나')의 입장에서는 체온이 유지되지 않는 것을 신경 쓰지 않는다. 어린 '나'는 그저 누리기만 하면 된다. 그것은 '내'가 태어나면서부터 당연하게 유지되어온 '권리'이기 때문이다. 그래서 나중에 커서도 당연한 듯 옷을 입는다. 아니 옷을 입고 싶어 한다. 학습된 체온 유지욕구로써 옷을 입고 싶어하는 욕구가 생긴 것이다. 결핍이 없이 욕구가 잘 채워졌을 경우 욕구가 의식 위로 인지되지 않는다. 그렇지만 그것은 '내'가 점점 자라가는 과정에서 양육자로부터 장시간에 걸쳐 학습되어야만 하는 부분이기도 하다.

빨기 반사에서 식음욕구로

목마름과 배고픔(욕구가 채워지지 않은 결핍상태)은 식욕이 가장 생리적 욕구 그 본질에 가까운 욕구 중에 하나라는 것을 잘 나타내는 신호다. 신생아는 목이 마르거나 배가 고프면 즉각적인 반응을 한다. 그 반응에 양육자는 양육자가 할 수 있는 최대한의 즉각적 반응을 하게 된다. 하지만 제일 처음 신생아가 태어나서 엄마의 젖을 무는 것은 생리적인 반사 (생리적 반사나 생리적 현상을 이 책에서는 본능이 아니라 하나의 조건으로 간주한다. 기계 부속품이 이미 제작된 대로, 컴퓨터 CPU의 성능이 이미 정해져 있는 대로, 인간이라는 형상을 한 동물들이 가진 신체적 능력의 한계와도 같은 의미다. 그 하드웨어hardware의 한계를 감수하며 그 한계를 극복하기 위해 소프트웨어software를 사용하여 복구하려고 하는 의지가 바로 욕구라고 생각한다. 물론 그러기 위해서는 양육자라는 외부의 도움이 필요하다.) 현상이다. 젖꼭지를 입에 대어주면 이미 프로그램 되어있는 데로 빨기 반사sucking reflex에 의해 젖을 빨아 먹는 것은 생리적 현상일 뿐이다. 먹고자 하는 욕구가 생기기 위해서는 그 생리적 현상에 의해 배불리 먹은 최초 몇 회의 경험이 필요하다. 그렇게 배불리 먹은 경험에 대한 기억이 비교기준으로 자리 잡아야 현재의 공복을 배고픔(결핍)으로 느끼고 젖을 먹고 싶은 욕구가 발생하는 것이다.

생리적 식음욕구에서 학습된 식욕으로

태어나자마자 사막에 유기되어 한 번도 입으로 마시지도 먹어보지도 못한 채 죽어가는 신생아의 예를 들어보자. 있어서도 안 되고 있을 수도 없는 비논리적인 예가 되겠지만, 이런 상상실험을 통해 얻을 수 있는 것에 비하면 잠시 잠깐의 부도덕은 충분히 감수할만 한 것일 테다. 그러니 산모의 산도를 통해 빠져 나오자마자 바로 공간이동을 통해 사하라의 땡볕 아래로 유기되는 신생아를 떠올려 보도록 하자. 그 아이에게 있어 배고픔은 한 번도 충족되지 못하였기 때문에 비교기준 자체가 없는 것이다. 있다면 바로 조금 앞의 과거가 현재의 기준이 되어 점점 쇠약해지는 자신을 느낄 수 있다. 현재의 상태만 느낄 뿐이다. 양육자가 젖을 주지 않으면 신생아는 젖이라는 것이 있다는 것도 모를 것이다. 식음에 대한 욕구는 생리적인 욕구의 원형 거의 그대로 남아 있는 욕구 중에 하나다. 하지만 그렇다 하더라도 양육자의 양육이 없이는 욕구 자체가 형성되지 않는다. 양육자의 학습이 어느 정도 뒷받침되지 않으면 이루어질 수 없는 욕구다. 원형에 가까운 욕구도 양육자에 의해 비교기준을 학습받지 못하면 욕구의 역할을 할 수 없다. 그렇게 탄생한 생리적 식음욕구도 점차 양육자의 양육에 의해 학습된 식욕으로 바뀌게 된다. 신생아의 식욕은 배고픔이란 불편감의 표현이지만 점차 자라면서 '나'의 식욕은 좀 더 맛있는 것에 대한 식욕으로 변형(식욕에 상황중독 결합, 〈5장 상황중독〉 참조)되게 된다. 그렇게 학습된 식욕(일반적으로 식욕이라고 하는 것에 마시는 욕구를 포함해도 무방하리라 본다.) 역시 양육자의 양육에 따라 점점 변형되어 간다.

마음의 지도

배설

배설 또한 생리적 현상에 가깝다. 싸고 싶으면 싸면 된다. 적어도 이 말은 신생아와 영아에게는 충분히 해당하는 말이다. 망설일 필요가 없기 때문이다. 하지만 조금 크게 되면 요의나 변의가 느껴진다고 망설임 없이 쌀 수가 없다는 것을 양육자에 의해 깨닫게 된다.

배설에서 생리적 배설욕구로

다시 말해서 처음에 신생아에게는 배설은 생리 기능일 뿐이다. 배설의 욕구가 생기는 순간은 바로 배설을 참을(결핍) 때다. 기저귀를 갈아주는 양육자들이 지쳐갈 무렵 영유아('나')는 말을 배우기 시작한다. 몇 마디 모르는 말이지만 배변 습관을 가르치고 싶은 양육자에게는 가뭄에 단비와도 같다. 배변 훈련을 시키는 데는 부족함이 없다. 그리고 함부로 옷에다 싸지 말고 화장실에 가서 싸야 한다는 것을 가르친다. 그리고 배변에 대해 피드백을 준다. 그 방법이 바람직하든 바람직하지 않든 그것은 중요한 것이 아니다. 바로 그 과정에서 어린 '나'는 배변을 함부로 해서는 안 되고 지정된 장소에서만 가능하다는 것을 학습하게 된다. 만약 배변을 할 수 있는 적당한 장소가 아닌 경우에는 배변을 참아야 하고 시원하게 배설되었을 때의 느낌과 비교하여 불편감을 느끼게 된다. 그 순간 불편감을 해소하고 싶어 하는 욕구가 생기며 그것이 생리적 배설욕구가 된다.

생리적 배설욕구에서 학습된 배설욕구로

생리적 배설욕구만으로 해결되는 것은 아니다. 참았다가 배변을 하면서 배설욕구를 해소하였지만, 양육자에 의해 그다음의 절차가 남았다는 것을 끊임없이 학습받게 된다. 항문을 닦아주는 뒤처리를 해야 하는 것이다. 결국 배설이라는 생리적 현상은 양육자의 양육에 의해 학습되어 변형된다. 아무 때 아무 곳이나 나오면 나오는 데로 배설해서는 안 되고 꼭 화장실에서 배변을 봐야 한다는 것을 학습한다. 배변을 본 후에 항문을 깨끗하게 닦아 냄새도 없어야 한다. 항문이 짓무르지 않게 관리되어야 한다는 것도 배우게 된다. 그리고 그렇게 학습된 기준으로 다시 불편감(결핍)을 평가하고 그 불편감을 해소하기 위한 새롭게 학습된 배설욕구가 만들어진다.

수면에서 생리적 수면욕구로

수면 또한 처음에는 생리적 현상이다. 그리고 이 생리적 현상이야말로 '나'의 에너지 회복을 위해 중요하고 필수 불가결의 현상이다. 하지만 이 생리현상은 곧 방해를 받는다. 큰 소음이나 진동, 추위, 양육자 부재 등의 외부환경에 의해 수면은 깨진다. 수면 욕구는 바로 그때 발생한다. 생리적 현상이 중단되어 불편함을 느끼는 것이고 그 불편함을 복구하고자 하는 본능(심리적 항상성)에 의해 잠을 자고 싶어 하는 생리적 수면욕구가 생긴다.

생리적 수면욕구에서 학습된 수면욕구로

하지만 조금만 더 생각해 보면 시간이 흐르면서 수면욕구가 복잡하고 중의적인 학습된 수면 욕구로 변형되어 가는 것을 알 수 있다. 너무 피곤하여 졸린 상태가 되면 당연히 이런저런 군더더기 없이 잠에 빠져들 수 있다. 하지만 잠이란 것은 쉽게 환경에 의해 침해되는 욕구다. 하지만 양육자에 의한 세심한 배려와 양육이 신생아의 불편함을 상대적으로 가중하게 된다(비교기준 상향조정으로 인해). 자려고 하는데 너무 시끄러워서 못 자는 단순한 경우에서 나중에는 춥거나 배가 고프거나 축축하고 질척한 기저귀가 불편할 경우처럼 양육자의 양육이 신생아의 수면 조건을 더 복잡하게 만들어 놓은 경우도 있는 것이다. 그러한 모든 불편감을 알아서 해결해주는 양육자가 안 보일 경우에도 불안감에 잠을 이룰 수가 없다. 그 외의 잠을 방해하는 어떠한 불편함이라도 해결되지 않고서는 편안하게 잠을 잘 수가 없는 것이다. 특히 양육자가 민감하게 반응하여 최적의 수면 상태를 반복적으로 제공하면 불편함의 비교기준이 상향조정 된다. 그것은 양육자에 의해 '내'가 맛본 수면 상태의 질이 좀 더 향상되었다는 뜻이며 그 양질의 수면 상태를 '내'가 안다는 것은 그 수면 상태를 느끼지 못하면 불편감이 생긴다는 뜻이다. '나'는 좀 더 까다로워진다는 뜻이며 그것이 충족 안 될 경우에는 '나'를 좀 더 예민하게 만들게 된다.(오해의 여지가 있을 수 있다. 좋은 양육도 "나"의 기질에 따라 달라질 수 있다. "내"가 예민하여 보챌 경우 양육자는 그 예민함을 들어주거나 들어주지 않거나 할 것이다. 들어준다면 비교기준의 상향조정이 일어날 것이고 들어주지 않는다면 상향조정이 일어나지 않을 것이다. 만약 "내"가 예민하지 않아서 크게 신경쓰지 않는다면 일반적인 양육도 충분히 양질의 양육이 될 수 있다. "나"의 비교기준이 상향조정된 상태에서 양육이 만족스럽게 유지되면 상관 없겠지만, 그렇지 않다면 "나"는 결핍감을 심하게 느낄 수밖에 없고 예민하고 까탈스러워 진다. 하지만 비교기준의 상향조정이 일어나지 않는 "나"에 비하면 한 단계 높은 양육에서 일어나는 일이 되므로 예민하다고 해도 절대적인 분노의 크기는 더 작을 수 있다. 풍요롭고 안정적이어서 너그럽지만 작은 것 하나에도 그냥 지나치지 않는 깐깐함을 보인다는 뜻이다. 그리고 이런 "나"는 아주 작은 것에도 쉽게 만족감을 느낄 수 있어 행복을 느끼는 데 드는 노력은 훨씬 더 적다고 할 수 있다.) 생리적인 수면욕구 이상의 변형된 욕구를 가지게 된다는 뜻이다. 태어나자마자 가지고 있던 수면욕구가 전혀 다른 의미의 학습된 수면욕구로 바뀌게 되는 시점이다.

2) 기본적 욕구2 (학습된 욕구 기반)

이미 생리적 현상 그 자체만으로는 욕구가 될 수는 없다고 하였다. 생리적 현상을 양육자의 양육으로 충족감을 학습하여 비교기준이 마련되어야 불편감이 생기며 그 불편감을 해소하기 위한 욕구가 생긴다고 얘기하였다. 그 후에 더 심화된 양육자의 양육조건에 따라 비교기준이 훨씬 더 상향조정되거나 양육자에 의해 그 조건이 변형되어 학습되었을 경우 원래의 생리적 욕구가 약간 변형된(비교기준이 재조정되어 학습된) 욕구들로 바뀐다는 것을 설명했다. 이제 생리적 욕구가 변형되어 만들어진 학습욕구 말고 순수하게 학습으로만 이루어진

마음의 지도

욕구는 없는지 살펴보자. 과연 태어날 때는 없었던 욕구가 양육자의 양육으로 인하여 생길 수 있을까? 과연 태어날 때는 없었던 욕구가 양육자의 양육으로 생긴다고 해서 그것을 욕구라고 부를 수 있을까?

안전욕구

안전욕구는 생리적인 통증에 반응하여 통증으로 인한 불편함을 회피하는 생리적 반사(회피반사withdrawal reflex: 감각신경이 통증을 인지한 뒤 대뇌를 거치지 않고 척수를 통해 운동신경이 통증을 회피하도록 하는 현상) 현상으로 시작하여 설명할 수 있을 것이다. 그렇지만 이 생리적 반사현상이 바로 안전욕구냐 하는 물음에는 부정적일 수밖에 없다. 앞에서 설명한 대로 생리적 반사현상은 신체적인 조건일 뿐 욕구가 아니다. 물론 우리 마음에는 통증이 생기면 아프기 때문에 미리 통증을 예방하려고 노력하는 안전욕구가 발생할 수밖에 없다. 하지만 그 안전욕구는 태어난 후 오랜 기간의 양육과 교육이 있지 않으면 습득하기 어려운 욕구다.

칼을 가지고 놀다 손을 베인 5살짜리 사내아이를 생각해 보자. 상처와 통증 때문에 자지러지듯 울 것이다. 그 아이는 분명히 불편함(결핍)을 느꼈고 그 불편함을 표현한 것이다. 그것은 욕구가 아닌가 의심할 수 있는 여지가 있다. 실제로 아이의 마음에는 이 통증이 빨리 사라지기를 바라는 마음이 있을 것이다. 이것이 욕구의 형태를 띠고 있다고 의심할 수 있는 이유이기는 하다. 상처가 나지 않는 통증이라면 즉시 회피반사를 통해 통증이 사라진다. 이것은 생리적 반사다. 상처가 남는 통증이라면 회피반사를 통해 통증을 일으키는 원인을 피하더라도 통증은 지속해서 존재하게 된다. 이런 통증의 특성상 한 번 오고 나면 다시 복구될 수 있는 성질의 것이 아니다. 그냥 조용히 통증이 지나가기를 기다려야 한다. '내'가 결핍을 복구하기 위해 할 수 있는 일이 없다. 만약 큰 교통사고를 통해 다리가 부러지고 갈비뼈가 부러지며 내장에서 출혈이 발생하는 중상을 당했다면 그 중상을 양육자가 순식간에 회복시켜줄 수 있는 것은 아니다. 수술하고 재활을 하면 통증에서 회복은 되겠지만 완전하게 회복되려면 운이 좋아야 한다. 그렇지 않다면 후유증과 기능상실의 불편감이 여전히 남아있을 가능성도 높다. 통증은 복구하는데도 더디지만, 후유증이 남으면 복구 자체도 완벽하지도 않다. 통증을 통해 결핍을 느끼고 표현한다고 해서 복구가 되는 것은 아니다. 그 복구를 위해 '나'와 양육자가 할 수 있는 것은 아무것도 없다. 다시 말하면 아이가 통증을 느끼고 운다고 해서 그것이 결핍 복구의 기능을 하는 것이 아니다. 통증 때문에 우는 것은 회피 반사와 함께 통증이라는 결핍을 표현하는 생리적 현상으로 그칠 뿐이다. 물론 서둘러 양육자가 병원으로 데리고 가서 뒤늦은 복구 작업을 하겠지만 지금 당장 결핍인 통증이 제거되지는 않는다. 그렇다면 그 아이의 울음은 어떤 기능이 있는가? 어떤 욕구의 표현인가?

몇 번 안전이 위협받는 경우를 학습하고 나면 양육자가 각성하게 된다. 강력한 예방만이 이 사태의 유일한 해결책이라는 것을 깨닫는다. 그래서 '나'의 통증 자체를 넘어서 모든 위험에 대해 예상되는 피해를 예측하여 그 의미와 영향을 평가하여 예방하고 회피하는 방법을 구하고자 하는 욕구야말로 가장 중요한 안전욕구일 수밖에 없다.

그리고 그 모든 것을 실행하고 가르치는 것은 전적으로 양육자의 몫이다. 안전욕구란 처음 '나'에 대한 양육자의 욕구로 시작한다. '나'는 나이가 듦에 따라 양육자의 안전욕구 속에서 양육된다. 동시에 양육자로부터 안전에 대한 다양한 상황과 대응방법을 학습하게 된다. 그리고 그 안전욕구를 자기 것으로 만들게 되는 것이다. 안전욕구가 '나'에게 만들어지지 않았을 때는 전적으로 양육자의 안전욕구에만 의존하게 된다. 안전욕구를 '나'도 학습하여 스스로 안전을 위해 사고를 예방하고자 하는 욕구가 생겼다면 스스로 안전욕구를 채워나가게 된다. 칼로 손을 베인 꼬마의 울음은 바로 현저하게 훼손된 안전욕구에 대한 항의다. 위험을 예방하고자 하는 생각에 심각한 결손이 생겼으므로 그 결손을 메워 달라는 항의다. 안전욕구를 제대로 채워 앞으로의 위험을 막아 달라는 뜻이다. 이전의 안전욕구가 제대로 채워졌다면 위험을 당하지 않았을 것이라는 얘기다.

안전욕구는 전적으로 학습된 욕구로 봐도 무방할 것 같다. 학습된 안전욕구와 생리적인 안전욕구가 따로 있는 것이 아니라 학습된 안전욕구 하나만 존재하는 것이다. 이 안전욕구는 청소년기 성인 초기에 이르기까지 각종 욕구와 결합하여 새로운 학습된 욕구를 만들어 내는 산파 역할을 하게 된다.

청결욕구

청결욕구는 넓은 의미로 보면 안전욕구 중의 하나다. 학습된 욕구의 가장 대표적인 욕구다. 청결욕구야말로 태어나면서 가지고 태어나는 욕구가 아니며 생리적으로 가져야 하는 욕구도 아니다. 하지만 정상적인 인간으로 성장하려면 반드시 갖추어야 하는 욕구이기도 하다. 태어나자마자 양육자가 계속 씻어주는 이유는 청결케 하여 감염을 막기 위해서다. 감염은 취약한 신생아에게는 최대의 적이기 때문이다. (안전욕구가 포함된다.) 그리하여 양육자는 신생아의 청결상태를 각별하게 살피게 된다. 이는 신생아의 몸의 청결상태와 신생아의 옷의 청결상태, 신생아의 식기의 청결상태, 신생아의 방의 청결상태까지 한꺼번에 청결상태를 유지하는 다각적인 양육형태다.

신생아가 태어나자마자 느꼈던 불편함인 추위 말고는 주된 불편함이 배고픔과 졸림일 것이다. 한동안은 그 두 가지 불편함을 제외하고는 큰 불편함이 없을 것이다. 신생아는 처음에 기저귀에 대변을 보고도 그것이 불편한 것인지 인지하지 못한다. 신생아를 키우는 데 있어 신생아가 기저귀를 갈아달라고 울기 시작하기까지는 양육자의 각별한 보살핌이 필요한 것이다. 그러다가 양육자가 반복적으로 갈아주는 새 기저귀의 쾌적함에 맛을 들이면(양육자로부터 비교 기준을 얻게 되면) 처음으로 질척하고 물컹한 기저귀의 불편함을 호소하게 된다. 그리고 한번 맛 들인 청결의 상태는(처음에는 새 기저귀의 촉감으로 인지) 자신이 당당히 요구하는 하나의 권리가 되는 것이다. 하지만 그 연장선에 있는 목욕과 입안청소처럼 전혀 접해 보지 못했던 청결작업은 신생아에게 커다란 불편감을 느끼게 한다. 특별한 경험이 없다면 대부분 씻는 것을 싫어할 수밖에 없다. 씻는 것의 개운함이 자신에게 불편함이 아니라 쾌감으로 느껴지게 되려면 씻는 행위로 자신의 부족한 결핍이 채워져야 한다. 이 씻지 못하여 생기는 결핍은 생리적으로 일어나는 현상이 아니다. (신생아의 경우라도 아무것도 안 하고 있으면 저절로 배고픔을 인지하지만 씻지 않는 것은 생리적 욕구가 아니므로 저절로 인지하지 않는다.) 씻지 못하여 생긴 결핍의 복구 역시 생리적으로 일어나는 현상이 아니다. (잠 못 자서 생긴 결핍은 생리적으로 자면 해결된다.) 때문에 전적으로 양육에 의한 비교기준 상향조정에 의존할 수밖에 없다. 청결에 대한 비교기준 재조정이 일어나기 위해서는 꽤 긴 양육자의 양육이 필요하다. 씻지 않는 것이 씻는 것보다 더 불편한 느낌을 준다는 것을 깨닫게 해야 한다. 한두 번 씻는 것만으로는 씻고 나서의 개운함을 잘 느낄 수 없다. 지속적인 양육으로 인해 씻지 않는 것에 불편함이 생긴다고 해서 그것을 스스로 해결하려고 하는 욕구도 같이 생기는 것은 더욱더 아니다. 씻지 않는 것의 불편함을 느끼는 시기와 그 불편함을 아무런 거리낌 없이 스스로 해결하게 되는 시기는 상당한 기간의 차이가 존재하는 것으로 보인다. 그래서 적어도 10년 이상 지속적인 청결을 양육자에 의해 경험하게 되어야 '나'에게 있어 자율적이고 적극적인 씻고자 하는 욕구가 생겨날 것이다. (양육과 자율의 모순은 다음에 또 다룰 기회가 있을 것이다.)

오랜 기간 동안 양육자에 의해 청결의 쾌감을 학습하게 되면 그제서야 '나'도 불결함이란 불편함을 느끼고 그 불편함을 없애고자 하는 욕구 즉, 청결욕구가 생기게 된다. 그리고 이것은 전적으로 학습으로 만들어진 욕구다.

학습된 식욕에서 요리욕구로

식욕이 계속 학습되다 보면 식욕을 채우기 위해 음식을 만들어야 한다는 것도 학습된다. 양육에 의해 먹으려면 요리를 지속해서 해야 한다는 것을 깨닫는 것이다. 그래서 양육자에게 학습 받은 대로(비교 기준이 상향조정되어) 남에 의해 잘 조리된 음식을 먹고 싶다는 욕구가 형성된다. 그렇게 오랜 시간이 흘러서야 비로소 가끔은 본인이 원하는 음식을 스스로 만들고 싶다는 욕구가 형성된다. 물론 이것 역시 아무도 요리를 해줄 사람이 없는 경우에 한 해 발생하는 것이다. 그나마 이것도 굉장히 늦은 나이에 형성되는 경향이 있다. 때에 따라 늦은 나이에도 요리하고자 하는 욕구는 잘 형성되지 않을 수도 있다.

학습된 식욕에서 설거지욕구로

마찬가지로 장기간의 양육으로 인해 설거지를 당연한 것으로 학습하게 되면 누군가 설거지를 해주었으면 하는 욕구가 생기게 된다. 이 욕구는 식욕이 양육자에 의해 학습된 청결욕구와 만나 만들어진다. 청결욕구는 전적으로 양육자의 안전욕구에 의해 만들어진다. 누군가 아무도 설거지를 해줄 사람이 없는 경우에 한 해, 설거지를 해야 한다는 마음이 생기게 된다. 늦은 나이에서야 생기며 때로 생기지 않는 경우도 있다.

설거지가 되어 있어야 하며 설거지가 되어있는 상태여야 식욕이 거리낌 없이 충족될 것이다. 설거지는 중요한 식욕의 부속 욕구라고 할 수 있다. 만약 누군가가 설거지는 모든 사람이 하고 싶지 않아 하는 행동이므로 욕구가 아니라고 할 수 있을 것이다. 설거지 욕구가 도대체 있을 법하지 않다고도 할 것이다. 그 부분은 따로 모아서 설명해

마음의 지도

보기로 하자.

학습된 체온 유지욕구에서 세탁욕구로

앞에 생리적 욕구에서 다루었던 학습된 체온 유지욕구는 시간이 지나면서 다시 변형된다. '내' 욕구를 채워주기 위해 신경 쓰는 양육자의 관심에 따라 '나'의 관심도 서서히(10여 년에 걸쳐) 변한다. 체온을 유지하고 싶다는 욕구는 이미 충족(일상생활을 하기 위해 옷을 입는 것이 귀찮은 사람이라면 이것 또한 임상적으로 유의하므로 옷을 입는 욕구가 중요해질 수 있다. 이 외에도 마중물에서 유용하게 사용될 수 있는 욕구임을 짚고 넘어가자. 〈6장 마중물 요법〉 참조)되어 있으므로 그 체온을 유지하는 도구들에 관심을 가지게 되는 것이다. 옷가지들이나 집에 대한 관심이 생겨난다. (집에 대한 관심은 다음 페이지에서 설명하기로 하자.) 어떤 이는 좀 더 기능적으로 우수한 옷을 찾을 것이며(체온 유지욕구에 안전욕구 결합) 어떤 이는 좀 더 예쁜 옷이나 고가의 브랜드 옷을 찾으려고 한다(학습된 체온 유지욕구에 인정욕구 결합). 또 어떤 이는 옷의 청결상태가 더 중요하다고 생각한다(학습된 체온 유지욕구에 청결욕구 결합). 생각해 보면 좀 더 다양한 옷에 대한 욕구가 존재하겠지만 옷에 대해 원하는 욕구 중 가장 많은 빈도로 발생하는 욕구, 그래서 체온 유지욕구에서 발생한 옷에 대한 욕구 중에 가장 중요한 욕구가 바로 세탁욕구다. 오랜 기간 동안 양육자가 옷을 깨끗이 빨아서 입혀주면 그 상태를 학습하여 누군가가 빨래를 해주었으면 하는 욕구가 생긴다. 만약 세탁해줄 누군가가 없어진다면, 비로소 스스로 세탁하고자 하는 마음이 생긴다. 세탁을 하고자 하는 욕구 역시 늦은 나이에 생긴다. 상황에 따라 생기지 않는 경우도 있다.

의류에 관한 다른 많은 욕구보다 세탁욕구가 가장 중요한 또 다른 이유는 생활을 유지하는 기초적인 행동임에도 불구하고 에너지가 소모되는 것을 확연히 느끼기 때문에 '내'가 스스로 하기 싫어하는 욕구이기 때문이다. 그래서 임상적으로 이 욕구가 제대로 작동하지 않는다면 문제가 생기기 때문이다. 세탁욕구라는 용어 자체에 거부감을 가지는 사람도 있을 것이다. 말도 안 되는 욕구를 억지로 지어낸다고 할 수도 있다. 이 부분은 나중에 세탁과 요리, 설거지, 청소를 한데 묶어 설명해 보도록 하자.

청소욕구

청소욕구 역시 장시간의 양육에 의해 학습되는 욕구다. 청소욕구는 체온 유지욕구와 안전욕구 그리고 청결욕구들의 결합으로 이루어져 있다. 체온 유지욕구는 크게 나누어 옷과 집으로 유지하게 되며 집에 대한 관심에 안전과 청결에 대한 욕구들이 결합하여 형성되는 욕구라고 할 수 있다. 이 또한 세탁욕구와 마찬가지로 집에 관한 한 여러 가지 욕구(내부장식에 대한 욕구, 좋은 집을 소유하고자 하는 욕구, 넓은 집에 대한 욕구 등)가 가능한데도 청소욕구가 가장 중요한 욕구라고 얘기하는 이유는 세탁욕구의 경우와 같다.

오랜 기간 양육자가 청소해주다 보면 누군가가 청소를 해주었으면 하는 마음이 생긴다. 만약 그 누군가가 없다면 스스로 청소를 하고

마음의 지도

자 하는 마음이 생긴다. 때로는 늦은 나이까지 청소하고자 하는 욕구가 생기지 않을 때도 있다.

요리욕구, 설거지욕구, 세탁욕구, 청결욕구, 청소욕구가 과연 욕구인가?

인간의 제한된 능력으로 인해 욕구가 생겼다는 말을 다시 해보자. 그것은 욕구가 인간이 출생 전에 이미 장착해서 태어나는 것이 아니라고 보는 것을 뜻한다. 날 때부터 가지고 태어나는 것은 제한적인 신체 조건과 무능력뿐이다. 그 조건과 무능력에 양육자의 양육이 더해져야 욕구가 발생한다는 것이다. 그 조건을 지니고 태어나는 시기, 양육을 받는 시기, 욕구 발생시기가 태어남과 동시(짧은 시간 동안)에 이루어지므로 그것이 태어나면서부터 존재하는 욕구로만 보이게 되는 것이다. 생리적 욕구조차, 생리적으로 제한된 몸과 신생아의 무능함 때문에 양육자가 적절하게 뒷받침이 되어주지 않으면 욕구라는 이름조차 붙일 수 없는 아무것도 아닌 것이 된다. 그러므로 (생리적인 욕구처럼) 신체적인 한계와 제한점이 아닌, (학습된 욕구처럼) 살아가면서 주변의 환경으로 인해 생기는 제약, 조건, 한계 역시 양육자의 적절한 양육을 만나게 되면 욕구로서 기능할 수 있는 무엇이 발생할 수 있다는 뜻이다. 씻지 않으면 질병에 취약하다는 제한점과 누군가 씻겨주지 않으면 아무것도 씻을 수 없다는 무능을 양육자가 적절하게 해결해 주는 과정에서 씻고자 하는 욕구가 생긴다는 뜻이다. 다만 씻지 않으면 질병에 취약하다는 제한점을 인식하는 것이 몸에 장착된 것이 아니므로 머릿속에 그 사실(씻지 않으면 질병에 취약하다는)을 주입하기 위해서는 장시간의 생활 속에서 도와주면서 가르쳐야 하는 양육자의 수고가 따르는 것뿐이다.

그래도 '이런 욕구가 어디 있냐?' 하고 반박할지 모르겠다. 일반인조차 이런 욕구는 듣도 보도 못했다고 실소할지도 모른다. 누가 설거지를 좋아할 것인가? 요리하기를 좋아하는 사람도 있을 수 있겠지만 싫어하는 사람이 더 많을 것이다. 빨래 역시 마찬가지여서 '사회생활의 의무로 간주하고 억지로 하는 것이지 빨래가 하고 싶다는 사람은 그다지 많지 않다'라고 할 것이다. 청결과 청소 역시 마찬가지다. 어린 시절부터 양육자에게 귀에 못이 박히도록 들은 말 중의 하나가 '양치하고 손발 씻어라. 그리고 네 방 청소 좀 해라'일 것이다. 그리고 그 말을 기쁜 마음으로 순종한 적이 많지 않다는 것을 기억하고 있을 것이다. 그러니 청결과 청소가 욕구일리가 없다는 것을 체험적으로 깨닫고 있다고 생각한다. 문제는 바로 거기에 있다. 욕구를 욕구라고 인지하지 못하는 것이 문제다. 물론 하고자 하는 욕구는 없다. 당연히 모든 사람이 하기 싫어하는 행위라는 것은 인정하는 바다. 하지만 누구나 요리와 설거지, 세탁, 몸의 청결, 청소를 누리고자 하는 욕구는 있는 것이다. 자신이 하기 싫은 것이지 누군가가 해 주기만 한다면 마다할 이유가 없이 즐겁게 누릴 것이다. 하고 싶어 하는 행위욕구가 아니라 그 상태를 즐기고 싶은 상태욕구라는 뜻이다. 사람이 '내'가 하는 것만 아니라면 얼마든지 원하고 원하게 되는 욕구라는 뜻이다. 늘 부족하고 모자라기 때문에 항상 '내'가 아닌 누군가에 의해 가득 채워지기를 바라는 것이다. 바로 '상태'는 원하되 '하기'는 싫어하는 이 상태욕구가 인간의 이중성과 모순이 생겨나는 근본 원인이라고 할만

마음의 지도

하다. 이것으로 인해 많은 심리적인 역동과 정신 병리를 만들어 내었다고 해도 과언이 아니다. 또한 요리, 설거지, 청결, 세탁, 청소야말로 사람이 살아가는 데 있어서 필요불가결한 것이다. 이것을 빼고는 사람은 살아갈 수 없다. 아무리 상태욕구라고 해도 되어있지 않으면 불편하고 불편함이 생기면 그 불편함을 개선하고 싶어 한다. 그것은 본능의 속성인 심리적 항상성을 가지고 있다는 의미이므로 이 다섯 가지는 욕구라고 할 수 있다. (하지만 대부분의 사람은 인생에 있어 가장 필요한 부분을, 그 욕구를 다른 사람에게 의존하여 살아가려고 한다.) 나머지 더 자세한 얘기는 에너지 경제론과 마중물 요법을 설명하는 자리에서 다시 상세히 살펴보기로 하자.

행위욕구와 상태욕구

주로 생리적인 욕구에 가까운 욕구들은 생리적인 불편감 해소를 위해 '내'가 능동적으로 하게 된다. 그것을 **행위욕구**라고 부르기로 한다. 반면 주로 학습된 욕구에 해당하는 욕구들은 불편감 해소를 위해 '내'가 그 상태를 수동적으로 받게 된다. 그것을 **상태욕구**라고 부르기로 한다. 생리적인 현상에 의한 불편감을 해소하기 위해서라면 누가 강요하지 않아도 하게 된다. 그래서 '하고 싶어'하는 행위욕구라고 얘기할 수 있다. 반면 학습된 욕구들은 신생아 영유아를 거치면서 계속 받아야만 하고 받고 싶어 하는 욕구다. 학령기를 거치며 정상적인 양육의 일환(하기 싫어하는 상태욕구를 스스로 하게끔 하여 피양육자의 독립을 유도하기 위해)으로 양육자가 채워주지 않는 경우가 많아지게 된다. 이미 '나'에겐 어린 시절 양육자에 의해 채워지며 형성된 상태욕구가 있다. 욕구만 만들어 놓고 누군가 채워주지는 않는다면 결핍감이 커지게 된다. 결핍감을 채우기 위해 '내'가 스스로 해야 하지만 행위욕구가 아니므로 억지로 하게 된다. 억지로 하는 상태욕구는 충족되어도 충족되었다고 느껴지지 않는 결과를 가져오게 되는 것이다. 주로 억지로 하는 상태욕구는 사람이 하기 싫어하여 늘 결핍상태에 있게 된다. 거기서 생긴 결핍감을 주로 행위욕구로 대신 채우려 하는 습성을 보인다.

크게 생리적 욕구를 행위욕구로 분류하고 학습된 욕구를 상태욕구로 분류하면 무방할 것이다. 하지만 생리적 욕구 역시 어떤 양육을 받느냐에 따라(양육의 질이 낮으면) 상태욕구로 전환이 되는 경우도 있을 것이며 학습된 욕구 역시 양육의 질과 기간에 따라(양육의 질이 높으면) 행위욕구로 바뀌는 경우도 있을 수 있다. 또는 '나'의 현재 에너지의 상태에 따라 학습된 욕구가 상태욕구로 상태욕구가 학습된 욕구로 바뀔 수도 있다. 이것은 중요한 이야기이므로 기억해둘 필요가 있다.

기본적 욕구의 재정리

우리가 생각해 볼 수 있는 모든 욕구의 종류를 총망라해서 적어보자. 이것 말고도 찾아보면 더 있을지도 모른다. 실제로 생활 문화권에 따라 학습된 욕구가 다를 수 있기 때문에 욕구들이 조금씩 달라질 수 있다. 여기서는 한국에서 생활하는 사람들(또는 한국과 비슷한 사회 경제적 환경 속에서 생활하는 사람들)에 대해 국한되어 말할 수밖에 없다. 게다가 여기서 생각한 모든 욕구가 다 임상적으로 의미가 있는 것도 아니다. 모든 욕구가 모든 사람에게 의미가 있는 것은 아니라고 하는 것이 옳을 것이다. 생활문화권마다 욕구들이 달라진다면 당연히 임상적으로 중요한 기본적 욕구도 조금씩 달라질 것이다. 그래서 임상적으로 필요한 가장 기본적인 욕구들을 따로 추려내면서 이 책에서 기본적 욕구들을 선정하는 기준을 먼저 밝혀둔다.

첫째, 일상생활에서 자주 사용되어 항상 일어나는 행위여야 한다.

둘째, 현대인에게 필요불가결하여 살아가는 데 있어서 안 하면 안 되는 행위여야 한다.

셋째, 첫 번째와 두 번째의 조건을 만족한다면 억지로 하는 행위라도 포함한다.

이런 기준으로 뽑아 보면 인간에게 있어서 가장 채워지기 어렵거나 아무리 채워도 완벽하게 채워지지 않는 욕구들이 선정된다. 이 책에서 기본적 전제로 삼은 가장 기본적 원칙, 불편함이 발생해야 그 불편함을 복구하기 위한 마음이 발생한다는 본능을 염두에 두어야 하기 때문이다. 그 뜻은 환경에 의해 발생하는 불편함이 없으면 임상적인 의미(실제 진료를 하면서 볼 수 있는 다양한 심리적인 문제)도 발생하지 않는다는 뜻이다. 그래서 '내'가 결핍으로 인식하지 못하는 욕구들은 아무리 중요한 욕구라도 기본적 욕구에서 소홀하게 다루어질 수도 있는 것이다. 전적으로 임상적인 상황에서 유용한 틀을 만들기 위해서임을 밝혀둔다. 가장 문제를 많이 일으킨(가장 결핍을 많이 일으킨) 욕구들을 기본적인 욕구로 뽑아서 배열해야 나중에 문제를 해결할 때도 이 기본적인 욕구들의 결핍만 다루면 되기 때문이다(《6장 마중물 요법〉 참조). 그런 의미에서 같은 욕구라도 생리적인 욕구보다는 학습되어 변형된 욕구가 대부분 포함될 수밖에 없다.

예를 들어 체온 유지욕구 중에 옷을 입는 욕구는 우리가 시키지 않아도 이미 하고 있는 것이다. 너무나 중요한 욕구이므로 사람은 이미 그 욕구를 충실히 지키고 있기 때문에 고질적인 결핍을 만들어 내는 부분이 아니다. 그러므로 기본적 욕구에서는 제외되고 (《6장 마중물 요법〉에서 다루겠지만 전적으로 배제한다는 뜻은 아니다.) 학습된 욕구로 변형되어 포함된다.

배설욕구 역시 프로이트가 중요하게 생각하긴 하였지만, 배설의 욕구는 약간의 시차만 있을 뿐 결국 해결된다. 그리고 무엇보다 배변욕구는 억지로 하는 것이 아니다. 프로이트적인 관점에서 보면 배설이야말로 가장 기본적인 쾌감의 변형이고 이 쾌감을 억압하면서 문제가 발생한다고 생각한다. 하지만 억압은 '나'의 생활사건 전반에 걸쳐 일어나는 것이다. 만약 배설에 국한되는 것처럼 보인다고 하더라도 그렇게 보이는 것일 뿐이다. 영유아의 생활 중에 먹고 싸는 일이 대부분이기 때문이다. 배변이야말로 억지로 하는 것이 아니다. 프로이트의 말대로 배변 시마다 쾌감을 느낀다면 배변에는 어떤 결핍도 못 느낄 것이다. 하지만 배변을 억누르는 것은 양육자가 제공하는 환경에 의해서이고 그 환경이 억누르는 것은 배설에만 국한되는 것이 아니다. 양육자의 정상적인 억압이 배변에 문제를 일으키지는 않는다. 배변에 결핍을 일으킬 정도면 결코 배변에 국한된 억압이 아니라는 뜻이다. 물론 성인이 되었을 때 모든 사람이 100% 배변에 문제가 없는 것은 아니다. 만약 문제가 있다면 문제 있는 사람들대로 배변을 중요한 욕구로 생각해서 기본적인 욕구에 포함해도 무방하다. 그렇다

마음의 지도

면 필요한 사람들만이 따로 의미를 생각하면 될 듯도 하여 배변욕구를 기본적인 욕구에서는 제하려고 한다.

안전욕구는 이러한 모든 결핍에 대한 예방욕구라고 할 수 있다. 이것은 기본적인 욕구들중에 양육자에 의해 학습된 욕구들에는 모두 포함된 부분이다. 거기에 더해서 앞으로 설명할 확인욕구로 발전하기 때문에 여기서는 제하기로 한다.(당연하게도 안전욕구에 심각한 문제가 있었던 사람이라면 반드시 포함시켜야 한다.)

결국 남은 것은 식욕, 요리욕구, 설거지욕구, 수면욕구, 청결욕구, 세탁욕구, 청소욕구다. 여기서 요리욕구와 설거지욕구는 식욕의 한 부류로 편입시킬 수 있으므로 결국 식욕, 수면욕구, 청결욕구, 세탁욕구, 청소욕구만 남는다. 즉 앞으로 먹고, 자고, 씻고, 청소, 빨래하는 것, 이 다섯 가지를 가장 기본적인 욕구라고 정의하고 사용할 것이다.

3) 기본적 욕구에서 확인욕구의 발생

신생아가 생존하는 데는 꽤 많은 양육자의 정성과 노력이 필요하다. 많은 양육자는 이런 양육의 실제적 조건에 맞추어 최선을 다한다. 실제로 아이가 느끼는 불편감을 최소화하기 위해 노력할 것이다. 양육자의 사랑에 의해 아기는 자신의 불편감을 최대한 못 느끼며 살아간다. 양육자들은 그럴 것으로 생각하고 싶어 한다. 하지만 그럼에도 불구하고 아이들은 운다. 양육자의 사랑에 가득 찬 양육에도 아기는 불편감을 느끼며 울게 된다. 그리고 그 불편감이 잘 채워지지 않을 때는 더 크게 항의하며 울게 된다. 늘 불편감을 표현하면 즉각적으로 반응하여 불편감을 없애주던 낯익은 그 누군가(양육자)에게 하는 항의다.

그러면서 아기가 곧바로 학습하게 되는 것이 바로 양육자(그 누군가)의 존재다. 체온을 유지하며 먹고 마시게 하며 기저귀를 갈아주는 어떤 사람의 존재(양육자)를 깨닫게 되면서부터는 자신의 불편감이 그 양육자의 존재 여부와 밀접하게 연관되어 있다는 것을 깨닫게 된다.

> 품에 안긴 아기가 어머니의 존재를 인식하고 싶어 하는 이유는 단지 경험으로 어머니가 자기의 모든 욕구를 지체 없이 만족시켜 준다는 사실을 알고 있기 때문이다.[5]

양육자가 눈앞에 있을 경우와 눈앞에 없을 경우가 다르며 눈앞에 없으면 아주 큰 불편감을 느낀다. 심지어 고통스럽도록 힘든 상황을 맞는다는 것을 깨닫게 된다. 그래서 아기들은 양육자를 늘 눈앞에서 확인하려고 하는 의지를 보인다. 이것은 인간이란 육체적 조건의 한계에서 생겨난 생리적인 욕구(먹고, 마시고, 자려고 하는)와 학습된 욕구(새 기저귀의 쾌적함)에 대한 결핍을 사회적인 관계(양육자의 존재)로 예방하고자 하는 상징적인 표상이다. 아기에게는 양육자가 눈앞에 존재할 때 저절로 채워지는 만족감(양육자가 '나'의 모든 요구를 알아서 채워주는 데서 오는)이 비교기준이 된다. 그 기준에 비해 양육자가 눈앞

---

5) 지크문트 프로이트, 『불안과 억압 (프로이트 전집 10)』, 열린책들

에서 보이지 않을 때 (양육자가 능동적으로 채워주던 기본적 욕구가 만족되지 않으므로) 불만족감을 느끼게 되고 그 불편감을 표현하게 된다. 그러므로 눈앞에 양육자가 존재하지 않으면 새로운 불편감이 생기는 것이고 이 불편감을 다시 복구시키려 하는 (이미 설명한 본능의 정의에 따라) 욕구가 발생하게 된다. 그것이 기본적인 욕구 다섯 가지를 포함하는, 또는 상징하는, 또는 표상하는, 또는 기본적인 욕구 다섯 가지의 불편함을 미리 예방하는, 그래서 안전하게 신생아를 지키는(이것은 양육자의 의도다.) 욕구다.

생리적인 욕구(행위욕구)와 학습된 욕구(상태욕구)라는 것은 어린 신생아의 시기를 이미 거쳐 어른이 된 '나'의 입장에서 기술되는 것이다. 실제로 그 시기를 살아가는 신생아는 자신이 느끼는 것이 생리적인 욕구라거나 학습된 욕구라는 것을 알 리가 없다. 심지어 자신이 목마르거나 배고프다는 생각조차도 언어가 형성되기 전까지는 구체화 될 수 없는 욕구다. 더더욱 '양육자가 없어 안전하지 않다'라고 생각하는 것은 있을 수 없는 것이다. 그냥 양육자가 없으므로 불편한 것이다. 아니, 불편함을 느낄 뿐일 것이라고 짐작할 따름이다. 그러한 복잡한 욕구의 세부사항을 신생아가 느낄 필요가 없는 것은 양육자의 존재 때문이다. 무슨 불편함이 되었든 양육자가 존재하면 그러한 불편함은 없어지게 되며 '내'가 조금만 표현하면 민감하게 반응하여 그 불편함을 제거해 주거나 어떤 경우엔 '내'가 불편하기 전에 미리 알아서 불편함을 없애주기 때문이다. 그러한 양육자의 존재는 아기에게 있어 마음을 쏟고 신경 써야만 하는 존재가 되는 것이다. 그리고 아기는 곧 그 양육자의 존재가 '내' 시야에 존재하느냐 아니냐에 따라 '내'가 까운 미래의 불편이 생길 것이냐 예방될 것이냐를 따지게 된다. 그냥

'나'의 모든 편의가 양육자에게 달려 있다고 느끼는 순간 아기는 양육자의 존재 여부를 집요하게 확인하려 들게 되는 것이다. 이것을 **확인욕구**라고 부르고 싶다. 이 확인욕구는 인간의 높은 지능 때문에 생기는 현상이다. 현재의 반복되는 불편함이 학습되면 미래에도 동일하게 반복될 것이라는 자연스러운 예측이 생성된다. 확인욕구에 있어가장 중요한 점은 미래의 불편을 예방하는 기능이다.

양육자의 입장에서 양육자는 신생아를 안전하게 지키고 싶어 한다. 신생아는 그 안전함 속에서 자신의 불편함을 마음껏 표현하는 것이다. 그 안전욕구야말로 오랜 기간 양육자에 의해 제공되는 상태욕구다. '나'는 그 상태를 지속해서 학습하게 되지만 처음에는 인지하지 못하는 욕구다. 양육자의 마음에서 형성된 안전욕구(자녀를 안전하게 지키고 싶어 하는 욕구)가 '나'에게 반복적으로 적용되고 나면 나중에 그 마음을 학습하여 '내' 마음에 학습된 안전욕구가 생긴다. '나'의 안전욕구는 양육자가 끊임없이 말해주고 한결같이 지켜준 결과 생기는 것이다. 안전욕구가 '나'에게 학습되고 있는 도중에 양육자가 없어진다면 안전을 성취하기란 불가능한 것이다. 양육자를 확인하는 행위는 늘 '나'를 위해 안전을 담당하고 예측하여 예방하는 양육자의 존재를 확인하는 일이다. 그러므로 안전욕구 자체가 확인욕구에 포함된다. 확인욕구만 충족되면 안전욕구도 채워지므로 어느새 확인욕구과 안전욕구는 구분이 어렵고 분리가 잘 되지 않게 된다. '나'와 양육자가 긴밀하게 관계를 맺고 있는 한국에서는 확인욕구로 통합해도 크게 무리가 없을 것이다. (확인욕구가 잘 채워지지 않는 서양에서는 따로 강조되어야 할 욕구다.) 양육자를 확인하는 욕구만 충족된다면 앞으로 올 불편에 신경 쓰지 않고 편안하게 현실의 평정을 유지할 수 있게 된다.

이 확인욕구가 생기는 순간은 기존의 심리학에서 볼비John Bowlby가 얘기한 아기가 양육자와의 애착이 형성되는 시기로 생각하면 될 것이다. 이 책에서는 볼비처럼 양육자와의 애착이 태어나면서부터 가지고 태어나는 본성으로 보지 않으며 (진화론적 관점에 따라 애착은 생존에 도움이 되는 방향으로 발전한 것으로 본다. 아기에게 생물학적으로 예정되어있는pre-programmed 타고난 사회적 행동에 의해 어른으로부터 양육 행동을 유발하면서 발생한다고 한다.[6]) 양육자에 의해 어느 정도 양육되면서는 앞으로 발생하는 불편감(결핍)의 (미래불편)예방 욕구로서의 확인욕구(안전욕구 포함)가 생성되는 것이라고 주장하고 싶다.

확인욕구 형성 후 학습된 욕구들의 완성

학습된 욕구들이 생기면서 확인욕구(안전욕구, 또는 애착)가 생기지만 학습된 욕구들의 완성은 확인욕구가 생긴 뒤로 계속 진행되는 문제다. 예를 들어 씻는 욕구에 관해 얘기해 보자. 태어나서 얼마 되지 않아 양육자의 존재를 깨닫게 되는 확인욕구가 생긴다. 하지만 그 뒤로도 지속적으로 씻겨줘야 하는 양육이 필요하다. 그러한 양육이 학습된 욕구(상태욕구, 즉 깨끗한 상태를 계속 유지하고 싶어 하는 욕구)를 생성시키는 것은 어렵지 않지만 그렇다고 학습된 욕구를 제대로 만족시키는 것도 쉬운 것은 아니다. 양육자로서는 아무리 씻겨줘도 영

---

6)   John Bowlby, 1988, 『SECURE BASE: Parent-Child Attachment and Healthy Human Development』, Basic Books, A Member of the Perseus Books Group.

원히 채워지지 않는 욕구라고 생각할 수도 있다. 그러므로 어느 선에서 적당히 자식('나')에게 스스로 하도록 떠맡기고 양육자가 책임에서 벗어나야 한다. 학습된 욕구란 비록 처음에 만들어졌을 때는 그 의미가 미미하지만, 시간이 흐르면서 양육에 의해(정도와 빈도의 차이는 있겠지만) 의미가 더더욱 중요해진다. 충족될 때의 만족감을 장시간 반복적으로 느끼게 될 때도 있겠지만 그 만족감이 기준이 되어 그 기준보다 충족되지 못할 때의 불편함도 끊임없이 생산해낼 것이다. 학습된 욕구들은 어쩌면 물을 부어도, 부어도 채워지지 않는 밑 빠진 독과 같다. 딜레마는 거기서 생긴다. 학습된 욕구들을 채우는 행위를 '나' 스스로 떠맡을 시기가 언제부터일까? 너무 빠르면 결핍이 심할 것이며 너무 늦으면 독립된 인격체로서의 형성에 지장을 주게 된다. 어떤 양육은 질이 좋고 밀도가 높아 빨리 독립에 이르게 될 것이며 어떤 양육은 질이 나쁘고 밀도도 성겨 오래도록 독립하지 못하는 결과를 가져오게 된다.(결핍이 아주 심해서 아무도 돌봐주지 않을 경우에는 "내"가 훨씬 더 일찍 독립하는 경우도 있다. 하지만 이런 경우에는 결핍과 분노를 억압한 채로 견디는 것일 뿐이다. 나중에 환경이 바뀌거나 성인이 되면 더 큰 문제로 터져 나올 수 있다.) 그러므로 모든 사람에게 적용되고 일정한 기준이 되는 적절한 독립할 나이란 것은 있을 수 없는 것이다. 아마도 가장 적절하고도 이상적이라고 생각되는 기준을 설명하자면 다음과 같다. 먼저 학습된 욕구들이 어떠한 대가도 없이 저절로 '나' 스스로 하고 싶어 하는 상태가 되어야 한다. 그 후 양육자에 의해 그 상태를 인정받아야 완전한 독립의 기준이 될 수 있다. 하지만 그것은 어디까지나 이상적인 기준이다. 현실적으로 그 기준을 완벽히 만족한 뒤에 독립하는 사람은 거의 없을 것이기 때문이다.

행위욕구의 상태욕구화

행위욕구와 상태욕구의 차이라면 가만히 있으면 저절로 하고 싶어지는 욕구이냐, 받고는 싶지만 정말 스스로 하기는 싫은 욕구이냐 일 것이다. 물론 행위욕구(생리적 욕구)들 조차 학습된 욕구로의 변형이 얼마간 있을 수밖에 없으므로 스스로 하는 부분이 어려워지는 경우도 있다. 행위 욕구가 상태 욕구화 되는 것은 두 가지 경우가 있다.

첫째는 거의 극단적인 상황에서 벌어지는 경우로서 정상적인 양육 자체가 잘 이루어지지 않은 상태에서 발생한다. 생리적 현상이나 반사reflex들이 양육자의 양육에 의해 학습되어 생리적 욕구로 형성되는 과정이 이루어지지 않게 되는 경우를 말한다. 극단적인 예를 들어 신생아의 대변을 처리하지 않고 두었을 경우를 생각해 보자. 신생아는 깨끗하게 대변이 치워지고 항문이 깨끗하게 씻겨지는 느낌을 학습하지 못할 것이다. 시간이 지나면 스스로 대변보고 뒤처리 하는 행동은 남들 눈치 때문에 냄새날까 봐 어쩔 수 없이 해야 하는 일이 될 것이다. 빨기 반사가 식욕으로 완성되기도 전에 결핍을 겪는다면 먹는 일 자체가 억지로 해야 하는 힘겨운 일이 될 것이다.

둘째는 행위욕구가 상태욕구와 합쳐질 경우다. 모든 욕구는 하나의 욕구만이 아닌 여러 가지 욕구와 만나 섞이고 조율되며 변형된다. 그중 가장 인지하기 쉽고 두드러진 대표적인 욕구의 이름을 가져다 붙일 뿐이다. 원래는 행위욕구였지만 여러 가지 학습된 욕구가 첨가되는 바람에 행위욕구 하나로 끝나지는 않는 욕구들이 되었다. 잠을 잘 때를 예를 들어보자. 잠을 자는 행위에는 간단하게 졸리면 자야 하는 것으로 단순해 보이지만 '내'가 양육자로부터 양육되는 긴 시간

동안 조금은 복잡해지게 된다. 인절미에 고물 묻듯 순수한 생리적 욕구에 다양한 학습된 욕구들이 들러붙게 되는 것이다. 동물로서 잠을 자는 행위는 당연히 격렬히 졸릴 때만 눈 감고 자면 된다. 그러나 한 사람의 인격체로서 또는 사회적 동물로서의 인간이라면 여러 가지 조건과 제약이 따르게 된다. 직장을 지속해서 다니는 '나'라면 잠자리에 드는 시간이 아무리 다르다 해도 잠에서 깨어나는 시간은 일정해야 한다(인정욕구 포함). 그리고 아무리 졸린다고 한들 아무 곳에서나 두 발을 뻗고 누워서 잠들 수가 없다(체온 유지욕구, 인정욕구 포함). 그리고 반드시 잠들기 전에 양치질하고 자야 한다(청결욕구 포함). 어떻게 보면 잠을 자기 전에 반드시 선결해야 할 일이 생기며 그것으로 인해 생리적인 욕구인 잠을 자는 것에 더 큰 영향을 미칠 수도 있다. 먹는 것 역시 마찬가지다. 우리나라에서는 점심을 먹을 때 혼자 못 먹는 사람이 많다. 혼자 먹을라치면 외로움이 몰려와 꼭 누가 옆에 있어야 하는 것이다(확인욕구 포함). 그것이 아니라면 주위 사람이 자신을 외톨이로 보고 불쌍하게 생각할까 걱정이 되어서다(인정욕구 포함). 어떤 사람은 먹는 것을 SNS에 과시하려고 하고(인정욕구 포함) 어떤 사람은 다른 사람들의 시선을 의식하여 자신을 굶기기도 한다(인정욕구 포함). 행위욕구가 이러한 학습된 욕구들과의 결합으로 인해 누군가가 해주었으면 하는, 적어도 누군가가 나를 이끌어 주었으면 하는 상태욕구로 변형되는 일이 벌어지는 것이다.

상태욕구의 행위욕구화

원래 행위욕구(생리적 욕구)였던 것들 또한 상태욕구(학습된 욕구)로 변하는 마당에 상태욕구인 학습된 욕구들은 행위욕구로 변하기가 더 어려울 것이다. 특히나 없었던 욕구이므로 상태욕구부터 성립되어야 한다. 양육자에 의해 이루어진 상태(청결, 청소, 세탁, 요리, 설거지)를 당연하게 여기도록 만들어야 한다. 그리고 그 당연한 상태를 만드는 양육자의 행위도 당연하게 여기도록 만들어야 한다. 그 양육자의 행위를 당연한 것으로 여기면 상태욕구는 생긴 것이라고 보아야 한다. 양육자에 의해 학습된 욕구(상태욕구)가 생기는 것은 그다지 어려운 일은 아닌 것으로 보인다(그 과정이 쉽다는 얘기는 아니다.) 결국 양육자가 '나'를 힘들게 양육하는 과정에서 (학습된 욕구로) 상태욕구가 저절로 생긴다고 얘기할 수 있다. 양육자에 의해 이루어진 상태를 원한다는 얘기이지 '내'가 그 상태를 스스로 만들고 싶어 한다는 얘기는 아니다. 대부분의 '나'는 양육자에 의해 이루어진 상태욕구를 스스로 재현해야 할 의무가 있다고는 생각할 수 있지만, 그것을 재현하고 싶어 하지는 않는다. 그냥 누리고만 싶어 한다. 바로 그것이 상태욕구인 청결, 청소, 세탁, 요리, 설거지를 욕구라고 부르는 데 저항이 걸리는 이유일 것이다. 학습된 욕구는 '내'가 양육자에게서 독립하기 전까지는 계속 상태욕구로 남아 있을 것이다. 양육의 질과 양에 따라 '나'는 독립을 하고 나서도 여전히 학습된 욕구를 상태욕구로 느낄 것이다. 그런 연유로 아주 소수의 '나'들만 학습된 욕구를 상태욕구에서 벗어나서 행위욕구로 느낄 수가 있다. 그 기준은 얼마나 양질의 양육을 받느냐 아니냐에 따라 좌우되는 것으로 보인다. 양질의 양육을 받으면 학습된 욕구를 그 상태로 당연히 '내'가 누려야 할 상태로 느끼게 된다. 이미 많이 누려보았고 충분히 채워졌으므로 그 상태를 '누가' 만드냐 하는 것은 전혀 신경을 쓰지 않게 된다. '내'가 상태욕구만족을 온전히 스스로 누리고 싶어 하는 그 순간 학습된 욕구(상태욕구)는 하고 싶어 하는 행위욕구가 되는 것이다.

만약 반대로 양질의 양육을 받지 못했을 때, 학습된 욕구를 그 상태 그대로 양육자에 의해 누려 본 경험이 부족할 때를 생각해보자. 그때는 상태욕구만족이 무엇인지는 알고 있지만, 그 만족을 양육자가 채우는 것을 많이 느껴보지 못하고 (양육자가 해주지 않아 반강제로) 스스로 채우는 것만 느끼게 된다. 그러므로 상태욕구를 양육자가 직접 채워줄 때와 비교하여 현재 상태욕구를 채우기 위해 스스로 사용하고 있는 '나'의 에너지를 상대적인 결핍상태로 생각하게 되는 것이다. 그럴 경우 학습된 욕구들이 채워지더라도 중요한 것은 '누가' 채웠는지가 더 중요하다는 것을 부지불식간에 인지하게 되며 '내'가 채운 에너지는 무효가 되어버린다. 양육자가 아무런 조건 없이 채워주기(씻기고, 음식을 요리해주고 먹은 후 설거지해주고, 청소해주고, 빨래해주는)만을 바라고 또 바란다. 하지만 바라기만 할 뿐 대부분의 학습된 욕구는 '내'가 해야 하는 욕구다. 어쩔 수 없이 스스로 채우면 채워도 채워지지 않은 느낌이며 '내'가 해야 할 일을 했다는 의무감만 채워질 뿐이다. 만약 배우자를 만나게 되면 양육자에게서 받고 싶어 했지만 못 받았던 것들을 다시 배우자에게서 받고 싶어한다. '내'가 자라면 자랄수록 양육자가 아무런 조건 없이 학습된 욕구를 채워주는 완전한 양질의 양육이란 거의 불가능해지기 때문에 반드시 결핍이 생길 수밖에 없는 것(그리하여 학습된 욕구를 누가 채워줄 것이냐에

마음의 지도

집중하는 것)은 선대의 양육자가 후대의 '나'에게 남긴 상속된 빚이다. (아무리 저질의 양육을 받았다 하더라도) 학습된 욕구가 정상적인 사회생활을 유지하는 사람이라면 반드시 해야만 하는 것으로 여겨진다는 것은 사회화를 이룬 인류가 치러야 할 세금이기도 하다. (문제는 양육자와의 최소한의 사회생활 도중에 학습이 되면서 만들어졌기 때문에 양육자에게 받아야 하고 받으며 커 왔지만, 성인이 되면 받지 못하고 앞으로도 받지 못하는 욕구가 된다는 점이다. 누군가 해줬으면 하는 욕구가 생기지만 결국 자신이 해야 하는 이 학습된 욕구의 역설이 인간을 우울과 무기력의 비극 속에 빠뜨리는 주범이다.)

완벽한 (무조건적인 사랑을 베푸는) 양육자란 없다. 조건 없이 기본적 욕구(학습된 욕구 포함), 확인욕구, 인정욕구를 완벽하게 만족시켜주는 양육자란 있을 수 없는 것이다. 양육자의 사랑도 무조건적일 수가 없고 '나'의 독립을 위해서 무조건적이어서도 안 된다. 양육에서의 완벽함이란 바로 무조건과 조건 사이에서 양육자가 '나'에게 줄 수 있는 최선의 외줄타기를 뜻하는 것이다. 실제로 제대로 된 양육자에 의해 충분히 양질의 양육을 받은 사람일수록 씻는 것(요리, 설거지, 청소, 빨래 역시도)은 '씻고 싶다'라는 욕구에 더 가깝다. 하지만 제대로 양육 받지 못한 사람일수록 씻는 것은 사회생활에 있어 '하기 싫지만 어쩔 수 없이 해야 하는' 의무에 더 가깝다. 씻는 행위를 굉장히 힘들어하는 경우 그 행위를 부담스러워하면서도 꼭 하게 되는 이유는 양육자에 의해 씻길 때의 그 개운함을 느껴 본 과거의 경험 때문이기도 하겠지만 다른 사람들의 평판을 신경 쓰기 때문이다(〈1장 본능과 욕구〉 中 '인정욕구' 참조). 이 부분은 나중에 치료를 위한 마중물 요법을 설명할 때 다시 언급되어야 하는 부분이다.

학습된 욕구의 사회문화적 요인

물론 이런 학습된 욕구는 그 나라의 발전 정도와 사회적인 관습과 도덕적 풍습에 따라 달라질 수 있다. 물이 많이 부족한 나라에서는 좋은 양육의 조건에 잘 씻기는 것이 절대 조건으로 들어가지 않을 수도 있다. 마찬가지로 주택의 환경과 주변 여건에 따라 청소와 빨래가 양육에 절대적인 조건이 아닐 수도 있다. 사회적인 관습으로 인해 밥하고 빨래하는 것을 면제받은 사람도 있을 수 있겠다. 하지만 인간이 살아가는 데 있어 가장 중요한 부분인 청결욕구와 청소욕구 세탁욕구의 중요성이 완전히 사라진다고 할 수는 없다. 학습된 욕구 중에서 서로 중요도의 순서를 맞바꾸는 정도나 한두 가지가 생략되고 추가되는 정도의 차이가 있는 것이다.

이러한 학습된 욕구(씻기, 요리하기, 설거지하기, 청소하기, 빨래하기)들이 형성되는 데에는 생리적인 욕구에 비해 굉장히 긴 시간이 필요하게 된다는 것은 이미 설명하였다. 학습되는 데 적어도 5년에서 20년까지 걸리는 부분이며 어떤 것은 때에 따라 학습되지 않을 수도 있다. (이러한 학습된 욕구들의 성립 기간이 또한 나라와 사회, 가정과 개인마다 다를 것이므로 학습되는 시기를 정하는 것이 그다지 큰 의미가 있는 일은 아닐 것이다.)

기본적 욕구(생리적 욕구+학습된 욕구)의 상징으로서의 확인욕구

다시 확인욕구가 생겨난 시점으로 돌아가 다시 정리해 보자. 양육자의 존재를 신생아 혹은 영아가 깨닫게 되면서부터 생리적인 욕구에 의한 불편은 저절로 해결된다는 것을 느끼게 된다. 실제로는 그러한 생각 자체를 못 할 것이다. 그냥 양육자의 존재 자체가 '나'에게 전지전능함을 부여하기 때문이다. 그 후 양육자에 의해 학습되는 모든 욕구 또한 이 확인욕구에 포함된다. 즉 상징되는 것이다. 기본적인 욕구 즉, 생리적 욕구와 학습된 욕구가 더해진 욕구는 중간에 생겨난 확인욕구로 상징된다. 확인욕구가 생겨난 뒤로도 계속 학습이 진행되는 씻기, 청소하기, 빨래하기 등도 확인욕구로 상징된다. 이 관계는 세상의 모든 재화를 돈이 상징하는 것과 같은 관계로 비유할 수 있다. 사람은 자신이 가지고 싶어 하는 물건을 사기 위해 돈을 버는 것과 마찬가지로 기본적 욕구 중에 자신이 원하는 욕구를 충족시키기 위해 확인욕구를 추구한다. 지금 당장 자신이 사용할 모든 물건을 가지고 있어도 미래에 쓸 돈이 없으면 불안해하듯이, 자신이 현재 아무런 불편함도 없이 모든 기본적인 욕구가 충족되어 있다고 하더라도 확인욕구가 충족되지 않으면 즉, 양육자가 눈앞에 없다면 미래를 불안해한다.

'내'가 자신을 양육하는 양육자의 존재를 깨닫기 시작하는 그 순간이 바로 확인욕구가 생성되는 순간이며 기존에 존 볼비John Bowlby가 애착이라고 부른 인간의 행동이 시작되는 순간이다. 이 책에서는 애착이라고 부르지 않을 생각이다. 확인욕구가 맞는다고 생각한다. 애착은 아이의 원래 타고난 부분이 사회적 행동의 유발자로 작동한다는 것으로 설명을 시작한다. 거기에 엄마의 모성이 반응하여 상호작용을 통해 생성되는 것으로 파악한다. 애착을 하나의 단일화된 현상으로 생각하게 된다. (본능과 유사하지만, 애착이 근본적인 본능을 설명할 수 없었기 때문에 정신분석학에서도 본능과 연결점을 찾을 수 없어 배제하게 된다.) 그에 따라 애착의 형성 과정과 유형에 관해 서술하는 것으로 만족할 수밖에 없는 것이다. 그에 반해 이 책에서는 애착이 너무 두루뭉술하며 확인욕구와 인정욕구(앞으로 이 책에서 설명할 부분)를 한꺼번에 인식한 것(이유는 설명할 수 없었기 때문에 현상을 서술만 한 것)으로 보는 것이다. 확인욕구란 '내'가 가지고 있는 본능(불편함을 제거하려고 하는 의지)이 양육자의 양육에 따라 발현되는 도중에 나타나는 것이라 설명하고 있다. 신체적 제한과 무능함을 통해 결핍을 느끼고 그 결핍을 채우는 과정으로 나타나는 여러 가지 기본적인 욕구들을 상징하는 욕구, 기본적인 욕구들을 채워주는 양육자의 존재 자체를 상징하는 욕구, 모든 학습된 욕구를 표상하는 또 다른 학습된 욕구이기 때문이다. 기본적인 욕구들이 확인욕구(양육자를 보고 싶어 하는 마음)에 포함되어 있다고 할 수 있다.

이 확인욕구가 생기고 나서는 어지간히 기본적인 욕구가 결핍되는 상황이 아니면 늘 이 확인욕구가 모든 욕구를 대신하게 되며 이 확인욕구에 모든 것을 걸게 된다. 마치 태어나기 전부터 존재했었던 욕구처럼, 인간이 필요한 단 한 가지의 욕구인 마냥 행동하게 된다. 어린 '나'는 기본적 욕구를 인식하기보다는 제일 먼저 확인욕구를 인식할 것이므로 당연한 느낌일 수 있다. 성장하면서 확인욕구가 결핍되면 주로 나타나는 결핍감은 불안과 외로움이다. 불안은 확인욕구에 포함되어있는 또는 확인욕구에 숨어 있는 안전욕구에 의해 나타나는 감정이다. '내'가 자라면서 점점 자신을 지킬 확률이 높아지고 또 스스로 안전하다고 느껴지면 불안이 사라지면서 원래 확인욕구의 결핍감인 외로움이 나타난다. (일반적으로는 그렇다.)

4) 확인욕구의 종류

이제 기본적 욕구(체온 유지, 먹기, 마시기, 배설하기, 자기, 씻기, 청소하기, 빨래하기)에 확인욕구(양육자를 보고 싶어 하는 욕구이며 후에 '누군가'를 보고 싶어 하는 일반적인 확인욕구로 바뀌게 된다.)라는 새로운 상징욕구가 생겨났다. 이 확인욕구는 신체적으로 제한된 아기에게서부터 생성이 되기 때문에 양육자의 존재를 확인을 할 수 있는 방법은 직접적인 감각에 의존할 수밖에 없는 것이다.

시각적확인욕구

그래서 확인욕구는 확인에 사용되는 감각기관에 의해 나눌 수 있다. 가장 중요한 확인 기관은 시각이다. 하지만 시각은 '내'(영아)가 눈을 뜨고 있는 상태에서만 사용할 수 있는 것이다. '내'(영아)가 자려고 누웠을 때 너무 졸려 눈이 스르륵 감기면 양육자를 확인할 수가 없게 된다. 양육자가 나의 졸음에 의해 확인이 되지 않는 상황이 벌어지게 되는 것이다. 지금 아무리 모든 기본적인 욕구가 충족되어 있어 어떠한 기본적 욕구도 나를 불편하게 하는 것이 없어도 이 확인욕구가 채워지지 않게 되면 앞으로 지속될 미래에 대한 불편함을 예방하지 못하게 된다. '나'(영아)는 바로 그 불편감을 처음에는 불안으로 인식하는 듯하다. 엄마가 눈에 보이지 않는 것을 인식하는 것보다 더 빨리 깊은 잠으로 빠지지 못하게 되면 아이('나')는 불편함으로 인해 잠에서 깨어나서 울게 된다.

청각적확인욕구, 후각적확인욕구, 미각적확인욕구, 접촉확인욕구

그래서 영아('나')는 잠잘 때 눈을 통한 확인욕구 말고 다른 감각기관을 통한 확인욕구를 사용하게 되는데 그러한 사용 역시 양육자들의 양육 방법에 따라 학습되는 방법이 다르다. 만약 서양에서처럼 침대에 눕혀 놓고 자장가를 들려주는 방법이라면 청각적확인욕구(엄마의 말소리를 듣고 싶어 하는)가 생길 것이다. 한국에서처럼 울 때마다 안아 올려 업어준다면 '나'에게는 촉각에 의한 확인욕구가 생길 것이다. 같은 방식으로 후각에 의한 확인욕구도 생길 것이다. 물론 동서양의 양육방법과 상관없이 모든 종류의 확인욕구는 생기게 마련이다. 어떠한 확인욕구를 더 많이 사용하게 되는지에 따라 더 발달하게 되는 차이가 있다. 문제는 이러한 확인욕구들 중에 우선순위와 중요도에 따라 지배적인 확인욕구들이 있다는 것이다. 한 가지가 만족하면 다른 것은 저절로 만족하는 것이 있기 때문이다. 후각적확인욕구나 미각적확인욕구는 거의 접촉확인욕구가 채워질 만한 거리가 아니면 채워지지 않는다. 후각적확인욕구나 미각적확인욕구는 접촉확인욕구에 종속되어 있다고 봐야 한다. 청각은 안 보이는 곳에서도 양육자의 존재를 확인시켜주는 기능이 있으나 때에 따라서는 오히려 닿을 수 없는 먼 거리만 확인시켜주는 제한점이 있다. 그래서 청각적확인욕구 역시 다른 시각적확인욕구나 접촉확인욕구와 같이 경험될 때훨씬 더 효과적이다. (청각적확인욕구는 치료 기법인 '마중물 요법'에서 중요하게 사용되는 확인욕구다.)

가장 강력한 접촉확인욕구와 가장 간편한 시각적확인욕구

확인욕구 중에서 가장 강력한 욕구는 바로 촉각에 의한 확인욕구(접촉확인욕구)다. 접촉확인욕구만 만족하면 청각적확인욕구, 후각적확인욕구, 미각적확인욕구, 심지어는 시각적확인욕구도 필요가 없어진다. 물리적 거리가 가장 가깝게 느껴지기 때문에 어떠한 불편감이라도 즉각적으로 해소되는 경험을 제공하게 된다. 무엇보다도 접촉확인욕구는 잠을 자려고 하면서 눈을 감고 의식마저 사라지려 할 때조차 불편감(불안감)을 확실히 방지해주는 욕구이기 때문이다. 그리고 접촉확인욕구만 채워지면 후각과 청각은 저절로 만족이 된다.

접촉확인욕구는 '허용되는 한'이란 조건이 허락된다면 제일 선호되는 욕구일 것이다. 모든 확인욕구들에 비해 가장 강력하고 가장 지배적이기 때문이다. 접촉확인욕구 한 가지만 충족된다면 다른 확인욕구는 필요가 없어진다. 하지만 '접촉이 허용되는 한'이란 제한점이 있으므로 가장 강력하지만 가장 채우기 힘든 욕구이기도 하다. 그런 의미에서 허락받아야 하는 조건도 없이 '내'가 확인하고 싶으면 언제나 확인할 수 있는 시각적확인욕구야 말로 가장 간편하면서도 가장 안정적으로 충족 받을 수 있는 보편적 확인욕구라고 할 수 있겠다.

접촉확인욕구의 한계

접촉확인욕구는 영유아기 학령전기 학령기를 거치면서 점점 '허용되는 한'이라는 조건이 잘 충족되지 않는다. '나'의 욕구가 아무리 강렬하다 하더라도 양육자가 허용하지 않으면 충족되지 않기 때문이다. 그리고 그 허용 가능성은 대부분 양육자의 개인적인 성향에 따라 달라진다. 가장 강력한 접촉확인욕구지만 그 조건의 한계 때문에 잘 채워지지 않는 욕구이므로 '내'가 대안으로 생각하는 욕구가 있어야 한다. 그러므로 양육자를 확인할 수 있는(양육자의 허락이 필요한 개인적인 공간 바깥에서도 확인할 수 있어야 하는) 물리적인 거리가 멀고 양육자의 다음 행동을 예측할 수 있으며 양육자의 개인적인 성향과는 상관없이 채워질 수 있는 확인욕구가 필요하다.

접촉확인욕구의 대안으로서 시각적확인욕구

그것이 바로 시각확인욕구 즉 눈으로 양육자를 확인하는 것이다. 접촉확인욕구 다음으로 강력한 우선순위를 가지고 있으면서도 눈만 뜨면 확인이 가능하며 '내'가 양육자를 발견하는 것은 굳이 양육자의 허락을 받을 필요가 없으며 비교적 양육자의 존재를 검색할 공간 활용도 역시 넓은 편이다. 그 시각적확인욕구의 명료한 해상도나, 양육자의 존재를 확인할 정도의 빛만 있으면 가능한 접근성 때문에 더 선호되는 것 같다.

대표적 확인욕구로서의 접촉확인욕구와 시각적확인욕구

그래서 확인욕구를 임상적으로 의미가 있는 시각확인욕구와 접촉확인욕구 두 가지만 설명하려고 한다. 물론 시각확인욕구나 접촉확인욕구에 후각이나 청각확인욕구가 배제될 수는 없는 것이다. 항상 공감각적으로 작용을 할 수밖에 없다. 하지만 논의의 과정에서 대표적인 확인욕구를 두 개로 정하여 설명하여도 크게 오류가 나지 않는다는 생각에 설명과 이해의 편의를 돕기 위해 두 가지로 줄여서 얘기할 생각이다. 물론 개체의 다양성으로 인해 후각이나 청각확인욕구가 주된 관심사가 되거나 주된 문제의 발생지가 될 수 있겠다. 그것은 이 두 가지 대표적인 시각과 접촉확인욕구를 이 책에서 어떻게 전개해 나가는지를 미루어 보면 충분히 짐작이 가능한 부분이며 기회가 되면 다시 설명할 수 있을 것으로 생각한다.

시각확인욕구는 양육자를 눈으로 보고 싶어 하는 욕구다. 양육자를 보고 싶어 하는 이유는 에너지를 얻기 위해서이다. (〈3장 에너지 경제론〉 참조. 에너지는 욕구와 상보적인 관계다. 각종 욕구는 각 욕구에 맞는 에너지를 추구하고 에너지는 욕구를 통해 구현된다. 욕구라는 여러 형태의 용기에 담기는 여러 형태의 내용물을 에너지라고 할 수 있다.) 학령기 이전에는 '내'가 에너지를 받는 대상이 전적으로 양육자와 가족들로 국한되어있다. 학령기가 되면 그 대상이 친구들로 넓어지게 된다. 친구들로부터 오는 에너지를 더 선호하는 경향이 있다. 점점 양육자로부터 들어오는 기본적 에너지(기본적 욕구를 채워주는 것)가 줄어들고 있기 때문에 그 예방욕구인 확인욕구(양육자를 보고 싶어 하는 욕구)의 영향력을 줄이게 된다. 그 대안으로서 친구가 주는 확인욕구(친구를 만나면 양육자를 만나는 것보다 더 즐겁다. 그것을 에너지로 느끼기 때문이다.)를 선호하게 되는 것이다.

접촉확인욕구는 양육자를 몸으로 느끼고 싶어 하는 욕구다. 그 역시 에너지를 얻기 위해서다. 한국에서는 학령전기까지는 잘 채워지는 에너지다. (학령전기까지 엄마와 같이 자면서 얻는 에너지다. 때로 더 늦은 나이까지도 엄마로부터 받는다.) 이 접촉에너지 역시 줄어들면서 양육자로부터 덜 오게 되면 이 접촉욕구 역시 친구를 통해 충족 받는 것을 즐길 수 있다. 대신 친구 중에서도 이성친구일 가능성이 더 높으며 접촉욕구 충족과 함께 이제 막 발달한 성욕의 충족이 동시에 일어날 수 있다.

확인욕구 충족 시스템의 오작동

영유아('나')의 가장 큰 관심사이자 에너지원인 이 확인욕구는 곧 큰 난관에 부딪히게 된다. 양육자가 확인만 되면 모든 것, 즉 기본적인 욕구가 저절로 채워지게 되는 현실은 얼마 지나지 않아 끝나기 때문이다. 신생아가 영유아기를 거치면서 자신의 주관이 생기고 자율성이 생기게 될수록 사회적인 관계와 '입장'이란 것을 이해하지 못하고 자신만의 의지로 살아가려 하며 그것은 아이('나')를 양육하는 양육자의 입장에서 커다란 스트레스가 된다.

집에 없는 아이스크림을 지금 당장 먹어야 하는 유아가 현재 양육자의 입장은 전혀 고려하지 않고 자신만의 불편함에 대한 불만을 표현하고 있다고 해보자. 3살 터울의 형은 유치원에 가기 위해 준비가 한창이다. 유치원의 활동 중에 수영장을 가야 하는 시간이 있어 수영복과 수영모, 물안경, 구명조끼를 준비해야 하지만 아침에 늦게 일어난 양육자가 지난해에 사용하고 처박아 둔 첫째 아들의 수영복을 찾지 못하는 상황이다. 양육자는 빨리 첫째를 유치원으로 보내고 둘째를 한잠 재운 다음 여유를 가지고 차 한 잔을 마시고 싶은 생각이 간절하다. 하지만 둘째는 지금 아이스크림이 먹고 싶은 것이다. 둘째('나')는 양육자에게 한두 번 자신의 불편함(먹고 싶은데 먹지 못하는 현실 때문에 생기는 불편함)을 표현했지만, 양육자는 예전과 다르게 존재를 확인하는 것(엄마가 눈앞에 있는 것)만으로는 불편함을 해결해주지 않는다. 대신 양육자의 급한 용무를 먼저 해결할 테니 조금 기다리라는 답변이 돌아오는 것이다.

'나'와 양육자의 불편함이 충돌할 경우

태생적으로 아이('나')의 불편함과 '양육자의 불편함'이 충돌하는 순간이 생기게 된다. 아무것도 모르고 아무것도 할 수 없어 불편함만 표현하는 신생아와 영아는, 그 아무것도 모르고 아무것도 할 수 없다는 이유로 양육자의 불편함에 우선하여 양육자가 해결해주게 된다. 바로 그 부분으로 인해 세상의 모든 양육자에게 신생아와 영아를 양육하는 것은 새로운 생명을 만나고 돌보는 가장 신성하고 축복받은 임무라고 여겨지면서도 보상받을 수 없는 무한책임 속에 버텨내야 하는 인내로 여겨지기도 한다. 모든 일에 걸쳐 아이('나')의 불편함을 해소하는 것을 우선으로 하는 삶이 장기간 지속하는 것은 양육자에게 많은 고통을 안긴다. 양육자가 자신의 어린아이들에게 아무 조건 없이 기본적인 욕구를 전적으로 채워주는 것(이 책에서 말하는 실천적 정의로서의 사랑의 원형)은 영원히 할 수 있는 것이 아니다. 그래서 아이('나')에게 영아에서 유아로 성장하게 되면서 의사소통 능력이 조금이라도 생기기를 기다린다. 대부분의 양육자는 의사소통의 방법이 열리게 되면 자신의 불편함을 먼저 처리할 기회를 잡았다고 생각한다. 주로 아이('내')가 어릴수록 양육자가 아이('나')의 욕구 표현에 대해 긍정적으로 반응하지만, 아이('내')가 자라면 자랄수록 양육자는 아이('나')의 욕구 표현을 무시하고 자신의 욕구를 먼저 해결하는 경향이 있다. 그것은 아이('나')에게 생기기 시작하는 의사소통 능력 때문이다. 그 능력이 양육자로 하여금 아이('내')가 양육자의 입장을 충분히 이해해 줄 것이란 기대를 하게 만드는 것이다. 아이인 '내'가 말을 배우기 시작하면서 자기주장이 생기게 되면 양육자 또한 자기주장을 아이('나')에게 피력하기 시작한다. 그리고 그때는 아이('나')도 양육자의 주장을 수긍하고 수용해야만 하는 상황이 생기고 그것을 받아들여야만 한다.

양육자가 양육자의 불편 해결을 우선할 것이냐 아이의 불편함을 우선으로 할 것이냐는 상당 부분 양육자의 에너지 수준에 달려있다. 양육자의 에너지 수준은 양육자가 양육자의 양육자로부터 얼마나 양질의 양육을 받았느냐가 좌우한다. 양육자의 결핍이 강하면 강할수록 아이('나')의 욕구는 비정상적으로 좌절될 가능성이 높다. (아이의 욕구를 채워주지 않다 못해 학대하는 양육자 측의 원인은 나중에 조금 더 얘기할 부분이 있다.)

아이('나')의 욕구와 양육자의 욕구가 충돌할 때 발생하는 상황을 정리해보자.

첫째, 양육자가 아이('나')의 불편감을 무조건적으로 수용하고 해결해 주는 경우다. 아이가 어려서 아무것도 못 하고 어떠한 이해도 못

마음의 지도

할 때는 당연하고 극히 정상적인 반응이다. 하지만 아이가 어느 정도 생각과 대화를 할 수 있을 때라면 서서히 자신이 책임질 간단한 문제는 자신이 책임지게 만들어야 한다. 만약 늦은 나이까지도 양육자가 모든 것을 해결해준다면 아이에게 자신의 문제를 다른 사람이 해결해야 할 문제라고 생각하게 만든다. 자신의 불편감은 자신의 문제가 아니며 다른 사람(양육자)의 문제여서 자신이 개입할 필요가 없다고 생각하게 된다. 자신이 불편감을 표현(나중에는 결국 분노로 발전)하면 다른 사람이 알아서 불편감을 없애줄 것이라는 믿음이 생기게 되는 것이다. 그러므로 다른 사람의 마음에 공감하는 능력이 현저히 저하된다. 그런 양육을 받은 사람이 성인이 되었을 경우, 자신의 불편이 즉각적으로 해결되지 않으면 양육자에게 분노를 표출하게 될 것이다.

만약에 민감한 도덕적인 기준이라는 부분이 개입하게 되면 더 문제가 된다. 어린아이('나')의 욕구 중에는 어른인 양육자가 보았을 때 반드시 채워줘서는 안 되는 욕구도 있을 것이며 채워 줄 수 없는 욕구도 있을 것이다. 하지만 아이('나')의 욕구 좌절로 인한 분노가 부담스러워 아이의 문제를 회피하거나 묵인하게 되면 아이('나')는 비도덕적인 욕구해결을 용인받게 되는 것으로 생각할 것이다. 빈도수가 증가함에 따라 아이('나')의 좌절에 대한 결핍 기준이 달라지는 것이다. 자신이 하고 싶은 일이 비도덕적 일이라 하더라도 하지 못하게 되는 순간 아이('나')는 결핍감과 함께 분노가 생기게 된다. 그것이 아무리 사회적으로 용인되지 못하는 일이라 하더라도 그렇다.

둘째, 양육자가 아이('나')의 욕구를 좌절시킬 경우다. 위(첫 번째)의 경우를 생각했을 때, 아이('나')의 욕구는 어느 정도의 상식선에서 반드시 좌절시켜야만 한다. 문제는 그 좌절의 정도와 기준이 될 것이다. 두 가지의 극단적인 성향의 양육자를 상상해 보자. 먼저 유아의 욕구란 것은 충분히 학습으로 재조정이 가능하다고 생각하는 경우(한국의 양육)이다. 전혀 경험이 없는 유아의 무경험에서 나오는 욕구는 들어 줄 가치가 없으므로 양육자의 가치에 맞는 욕구만이 의미가 있다고 느낀다. 그래서 그런 욕구는 철저하게 채워주고 책임을 지지만 양육자의 가치에 맞지 않는 욕구는 불필요하다고 생각하여 줄기차게 좌절시키는 것이다. 그 반대로 원래 개인적인 욕구란 절대로 타인에 의해 침해받을 수 없다는 기본적인 생각을 바탕으로 형성된 양육도 있다(서양의 양육). 양육자 개인의 욕구를 유아로부터 보호받기 위해서는 먼저 유아의 욕구도 존중해주어야 한다는 생각이다. 유아의 욕구보다는 양육자 자신의 욕구가 우선이므로 무조건 유아의 욕구를 채워주지 않으며 적절한 좌절을 안겨 주게 된다. 하지만 그 이유가 유아에 대한 미래를 유아 대신 예측하여 반드시 필요한 좌절을 세심하게 배려하여 좌절시키는 것이 아니다. 오로지 양육자 자신의 욕구와 유아의 욕구가 부딪혔을 때 양육자의 욕구가 우선이어야 하기 때문인 것이다. 하지만 양육자의 욕구와 부딪히지 않는 범위 내에서는 전적으로 유아의 욕구를 존중해 준다. 존중해 줄테니 양육자의 욕구도 존중하라는 뜻이다. 그 기준이 합리적이고 일관적일수록 유아에 대한 사려 깊은 간섭으로 인한 좌절과 비슷한 효과를 보일 것이다.

셋째, 둘째 경우에서 설명했던 두 가지 양육 방법이 절충될 경우다. 에너지가 충만한 양육자는 양육자가 아이의 욕구를 최선을 다해 채우기도 하지만 아이의 장래를 위한 좌절 또한 계획적이고 안정적으로 하게 된다.

둘째 경우에서 양극단의 양육 방법이 한국적인 방식으로 절충이 되는 것을 한국식 유형, 서양의 방식으로 절충되는 것을 서양식 유형이라고 하자. 한국식 유형의 양육자는 자신의 유전자를 이어받은 2세는 자신의 소유물로 생각하는 유형이다. 자신의 소유물을 정성스럽게 키우고 조각하고 갈고 닦은 다음, 세상에 내어놓고 자랑하려 하는 것이다. 서양식 유형의 양육자는 자신의 2세는 양육자 자신들의 사랑에 의해 탄생한 부속물로 여긴다. 최소한의 책임을 지고 최소한의 양육을 하여 빨리 독립심과 책임감을 느끼고 빨리 세상에 나가도록 부추긴다. 2세 역시 최대한 빨리 사랑하는 사람을 만나 자신의 인생을 살아가도록 지지한다. 셋째 유형의 양육자는 앞의 한국식과 서양식의 두 가지 유형을 양극단으로 하는 또 다른 스펙트럼에서 중간에 해당하는 모든 양육자다.

(위 세 가지 방식은 모두 이성적이고 일반적으로 수용 가능한 양육 방식이다. 양육자가 큰 상처나 결핍에 의한 분노가 많지 않아 양육의 행동범위가 상식적이라는 얘기다. 가시광선의 스펙트럼 양극단 밖에 있는 적외선과 자외선처럼 양극단 밖에 존재하는 양육 방식도 있다. 한국적 양육 방식 극단에 폭력이 결합하면 '나'는 자유를 빼앗기고 양육자의 소유물일 뿐만 아니라 화풀이 대상 정도로 전락한다. 서양의 양육방식의 극단에 폭력이 결합하면 완전히 무책임에 방임되거나 폭력의 대상이 될 수 있다.) 이처럼 어떤 유형의 양육이든 '나'는 양육자에 의해 좌절된다. 좌절되어야 하고 좌절될 수밖에 없다. 그러니 '나'는 그 좌절을 극복하기 위해 무엇인가를 해야 한다.

5) 인정욕구

좌절을 피하기 위한 아이('나')의 자기변형으로서의 인정욕구

'내'가 나이가 들어감에 따라 행동에 아무런 변화가 없다면 '나'의 불편함을 제거하려는 욕구들은 하나같이 좌절된다. '내'가 어떤 행동을 할 때 양육자가 제시한 행동의 틀에 맞추어 행동한다면 양육자의 표정이 밝아지며 '나'의 불편함도 개선된다는 것을 알게 된다. 무엇이 되었든 '나'의 존재 자체가 양육자에게 수용되어야만 시각확인욕구도 의미가 있는 것이다. 그래야 매번 '나'의 시각확인욕구가 만족할 경우에 '나'는 불편함이 제때 해소되는 경험을 반복적으로 할 수 있게 된다. 그렇다. 양육자에게 수용되어야 한다. 그냥 양육자가 제시한 행동의 틀을 지킨다고 무조건 불편함이 해소되는 것이 아니다. '나'의 행동이 양육자가 정한 정도와 방식으로 수행되었는지 검열을 받은 후에 양육자의 '인정'을 받아야 한다. 만약 그렇지 못하면 확인욕구들이 충족되어도 기본적인 욕구가 충족하지 않게 된다. '나'의 확인욕구가 활성화되려면 양육자의 일회성 인정을 거쳐 양육자에게 수용되어야 한다. 수용은 양육자의 재량이다. 이 수용을 가능하도록 하는 '나'의 노력이 바로 인정받는 행위라고 할 수 있다. 그 인정받고자 하는 노력에 대한 인정 역시 양육자가 하는 것이다. 인정이란 '나'를 수용한다는 보증으로 '나'에게 주어지는 표딱지와 같은 것이다. 처음에는 일회한정의 표딱지다. 하지만 계속 반복해서 같은 인정을 받다 보면 당분간 큰 변동이 없는 한 (확인욕구를 수용 받기 위한 노력의) 품질을 의심하지 않겠다는 신뢰의 인증표식으로 바뀌게 되는 것이다. 품질 보증이라는 인증표를 미리 받아두면 매 상품을 일일이 전수 조사하여 상품출하를 승인받지 않아도 되는 것과 같다. 인정을 받으면 확인욕구에 기본적 욕구가 조건 없이 붙어서 출하되는 것을 일일이 허락받지 않아도 된다는 뜻이다. 현금거래에서 신용거래로 바뀌게 되는 순간이다. 그런 표식을 얻기 위해 들어가는 '나'의 노력과 에너지의 양은 양육자의 성격과 재량에 따라 달라진다. 양육자가 양육자의 양육자로부터 받은 에너지가 없다면 '나'에게 인정 표식에 대한 대가로서 엄청난 에너지를 요구할 것(양육자 자신도 비싼 에너지를 주고 산 표식이므로 당연히 비싸게 받아야 한다고 생각한다.)이다. 받은 에너지가 많은 양육자라면 '나'에게 요구하는 인정 표식의 값이 그렇게 비싸지 않을 것이다. (그 과정에서 양육자는 단순히 에너지나 결핍의 매개체 역할만 하는 것은 아니다. 양육자의 양육자로부터 받은 에너지의 양이 적거나 많더라도 양육자의 개체특성 및, 기질temperament에 따라 '나'에게 전해지는 에너지의 양이 전혀 상관없이 전해질 수도 있는 것이다. 양육자는 선대로부터 받은 에너지나 결핍을 '나'에게 전달하는 과정에 있어서 단순한 '전달자'의 역할을 하기도 하며 '증폭기'나 '완충기'의 역할을 하기도 한다.) 인정욕구는 인정이란 표식을 받기 위한 노력이 의무적으로 포함되는 욕구라고 할 수 있다. 인정욕구를 품는 순간 '나'는 그 욕구를 충족시키기 위한 대상에게 에너지를 지불해야 하는 의무를 진 상태가 되는 것이다(《3장 에너지 경제론》 참조). 나중에 설명하겠지만, 이것은 아주 중요한 문제다. 양육자의 심리상태와 양육에 따라서 최소의 노력부터 무한에 가까운 노력까지, 써야 하는 에너지의 양이 다양한 만큼 나타나는 임상양상도 다양할 수밖에 없는 것이다.

요약해보자. 제일 중요한 점은 '내'가 양육자로부터 기본적 욕구를 충족 받으려면 반드시 자기 뜻을 꺾고 자신의 말과 행동을 양육자가 요구하는 바대로 변형시켜 양육자의 뜻에 따르겠다는 복종의 표시를 보여야 한다. 그 복종의 표시에 대한 양육자의 승인으로 인정을 받는다.

칭찬과 인정의 차이

제일 처음 양육자로부터 받은 칭찬은 무엇일까? 우리는 무엇을 제일 처음 받은 칭찬으로 기억하고 있을까? '나'를 향한 웃는 얼굴이야말로 양육자들이 하는 가장 흔한 칭찬이 아닐까? 웃는 얼굴로 쳐다보는 것이야말로 가장 원형적인 칭찬이 아닐까? 아기가 양육자와 주변인들의 말을 알아듣기 전부터 동글동글한 눈이며 코 얼굴 모습에 뒤뚱거리는 걸음걸이 오밀조밀한 손가락을 보면서 감탄한다. 아기('나')의 행동 하나하나에, 생김새 하나하나에, 그야말로 존재 자체에 웃으며 열광하고 칭찬하던 양육자와 친지들로 인해 '나'는 영유아기부터 이러한 환대를 당연한 것으로 생각하게 된다. 늘 양육자들은 계속 '나'를 향해 웃음 띤 얼굴로 사랑스러워 죽겠다는 표정으로 지켜보면서 가장 기본적인 욕구들을 대신 채워주게 된다. 이런 기억이야말로 가장 행복한 칭찬의 기억이 아닐까?

제일 처음 '나'의 외모나 움직임에 대해 웃음 띤 얼굴로 칭찬받고 나면 더 많은 웃음과 더 많은 호의적 몸짓, 더 많은 칭찬을 받고 싶어 한다. 무슨 짓을 해도 예쁠 나이이므로 '나'의 눈짓 하나 행동 하나에 양육자들이 자지러지면 자신이 가진 힘으로 타인들이 움직인다고 생

마음의 지도

각한다. 칭찬만 받게 되면 자신이 바뀌어야 할 이유가 없기 때문에 타자변형적 태도를 가지게 된다. 자기 전능감에 빠져 누군가가 자신을 향해서 하는 칭찬은 당연한 것으로 받아들이게 된다.

자기가 원하는 대로 타인(양육자)에 의해 이루어지는 달콤한 시기는 그리 길지 않다. 곧 그 시기가 지나가면서 양육자에게 칭찬을 받기 위해 하기 싫어도 해야 하는 것과 하고 싶어도 하지 말아야 할 것이 더 많아지기 시작한다. (순수하게 칭찬받으려는 욕구가 생기는 시기와 칭찬에 대한 대가로 에너지 지불된 인정욕구가 생기는 시기는 차이가 나는 것으로 보인다.) 그때까지 칭찬받고자 하는 욕구는 진정한 인정욕구가 아니다. '나'에게는 원래 기본적 욕구와 확인욕구와 칭찬욕구가 한꺼번에 채워진다. '내'가 그것을 인식하는 시기가 각각 달라질 뿐이다. 인식하는 순간 조건 없이 칭찬받는 것은 인정욕구가 만들어지기 위한 기준으로 작용한다. 무조건적인 칭찬을 많이 받을수록 인정욕구는 작게 발생하고 무조건적인 칭찬을 적게 받을수록 인정욕구는 커지게 된다. (칭찬을 많이 받을수록 비교기준은 올라간다. 그래서 비교기준에 못 미치는 칭찬을 주는 사람을 결핍으로 느껴 회피한다. 반대로 칭찬을 많이 못 받을수록 비교기준이 낮아져서 칭찬에 인색한 사람을 당연히 여기게 된다. 그리고 자신이 잘 못 해서 칭찬을 안 해주는 것으로 생각하며 칭찬을 받을 때까지 더 열심히 노력한다.)

양육자의 (무조건적인) 칭찬과 '나'의 인정욕구는 이렇듯 반비례 관계가 있다. 무조건적인 칭찬을 받는 시기가 짧게 끝나고 자신의 말과 행동의 결과로(긍정적인 말과 행동을 조건으로) 칭찬을 받아야 할 상황이 자주 발생하게 된다. 조건적 칭찬을 받고자 하는 욕구가 생기며 이 조건적 칭찬을 지속해서 유지하고자 하는 욕구가 인정욕구다.

인정욕구가 채워지지 않으면 확인욕구도 채워지지 않는다. 아무리 눈앞에 양육자가 확인되어도 양육자가 '나'를 웃는 낯으로 인정하지 않는다면 기본적 욕구가 채워지지 않는다. 어린 '내'가 인식하기로는 엄마가 웃는 얼굴로 '나'를 인정하거나 좋아하지 않는다면 '나'의 모든 것은 불편함으로 느껴지는 것이다. 결국 그 현실을 받아들이기 시작하면 진정한 인정욕구가 완성된다. 양육자의 인정을 얻기 위해 자기변형적 태도로 바뀌게 된다. 자신의 말과 행동에 더 신경을 쓰는 모습으로 바뀌는 것이다. 양육자의 눈치를 보면서 양육자가 원하는 행동을 하고 양육자가 원하지 않는 행동은 하지 않으려고 노력한다. 이렇게 자기변형적 태도를 보이는 데는 에너지가 사용된다. 에너지를 사용하여 확인욕구가 불활성화되는 것을 방지(눈앞에 양육자가 있어도 양육자의 태도가 '나'에게 호의적이지 않아서 아무런 불편도 제거해주지 않는 상태를 방지)하는 것이다. 결국 인정에너지(인정욕구를 채울 때 나오는 에너지)는 '나'의 노력(에너지)으로 사 오는 형태를 취하므로 인정욕구를 이미 에너지가 지불된 욕구라고 부를 수 있겠다. (〈3장 에너지 경제론〉 참조)

이러한 자세한 사정은 임상적으로 중요하지 않다. 요약하면 다음과 같다. 확인욕구가 자동적으로 충족되면서 모든 기본적 욕구가 저절로 충족되던 시기가 있었다. '내'가 성장하면서 그 확인욕구가 자동으로 채워지지 않는 때가 오게 되면 인정욕구로 사 와야 한다.

인정욕구 발달 과정에서의 문제

시간이 지나면서 '나'의 말과 행동에 의해 칭찬받기 시작하다 보면

　　　　　　　　　　　　　　　　　마음의 지도

'나'는 또 고운 말과 착한 행동을 통해 칭찬을 더 받으려고 하게 된다. 좀 더 궂은일도 칭찬만 있다면 척척 해내게 된다. 그러한 태도가 또 다른 칭찬을 불러들이게 되는 것도 경험한다. 그래서 착한 사람이 되려고 하는 욕구가 생기게 된다. 시간이 지나 학교에 가게 되면 여러 가지 과목의 교과 과정에서 친구들과 비교되며 경쟁하게 된다. 선생님들의 칭찬과 부모로부터의 칭찬(조건적인 칭찬)을 듣다 보면 그 칭찬을 더 받기 위해 노력하게 된다. 그래서 각 교과목에서 칭찬을 받기 위해 엄청난 노력을 하게 된다. 이 학교생활이 '나'의 인정욕구를 계속 충족하여 기대한 대로 성장하게 만드는 몇 안 되는 승자와 그 나머지 패자로 분류한다. 나머지 패자에게는 일찌감치 학교생활의 승리를 통해 얻을 수 있는 인정욕구를 포기하게 한다. 하지만 이것은 다른 변형된 인정욕구(인정욕구 중에서도 대리욕구가 발생할 수 있다.)로 살아가게끔 강제하는 중요한 시기가 된다. 학교는 양육자를 벗어나 세상으로부터 인정받을 방법을 가르치는 가장 대표적인 기관이다. 그 방법상 타인과 상대적인 비교가 될 수밖에 없어 다수의 실패자를 양산하게 된다. 인정받는 데 실패한 학생들은 비교당하여 생기는 결핍과 분노를 푸는 방법에서 또 다른 문제들이 발생하게 된다.

세상에서 인정을 받는 방법을 깨우치는 것은 꼭 학교에서만은 아니다. 학교에서 인정받는 자가 세상에서도 인정을 받아내는 것은 아니기 때문이고 학교에서의 패자가 세상에서의 영원한 패자는 아니기 때문이다. 자신이 남들에게 인정받기 위해 사용할 수 있는 가용 자원 중에 가장 자신이 있고 잘할 수 있는 것을 발견해 내는 것이 중요하다. 그것을 갈고 닦아 사람들과 겨루어 보는 것은 필생에 있어 인생의 과제가 되는 것이다. 그것을 자아실현이라고 얘기한다. 그 결과

돈과 명예는 따라오게 될 것이며 혹자는 돈을 추구하다 보면 명예는 따라오게 된다고 생각할 수도 있다. 또 다른 사람은 일단 대중에게 알려지는 것이 최대한 인정받는 가장 빠른 지름길이라고도 생각하게 된다. 저마다의 결핍과 사연이 다르므로 저마다의 인정욕구가 다양하게 발생할 것이다.

인정욕구의 종류

그렇다면 인정욕구에는 더 구체적으로 어떤 욕구들이 있는지 알아 보자. 인정욕구(넓은 의미의)는 크게 인정욕구(좁은 의미의)와 애정욕 구로 나눌 수 있다. 다시 인정욕구(좁은 의미의)는 직접적인 인정욕구 와 간접적인 인정욕구로 나누며 애정욕구도 직접적인 애정욕구와 간 접적인 애정욕구로 나눌 수 있다. 모두 네 가지다. 첫째는 비정상적인 양육에서 문제가 되는 직접적인 인정(칭찬)욕구다. 둘째는 정상적인 양육에 사용되는 간접적인 인정(자아실현)욕구다. 셋째는 직접적인 애정(사랑받고 싶어 하는)욕구다. 넷째는 간접적인 애정(성적으로 매력 적인 사람이 되고자하는)욕구다. 첫째와 둘째는 시각적확인욕구에서 비롯되는 것이다. 셋째와 넷째는 접촉확인욕구에서 비롯된 욕구(결핍 예방욕구 또는 접촉확인욕구의 상징적 욕구 또는 접촉확인욕구의 대리욕 구)라고 할 수 있다.

첫째, 직접적인 인정(칭찬)욕구는 양육자와의 인간관계에서 발생하 는 부분이다. '내'가 양육자가 원하는 기준에 맞추기 위해 하는 노력 은 너무 적어도 너무 많아도 문제가 된다. 적당한 노력이 충분히 양육자에게 인정받고 수용될 수 있다는 것을 반복적으로 경험하게 되는 경우 '나'의 인정욕구는 안정적으로 형성이 된다. 무엇보다도 직접적인 인정욕구의 형성에는 일관성이 중요하다. 늘 자신이 해 온 만큼의 (양육자에게 인정받기 위한) 노력(에너지가 지불된 욕구에서의 지불된 에너지)만으로도 양육자에게 칭찬(조건적인)을 지속해서 받게 되면 직접적인 인정욕구는 충분히 채워지게 된다. 더 나아가 직접적인 인정욕구의 결핍도 적절하므로 간접적인 인정욕구도 자연스럽게 발생하게 된다. (자기 주위 사람들에게 인정받는 것에 그치지 않고 더 넓은 범위의 사람들에게도 인정받기를 원한다. 또, 될 수 있으면 '내'가 다른 사람에게 아주 적은 에너지로 인정을 받을 수 있기를 희망한다. 그러기 위해선 미리 모든 사람에게 통용되는 자격을 얻기를 원한다. 예를 들면 정기 승차권과 같이 한 번 사두면 그때마다 새로 사지 않아도 탑승할 수 있는 자격처럼 말이다.) 직접적인 인정욕구가 중요한 이유는 이 인정욕구가 잘 채워지지 않았을 경우에 발생하는 문제들 때문이다. 이 부분은 바로 다음 장에서 다뤄보기로 하자. 현대의 한국 사회에서 살아가는 대다수의 많은 사람이 해당하는 부분이기도 하다.

둘째, 간접적인 인정욕구라는 것은 사회가 정해놓은 인정상태라는 간접적인 기준에 도달하면 양육자나 타인으로부터 약속된 인정을 받는 것을 말한다. 다음 단계의 결핍 예방욕구가 발생할 만큼의 적절한 결핍과 다음 단계의 결핍 예방욕구에 투자할 만큼 적절한 인정도 받은 상태라면 (이 책에서는 일반적으로 결핍 없이 충분한 직접적인 인정욕구를 충족받았다는 뜻은 간접적인 인정욕구가 발생할 만큼의 결핍도 존재한다는 뜻으로 쓰고 있다. 칭찬을 너무 많이 해서 문제가 되는 경우라면 잘못된 행동에도 칭찬을 했을 경우일 것이다. 제한 없이 요구를 들어주고 칭찬만하여 자기변형적인 태도가 생기기 않은 경우는 거의 드물다고 할 수 있기 때문에 그런 경우라면 따로 언급을 할 것이다.) 미래를 위해 자기 삶에 대한 가치관을 세우고 그 가치관에 맞는 자기의 가치를 실현하고자 노력하게 된다. 될 수 있다면 그 가치 실현을 타인을 통해 인정받고 싶어 한다. 자기 가치 실현을 위해 열심히 노력하고 성실하게 자기의 소임을 다할 때 생기는 결과물로 자연스럽게 인정욕구를 만족하게 된다. 양육자에게 직접적으로 인정(칭찬)받고자 하는 욕구를 실시간으로 충실하게 채워주면 그것(칭찬받는 것)에 머무르거나 그것(칭찬받는 것)만 추구하는데 에너지를 낭비하지 않는다. 양육자라는 좁은 사회뿐만 아니라 조금 더 큰 사회에 나가서도 조금 더 앞을 내다볼 수 있게 된다. 다른 사회 구성원으로부터 직접적인 인정(칭찬)을 받기 위해 노력하는 것보다는 인정을 받을 수 있는 간접적인 자격을 성취하는 것(자아실현)이 본인에게 훨씬 더 유리하다는 것을 알게 된다. 초기에는 유치원이나 학교에서 수행과제나 숙제 또는 시험 등의 결과물들이 그 간접적인 인정욕구가 되는 것이다. 이미 그 사회의 다수에 의해 인정받는 자격증 따기, 학벌 얻기, 사회적으로 인정된 직업 갖기, 유명인사 되기, 돈 벌기, 재능 발휘, 명예 얻기, 인격을 고양하기, 하고 싶은 것을 통해 인정받기 등이다. 그 목표를 이루면 다수의 사람이 인정해주는 것이기 때문에 인정욕구가 충분히 충족된다.

셋째, 직접적 애정욕구는 접촉확인욕구를 충족시키기 위해 필요한 인정욕구다. '내'가 이성異性 또는 성적인 접촉을 하고 싶은 대상이 눈앞에 있다고 하자. 그 대상이 '나에게 허용해 주지 않으면 '나'는 그 대상에게 가까이 다가갈 수도 없고 만질 수도 없다. '내'가 누군가와 접촉을 하고 싶다면 반드시 대상에게 허락을 받아야 한다. 다른 욕구들이 채워지지 않으면 가장 채워지기 쉽다고 생각하는 욕구를 통해 채우지 못한 다른 욕구들을 마저 채우려고 한다.(〈1장 본능과 욕구〉中 '대리욕구' 참조) 만약 누군가 애정욕구 밖에 쉽게 채울 수 있는 욕구가 없다고 한다면 누군가에게 사랑받기 위해 집요하게 집착한다. 애정욕구는 인정욕구이기도 하다. 하지만 좁은 의미의 인정욕구는 장시간의 세월과 노력이 필요하다. 누군가에게 인정받고 싶을 때 가장 단시간 내에 인정받을 방법은 애정욕구(인정욕구)일 수밖에 없다. 접촉확인욕구의 충족은 애정욕구가 채워지면 저절로 수여되는 트로피와 같다. 만약에 성적인 접촉이 생긴다면 남자에게는 쌓여있는 분노를 해소하는 방법이 되기도 한다. 거기에 덤으로 상황중독(앞으로 〈5장 상황중독〉에서 설명할)의 쾌감까지 주어진다. 만약 '애기' 또는 '자기'라고 부르며 서로의 먹성과 입성, 잠자리, 혹은 서로를 씻겨주기라도 한다면 가장 기본적인 욕구마저 충족되는 가장 중요한 키를 쥔 것과 같은 느낌이 들 것이다. 사람이 20대를 넘어서면서 이 욕구 충족에 전심전력을 다하여 에너지를 쏟는 데에는 그만한 이유가 있는 것이다.(서양에서의 양육 방식으로는 자라면서 충분한 접촉확인욕구가 충족되지 않기 때문에 성적인 접촉이 중요한 충족 수단이었다. 성욕을 프로이트와 서양에서 가장 중요하게 생각하는 이유다.)

넷째, 간접적 애정욕구는 애정을 허락 받기 위해 노력하는 것(직접적 애정욕구)보다는 상대방에게 애정을 받을 수 있는 자격을 미리 얻으려고 노력하는 것을 말한다. 애정을 얻기 위해 노력(직접적 애정욕구)하다 보면 별다른 노력 없이도 쉽게 애정을 얻어내는 몇 안 되는 승리자들을 만나게 된다. 그들의 특징은 주로 성적인 매력이 넘치는 사람들일 가능성이 크다. 그들은 좀처럼 애정을 얻기 위해 허락을 받으러 다니지 않는다. 오히려 허락해주는 입장이다. 주변의 구애자들은 경쟁하며 막대한 노력(에너지)을 쏟아 부어 애정을 허락받으려 한다. 승리자들은 그 노력 중 가장 화려하고 마음에 드는 것을 고르기만 하면 된다. 그런 승리자들에 대한 상대적 박탈감으로 인해 패배자들은 승리자들의 성적 매력을 분석하고 연구하여 그 성적 매력을 자기 것으로 만들려고 노력한다. 그 성적 매력이 애정을 얻게 해주는 자격이 되기 때문이다. 승리자들은 승리자들대로 자신의 자격을 점검하는 데 소홀함이 없다. 이 성적 매력이라는 자격증은 조금만 소홀히 해도 세월이 가져가 버린다. 이 자격을 탐하는 욕구는 남녀노소를 가리지 않는다. 아름다움에 대한 집착, 매력적인 옷차림에 대한 집착, 헤어스타일에 대한 집착, 건강한 몸매에 대한 집착, 동안童顔에 대한 집착, 성형수술에 대한 집착 등이 바로 이 간접적 애정욕구가 현실에서 발현된 결과라고 할 수 있다.

인정욕구(좁은 의미)의 상황별 생성과정

인정욕구의 결핍으로 인한 문제점들은 모두 이 직접적인 인정욕구의 결핍 정도에 따라 달라진다고 할 수 있다. 일단 칭찬을 무조건적 칭찬과 조건적인 칭찬으로 나누어 설명하기로 하자. 무조건적 칭찬의 결핍이 적절할 때(적절히 채워질 경우)와 결핍이 심할 때(거의 채워지지 않을 경우), 결핍이 거의 없을 때(잘못된 행동에도 무조건적 칭찬을 했을 때, 너무 많이 채워졌을 때)를 나누어 설명하겠다. 또 그다음 시기에 오는 조건적 칭찬의 결핍이 적절할 때와 결핍이 심할 때를 같이 고려하여 경우의 수를 따져 보기로 하자. 조건적 칭찬의 결핍이 거의 없을 때(너무 많이 채워질 경우)는 정확하게 조건에 대해 칭찬을 했다는 뜻이므로 결핍이 적절할 경우에 포함될 것이다. 만약 '내'가 성취한 조건보다 훨씬 더 많은 칭찬이 주어진다면 그것은 조건적인 칭찬을 받아야 할 성장 시기에 무조건적인 칭찬을 받는 경우라고 보아야 한다. 그 때문에 무조건적인 칭찬이 너무 많이 채워질 경우에 해당한다고 볼 수 있다.

첫째, 무조건적 칭찬의 결핍이 적절할 경우

하나, 무조건적인 칭찬의 결핍이 적절하고 조건적 칭찬의 결핍도 적절할 경우. 먼저 무조건적 칭찬의 결핍이 적절하다는 것은 적절히 채워지기도 한다는 뜻이다. 그 말은 무조건적 칭찬에서 조건적 칭찬으로 넘어가는 것이 적절하고 조화로웠다는 의미다. 선행되는 무조건적 칭찬으로 인해 '나'와 양육자의 관계에서는 이미 큰 에너지 사용 없이 인정을 받게 된다. 그것은 인정을 받기 위해 필요 없는 에너지 낭비가 일어나는 것을 막아주게 된다. 그다음 이어지는 조건적 칭찬이 적절했다면 그로 인해 칭찬을 더 받기 위해서는 양육자에 의해 내 걸린 조건(간접적 인정을 위한 조건)만 이행하면 된다는 것을 깨닫게 된다. 일반적인 인간관계에는 그 관계 특유의 조건부 칭찬이 내어 걸린다.

예를 들면 친구 관계에서는 "내가 한번 장난감을 갖고 놀게 해 줄 때 너도 한번 갖고 놀게 해 주면", "나에게 친절하면", "나에게 상처를 입히지 않으면", "내 말을 끝까지 들어주면", "나를 헐뜯지 않으면", "가끔 칭찬도 해주고 존중해주면", 서로 친구가 될 수 있는 자격이 생긴다. 그것은 친구 관계를 형성하는 최소한의 노력이며 그러한 노력을 하는 것 자체가 "나"에 대한 직접적인 칭찬이자 인정이 될 것이다. 그렇게 무조건적 칭찬과 조건적 칭찬을 직접 받고자 하는 욕구를 각각 합하여 직접적인 인정욕구가 된다. 그리고 조건적 인정욕구에는 직접적인 인정욕구와 간접적인 인정욕구로 나뉘는데 무조건과 조건적 인정욕구와 직접적인 인정욕구와 간접적인 인정욕구는 다른 구분이므로 혼동하지 않았으면 한다. 이 직접적인 인정욕구는 확인욕구를 담보하여 결핍을 예방하기 위해 만들어진다. 굳이 직접적인 인정욕구 형성 기준에 무조건적 칭찬과 조건적 칭찬을 나누는 이유는 무조건적 칭찬이 전혀 없는 경우와 반대로 무조건적인 칭찬이 너무 과한 경우가 극단적인 문제가 발생할 가능성이 있기 때문이다. 무조건적 칭찬이 전혀 없는 경우에는 자존감중에 자기 가치감이 극단적으로 낮아지기 때문이며 너무 많고 과할 경우에는 타자변형적 태도에서 자기변형적 태도로 바뀌는데 어려움이 발생하여 자기중심적이며 안하무인의 성격이 될 수도 있기 때문이다. 그 문제가 아니면 무조건적 직접 칭찬과 조건적 직접 칭찬을 이라는 개념을 따로 나눌 필요는 없어 보인다. 어찌됐든 그후 조금 더 나이가 들어 학령기에 맺는 관계에서는 '공부를 잘하면', '운동을 잘하면', '음악을 잘하면', '그림을 잘 그리면', 칭찬받고 인정받게 된다. 조건이 점점 관계 중심에서 '나'를 상징할 수 있는 간접적인 능력 위주로 옮겨가게 된다. 간접적인 인정욕구가 생성되는 것이다. 그리고 성인이 되면 결국 타인과의 관계도 중요하지만 자신이 추구하고자 하는 간접적인 인정욕구인 삶의 목표를 위해 살아가게 된다. '직장에서 일을 잘하고 능력이 있으면', '타인보다 경제적으로 여유가 있으면', '타인보다 지식이 많아서 좀 더 학문적 가치를 추구한다면' 등의 조건을 성취하고자 하는 간접 인정욕구가 생기게 된다. 그리고 이 간접적인 인정욕구는 직접적인 인정욕구의 결핍을 예방하기 위해 만들어지는 것이다.

'나'는 하나씩 인간관계를 넓히면 넓힐수록 내걸린 조건만 이행하면 된다는 것을 파악하게 된다. 조건 이행을 당연한 것으로 여기게 되면 조금 더 큰 사회에서의 인정을 얻기 위해 (조건을 이행하기 위해) 적절한 노력을 하게 된다. 그 노력의 성공에 대한 보수로 인정받을 자격을 얻는다면 '나'는 그것을 매우 자랑스럽게 생각할 것이다. 그다지 무리하지 않고 현실 가능한 목표를 세우고 이행하여 성공함으로써 실제로 자신에 대한 가치(자신의 가치관에 따라)를 조금 높이게 된다.

둘, 무조건적인 칭찬이 적절하였음에도 불구하고 조건적 칭찬에 인색한 경우다. 무조건적인 칭찬(무조건적 직접적 인정욕구)으로 인해 양극단의 문제(자기가치감이 전혀 없거나 자기중심적이거나)가 생기지 않는다는 전제하에서 다시 얘기한다면 직접적인 인정욕구에 일반적인 결핍이 있을 경우를 말한다. 직접적인 인정욕구가 원하는 만큼 만족스럽지 않기 때문에 부족한 직접 인정욕구의 결핍을 예방할 수 있는 간접적인 인정욕구가 발생하는데 우리가 앞에서 얘기했던 경우보다 훨씬 더 강하게 발생하는 경우라고 할 수 있다. 일반적으로 말하는 사회에서 인정받고자 하는 욕구가 유달리 강해진다는 말이다. (조금 복잡한 얘기다. 양육자에 의해 적절한 조건적 칭찬이 부족했기 때문에 결핍이 생긴다. 결핍이 생긴다는 말은 분노가 생긴다는 말이다. 이 분노가 좌절되었을 경우 대리 욕구를 찾게 된다. 한가지 조건적 칭찬이 결핍되면 '나'는 또 다른 조건적 칭찬을 목표 삼아 첫 번째 좌절된 조건적 칭찬까지 한꺼번에 받아내려고 한다. 그 결과 간접적인 인정욕구 자체가 조금씩 커지게 된다.) 인간관계는 안정적이지만 야심이 많아지게 된다. 혹은 자신의 야심에 인간관계까지도 이용할 정도로 성공에 대한 욕망이 크다.

둘째, 무조건적 칭찬의 결핍이 심할 경우

하나, 무조건적 칭찬의 결핍이 심하고 조건적 칭찬중의 결핍이 적절할 경우. (무조건적 칭찬의 결핍이 심한데 직접적인 조건적 칭찬을 적절하게 받았을리는 만무하다. 때로 자신의 재능이나 행운으로 인해 간접적인 조건적 칭찬을 받았을 경우를 뜻한다. 직접 인정욕구에 결핍이 심하므로 간접 인정욕구가 엄청나게 강해졌지만 다행히 간접 인정욕구를 충족 받아서 간접 인정욕구에만 집착하게 된다.) 인간관계가 불안정하면서 인간관계의 불안정을 사회적인 인정으로 만회하고자 하는 사람이 될 것이다. 직접적인 인정욕구가 크지만(양육자와의 직접적인 인정욕구의 결핍으로 인한 대리욕구로 다른 인간관계에서의 인정욕구가 커진다. 그에 따라 인간관계 유지에 많은 에너지가 사용된다.) 간접적인 인정욕구(돈, 명예, 권력)는 어느 정도 건강하므로 직접적인 인정욕구의 대리 욕구(다른 사람과의 인간관계에서 얻을 수 있는 직접적인 인정욕구가 커진 상태다. 하지만 직접적인 인정욕구로 에너지를 채우는 것보다 이미 안정적인 간접적인 인정욕구로 에너지를 채우는 것이 훨씬 경제적이다. 그래서 다시 간접적인 인정욕구가 대리욕구가 된다.)로 간접적인 인정욕구가 더 커지게 될 것이다. 인간관계의 불안정함을 야심으로 해소하려고 한다.

둘, 무조건적 칭찬의 결핍이 심하고 조건적 칭찬의 결핍도 심할 경우. 인정욕구의 결핍이 생기는 일반적인 경우를 말한다. 양육자가 칭찬에 인색하므로 인간관계(직접적인 인정욕구)에서 문제가 된다. 적절한 간접 인정욕구가 생성되는 조건이 '무조건적 칭찬의 결핍이 적절한 상태에서 조건적 칭찬의 결핍이 적절할 경우'라고 하였다. 다시 말해 무조건적인 칭찬을 어느 정도는 받아 에너지에 여유가 있어야 한다. 그래야 좀 더 효율적인 인정을 받기 위한 에너지 투자가 발생한다. 그 효율적인 에너지 투자의 방법을 찾은 결과가 간접 인정욕구의 형성이다. 둘 다 받지 못했으므로 아주 강력한 간접적인 인정욕구가 생길 것이다. 하지만 막상 강한 간접 인정욕구를 채우기 위해 노력할 에너지가 없다. 무엇보다 인간관계에 문제가 있으므로 인간관계가 조금이라도 불안하면 그 불안함을 못 견뎌 하므로 다른 (사회적인) 인정을 받기 위해 사용할 에너지가 없다. 간접적인 인정욕구는 조금 더 자신을 위해 시간을 두고 많은 에너지를 사용해야 하는 욕구다. 그 때문에 강력한 인정 욕구인정욕구가 만들어졌지만 욕구가 너무 커서 그 욕구를 이루기 위해 들어가야할 에너지도 더불어 커지게 된다. 받은 에너지가 거의 없으므로 다음 단계의 욕구에 에너지를 투자할 엄두를 전혀 내지 못한다는 얘기다. 이상은 높으나 그 이상을 실현할 에너지가 없다. 자존감이 낮으므로 자신을 더욱더 쓸모 없는 존재로 여겨 우울증에 빠진다. 만약 그러지 않는다면 오로지 자신의 눈앞에 닥친 인간관계의 문제를 해결하기 위해 매달리게 된다. 다시 말해 자신을 위한 투자나 자기 발전을 기대하기 힘들만큼 에너지에 여력이 없다. 고작해야 타인에게 매달리고 의존하면서 집착한다. 그것이 뜻대로 안 되었을 때는 상처를 입고 자기혐오에 빠진다.

셋째, 무조건적 칭찬이 너무 과도할 경우

(무조건적 칭찬의 결핍이 거의 없을 경우)

하나, 무조건적 칭찬이 과도하고 조건적 칭찬의 결핍이 적절할 경우. 무조건적 칭찬의 결핍이 없다는 뜻은 타자변형적 태도alloplastic attitude에서 좌절을 받은 적이 거의 없다는 뜻이다. 자기변형적 태도 autoplastic attitude를 갖추지 못했다는 뜻이기도 하다. 조건적 칭찬은 적절하였기 때문에 간접적인 인정욕구도 생기게 되므로 자기 효능감을 알고 있다는 뜻이다. 하지만 자기변형적 태도가 없으므로 안하무인이 된다. 사회생활을 하고는 있지만 모든 인간관계에서 자기 중심적이다. 하지만 '나'는 잘하고 있다고 생각한다. 만약 무조건적 칭찬의 근원이 마르지 않거나 자신의 인간관계의 문제가 사회적으로 돌출되지 않는다면 행복하게 살아갈 수 있을 것이다.

둘, 무조건적 칭찬이 과도하고 조건적 칭찬의 결핍이 심할 경우. 자기 중심적이며 간접적 인정욕구도 크다. 사회적인 인정을 받기 위해 수단과 방법을 가리지 않게 된다. 타인의 행복을 짓밟고 자신의 행복만을 추구하는 사람이 될 가능성이 높으므로 모든 인간관계에서 지탄의 대상이 된다. 앞의 경우와 다른 점은 자기 스스로도 행복하지 않다는 점이다.

애정욕구의 종류별 생성과정

애정욕구라는 것은 접촉확인욕구를 만족하기 위해 우선으로 해결

마음의 지도

해야 하는 욕구다. 반대로 말하면 접촉확인욕구를 충족했다는 뜻은 이미 애정욕구를 만족했다는 뜻이다. 애정 욕구 충족이란 접촉확인 욕구를 충족하기 위해 상대방에게 미리 받아둬야 하는 허락을 말한 다. 상대방에게 허락을 받지 않으면 접촉 자체가 이루어질 수 없다. 애정욕구는 접촉을 허락받고자 하는 욕구이므로 접촉에 방해되는 모습이나 행동을 알아서 최대한 피해야 한다. 양육자든 누구든 '내' 가 사랑스럽거나 매력적이지 않으면 접촉을 허락하지 않을 것이기 때 문이다. 나이가 들어 성장하게 되면 접촉에 대한 허락 자체가 그 상 대방을 인정한다는 의미가 있다. 처음에는 순수한 접촉에 대한 허락 으로 시작했지만, 성인이 되면서 상대방을 '인정'한다는 의미가 좀 더 커지게 된다. 시간이 지나면 애정욕구는 좁은 의미의 인정욕구와 같 은 의미를 지니게 되는 접점이 생긴다고 할 수 있다.

원래 애정욕구에는 무조건적 접촉과 조건적 접촉의 구분이 존재하 지 않는다. 접촉하고 싶지 않다면 접촉을 허락받을 수 없기 때문이 다. 다만 양육자의 경우 자신의 자녀가 사랑스럽고 매력적이라고 생 각하므로(자녀는 양육자를 통해 접촉확인욕구 충족을 받기만 하는 것은 아니다. 반대로 양육자에게 접촉확인욕구 충족을 제공하는 존재이기도 하 다. 자녀는 양육자에게 무제한적 접촉이 허락된 유일한 존재다. 양육자는 자신의 자녀로부터 무한정의 접촉확인욕구의 충족을 받는다. 자녀는 양육 자의 접촉을 허락하고 말고 할 상황이 아니다. 자녀를 사랑스러워하는 것 은 이렇게 자녀가 접촉확인 에너지의 무한 공급자의 역할이 있기 때문으로 보인다.) 무제한으로 접촉을 허용하는 것처럼 보인다. 반대로 자녀의 입장에서도 양육자에게 무제한의 접촉을 허용하는 것처럼 보인다. (이것이 '무조건적인 접촉허용으로 보일 수도 있겠다.) 하지만 그것은 신생아나 영유아가 신체적으로 무능하기 때문이다. 접촉을 허용하고 말고 할 만한 입장이 아니다. 자녀의 인생초기에 양육자와 자녀가 서로 접촉을 무제한 허락하는 태도처럼 보인다. 그 후 점차 서로에게 허락받는 입장으로 바뀌는데 양육자와 자녀의 입장변화에 시기적인 차이가 있다. 자녀가 먼저 양육자를 인식하기 시작하면 접촉을 허락받아야 하는 입장으로 바뀐다. 그러고 나서 오랜 기간 양육자의 접촉이 허용되기를 갈구하다가 청소년이 되고 성인이 되면 양육자에게 오히려 접촉을 허락하는 입장이 된다. 반대로 양육자는 오랜 기간 접촉을 허락하는 입장에 있다가 자녀가 청소년이 되면서 접촉을 허락받는 입장으로 바뀌게 된다. 하지만 대체로 양육자가 자녀에게 허용하는 접촉이란 거의 무제한적인 것 같다. 무제한적 접촉이라는 뜻은 양육자가 '나'를 품어주는 조건은 이미 마련되어 있으므로(생물학적인 혈연관계이므로) '나'를 자신의 개인적 공간으로 들이는 것을 개의치 않는 것을 말한다. 한국에서의 경우 주로 밤에 잠을 자면서 이루어진다. 낮에는 포대기를 이용해서 업어줄 때 발생한다. 서양의 양육자들은 이렇게 무제한적으로 접촉을 허용하지는 않는다. 하지만 서양의 양육자들이라고 해서 자녀가 사랑스럽지 않은 것은 아니므로 접촉을 허용하는데 자녀의 다른 조건을 따지는 것은 아닐 것이다. 한국과 서양의 차이는 단지 접촉의 절대적 총량總量에 있는 것 같다.

모든 접촉이 조건적 접촉이고 조건만 맞으면 직접적으로 접촉이 충족된다는 뜻이다. 이 직접적 접촉은 비성적 접촉과 성적 접촉으로 나누어진다. 양육자들이 무조건 접촉(무조건적인 접촉으로 보이나 사실은 조건적인 접촉)을 허락하는 것은 결국 비성적非性的인 직접적 접촉에 해당하는 것이다. 그리고 성적인 사랑스러움과 성적인 매력을 조건으

마음의 지도

로 접촉하는 것을 성적인 직접적 접촉이라고 얘기할 수 있다. 사랑스럽거나 매력적이어서 하는 접촉으로는 마찬가지인데 전자는 성적인 느낌과 의도 없이 하는 접촉이며 후자는 성적인 느낌과 의도로 하는 접촉이다.

비성적非性的 접촉확인욕구의 인정욕구로서의 애정욕구 -정情

아마도 서양인이라면 이 비성적 접촉을 이해하지 못할 것이다. 다른 사람과 접촉을 하는데 어떻게 성적인 느낌을 배제할 수 있는지 상상 못 할 것이라고 생각한다. 어렸을 때부터 비성적 접촉을 상당히 제한받아온 서양인이라면 모든 접촉은 성적인 접촉만 있다고 생각할 것이다. 한 개인의 경험은 그렇지 않다고 하더라도 그들의 공동체가 경험으로 축적해온 사회적 합의로서의 접촉은 성적인 접촉만을 허용해왔다고 할 수 있다. 그리하여 서양에서는 접촉하려면 성적인 의도 없이는 할 수 없게 되었다. 모든 접촉에는 성적인 느낌이 있을 수밖에 없다고 주장하고 싶다면 한국에서 몇 년 살아 보라고 권하고 싶다. 한국에서는 분명히 성적이지 않은 접촉이 있다는 것을 알 수 있을 테니까. 요즘에는 서양의 문화가 많이 유입되고 한국 사람의 양육 방식도 비성적인 조건적 접촉(양육자에 의한 무제한적 접촉)에 대해 제한되는 경우가 많다. 그래서 예전에는 있었던 나이 많은 사람들의 어린애에 대한 접촉을 모두 성적인 접촉으로 간주하게 되었다.(이제는 사회적 인식이 바뀌었으므로 당연히 따라야 한다.) 수십 년 전 신문에 난 사건 중 서양에 이민 간 한국의 할머니가 지나가는 서양인 아이를 붙잡고 음낭을 만져서 고소를 당한 사건이 있었다. 할머니는 분명 손자 같이 귀여워서 발육(?)을 확인한 것일 것이다. 70~80년대만 하더라도 그 정도 접촉은 한국에서 할머니들의 특권으로 여겨지던 것이었다. 이제는 당연히 그 정도라면 한국에서도 아동 성 학대에 해당할 것이 다. 많이 없어지긴 했지만, 한국에서는 아직 동성에 대한 접촉이 비성 적인 접촉의 영역으로 남아 있다. 특히나 여성들끼리 하는 접촉에 많 이 남아있다. 스스럼없이 팔짱을 끼고 손을 잡고 다니지만, 성적인 의 미가 아니다. 남성들끼리의 접촉도 서양에 비해선 흔하다. 술이라도 한잔하자면 손도 스스럼없이 잡고 어깨동무도 자연스럽다. 심지어 볼 에 뽀뽀하는 것도 다반사다. 물론 한국에도 동성애자는 있다. 동성 에 대한 접촉을 성적인 느낌으로 바라보는 사람이 없는 것은 아니다. 하지만 대다수의 한국인은 동성들끼리 하는 접촉을 성적인 느낌이 아닌 비성적인 접촉으로 바라보게 된다. 그리고 여행을 가서 한 침대 에서 같이 자는 것 역시 자연스럽다. 그것은 남자끼리도 마찬가지다. 왜냐하면 비성적인 접촉과 성적인 접촉이 너무나도 분명하기 때문이 다. 한국인들은 이성끼리의 접촉을 분명하게 성적인 접촉이라고 생각 하기 때문에 이성과의 접촉을 극도로 조심하는 것이다. 혹자는 말할 지도 모른다. "서양인들은 오히려 인사를 하면서 이성과의 접촉을 자 연스러워하지 않냐?"라고, 그러므로 "서양인들이야말로 비성적인 접 촉이 존재하는 것 아니냐?"라고. 하지만 그것은 조금만 생각해 보면 알 수 있는 부분이다. 모든 접촉은 성적이므로 오히려 이성적인 접촉 이 동성적인 접촉보다 훨씬 더 자연스럽기 때문이다. 서양, 특히 유럽 에서는 모든 접촉을 성적인 접촉으로 보는 상황에서도 조금은 비성 적 접촉의 영역이 존재하였을 것으로 보인다. 그래서 비쥬un bisou라

마음의 지도

는 볼 뽀뽀가 존재하는 것으로 보인다. 특히나 북미의 미국 같은 경우에는 그 마저도 이상하게 보는 모양이다. 비쥬도 미국에서는 접촉이 없어진다.(모든 나라와 문화별로 인사법이 다르므로 인사를 비성적 접촉이라는 관점으로 한정 시켜 보자.) 아예 접촉이란 악수를 제외하고 성적인 접촉 말고는 없다고 보는 것이다. 다시 말해 서양은 인사할 때 말고는 공식적인 접촉이 허용되지 않는다. 그마저도 성적인 영역으로 생각하는 사람이 있는 듯하다.

비성적 접촉 충족에 대한 결핍이 적절했던 사람은 특별히 성적 접촉에 집착하지 않게 된다. 동성과 이성을 포함하여 광범위한 사회 구성원들에게서 정情을 획득할 수 있다. 그리고 이 정이라는 애정욕구는 좁은 의미의 인정욕구와 상당 부분 중복되는 경우가 생긴다. 만약 정을 받지 못한 경우라면 비성적 접촉을 위한 애정욕구의 대리욕구가 생겨나는데 두 가지로 나누어진다. 처음에는 간접적인 인정욕구가 발생한다. 비성적 접촉이 원래 조건적 애정욕구에 의해 채워지는 것이다. 비성적 접촉이 채워지지 않으면 (비성적인) 매력이 없다고 생각하게 된다는 뜻이다. 비성적인 매력을 얻기 위하여서 한국인들은 귀여움과 사랑스러움 부드러움 상냥함 등에 집착하게 되며 그것은 외적인 매력을 가꾸는데도 그대로 반영된다. 그것은 남성과 여성 모두에서 나타나는 현상이다. 한국의 일부 사람은 서양의 남성성과 여성성을 전혀 사랑스럽거나 귀엽지 않다는 생각으로 거부하게 된다. 두 번째는 때가 되어 성적인 접촉확인욕구를 맛보게 되면 성욕에 집착하게 된다.

성적 접촉확인욕구의 인정욕구로서의 애정욕구
-사회적 성욕性慾

원래 접촉확인욕구는 비성적이었던 것으로 보인다. 하지만 오랜 세월 서양식 양육이 이어져 내려온 결과 서양에서는 비성적 접촉확인욕구(이른바 양육자에 의한 무제한적 접촉확인욕구)가 거의 충족되지 않게 되었다. 그러므로 서양에서는 이차성징과 함께 관계적 성욕이 나타나기 전까지는 이 접촉확인욕구가 전혀 채워지지 않은 것으로 볼 수 있다. 이것은 성욕을 채우면 자연히 지불이 유예되어 있던 접촉확인욕구도 채워진다는 것을 의미한다. 또 성욕을 채우는 것 말고는 접촉확인욕구를 채우는 방법이 없었다는 뜻도 된다. 또한 성욕을 채운다는 뜻은 성욕과 접촉확인욕구를 동시에 채우기 위해 상대방에게 애정욕구(허락 또는 인정)도 채워졌다는 뜻이다. 얼핏 봐도 성욕을 추구한다는 것은 세가지 욕구를 동시에 추구한다는 뜻과도 같은 것이다. 하지만 성욕에는 이렇게 단순한 욕구만 포함되어 있는 것은 아니다. 이것은 다음에 나오는 '프로이트의 오류'에서 상세히 살펴보기로 하자.

이 성적性的 접촉확인욕구가 성욕을 통해 채워진다면 왕성한 성생활을 보일 것이다. 비성적 접촉확인욕구 충족도 애정(애착)을 통해 듬뿍 받은 사람이라면 균형 잡히고 적절한 성생활로 만족감을 유지하고 있을 것이라고 앞에서 설명하였다. 문제는 비성적 접촉을 전혀 충족 받지 못한 경우다. 비성적 접촉을 받지 못한 상태에서라면 성적 접촉에 집착할 수밖에 없다. 성적 접촉이 성욕을 통해 잘 충족된다면 남들보다 훨씬 더 왕성한 성생활을 즐길 것이다. 그런데 이 상태에서 성적인 접촉도 충족이 잘 안 된다면 대리욕구로서 또 다른 형태의 인정욕구가 생겨난다. 그것이 성적매력추구욕이라고 할 수 있다. 성적매력추구욕은 접촉확인욕구에서 발달한 또 하나의 간접적인 인정욕구가 된다. 서양에서는 털이 수북하고 근육질의 남성, 풍만하고 성숙한 여성을 선호하게 된다. 오히려 귀여움과 사랑스러움을 내세워 비성적 접촉을 끌어내고자 하는 한국적 외형에 비호감을 표현하게 된다. 서양은 비성적 접촉을 이해하지 못하므로 접촉하고 싶어지는 마음을 무조건 성적이라고 단정 짓고 자신에게서 나타나는 무의식적인 비성적 접촉을 경계하는 것이다. 미용과 성형에 관련된 산업에서 나타나는 경향을 보더라도 그 차이를 알 수 있다. 서양에서의 화장술과 성형수술 또한 자신의 성적 매력을 높이는 형태로 이루어졌지만, 동양에서의 미용과 성형수술은 동안을 추구하는 경향이 있다. 이러한 비성적 매력을 추구하는 형태는 오히려 시각적확인욕구를 상징하는 좁은 의미의 인정욕구 충족의 한 형태로 보는 것이 더 적절할 때가 있다.

인정욕구가 발생해야만 하는 이유

이 부분은 중요한 의미를 지니고 있다. 세상에 태어나서 모든 욕구가 양육자에 의해 저절로 채워지게 되면 신생아('나')들은 전능감을 가지고 있게 될 것이다. 자신이 마음만 먹으면 저절로 이루어지는 세상에 살고 있다고 느낄 것이다. 그것은 양육자가 베푸는 신생아에 대한 무한한 애정이다. 하지만 신생아('나')는 그것이 자신의 능력이라고 생각할 것이다. 신생아('내')가 성장과정을 거치면서 그것은 자신의 능력이 아니라는 것을 깨달아야 하고 그것을 깨닫게 하는 것도 양육자의 책임하에 이루어져야 한다. 그 전능감은 신생아가 생존을 유지하는 데 있어 반드시 필요한 것이지만 결국 한 명의 성숙한 인간으로 자라기 위해서는 또 반드시 버려야 하는 태도이기도 하다. 세상이 자기 위주로 돌아가며 자신이 마음먹은 대로 주위 사람이 움직일 것이라는 생각을 가지고는 다른 사람들과 잘 어울려 지낼 수 없게 된다.

이미 오래전에 산도르 페렌치Sándor Ferenczi와 프로이트, 프란츠 알렉산Franz Gabriel Alexander가 "autoplastic adaptation, alloplastic adaptation"라는 말로 적응의 방식에 대해 설명한 부분을 차용하기로 하자. autoplastic adaptation(자기변형적 적응)이란 스트레스 상황에 있어 그것을 해결하기 위한 방법으로 자신을 변형시켜 적응하는 것을 말하며 alloplastic adaptation(타자변형적 적응)이란 반대로 상대방이나 주위 사람들과 환경을 변화 시켜 적응하는 것을 말한다. 그렇게 신생아기에 생긴 alloplastic adaptation(타자변형적 적응)이 영아기를 거쳐 유아기와 학령전기를 통해 반드시 autoplastic adaptation(자기변형적 적응)으로 바뀌게 되어야 한다. 그 근원적인 발원지를 확인욕구에서 인정욕구가 발생하는 부분에서 발견할 수 있다는 것을 얘기하고 싶다. 그리고 그 과정 중에 양육자의 인정이 없이는 완벽한 확인욕구의 만족을 안겨다 주지 못한다는 것을 깨닫게 된다는 것을 강조하고 싶다.

'나'의 욕구와 양육자의 욕구가 첨예하게 부딪히는 상황에서 먼저 양육자의 존재를 인정해야 하고 그다음 양육자의 욕구대로 '내'가 따라야 한다는 것을 깨닫게 된다. 바로 양육자의 불편과 '나'의 불편함

마음의 지도

이 충돌하는 순간이다. 그곳에는 동물적인 약육강식만이 존재한다. 양육자의 불편과 '나'의 불편이 충돌하면 강한 양육자에 비해 '내'가 약자이기 때문에 양육자의 의지를 존중할 수밖에 없다. 어쩔 수 없이 양육자에게 인정을 받으려면 '내'가 양육자가 정한 틀에 맞춰 나의 행동을 바꾸어야 한다. 전지전능한 것은 '내'가 아니라 양육자였다는 것을 깨닫게 된다. 비로소 '나'에게 현실감각이란 것이 생기기 시작하는 순간이다. 인정을 받지 못하면 양육자를 확인하고 있어도 불편함이 사라지지 않으며 가장 강력한 안정제인 확인욕구가 제대로 작동하지 않는다. 확인욕구를 채우기 위한 수단으로 '나'는 양육자로부터 인정을 받아야 한다. 그래서 인정을 미리 받아두면 확인욕구가 제대로 작동하지 않는 경우(엄마를 보고 싶어 엄마를 보았지만, 엄마는 '나'에게 화를 내는 경우)를 예방할 수가 있는 것이다. 확인욕구의 결핍을 미리 예방하는 기능으로서의 결핍예방욕구가 바로 인정욕구다. '나'의 입장으로 보면 결핍예방욕구이지만 양육자의 입장에서 보면 인정욕구야말로 인간이라는 종족이 무리를 이루어 살아오면서 저절로 발명하게 된 가장 강력한 사회화의 도구처럼 보인다.

6) 대리욕구

기본적인 욕구의 결핍예방욕구로서 확인욕구이기도 하지만 확인욕구가 하나의 욕구로 자리 잡기만 하면 또 다른 욕구로서의 독립적인 기능을 충실하게 하기 시작한다. 기본적인 욕구가 잘 충족되지 않을 경우 확인욕구만 있으면 된다고 생각하는 것이다. 성인이 되면 어지간해서는 확인욕구가 채워지더라도 기본적인 욕구가 채워지지 않는다. 확인욕구는 기본적인 욕구의 대리 욕구로서 기능하게 되는 것이다. 마찬가지로 그 확인욕구의 결핍예방욕구로서 인정욕구가 발생하였지만 다른 한편 확인욕구가 채워지지 않기 때문에 생기는 대리욕구로서의 인정욕구도 있는 것이다.

'나'의 기본적인 욕구가 채워지지 않을 경우 '나'는 그 욕구를 표현한다. '내'가 욕구를 표현해도 채워지지 않을 경우 분노가 발생하게 되고 그래도 채워지지 않으면 분노가 강화되는 과정을 반복(〈2장 결핍과 분노〉中 '결핍-분노 회로' 참조)하다가 결국 기본적인 욕구가 채워지지 않으리라는 것을 깨닫고 확인욕구(대리욕구로서)만이라도 만족하기를 바라는 것이다. 마찬가지로 확인욕구가 잘 채워지지 않을 경우 그 욕구를 표현하게 된다. 만약 표현해도 채워지지 않게 되면 분노회로가 가동되며 그래도 채워지지 않으면 다시 대리욕구로서 인정욕구를 추구하게 되는 것이다. 이것을 정방향 대리욕구라고 하자.

기본적인 욕구(생리적인 욕구 + 학습된 욕구) —— (대리욕구) ——┐

└—— (대리욕구) ——→ **확인욕구** —— (대리욕구) ——→ **인정욕구**

대리욕구란 욕구(불편함의 표현)가 채워지지 않을 때(결핍) 그 욕구를 채우기 위해 발생시킨 분노(본능인자)마저 욕구를 채우는 데 실패할 경우, 다시 찾아낸 그 원래 욕구를 대신할 다른 욕구를 말한다. 아마도 대리욕구란 욕구 발생과정인 기본적인욕구→확인욕구→인정욕구의 과정 중에 결핍예방욕구로서 태어난 확인욕구와 인정욕구들이 각자 독립적인 욕구의 역할을 충실하게 수행하게 되면서 저절로 생겨난 부가적인 시스템으로 보인다. 새로 생겨난 확인욕구 인정욕구를 대리 욕구로 보게 되는 새로운 시각이 발생하는 것인데, 만약 어떠한 욕구도 채워지지 않는 절망적인 상황에서 발버둥을 치다 보면 물에 빠진 사람의 손에 저절로 잡히는 지푸라기 같은 욕구들인 것이다. 그러므로 확인욕구와 인정욕구들이 욕구로서의 위치가 탄탄해지는 성인이 되었을 때 확인욕구나 인정욕구들이 채워지지 않는 상황에서 인정욕구의 대리욕구로서의 확인욕구, 확인욕구의 대리욕구로서의 기본적인 욕구, 인정욕구의 대리욕구로서의 기본적인 욕구가 성립되며 이를 역방향 대리욕구 또는 퇴행이라고 부를 수 있겠다.

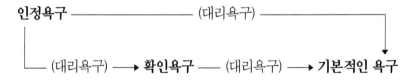

인정욕구가 좌절되었을 때 흔히 사회적인 성공에서 추락하거나 주변 사람들에 의해 평판이 땅에 떨어지는 경우 사람은 좌절에서 벗어나기 위해 자신의 가장 측근인 사람들과 접촉하려 한다. 언제나 자신의 편을 들어줄 가족이나 친구들을 만나려 한다. 이것은 인정욕구에서 확인욕구로의 퇴행이다. 만약 어떠한 인정욕구나 확인욕구도 채워질 수 없는 상황이 되면 우리는 가장 손쉬운 욕구 충족 방법인 먹는 것과 자는 것으로 푸는 경우가 많다. 간혹 보는 청소와 정리 씻는 것에 대한 강박증 역시 기본적인 욕구로의 퇴행이라고 생각한다.

이제 앞으로 설명할 결핍, 분노와 함께 이 대리욕구는 프로이트학파가 얘기한 두 가지 본능인 공격성과 리비도를 대체하여 설명할 수 있는 부분이 될 것이다. 이 세 가지를 본능인자라고 부를 것이다. 본능인자는 '불편을 해결하고 편함을 추구'하고자 하는 본능이 인간의 육체적 한계와 태생적인 무능력으로 인해 세 가지로 나누어져 발현되는 심리적 관성(〈4장 무의식의 형성〉 참조)이라고 할 수 있다.

대리욕구로서의 소유욕

또 하나 중요한 대리욕구가 바로 소유욕일 것이다. 소유욕은 원래 욕구를 채우는 행위의 상징으로 발전되었다고도 할 수 있겠지만 채우는 행위에서 더 유사한 식욕이 있으므로 소유욕은 조금 다른 의미로 만들어졌다고 할 수 있다. 원래 기본적 욕구와 확인욕구 인정욕구 순으로 순차적 발달을 했다면 크게 문제가 없을 일이다. 하지만 양육자가 양육 시 자신이 해야 할 기본적 의무에 충실하지 않고 조금 더 편하게 양육하기 위한 방편으로 아이('내')가 필요로 하는 욕구 대신 대리 물품을 주기 시작한 것이 그 시초라고 할 수 있겠다. 아이가 엄마에게 안기고 싶어서 울면 잠시 장난감 곰으로 달래려고 하는 것이다. 확인욕구가 물건으로 바뀌어 충족되는 순간이다. 조금 크면 아이가 양육자와 떨어져 있을 경우 배고플 때 사먹으라고 돈을 주게 된다. 부득이한 경우에서 시작되었겠지만 조금은 양육자가 귀찮을 때도 돈으로 기본적 욕구에 대한 서비스를 맞바꾼다. 장난감은 양육자가 몸으로 채워줘야 할 확인욕구의 대용품이다. 그리고 그것은 '내'가

이룩한 성취에 대한 칭찬 또는 인정욕구 충족의 대용품의 역할도 하는 것이다. 이러한 양육의 필요성 때문에 인간들은 물질을 양육에 끌어들인 것으로 보인다. 그리하여 기본적 욕구부터 확인욕구 인정욕구에 이르기까지 모든 단계에서 충족되는 매개물이 탄생하였는데 그것이 돈으로 상징되는 모든 재화이다. 그 재화를 얻고자 하는 욕구를 소유욕구라고 하며 소유욕구(앞으로 일반적으로 편하게 쓰던 관용적 표현대로 소유욕이라고 하자)는 모든 단계의 욕구들에 대한 대리욕구이기도 하다. 소유욕은 일반적인 욕구들의 발달 단계와 상관없이 독자적으로 발전한 대리욕구다. 비록 대리욕구로 탄생한 욕구이지만 한번 욕구로 자리 잡으면 그것 자체로 욕구로서 기능한다. 그 때문에 소유욕에서 다른 대리욕구로 역행하는 것 또한 가능하다. 그러므로 소유욕에 대한 대리욕구로서의 기본적 욕구, 소유욕에 대한 대리욕구로서의 확인욕구, 소유욕에 대한 대리욕구로서의 인정욕구 등이 가능한 것이다.

대리욕구로서의 사회적 성욕

성욕은 모든 욕구의 발달이 이루어지고 난 다음에 생성되는 욕구다. 그것은 이미 모든 욕구가 서로의 대리욕구로서의 기능을 할 수 있다는 것을 무의식적으로 경험하고 난 뒤에야 이차 성징이 발현된다는 뜻이다. 그러므로 성욕은 태생적으로 처음부터 원래의 기능보다는 대리욕구로서의 기능이 훨씬 더 강조될 수밖에 없었다고 할 수 있다. 이러한 대리욕구의 의미를 하나둘 덜어내기 시작하면 실제로 성욕 그 자체의 욕구는 얼마 되지 않을 것으로 생각한다. 성적 만족감을 자신이 얻을 수 있는 에너지 중에 가장 얻기 손쉬운 에너지라고 생각하는 사람일수록 대리욕구로서의 성욕이 커질 확률이 높아질 것이다. 자세한 얘기는 나중에 기회가 된다면 다른 지면을 할애하여 설명하기로 하자.

2. 한국과 서양의 차이점

접촉확인욕구가 발전하는 방향은 한국과 서양이 다르다. 한국에서는 신생아부터 '내'가 원하는 만큼 무한대로 접촉확인욕구를 채워주는 경향이 강하다. (가정의 문화마다 다를 수는 있다.) 하지만 서양에서는 대체로 '내'가 태어날 때부터 제한되는 욕구가 된다. 가장 확실하고 '내'가 가장 선호하는 확인욕구가 접촉확인욕구이지만 서양에서는 마음대로 채울 수 없는 확인욕구다. 태어나자마자 '나'는 양육자와 다른 방 혹은 다른 침대에서 자야하기 때문에 접촉확인욕구를 채울 기회가 극도로 제한된다. 반대로 한국에서는 가장 흔하고 가장 자연스럽게 충족이 되는 욕구다. 한국의 양육자들은 아이의 입장에서 무엇이 필요한지를 늘 살펴보고 자신의 욕구보다 먼저 채워주려 하므로 아이와 같이 자야 하는 것을 당연하게 생각한다.

한국의 접촉확인욕구

한국에서는 잠을 잘 때도 항상 양육자와 같이 자는 경우가 많다. 아이가 늘 자다 깨어서 울기 때문이다. 아이('나')의 입장에서는 잠에 못 이겨 눈꺼풀이 감기는 순간 양육자가 눈에서 사라진다. 잠이 들려고 하는 그 순간이 확인욕구가 채워지지 않는 결핍의 순간이 된다. '나'는 갑작스러운 불편감에 항의하며(갑작스러운 결핍에 분노하며) 잠에서 깨게 된다. 계속 반복되는 아이의 칭얼거림을 대하는 양육자들의 태도가 한국과 서양이 다르다는 것을 우리는 이미 얘기하였다.

한국에서는 그대로 아이를 안아 올려 양육자의 잠자리에서 같이 재운다. 양육자들의 부부생활이 깨어진다고 하더라도 그렇게 하기로 한다. 그만큼 아이를 안정적으로 키우는 것을 무엇보다 중요하게 생각하기 때문이다. 한국도 점점 맞벌이 부부가 늘어나면서 그리고 점점 개인주의가 심해지면서 아이를 따로 재우는 가정이 늘어나고 있다고 생각된다. 하지만 아직은 엄마의 엄마가 그랬듯 한국의 엄마들은 '나'를 안고 잠들게 된다. '나'는 형제가 생기거나 엄마가 다시 출근하지 않는다면 그 무한한 접촉확인욕구의 충족을 누릴 것이다. 이 점은 한국인들이 접촉확인욕구의 충족에 대해 크게 신경 쓰지 않게 만드는 점이 된다. 그리고 양육자가 아닌 다른 사람들과의 관계에서도 수시로 충족하는 욕구가 된다.

한국 양육방식의 단점

아이와 부모가 같이 잔다고 해서 한국적 양육의 장점이 유지되는 것도 아니다. 오히려 아이와 어머니가 같이 자는 경우가 많고 아버지는 따로 자게 된다. 그 이유는 육아와 가사를 맡는 어머니와 생업에 종사하는 아버지 중의 아버지라도 내일 일을 하기 위해 따로 자기 시작하면서부터일 것이다. 하지만 한번 잠자리가 갈라지면 아이로 인해 아버지와 어머니가 다시 합쳐지기란 쉬운 일이 아니다. 이 경우 가족 내의 관계에 문제가 생긴다. 아이와 어머니는 관계가 강하게 결속되 겠지만 아버지는 가족에서 소외되는 경우가 많고 또 그것을 당연하 게 받아들인다. 이러한 부부 관계는 아이를 위해 암묵적으로 자신의 욕구들을 많이 희생하게 되며 성관계는 거의 하지 못하게 되는 경우 가 생긴다. 점점 가족은 자녀를 위주로 운영되며 아버지는 바깥에서 겉돈다. 자기 스스로 시각적확인욕구와 접촉확인욕구를 바깥에서 채 워야 하는 상황이 된다. 물론 한국 아버지들이 그러한 상황을 즐기는 부분도 없지 않으므로 강력한 개선의 움직임이 보이지 않는 이유일 수도 있겠다. 만약 여기서 외도가 문제 되어 양육자들끼리 관계가 망 가지면 가정은 금세 무너져 내리게 된다.

양육자의 부담 또한 단점이다. 한시도 떨어지지 않으려고 하는 아 이들을 키우는 것은 매우 힘든 일이다. 엄마가 느끼는 희생은 그것을 하소연할 데가 없기 때문에 더 고통이다. 그래서 엄마들은 자녀에게 서 돌려받을 수 있는 보상을 기대하게 된다. 자녀들이 채워주는 접촉 확인욕구 또한 엄마가 받아내는 중요한 보상이다. 하지만 그것은 자 기가 필요한 욕구들을 모두 자식들에게서 보상받아 낼 수 있다는 유 혹을 받는 계기가 되기도 한다.

아이('나')에게 있어서는 접촉확인욕구의 충분한 충족은 결코 접촉 확인욕구를 포기할 수 없게 만든다. 그 달콤하고 포근한 접촉을 유지 하려면 양육자의 허락이 중요하다. 그러므로 접촉확인욕구의 결핍 예방 욕구인 애정욕구에 과도하게 집착하게 된다. 과도한 애정욕구 는 자신을 과도하게 희생하고 자신을 낮추며 필요 이상으로 에너지 를 소모하게 만들어 마음을 지치게 만든다. 애정을 받기 위해 눈치를 보며 애정을 받지 못할까봐 비난받는 것을 과도하게 두려워한다. 또는 정情이라는 이름하에 너무 과도한 참견으로 필요 없는 갈등을 부추기기도 한다. 마찬가지의 이유로 개개인의 개성에 대한 존중이 부족하여 개인의 의사가 희생될 가능성도 존재한다.

한국 양육방식의 장점

이런 한국에서의 양육방식은 '나'에게 있어 가장 강력한 확인욕구인 접촉확인욕구를 무한정 공급해주는 것이다. 따라서 한국의 전통적인 양육방식이 지켜지는 한, 사람이 접촉확인욕구를 채우기 위해 누군가의 인정을 따로 받을 필요가 없다. 이것은 아주 강력한 장점이다. 과도하게 집착하거나 애정욕구에 매몰되지만 않는다면 사람들과의 유대가 끈끈해지면서 외로움을 느낄 필요가 없다. 서로서로를 챙겨 주고 챙겨 받음으로써 가족에게서나 맺을 수 있는 관계를 사회적 관계에서도 얻을 수 있다. 이런 관계를 사회적으로 만들지 못했다고 해도 문제가 되지 않는다. 가족에게서 이미 받은 애정을 통해 충분히 버텨나갈 여유가 있다. 접촉확인욕구는 언제든 채울 수 있는 사소한 욕구 정도로 인식하고 서로에게 충분히 공급해주고 공급받겠다는 암묵적 계약을 형성하고 있다. 앞에서 언급했다시피 한국인들은 동성끼리도 스스럼없이 접촉확인욕구를 채울 수 있다.

그런 접촉확인욕구가 어디에서나 넘쳐나므로 접촉확인욕구를 채워 줄 수 있는 개인적인 공간이 허락되기만 하면 무한정의 친밀감을 채워 줄 수 있는 것이다. 한국에서는 서양에 없는 정情이라는 것이 존재하는 이유이기도 하다. (정을 사랑에서 성적인 요소를 제거한 것이라

정의할 수 있다. 정이 한국에만 있는 이유는 한국 사람만이 성적인 의도를 담지 않은 접촉을 알고 있기 때문이다. 성적인 의도를 담지 않고도 접촉을 통해 애정을 전달할 수 있는 것이다.)

정을 주고 받는다는 것은 그만큼 상대방에게 인정을 받아야 하기 때문에 상대방에게 거슬리는 행동을 하지 않게 만드는 강력한 절제 수단이 되기도 한다. 상대방에게 '나' 또한 존중받고 싶고, 받기도 해야 하므로 '나' 역시 상대방을 존중한다. 상대방의 마음을 헤아리면서 상대방의 입장에서 먼저 공감하려고 한다. 그래서 웬만하면 노엽게 하지 않는다. 어떻게 보면 가장 훌륭한 자기 검열 기구가 될 수도 있는 것이다.

물론 그런 정을 느끼기 위해서 서로 정을 주고 받을만한 관계를 형성해야 한다. 그래서 한국인은 '나'보다는 '우리'를 더 선호한다. 한국인에게 '우리'란 서로의 정을 주고 받을 만큼 믿을만한 관계라는 뜻이다. 만약 그 믿음을 저버렸을 때 저버린 사람을 '우리'의 바깥에 놓고 무시한다. 한국에서 따돌림과 무시가 죽음만큼 무서운 이유이기도 하다.

서양의 접촉확인욕구

하지만 서양에서는 다르다. 아이가 잠자는 순간까지는 아이 방에 머물면서 확인욕구를 채워주기는 하지만 곧 잠은 부부의 침실로 와서 부부끼리 자게 된다. 아이는 잠이 든 후에는 아이 방에서 혼자 자게 된다. 가끔 아이가 깨어 양육자의 방에 가서 같이 자겠다고 떼를 쓰지만 철저하게 서양에서는 혼자 자도록 교육한다. 합리적이며 개인적이므로 가족 전체의 결핍을 철저히 나누어지는 모양새다. 아이는 자신의 결핍을 자신이 지고 가야 하며 부모에게 기대하지 않는다. 부모도 아이 때문에 자신을 희생해야 하는 부담을 많이 벗어 버릴 수 있다.

서양의 가족이란 부부 중심이어야 한다고 생각하는 것 같다. 부부 위주로 가정이 꾸려지지 않으면 부부생활의 가장 중요한 부분인 성생활이 침해를 당하게 된다. 성생활이 충족되지 않으면 부부의 관계가 금이 가게 되므로 가정을 계속 유지하고 지켜나가게 될 수 없다. 결과적으로 아이에게 안락한 가족을 만들어 줄 수 없게 되는 상황이 벌어지기 때문이라고 생각하는 것 같다. 서양에서 가족의 중심은 부부이지 아이가 아니다. 그래서 부부관계가 끝이 나면 가족도 끝이 나게 되는 것이다. 서양 영화에서 그렇게 아이들을 우선하고 아이들의 천국인 것처럼 표현하지만 아이 때문에 억지로 참고 사는 부부는 본 적이 없다. 이혼한 가정의 아이는 부부의 결정에 따라 이리저리 삶의 터전을 옮겨야 하는 상황이 벌어진다. 그리고 그러한 가정이 너무 많다 보니 이제는 그것이 평균의 삶처럼 되어 버린 느낌이 있다. 누군가 부모님이 이혼했다고 하는 것은 더 이상 결핍사항이 아닌 자연스러운 하나의 삶의 과정이라고 생각하게 되기에 이른 것 같다.

서양 양육방식의 단점

서양의 양육방식은 모든 기본적인 욕구와 인정욕구 및 다른 확인욕구는 충분히 채워지지만 유독 하나의 확인욕구, 접촉확인욕구가

마음의 지도

채워지지 않는다. 낮에는 물론 충분히 채워진다. 하지만 낮에는 시각확인욕구가 작동하기 때문에 접촉확인욕구가 그다지 필요한 상황이 아니다. 서양에서 낮에 이루어지는 양육자와 '나'와의 신체적 접촉은 접촉확인욕구를 채우는데 사용되는 것이 아니라 접촉확인욕구를 '생성'시키는 데 사용이 되는 것 같다. 접촉확인욕구라는 것이 존재한다는 것을 접촉을 통해 알리는 역할을 하게 되며 앞으로 생길 접촉확인욕구의 결핍을 위한 비교기준으로 활용될 뿐이다. 아이('나')의 입장에서는 눈을 뜨고 있는 낮보다는 밤에 더 영향을 미친다. 낮에는 시각확인욕구로 충분하다. 하지만 밤에는 잠을 자기 위해 잠깐 눈을 감고 있어야 하는 시간이 필요하다. 아무리 양육자가 '내' 방에 들어와서 옆에 지켜보고 있다지만 눈을 감으면 확인할 방법이 없다. 아무리 양육자가 옆에서 자장가를 불러주어도 노랫소리가 그치면 양육자를 확인할 방법이 없다. 잠이 들었다가도 말할 수 없는 불안감을 느끼는 이유가 된다. 서양 동화에서만 볼 수 있는 침대 밑의 괴물(그 공간 역시 시각적으로 확인되지 않는 부분이며 바로 잠을 자기 위해서라면 반드시 눈감고 맞닥뜨려야 하는 어둠을 상징하는 것이다.)은 그렇게 확인욕구충족의 부재로 인한 불안을 상징하는 것이다. 아마도 서양에서 불안장애가 많은 이유이기도 할 것이며 최근 들어 서양과 비슷하게 생활 패턴이 바뀌고 있는 한국에서도 유독 불안장애가 늘어나고 있는 이유이기도 한 것으로 보인다.

그것 외에 심각한 단점으로는 양육자끼리의 불화가 생겼을 때 자녀의 확인욕구(시각, 접촉)가 심각하게 훼손을 받게 되는 점이다. 부모가 갈라서고 서로 다른 배우자를 만나 각각의 가정을 따로 꾸릴 경우 자녀가 받아야 할 양육의 폭이 좁아진다. 아마 그로 인해 존재 자체에 대한 불안감이 생길 것으로 보인다. 만약 좋은 양부모 밑에서 자랄 경우 큰 문제가 없을 것이다. 눈치는 많이 보겠지만 한국과는 또 다른 의미의 인정욕구가 생긴다. 외로움을 느끼겠지만 누구나 평등하게 느끼는 것으로 생각할 것이다. 문제가 되는 양부모 밑에서 자랄 경우는 한국보다는 좀 더 파괴적인 분노가 쏟아져 나오게 된다. 가족 관계가 느슨하기 때문에 최소한의 통제도 받지 못할 확률이 크기 때문이다. 워낙 개인주의적이므로 그것을 대비한 사회적인 안정장치가 발달할 수밖에 없는 것이다.

서양 양육방식의 장점

장점으로는 양육자의 삶의 질이 올라간다. 개인의 행복과 개인의 이익을 추구하는 서양에서는 당연한 이야기이겠지만 양육자의 행복이 우선이 되어야 가정도 지켜지고 아이('나')도 그 틀 안에서 지켜진다고 생각한다. 그러기 위해서는 부부의 관계가 부모와 자식 간의 관계보다 우선이 될 수밖에 없다. 그리고 부부의 관계는 성생활로 유지된다고 생각하므로 부부의 성생활이 유지되기 위해서 부부의 침대는 자식으로부터 지켜져야 하는 성지가 되는 것이다. 양육자의 입장으로서는 당연한 얘기이며 양육자도 그 양육자의 양육자에 의해 그렇게 교육받아왔다. 어릴 때부터 채워지기를 학수고대하던 접촉확인욕구는 그렇게 부부끼리 채우는 것이라고 (무의식적으로) 생각하는 것이다. 그러므로 자녀들이 2차 성징이 나타나기를 기다렸다는 듯이 자신들의 접촉확인욕구(사회적 성욕)를 채우러 나가는 것을 당연하게 받아들일 수밖에 없다. 자녀('나')는 양육자와의 접촉확인욕구를 갈구하게 되지만 양육자들 간의 접촉확인욕구 만족을 위해 그 시간과 공간을 존중해야 한다. 그 모습을 보고 배웠던 자녀('나')는 '나'의 접촉확인욕구를 채울 수 있는 시간과 공간이 허락되기를 학수고대하며 기다리게 되는 것이다.

접촉확인욕구 자체를 부모와 자식과의 관계에서 추구하지 않기 때문에 입양시스템이 발달할 수 있었던 것으로 보인다. 한국에서는 늘 접촉해 주어야 하는 문화적 관습으로 인해 피붙이가 아니면 상대적인 박탈감이 생기기 쉽지만, 서양은 그렇지가 않은 것이다. 내가 낳은 자식이든 아니든 접촉확인욕구가 동등하게 채워지지 않은 채로 남게 된다. 그만큼 양육에 대한 부담도 줄어들게 된다.

서양 사회가 추구해온 자기 개인의 안녕과 그 개인의 안녕을 바탕으로 한 자유를 누리기 위해서 최소한의 자기희생과 타인에 대한 최소한의 배려(자신이 타인에게 받고 싶어 하는 만큼의 배려)를 강조한다. 즉 약간의 사회적인 책임만 지면 개인은 자기 인생에 대해 무한대의 권리와 책임을 지게 된다. 독립심을 아주 어릴 때부터 키워서 최대한 빨리 부모의 책임을 덜어줄 수 있게끔 하는데 가장 최적화되어 있는 관습이라고 할 수 있겠다. 한국과 서양의 방식 중 어느 쪽이 좀 더 안정된 가정을 만들 수 있는지를 선택하라면 대답을 회피할 수밖에 없다. 서로의 장단점이 극명하기 때문이다. 만약 가능하다면 각자의 방식을 기조로 두고 다른 한편의 양육방식을 보조로 가미하는 것을 추천할 수 있겠다. 한국과 서양의 장점만을 정확하게 반씩 결합한 양육방식이라면 금상첨화겠지만 그것을 실천하는 과정이 어렵기 때문에 이상적인 얘기로만 남을 가능성이 높다.

프로이트의 오류

　이러한 관습과 문화의 차이를 설명하는 것이 이 책의 원래 목적은 아니다. 이 부분을 자세히 설명하는 이유는 이 부분이 프로이트가 정신분석을 만드는 데 있어 인간의 본능을 성욕으로 특정하게 된 가장 큰 요인이라고 생각하기 때문이다. 성욕은 인간이 동물과 마찬가지로 어떤 시기로 특화되어 있는 생리적 욕구이자 조건적 욕구라고 생각한다. 태어나자마자 섹스를 하고 싶다거나 섹스의 쾌감에 비견되는 쾌감을 누리고 싶다고 생각한다는 것 자체가 동양인 특히 한국인에게는 이해가 되지 않는 부분이다. 인간은 태어나면서 성기를 가지고 태어나지만, 그 성기는 아직 제 역할을 할 수 있는 기관이 아니다. 성기의 자기 역할에 충실하기 위해서는 나이가 들어 신체적 성숙과 호르몬의 도움이 필요하다. 그 성기가 무슨 일에 사용이 되며 무슨 일을 가져다줄 수 있는지 깨닫게 되어야 성기의 활용가치를 생각하게 된다. 성기의 용도를 찾아내는 것은 모든 사람에게 당연히 알려지고 알려질 수밖에 없는 필수 불가결한 일이지만 그렇다고 반드시 어린 시절부터 알게 되고 알아야 하는 것은 아니다.

　인간이 입이 존재하고 위장이 존재하고 몸에 에너지가 필요하므로 먹고자 하는 욕구가 생기는 것이라고 이 책에서 주장하는 것을 다시 생각해 보자. 성기가 존재하고 성선性腺이 존재하여 제 기능을 해야 성교를 하고자 하는 욕구가 느껴지는 것이다. 성기가 존재하지 않고 성선이 존재하지 않는다면 당연히 성욕은 생기지 않을 것이다. 그렇게 생각하는 것이 당연하다. 만약 다른 모든 장기는 존재하되 성기와 성선이 없다면 인간의 본능은 무엇이었을까? 그때도 성욕이라고 생각할 수 있을까? 물론 프로이트는 말년에 성욕이 아니라 생의 본능 Eros라고 정정하였다. 하지만 처음부터 성욕으로 시작한 이론이므로 그 말한마디로 프로이트의 심리적성발달이론(신생아로부터 시작되는 쾌감의 원천이 나이가 들면서 구강에서부터 항문과 남근으로 옮겨간다는 이론)까지 뒤엎은 것은 아니다. 프로이트 이후 오랜 세월이 흘렀지만, 정신분석의 여전한 기조는 성욕에 대한 분석을 빼고는 존재할 수 없다.

신생아의 두 다리가 존재한다고 해서 바로 걷는 것이 아니며 성대와 혀가 존재한다고 해서 바로 말하는 것은 아니듯이 성기가 존재한다고 해서 바로 성교를 할 수 있는 것은 아니다. 각자의 기관이 사용되기 위해서는 성숙하는 시간이 필요로 하다. 그전까지는 의미가 없는 것이다. 성적인 기관의 목적을 깨닫지 못해도 인간은 어린 시절부터 성기를 마찰시키면 쾌감을 얻는다는 것을 경험적으로 알게 된다. 하지만 이 쾌감은 성기란 기관에 딸린 구조적인 문제이다. 원래 성기에 신경이 분포되어 있으며 이 신경을 자극하면 쾌감이 생기는 것이다. 즉 하드웨어의 문제라는 말이다. 태어나자마자 두 다리가 힘이 없어 바로 걷지 못한다고 해서 다리에 감각이 없는 것은 아니며 성대와 혀가 말을 모른다고 해서 소리를 낼 수 없는 것은 아니기 때문이다. 우연히 성기에서 얻은 쾌감이란 성기가 제 기능을 하기 전부터 존재하는 그 구조물의 특질일 뿐이다. 생식을 위한 기관에 장착된 내부 구조물 중에 신경은 이미 자리 잡고 제 기능을 하지만 미리 자리 잡고 있는 고환과 난소는 아직 준비되지 않았을 뿐이다. 그것은 인테리어 공사과정에서 에어컨을 설치하기 전에 미리 배관을 깔고 미리 전기 배선이 끝나 있어야 에어컨을 설치할 수 있는 것과 비슷한 것이다. 천장에 설치되지 않은 에어컨 자리와 그곳에 미리 배선된 전선을 보고 미루어 짐작하기를 '이 자리는 전기를 생산하는 발전기를 달아야 하는 자리'라고 말할 수는 없는 일이다. 먼저 자리 잡고 있는 신경계통 때문에 성기의 주된 역할이 쾌감을 얻기 위한 기관이라고 말하는 것은 너무 성급하다. 쾌감은 생식을 위한 성교 과정에서 얻어지는 부산물이다. 하지만 인간은 이 부산물에 더 주목하고 이 부산물을 얻기 위해 목숨을 거는 사람들인 것처럼 행동하는 것이다. 이 책의 논점은 '그렇다면 왜 그렇게 성교의 부산물인 쾌감에 사람이 집착할 수밖에 없는 것일까?'라는 물음에 대한 답을 하는 데 있다고 생각한다.

자 다시 서양의 양육 방식으로 돌아가 보자. 매슬로의 말[7]과 비슷하게 어린 시절 기본적인 욕구들이 적절하게 결핍된 상태에서는 그다음 단계인 확인욕구가 출현한다. (매슬로는 하위의 욕구가 다 채워지면 저절로 다음 단계의 욕구가 발생한다고 설명하였다. 하위의 욕구가 잘 채워지지 않아서 결핍 예방을 목적으로 다음 단계의 욕구가 발생한다는 이 책의 주장과는 다른 점이다.) 확인욕구가 출현하면 아이('나')는 확인욕구에만 매달리게 된다. 아니 확인욕구만 의식 속에 두며 나머지 기본적 욕구들은 의식 속에서 인식하지 않게 된다. 그리고 확인욕구를 채우려고 하는 데에만 집중하게 된다. 그중에 가장 강력한 접촉확인욕구를 맛보게 되면 적어도 그것이 채워지는 한, 그것만큼 강력하고 모든 욕구가 한 번에 해소되는 욕구가 없다는 것을 알게 된다.

어머니가 아이의 안아달라는 요구에 응하는 것을 상상해 보자. 늘 그렇듯 얼굴에 웃음을 머금은 채 아이와 눈을 맞추고 따뜻하게 안아

---

7) A.H.Maslow, 1943, 『A Theory of Human Motivation, Classics in the History of Psychology』, Originally Published in Psychological Review, 50, 370-396.

준 후 엉덩이를 두드리며 등을 어루만지고 떨어지면서 머리를 쓰다듬어 주었다고 하자. 그 순간은 아이가 늘 추구하던 확인을 만족하게 되는 순간이며 동시에 확인욕구를 얼마든지 충분히 수용해주겠다는 인정의 의미도 같이 존재하는 것이다. 인정받지 못하면 안아주지도 않는다. 인정되지 않으면 안아주는 행위에 애정(무엇이든, 어떤 기본적인 욕구라도 해줄 것이라는 의지)이 담길 수가 없다. 반대로 애정이 느껴진다는 것은 이미 인정을 받았다는 뜻이다. 인정을 받지 않고서는 개인적인 공간인 한 팔 거리 안에 '내'가 들어가는 것을 허락하지 않을 것이기 때문이다. '내'가 양육자와의 접촉확인욕구를 채우기 위해 먼저 그래도 괜찮다는 인정을 받아야 한다.

양육자가 아이를 안기 위해 두 팔을 벌리는 순간 아이('나')는 이미 양육자에게 인정을 받았다는 것을 뜻하고 그렇기 때문에 이 접촉욕구가 만족되는 순간이 시각적확인욕구보다 훨씬 짧게 느껴지지만, 훨씬 더 값어치 있게 느껴지는 부분이다. 이 값진 욕구만족감은 한국의 어린아이들에게는 같이 자면서 무한정으로 공급되는 경향이 있다. 따라서 시각적확인욕구와 거의 대등해지는 결과가 생긴다. 한국에서는 시각적확인욕구와 마찬가지로 접촉확인욕구를 채우는데 크게 어려움이 없다고 생각하게 된다. 하지만 서양에서는 이런 중요하고 값어치 있는 접촉확인욕구를 채울 수 있는 시간과 기회가 많지 않다. 물론 동서양을 막론하고 어디나 훌륭한 양육자에 의해 키워지는 아이들은 충분히 사랑을 받게 되고 큰 결핍감을 느끼지 못할 것이다. 하지만 조금이라도 결핍이 생긴다면 원래 부족했던 것이 가장 먼저 없어지게 된다. 즉, 서양에서 자라는 아이들의 상당수가 접촉확인욕구를 받고 싶어도 받지 못하는 사회적인 현상이 생기게 된다. 물론 당사자들은 그렇게 접촉을 받지 못하는 것을 당연한 것으로 생각하기 때문에 그것을 딱히 결핍이라고 생각하지 않을지도 모른다.

아마도 누군가 자신이 비교되는 상황이 없으므로(주변의 모든 형제나 친구들이 비슷하므로) 그것을 외적상대적결핍(주변 사람과 자신을 비교하여 느끼는 상대적 결핍. 〈2장 결핍과 분노〉 참조)으로 인식하지는 않을 것이다. 하지만 그런 경험상의 내적상대적결핍(예전에 욕구를 충족시켜본 경험에 비교하여 생기는 결핍. 〈2장 결핍과 분노〉 참조)는 결핍에 대한 분노와 함께 무의식속에 쌓여 잠복하게 된다. 그리고 그 욕구를 충족시킬 수 있는 때와 상황이 나타나기만을 기다리며 프로이트의 말대로 긴 잠복기를 갖게 된다. 사춘기가 시작되어 이차 성징이 시작되어 생식기의 기능이 완전해지게 되면 몸 여기저기서 이성을 받아들일 준비를 한다. 호르몬을 통해 성적 매력을 겸비하는 것이다. 성적 매력이 이성에게 통했을 때는 크게 노력 없이 자연스럽게 접촉확인욕구를 충족할 수 있게 된다.

접촉확인욕구는 상대방이 허락한다는 전제하에 모든 확인욕구들 중 가장 강력한 우위를 가지고 있다고 설명하였다. 바로 그 전제가 접촉확인을 제한하기도 하지만 접촉확인욕구의 우선순위를 가장 중요한 것으로 끌어 올리는 역할을 하는 것이다. 제한이 풀린다는 의미는 상대방이 '나'를 허락하고 인정한다는 의미다. 접촉확인욕구를 채운다는 의미는 상대방과 '내'가 서로에게 인정욕구와 확인욕구를 동시에 만족시킨다는 뜻이다. 이것은 또한 어린 시절부터 무의식 속에 쌓아 놓은 접촉확인욕구의 결핍에 대한 분노를 고스란히 해결할 수 있는 보기 드문 기회이다. 거기에 이차 성징으로 민감하게 개량된 성기가 생리적인 쾌감을 결합해 충족감을 극도로 증폭시킬 것이다. (애무 시 느껴지는 부드러운 피부와 피부의 접촉, 타인과 평상시에는 별로 맞닿을 일이 없는 부위의 접촉, 성교 시 민감한 신경으로 둘러싸인 내밀한 점막끼리의 접촉으로 인해 물밀듯이 밀려오는 만족감, 그 끝에 절정을 장식하는 오르가즘이 있다.) 더구나 성교를 허락하는 연인 사이에서 서로 먹여주고 씻겨주고 재워주고 입혀주는 행위들은 덤으로 일어나는 일들이다. 이렇게 '나'에게 마음을 열고(인정욕구 충족) 몸을 맡기며(접촉확인욕구 충족) 덤으로 기본적 욕구들도 채워주도록 하는 성욕의 끝에 오르가즘의 쾌락이 있다고 하자. 이것은 단순한 성교의 부산물로만 치부할 것이 아니게 된다. 이 모든 것이 합쳐질 때 이것이 근본적인 본능이 아니라고 누가 의심을 할 수 있겠는가? (앞으로 상황중독에서 설명하겠지만 상황중독도 성욕이 근본적인 욕구라고 잘못 생각하는 데 힘을 보탠다. 상황중독이란 에너지가 들고나는 에너지 수지보다는 순간적인 에너지 변화량에 초점을 맞추어 결핍을 무릅쓰고라도 쾌락을 즐기려 하는 성향을 말한다. 여기서는 오랫동안 접촉확인욕구가 채워지지 않아 결핍되어 있다가 순간적으로 성교를 통해 해소될 경우 발생한다. 늘 접촉확인욕구가 잘 채워져 온 사람에 비하면 분명 더 쾌락적인 요소가 강하게 나타날 수밖에 없다. 〈5장 상황중독〉 참조) 접촉확인욕구가 내내 억압되어 있다가 몸이 성숙이 되어야 성생활과 함께 충족되기 시작하게 되는 서양에서 프로이트가 성욕을 본능의 중심에 둔 것은 당연한 결과일지도 모른다. 그렇게 따지고 보면 서양에서 첫 성 경험을 하는 연령이 낮은 것도 충분히 이해될 법한 얘기다. 그렇게 누리고 싶었던 접촉확인욕구를 채우기 위해 몸이 영글어질 때까지 십수 년을 기다린 것도 많이 참은 것이기 때문이다.

이 부분이 프로이트가 빠지게 된 함정이라고 얘기한다면 이 책이 넘지 말아야 할 선을 넘었다고 여길지도 모르겠다. 하지만 이 책의 내용은 임상에서 보고 들은 얘기를 맞추어 만든 새로운 이론에 대한 것이다. 그 새로운 이론을 토대로 다시 임상에 적용하여 검증하는 중이다. 이 책의 얘기를 근거가 없고, 논리적이지 않고, 행간이 건너뛰며, 스스로 경험해 보지 못한 얘기를 한다고 비난 할 수도 있다. 또 어느 부분은 그 얘기가 사실일 수도 있다. 그런데도 이 책의 중심 줄기만은 진실이라고 생각한다. 진실이란 복잡한 입체로 이루어져 있다. 이제까지는 진실을 바라보는 사람들 저마다 다른 각도에서 보고 다른 형태의 얘기를 하고 있었다. 중심적인 줄기가 없다면 하나하나 따로 떼어 설명하게 된다. 정작 전체적인 진실과는 동떨어진 채 아주 일부의 진실만을 사람들에게 적용할 수밖에 없다. 그러다 보면 전혀 상관없어 보이는 이론들을 한사람에게 따로따로 적용하게 되는 불편을 겪게 되는 것이다.

3. 욕구충족 대상의 변화

원래 이 얘기를 따로 떼어서 설명하여야 하지만 설명의 편의상 욕구의 발달을 얘기하면서 이미 설명이 끝나버린 상태가 되었다. 여기서는 간단히 이것의 의미만 짚을 생각이다. 원래 욕구는 양육자를 통해 발달하게 된다. 하지만 그 욕구를 채워주는 역할을 모두 다 양육자가 할 수 있는 것은 아니다. '나'의 발달 과정 중에 가장 중요한 대상은 당연히 양육자일 것이다. 하지만 양육자는 욕구 발달과 일부의 욕구 충족만을 담당할 뿐이다. 욕구는 발달시키지만, 욕구 충족을 전적으로 담당하지는 않는다는 뜻이다. 물론 초기 욕구 충족은 전적으로 양육자의 부담이며 이러한 생의 초기 욕구충족은 '나'의 인성을 형성하는 데 가장 중요한 부분을 담당하기는 한다. 하지만 인생을 통틀어 양육자가 모든 욕구를 충족시켜주는 것은 아니므로 곧 '나'의 욕구 충족 대상이 점점 타인으로 전환되게 된다. '내'가 영유아기를 벗어나면서 점점 양육자의 그늘에서도 벗어나려고 하기 때문이다.

대상이 변하는 이유는 단순하다. '내'가 가장 시간을 많이 보내는 사람이 그 성장기의 대상이 되는 것이다. 생의 초기에는 당연히 양육자일 수밖에 없다. 하지만 '나'의 전 생애에 걸쳐 양육자들과 같이 시간을 보낼 수는 없는 것이다. '내'가 조금만 자라면 형제들과 훨씬 더 많은 시간을 보낸다. 학령기 전후로는 친구들과 더 많은 시간을 보낸다. 사춘기가 지나가면서 이성 친구가 그 대상이 된다. 그러면서 '나'의 주된 대상은 점점 친구와 배우자로 바뀌게 된다. 지금까지의 모든 욕구들의 발달은 양육자를 통해 이루어지겠지만 (양육자를 통해 이루어지지 않는 욕구들은 다음 대상에게서 이루어질 것이다.) 욕구들의 충족은 양육자를 제외한 대상들을 통해서도 상당 부분 받게 된다. 자신과 가장 오랜 시간을 같이 지내거나 자신에게 가장 의미 있는 대상으로 옮겨가는 것이다.

4. 본능과 욕구 요약

이것을 표로 나타내자면 다음과 같다.

씻기, 먹기, 자기, 청소하기, 빨래하기를 기본적인 욕구라고 하자.

기본적 욕구

↓

존재확인욕구 (1차 결핍예방욕구)
기본적인 욕구는 엄마 역할의 존재확인만으로 결핍예방이 가능하게 된다는 것을 알고 존재확인을 하고자 하는 욕구가 형성된다. 존재확인욕구는 결핍예방욕구이자 기본적 욕구의 상징적 표상이자 기본적 욕구의 대리욕구다. 그것은 눈을 뜨고 확인하거나 눈을 감고 있을 때도 확인하는 두 가지 확인욕구로 나뉜다.

↓

시각적확인욕구	접촉확인욕구
↓	↓
인정욕구(2차결핍예방욕구)	애정욕구(2차결핍예방욕구)
존재확인욕구는 점점 타자변형적 관점에서 자기변형적 관점으로 옮겨가야 하고 그 순간 인정욕구가 발생한다. 인정욕구는 직접인정욕구와 간접인정욕구로 다시 나뉜다.	접촉확인욕구에는 이미 상대방과 접촉하는 순간에 인정을 받게 되는 상황이 생긴다. 성욕과 인정욕구를 동시에 충족 받게 되는 것이다. 애정욕구는 직접애정욕구와 간접애정 욕구로 다시 나뉜다.

2장

결핍과 분노

모든 분노는 결핍으로부터 발생한다. 그리고 모든 결핍은 분노를 만들어 낸다. 결핍이 있으면 반드시 분노가 만들어진다. 다만 모든 분노가 다 표현되는 것은 아니다. 표현되지 않은 분노는 표현이 미루어진 것일 뿐이다. 그렇게 미루어진 분노는 호시탐탐 표현되거나 분출될 기회를 엿보게 된다. 필요하다면 다른 분노 표출의 기회를 타고 전혀 근본이 다른 분노까지 몰려나오기도 한다.

분노는 원래 신생아의 울음에서 비롯되었다고 생각된다. 그리고 이 울음은 의사소통을 목적으로 하고 있다. '내'가 가장 나약하고 무능력했던 시절에 예민하게 반응하는 양육자의 존재로 인해 울음은 의사소통의 방법이라는 지위를 얻게 되었다. 그 후 '나'의 신체적, 지적 성장에 따라 '나'의 울음은 점점 분노로 발달해 간다. 그리고 모든 분노는 발달한 의사소통 방법인 언어로 교체된다. 언어가 제 역할을 하여 '나'의 결핍을 막고 '나'의 결핍을 복구하는 한, 분노는 생기지 않는다. 언어가 제 역할을 잘 할 만큼 성숙하면 할수록 분노는 그 본래의 기능을 발휘할 기회가 없을 것이다.

그 언어에 '나'의 의지가 담기고 감정과 융합하여 하나의 의도로 만들어 낸 것이 바로 욕구다. 즉 욕구는 '나'의 결핍을 막고 채우기 위해 분노 대신 그 임무를 떠맡은 대리자다. 그것이 결핍예방욕구 또는 대리욕구로 표현되는 확인욕구와 인정욕구다.

인정욕구까지 만들어졌지만 통 결핍이 채워지지 않는다면 주변에서 활용이 가능한 모든 방법을 써서 대리 욕구들을 개발한다. 소유욕이나 성욕은 그 과정 중에 개발된 대표적인 욕구다. 그것마저 막히면 발달해

온 역방향의 가장 원초적인 욕구들을 대리 욕구로 쓰기도 한다.

만약에 그런 노력에도 결핍이 채워지지 않는다면 '나'는 또 다른 방식으로 결핍을 해결하고자 하는데 그 방법이 쾌락(상황중독)이다. 대리욕구 충족은 효율은 좀 나쁘지만 그나마 결핍감이 줄어드는 '해결책'이었다면 상황중독은 모든 '해결책'이 막혔을 때, 마치 해결된 것처럼 꾸며서 '나' 자신을 속이는 방법을 쓴다. 쾌감을 통해 마치 문제가 해결되었을 때의 느낌을 인위적으로 제공하는 것이다.

이토록 결핍에 대한 '나'의 전략은 다양하다. 하지만 인생이 늘 그렇듯 이러한 방법을 통해서도 전혀 결핍이 해결되지 않는 경우가 발생한다. 그런 일은 누구나 드물지 않게 경험하는 것이다. 결핍에 대처하는 모든 사회적 방법이 막힌 것이다. 결핍에 대처하는 모든 성숙하고 우회적인 방법이 막힌 것이다. 그러니 남은 방법은 쌓아뒀던 분노밖에 없다. 지금껏 모든 대리욕구의 좌절을 통해 쌓아서 눌러왔던 각 단계의 분노까지 모아서 한꺼번에 터뜨리게 된다.

만약 결핍을 해결하고자 하는 대리욕구중에 하나가 충족될 경우, 대리욕구 충족을 통해 일부나마 에너지를 되돌려 받게 된다. 그리고 그 에너지는 이 대리욕구 이전 단계의 욕구들의 좌절에서 발생한 분노를 억누르게 된다. 정확하게 원래 원하는 바는 아니지만 그래도 현재는 원하는 것이므로 충족감에 화를 참을 수가 있는 것이다. 하지만 이런 대리욕구가 몇 단계의 하청을 거친 효율이 떨어지는 욕구라고 한다면 이런 대리욕구를 통해 비효율적 에너지를 추구하면 할수록 실제적인 에너지는 적자를 보며 줄어들게 된다. 결국 돌발적인 사고나 트라우마로 인해 에너지가 순간적으로 손상될 경우, 간신히 누르고 있던 에너지가 파열되면서 오랫동안 묵혀둔 대상을 알 수 없는 분노들이 손쓸 틈도 없이 분출될 수 있다.

평범한 사람들의 경우 아무리 다른 대리욕구들을 채우면서 아등바등 살아봤자 자신이 쓰는 에너지가 더 많기 때문에 항상 이유 모를 박탈감과 결핍을 느낄 수밖에 없다. 만성적이 되면 늘 짜증과 수동적 분노가 가득 찬 채로 참고 견디면서 팍팍한 삶을 살아가게 되는 것이다.

1) 결핍 분노 이론

이 얘기를 하기 전에 프로이트의 본능이론부터 시작해서 달러드 John Dollard와 동료들의 좌절-공격성 가설frustration-aggression hypothesis에 대해 언급하는 것은 필요 없을 것으로 보인다. 이 책의 결핍 분노 이론과 비슷하지만, 근본적인 전제가 다르기 때문이다. Neal Miller와 동료들[8]의 수정이론이나 Berkowitz, L.[9]의 수정이론 cognitive-neoassociationistic model과 Anold와 Lazarus의 평가이론 appraisal theory 역시도 마찬가지다. 사용된 단어가 비슷하고 결핍이 생기면 분노가 생긴다는 개념이 좌절 공격성 이론과 거의 같다는 생각이 들겠지만, 이 책의 이론과는 확연히 다른 이론이다. 좌절-공격성 이론은 목적을 이루고자 하는 노력이 좌절되거나 막혔을 때 공격성이 나타난다는 이론이다. 이후 여러 차례 수정을 거쳐 좌절이 공격성의 주된 원인이기는 하지만 모든 좌절이 다 공격성을 유발하는 것

---

8) Neal E. Miller, 1941, 『THE FRUSTRATION-AGGRESSION HYPOTHESIS, Classics in the History of Psychology』, First published in Psychological Review, 48, 337-342.
9) Leonard Berkowitz, 1989, 『Frustration-Aggression Hypothesis: Examination and Refor-mulation』, Psychological Bulletin, Vol 106(1), Jul 1989, 59-73.

마음의 지도

은 아니라는 비판을 받아들이면서 원래 가지고 있던 좌절 공격성 이론의 직관적인 날카로움은 많이 퇴색되었다. 이 책에서 말하는 이론은 좌절-공격성 이론이 아니며 굳이 이름을 붙이자면 결핍-분노 이론이라고 할 수 있겠다.

이 책의 첫 부분에서 정의했던 본능을 다시 상기해 보도록 하자. 이 책은 본능을 불편함을 표현하고자 하는 경향성이라고 하였다. 최초의 비교 기준인 태내 환경과 비교하여 "내"가 불편함을 느꼈을 때 그 불편함을 표현하는 것이다. 하지만 신생아는 무능력하여 불편함을 해결하지는 못한다. 불편함을 해결하는 주체는 양육자이다. 표현된 불편함을 알아듣고 양육자가 해결해주기 시작하면서 "나"는 그것이 자신의 능력인 것으로 착각하게 된다. "내"가 느끼는 불편함을 결핍으로 정의한다면 "나"는 결핍을 "해결"하고자 하는 수정된 본능을 학습하게 된다. 그리고 그 결핍을 해결하는 여러 방법이 바로 분노와 욕구들이다.

기존의 이론에서는 자신의 내부에 쌓여 있는 리비도를 불쾌로 느껴 방출하고자 하는데(쾌락원칙) 이런 방출이 가로막혀 불쾌를 해소하고 쾌락을 추구하지 못했을 경우를 좌절이라 정의하고 이 좌절에서 공격성이 발생(좌절-공격성 이론)한다고 얘기한다. 그래서 끊임 없이 리비도가 되었든 공격성이 되었든 두 가지 중 한 가지는 분출되어 나오는 것이 인간의 본능(본능 이론)이라고 한다.

물론 기존 이론에서는 이런 해석조차 제공되지 않으며 본능과 쾌락 원칙의 관계조차 분명하게 얘기하지 않는다. 그리고 그 많은 욕구들과 본능의 관계 역시 불분명하다. 어떻게 보면 잡화점에 널어 놓은 상품들과 같아서 수요가 발생할 때마다 그때그때 필요한 이론을 사다 쓰는 형식이다.

그에 반해 이 책에서 말하는 이론의 차이점은 양육 환경에 대해 '나'의 본능이 상호작용하여 모든 심리적 역동들을 차례차례 만들어 낸다고 보는 것이다. 본능 이전에 결핍이 존재하며 그 결핍을 해결하고자 하는 것이 본능이다. 그 본능을 해결하는 과정에서 제일 먼저 사용된 방법이 바로 분노이고 그 분노가 양육자에 의해 좌절되면서 제 기능을 하지 못해 생기는 것이 바로 욕구들인 것이다. 하지만 욕구들이 대리욕구의 먼 길을 돌아도 결국 결핍을 해결하지 못할 경우 이때까지 참아왔던 분노가 표출되기도 한다. 쾌락은 결핍이 해소될 때 발생하는 부산물일 따름이다.

인간이 가지고 태어나는 딱 한 가지의 본능은 불편함을 표현하는 것이다. 그 불편함을 표현해서 양육자가 불편함을 즉각적으로 해소해 주면 비로소 현실과 비교할 수 있는 새로운 비교기준이 생기게 된다. 그 비교기준과 현실을 지속해서 비교하며 불편함을 쏟아 내고 환경으로서의 양육자는 그 불편함을 끊임없이 해소하려고 노력한다. 그 과정에서 비교기준은 계속 개정판을 내게 된다. 그 비교기준에 따라 불편함을 표현하는 방법 역시 '나'의 성장에 따라 계속 성장하면서 바뀌게 된다. 그리고 그 방법의 변천사는 이제껏 앞에서 설명했던 욕구들의 발달에 해당한다. 분노는 그 성장 과정의 가장 초기에서 발견되는 방법이다. 다시 말해 욕구들의 불편함(결핍)을 해결하기 위해 제일 먼저 화가 발생한다. 하지만 그 화로는 그 불편함을 해결할 수 없다는 판단하에 화를 일단 참는다. (이 참을성이 나타나는 시기는 타자변형적 태도에서 자기변형적 태도로 바뀌는 시기와 일치한다.) 그런 다음 불편함을 해결할 수 있는 욕구를 만들어 그 욕구를 집요하게 추구한다. 만약 추구했던 하나의 욕구가 채워지지 않으면 결핍이 생기고 조금 더 화가 난다. 그 화를 내지 못하거나 내지 않으려면 일단 참고 다른 대리욕구를 찾아 나선다. 그것도 안 되면 결핍이 생기므로 좀 더 큰 화가 난다. 그리고 그 화를 내지 못하거나 내지 않으려고 한다면 또 다른 방법을 찾는다. 만약 역방향의 대리욕구를 찾는다고 하자. 그러면 일단 화를 참고 역방향의 대리욕구를 추구한다. 이런 식으로 활용 가능한 대리욕구가 존재하는 한 분노는 표현되지 않고 참을 수 있다. 하지만 그 분노는 사라지는 것이 아니다. 욕구가 다른 대리욕구로 변형될 때 그 사이에는 반드시 표현되지 않은 분노가 존재한다. 원래의 결핍에서 몇 번의 욕구로 변형되었든 그 욕구가 변형된 수만큼 억눌린 분노가 켜켜이 끼어들어 있다는 것을 알아야 하는 것이다. (이렇게 대리욕구가 또 다른 대리욕구로 변하는 사이사이에 끼어드는 결핍과 분노를 결핍-분노 회로라고 부르기로 하자.)

2) 결핍-분노 회로

결핍-분노 회로는 신생아가 태어나면서부터 학습되기 시작한다. 신생아('나')가 태어나면 양육자는 '나'를 따뜻하게 입히고 기저귀를 채우고 갈고 씻기며 젖을 먹인다. '나'는 이러한 환경의 변화에 쉽게 적응하며 학습한다. 어느덧 춥지 않고 기저귀가 축축하지 않고 배가 고프지 않은 상태를 학습하는 것이다. 그리고 학습된 현재의 상태는 곧바로 찾아올 미래를 평가하는 비교기준이 된다. 만약 학습된 평가 기준에 미치지 못하는 미래가 현재로 다가온다고 생각해보자. '나'는 학습된 비교기준에 따라 결핍이 발생하면 그 결핍을 불편함으로 느끼고 표현한다. 그 표현을 양육자가 받아들여서 해결해주면 더 이상의 결핍은 남아 있지 않게 된다. 만약 양육자에 의해 그 불편함의 표현이 무시가 되면 그 불편함의 표현은 좌절된다. 불편함의 표현은 그냥 불편함의 표현만 있는 것은 아니다. 표현에는 양육자에 의해 학습된 비교기준대로 다시 채워질 것이라고 기대하는 '나'의 기대도 포함된 것이다. 표현이 좌절되는 것은 기대 역시 좌절되는 것이다. 이 좌절은 기대만큼의 불편함인 결핍을 만들고 '나'는 그 결핍을 복구해달라고 하는 좀 더 강한 항의를 양육자에게 한다.

　신생아의 삶에 있어서 각각의 감각기관 별로 새로운 비교기준이 생길 것이다. 그 비교기준 상태를 계속 유지하고자 하는 본능으로 인해 결핍이 생겼을 때 복구하고자 하는 감각기관 별로의 욕구가 생긴다. 예를 들면 젖을 배불리 먹었을 때의 느낌이 기준이 된다. 만약 배가 고파지는 불편함이 생기면 그 불편함을 해소하려고 하는 마음이 생기게 된다. 그리고 배불리 먹었을 때의 느낌이 기준이 되어 그 상태를 복구하고자 하는 욕구가 생긴다. 모든 불편함을 해소하고자 하는 마음이 본능이라면 배고픔이라는 불편함에 한정되어 나타나는 본능이 식욕이라는 욕구로 구현되는 것이다. 욕구라는 단어 속에 이미 결핍을 포함하고 있다고 이미 설명하였다. 기대치에 못 미치는 현재의 상태가 바로 결핍이라고 할 수 있다. 그리고 결핍을 채우고자 하는 그 욕구를 표현만 하면 그 욕구를 신속하게 채워주는 신생아기를 지내게 된다. 결핍은 결핍이 표현됨과 동시에 복구가 되면 더 이상 결핍

　　　　　　　　　　　　　　　　　　　　　마음의 지도

으로 남지 않는다. 그렇지만 그 욕구(결핍의 표현)가 받아들여지지 않고 좌절될 때 욕구에 대한 결핍이 생기게 된다. 그렇게 되면 다시 결핍의 표현(결핍이 채워지기를 기대하고 참은 것에 대한 항의)이 다시 생기게 되는데 첫 번째 결핍의 표현(욕구로 표현되는 결핍)과 두 번째 결핍의 표현(분노로 표현되는 욕구의 결핍)을 굳이 나누는 이유는 그 표현 방법이 달라 보이기 때문이고 그 두 번째 표현 방법에서 분노가 만들어지는 까닭이기 때문이다. 그리고 그 신생아기를 거쳐 영유아기 내내 그 욕구의 표현 방법으로 가장 많이 사용되는 표현 방법은 바로 울음이라고 할 수 있다.

분노의 원형인 울음

인간 영아의 울음은 생물학적으로 프로그램된 "고통신호"로 생각되며 이 고통신호는 양육자의 주의를 끈다. 동물행동학자들은, 영아가 자신의 고통을 큰 소리로 알리도록 생물학적으로 프로그램되어 있을 뿐만 아니라, 양육자도 그 신호에 반응하는 경향이 생물학적으로 미리 생긴다고 믿는다. 따라서 영아 울음의 적응적 의미는 (1) 영아의 기본 요구들(예 배고픔, 목마름, 안전)이 충족되고, (2) 영아가 일차적인 정서애착을 이루기 위해 다른 사람들과 충분한 접촉을 갖는 것을 보장하는 것이다(Bowlby. 1973).[10]

신생아가 우는 대목을 주목해 보자. 신생아가 우는 것은 우리가 알

---

10)   David R. Shaffer·Katherine Kipp, 2014, 『Developmental Psychology: Childhood and Adolescence, international edition, 9th Edition』, Cengage learning korea, Ltd. 박영스토리, 89.

지 못하고 심지어 신생아도 알지 못할 것 같은 원인 불명의 불편감 때문에 울게 된다. 신생아는 불편하면 울게 되는데 그 불편감이 자신이 불편해도 참을 수 있는 개인적인 역치(개체 다양성에 의존함)를 넘어서면 울게 된다. 그 울음은 하나의 의사소통 역할을 하게 된다. 그리고 신생아가 울음을 의사소통 방법으로 선택한 이유는 두 가지이며 각각 신생아 개인의 요소와 양육자의 요소가 동시에 작용한다. 첫 번째는 신생아의 무능하고 제한된 능력이고 두 번째는 그 제한된 능력으로 인해 선택된 울음이란 방법에 신속히 반응하여 신생아의 불편을 해소해주기 위해 노력하는 양육자의 존재 때문이다. 신생아가 세상에 태어나서 유일하게 스스로 뭔가를 할 수 있는 것은 우는 것밖에 없다. 숨쉬기와 소변과 대변은 그냥 생리적hardware인 반응의 과정이 불수의적으로 되는 것이므로 신생아 자체의 마음software에서 수의적으로 일어나는 일은 우는 것밖에 없다. 아마 우는 것 역시 처음에는 불수의적인 반응일 지도 모르고 숨쉬기 소변 대변 역시 나중에 수의적인 영역으로 들어오는 것이겠다. 하지만 그래도 그중 가장 먼저 자신의 반응을 스스로 느끼고 스스로 이용하여 표현하는 것은 역시 울음이라고 할 수 있다. 그리고 그 표현에 대해 민감히 반응하는 양육자의 끊임 없고 일관적인 반응이 신생아가 울음을 양육자(혹은 어딘가에서 자신의 불편함을 해결해주고 있는 누군가)와의 의사소통 수단으로 사용하게 되는 이유가 된다. 울음만이 자신의 불편함과 연동하여 사용할 수 있는 유일한 표현이 되는 것이다.

어처구니없는 또 다른 상상을 해보자. 어린아이가 태어나면서부터 말을 할 수 있는 능력을 가지고 태어난다는 가정을 해보자. 그렇게 되면 아이는 얼마나 울게 될까? 실제로는 울 때도 있겠지만 태어나자 말을 할 수 있다면 아이는 말도 사용할 것이다. 그리고는 울음보다는 말이 더 효율적이라는 것을 깨닫고 더 이상 울지 않게 될 것이다. 불편하다는 말과 어디가 어느 곳이 불편하다는 것을 명료하게 태어나자마자 말을 할 수 있다면 어떠한 경우에도 울 필요가 없다. 태어난 지 얼마 되지 않은 신생아를 양육하기 위한 양육자들의 집중력은 대단하다. 양육자가 그러한 집중력을 가지고 있다는 전제하에 신생아가 말을 할 수 있다면 신생아는 절대로 울 일이 없을 것이다. 울음의 기능은 의사소통의 방법이라는 뜻이다. 의사소통할 방법이 없어서 자신이 가진 능력 중 가장 뛰어난 능력인 울음으로 양육자와 소통하는 것이다.

약한 울음과 강한 울음의 의사소통

그런 의미에서 신생아의 울음에는 두 가지의 종류가 있다. 자신의 불편함을 표현하는 약한 울음과 자신의 불편함을 표현했는데도 채워지지 않는 결핍에 대한 공격적인 울음이다. 울었는데도 평소처럼 불편감이 해소되지 않는 것에 대한 항의라고 할 수 있다. 모든 울음은 의사소통의 방식이다. 약한 울음은 불편함의 표현이다. 이 약한 울음은 순수하게 의사소통을 위한 것이다. 이 불편함을 없애 달라고 호소하는 약한 울음이 제 역할을 못 할 때 결핍을 느끼며 악을 쓰고 항의하는 울음을 울게 된다. 첫 번째의 약한 울음이 의사소통과 욕구 표현의 원형이며 두 번째의 이 항의하는 울음이 분노와 공격성의 뿌리라고 생각한다. (마찬가지로 말이 안 통한다고 느껴질 때 화가 나는 것이다.) 그렇다고 해서 두 번째 울음에 의사소통의 의미가 없어지는 것은 아니다. 그것의 기능은 욕구가 채워지지 않는 것, 즉 저절로 제거되던 기존의 경험에 비해 불편함이 제거되지 않고(불편함이 제거되기를 바라는 것이 바로 욕구) 남아있는 것(불편감이 남아있는 것이 바로 결핍)에 대한 항의(항의가 분노이고 분노마저 좌절되면 양육자에게 요청하여 얻는 수동적인 것을 포기하고 스스로 해결하고자 하는 능동적 공격성이 발생)인 것이다.

결핍에서 분노 발생

욕구는 양육자에게 양육을 받고 그 양육의 경험이 '나'에게 계속 학습되면서 욕구의 종류가 점점 늘어나게 된다. 처음에는 생리적 욕구들이 양육자에 의해 학습되었다가 그 욕구들의 메타포이자 상징인 확인욕구가 생기게 된다. 그 후로도 지속해서 학습된 욕구들이 발생하게 되며 그 학습된 욕구들은 기존의 확인욕구에 그대로 포함되게 된다. 이러한 과정에서 필연적으로 생기는(모든 양육자는 완벽할 수 없기 때문에, 설령 완벽하다 하더라도 정말 양육자가 완벽하다면 신생아 영유아를 거치는 '나'의 정상적인 성장에 필수적으로 필요한 적절한 결핍을 간과하지 않을 것이기 때문에) 모든 욕구의 결핍을 공통으로 추출할 수가 있다. 그리고 그 결핍에 대해 생기는 분노를 결핍과 분노의 한 쌍으로 생각할 수 있으며 그것이 욕구와 더불어 인간의 모든 행동에 끼어드는 욕동(이 책에서는 본능 인자)이 되는 것이다.

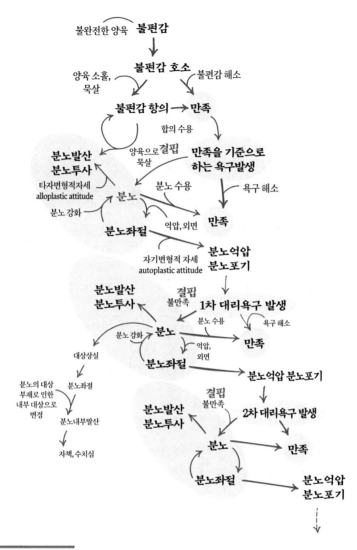

결핍-분노 회로

모든 분노는 결핍에서 발생한다. ("분노가 있으면 항상 좌절이 존재할 것이라는 예상은 가능하지만, 좌절이 있다고 해서 항상 분노가 발생하는 것은 아니"라고 한 닐 엘가 밀러Neal E. Miller의 말은 일단 무시하고 넘어가자. 이 책을 다 이해하고 나면 이 차이 역시 따로 설명하지 않아도 이해될 것이라 생각한다.) 결핍은 양육자의 욕구와 '나'의 욕구가 부딪히면서 필연적으로 발생할 수밖에 없는 것이다. 분노의 발생 과정을 다시 짚어 보자. 우리는 분노가 의사소통능력으로 유일했던 울음이 사용되면서 시작된 것을 알고 있다. 의사소통으로서의 울음이 제 기능을 하지 못하면 다시 더 큰 울음으로 항의를 하게 된다. 이 항의의 울음이 장차 분노와 공격성으로서 발전하게 된다. 그 울음으로서의 항의가 반복되다가 말을 배우기 시작하면서 말과 울음으로 항의하는 방법이 바뀌게 된다. 말과 울음이 부모와 형제 친구에게 욕설을 배우면서 울음과 욕설이 섞인 항의로 바뀌게 된다. 또 더 성장하여 체격과 힘이 생기기 시작하면 울음이 빠지고 욕설과 폭력으로서의 항의로 발전하게 된다.

다시 분노가 발생하는 부분을 확대하여 회로를 그려보자. 욕구가 생기는 과정 중에서 신생아의 불편함이 존재하고 그 불편함이 표현되면 즉시 채워진다. 하지만 그 불편함을 표현하고 즉시 채워진다 해도 '나'는 이미 불편함(결핍)을 순간적으로 느낀 것이다. 만약 불편함을 표현했는데 채워지지 않는다면 '나'는 불편함이 더 심해질 것이고 항의(분노 발생)를 하게 된다. 처음 불편함이 존재하여 그 불편함을 표현하게 되는 것이 욕구라고 할 수 있으며 그 욕구가 채워지지 않으면 욕구의 결핍이 발생하며 그 욕구의 결핍에 대해 항의를 하는 것이 분노의 시작이 된다. 하지만 그 항의에도 불구하고 불편한 상태가 계속 지속되면 결핍이 심화되며 더 큰 항의가 생기면서 분노도 심화된다. 채워지게 되면 불편함과 항의가 사라지겠지만 채워지지 않는 이상 다시 불편함이 심해지고 항의도 더 심해지며 다시 항의가 받아들여지

마음의 지도

지 않으면 불편함이 더 심해지는 식의 결핍-분노 회로가 돌게 된다.

이 회로가 영구히 돌게 되면 결국에는 이 alloplastic adaptation의 패러다임에서는 화를 매번 더 많이 내어 풀려고 하든지 아니면 이 패러다임을 폐지하고 다른 패러다임으로 국면을 전환할 수밖에 없는 상황에 놓이게 된다. ('나'의 기질temperament은 이 부분에서 작용하게 된다.) 즉 어느 정도 결핍-분노 회로가 돌다가 더 이상 분노라는 방식이 불편함을 없애는 제 기능을 하지 못하게 되면 다른 방법으로 접근할 수밖에 없는데 그것이 바로 자신의 태도(adaptation이란 말보다 attitude란 말이 더 적합해 보인다. 그래서 앞으로는 attitude란 말로 바꾸어 사용하겠다.)를 바꾸는 것이다. 즉, 자기변형적 태도autoplastic attitude가 발생하는 것이다. 이 회로가 계속 반복되기도 전에 양육자에 의해 철저히 분노를 억압당하게 되는 경우도 자기변형적 태도로 전환되는 주된 요인이 된다. 분노는 오히려 양육자의 분노를 사게 되어 자신의 욕구를 채우는데 적합한 도구가 될 수 없기 때문이다.

어떻게 보면 확인욕구 또한 이 자기변형적 태도로 인해 발생한 것으로 생각할 수 있다. 불편하면 계속 울기보다는 양육자의 모습을 찾는 것으로 대신 하는 것이다. 하지만 그것을 알아볼 수 있을 만큼 확실하게 '내'가 자신을 변형시켰다고 보기엔 어렵다. 기껏해야 눈을 뜨고 두리번거리면서 양육자를 찾는 것이 전부다. 나 스스로가 내부적으로 뭔가를 변형시켰다고 보기에는 불충분해 보인다. 가장 두드러지게 자기변형적 태도를 보이는 시기는 역시 확인욕구를 충분히 만족하지 못하기 시작하는 때로 보인다. 확인욕구의 결핍-분노 회로가 계속 돌게 되면 그 회로를 빠져나오기 위한 하나의 방편으로 획기적인 자기 변형을 하게 되는 것이다. 즉, 확인욕구를 스스로 만족하기 위한 방법으로서 양육자가 계속 제시 해왔던 양육 방침에 맞게 행동하여 칭찬을 받는 것이다. 그리고 이러한 칭찬을 미리 받아두면 확인욕구의 충족이 도중에 중단되거나 사전에 차단되는 경우를 예방할 수 있기 때문에 끊임없이 미리 칭찬을 받아두려고 하는데 이것이 바로 인정욕구다. ('내' 불편함의 표현을 양육자에게 '수용'받기 위해서는 먼저 '내' 언행으로 양육자의 환심을 사는 작업, '인정받는' 작업이 선행되어야 하는 것이다.)

결핍이 분노를 만들고 분노 역시 억압되거나 수용되지 못하여 소용없게 되면 반복적으로 결핍은 결핍대로 깊어지고 분노는 분노대로 쌓이게 된다. 결국 결핍은 분노 대신에 다른 방식을 사용하여 욕구를 채울 수밖에 없다. '내'가 자라면서 결핍이 저절로 채워지는 일은 점점 줄어든다. 자신의 욕구를 분노를 사용하여 타인을 굴복시키는(타자를 변형시키는) 방법으로 결핍이 채워지면 그것 자체로 대리욕구가 된다(분노 해소). 다른 사람을 굴복시키고자 하는 시도가 통하지 않아 결핍이 채워지지 않으면 '내'가 다른 사람을 굴복시키고자 하는 뜻을 접고 자신을 변형 시켜 채우고자 하는 방법으로 바꾸게 되는데 그렇게 변형된 욕구(인정욕구) 또한 대리욕구라고 할 수 있다고 하였다.

욕구란 자신의 불편함을 해소하고자 하는 본능에서 만들어지는 첫 번째 대리자다. 이 첫 번째 대리자가 제 역할을 못 하고 불편함이 해소되지 않거나 더 가중되면 수동적 분노가 발생한다. 수동적 분노는 욕구가 채워지지 않는 것에 대한 항의이며 양육자에게 표출된다. 만약 수동적 분노를 사용해도 욕구가 채워지지 않는다면 능동적인 공격성이 발생하게 된다. '내'가 자라면서 근골격이 강화되고 그것을 스스로 사용할 수 있게 되면서 그 힘을 통해 필요한 것을 직접 빼앗아 오려고 하는 것이다. 만약 수동적 분노 단계에서 양육자의 분노로 좌절시킨다면 수동적 분노마저도 억압될 것이다. 양육자가 수동적 분노에는 아무런 반응을 보이지 않다가 능동적 공격성을 좌절시킨다면 '나'는 적어도 수동적 분노를 표현할 줄 알게 된다. 만약 양육자가 '나'의 능동적 공격성을 좌절시킬 의욕이나 힘이 없다면 '나'는 모든 욕구의 결핍을 능동적 공격성을 통해 쟁취하는 법을 배우게 될 것이다. 난폭하고 공격적인 성격이 양육과정에서 자라게 된다. 수동적 분노와 능동적 공격성 모두 본능에 따라 욕구를 채우고자 하는 두 번째 대리자가 되는 것이다. 만약 이 분노마저 양육자의 분노에 의해 억압된다면 세 번째 대리자가 나타나는데 그것이 바로 대리욕구다. 대리욕구로는 확인욕구와 인정욕구, 소유욕구가 발생한다. 이 확인욕구와 인정욕구가 발생하고 나면 마치 원래 있었던 욕구처럼 행동한다. 새로 생긴 대리욕구들의 결핍이 생길 경우 이 욕구의 대리자로서 다시 분노가 발생한다. 이 분노 역시 억압될 경우 대리욕구들의 대리욕구가 다시 발생한다. 이때의 대리욕구는 서로 상호 교환 되는 구조이며 발생순서를 거슬러 대리욕구가 발생하기도 하는데 이것을 퇴행이라고 부른다. 성적욕구는 뒤늦게 발생하는 생리적 욕구이지만 생성되고 나면 곧바로 접촉확인욕구와 접점을 가지게 되면서 기존의 욕구들에 섞여 들게된다. 그 결과 성적욕구도 다른 욕구들의 대리욕구가 될 수 있다. 성적욕구의 좌절로 인해 분노가 발생한다. 그 분노마저 좌절되면 성적욕구의 대리욕구로서 이미 생성되어 있는 각종 대리욕구들을 활용하게 되는 것이다.

제일 처음 작은 결핍과 그 결핍을 복구하고자 하는 욕구가 발생하고 그 욕구가 좌절되면서 더 큰 결핍이 생긴다. 그 결핍에서 더 큰 분노가 발생하고 그 분노가 발산되거나 해소되지 않으면 또 다른 대리욕구가 필요하다. 만약 그 대리욕구마저 좌절되어 더 큰 결핍을 느끼면 그 결핍에서 더 큰 분노가 발생한다. 이렇게 결핍과 분노가 반복되어 누적되는 것이 결핍-분노 회로다. 분노가 만들어지는 과정이 반복되면서 욕구의 좌절(결핍)은 '좋지 않은 감정을 가진 기억(《4장 무의식의 형성》中 '심리적 관성' 참조)'이므로 욕구의 좌절에는 무조건 화가 나게 되는 심리적 관성이 생성된다. 그 후 이 심리적 관성은 모든 욕구의 좌절에서 발생한다. 모든 욕구의 좌절에서 발생하는 모든 분노가 양육자에 의해 다 수용될 수 없기 때문에 양육자에 의해 억압된다. 억압된 분노는 대상과 목적을 잃은 채 한 곳에 뭉쳐 있게 되며 억압을 뚫고 튀어 나갈 기회만을 엿보게 된다. 이 억압된 분노들은 원래의 대상과 목적을 정확하게 찾아서 전달되지 않으면 사라지지 않은 채 지속해서 억압의 빈틈을 노려 분노 발산을 노리게 된다.

때로는 심리학자들이 얘기하는 것처럼 욕구의 좌절이 있어도 분노가 생성되지 않는 것처럼 보일 때가 있다. 하지만 그것은 분노가 생성되지 않는 것이 아니라 분노가 생성되었지만, 억압되어 나타나지 않는 것이다. (분노가 생성되었지만 그 분노는 안 좋은 감정이므로 억누른다. 억누를 때 감정을 억누를 수 없으므로 분노가 발생한 기억을 억누른다. 기억을 억누르므로 인지기능이 작동하지 않는다. 비슷한 기억 속에 있는 최초의 방법을 무의식적으로 반복한다. 최초의 방법이 효율적이었든 아니든 신경 쓰지 않는다. 그것을 판단할 인지기능이 마비되어 있기 때문이다.) 심리적 관성으로 인해 인지하지 못하는 것이다. (《4장 무의식의 형성》 참조) 분노가 억압되면 분노가 했어야 하는 욕구(욕구 자체에 결핍이 선행한다고 지적했던 것을 상기하자)충족을 다른 방식으로 채우기 위한 타협

마음의 지도

책이 생겨난다. 대리욕구가 발생하고 발달하게 되는 것이다.

3) 동전의 양면

이 복잡한 본능의 이론적인 얘기를 일반적인 사람이 쉽게 이해하도록 실제로 다가오는 느낌에 빗대어 얘기해보자. 지금까지의 이야기는 조금 더 진실에 가까울지 모르겠지만 실생활에서 사용하기에는 너무 복잡하게 느끼는 사람이 있을 수 있다. 그리고 일반적으로 자신의 생활에 반영하여 계속 자신을 치유하기에는 어느 부분을 떠올려야 할지 구분하기도 힘들다. 이 이론을 두 가지 다른 방법으로 설명하려고 한다. 한 가지는 이미 설명하고 있는 바대로 인간이 가지는 찰나의 심리상태를 잘게 쪼개어 원론적으로 분석하려고 할 것이다. 왜 인간이 그런 행동을 하는지 모르면 아무리 적절한 치료 방법이라 하더라도 효과가 떨어지기 때문이다. 그렇지만 너무 원론적으로 파고들면 실제로 생활에서는 어떤 식으로 적용해야 하는지 혼란이 오고 무엇이 더 중요한지도 잘 모르기 때문에 한 번 이해하고 지나가 버리는 것으로 끝난다. 지속해서 '나'의 생활 속에서 '나'의 행동을 통제하고 간섭하여 치료 효과가 나오기를 기대할 수 없는 것이다. 그래서 조금 원론적으로 어긋나 있을지도 모르겠지만 우리가 느끼기에 더없이 효과적인 방법이라면 그 방법도 함께 적어야 좋을 것이라는 생각이다.

그런 의미로 결핍과 분노의 관계를 다시 설명해 보자. 원칙적으로야 결핍이 생긴 후에 종속적으로 분노가 생기는 것이겠지만 우리의 실생활에서는 조금 다르게 적용되는 것이 좋다. 즉 결핍과 분노는 암수 한 쌍, 또는 자웅동체, 동전의 양면으로 생각하는 것이 좋다. 실제 사람은 분노가 왜 생기는지 알 수도 없고 알려고 하지도 않는다. 분노에 휩싸이면 무턱대고 그 분노를 풀 대상을 찾게 되며 그 분노의 대상이 합리적인가 인과적으로 타당한가 하는 것은 따지지 않는다. 사람이 유일하게 고려하는 것이 있다면 적법성이다. 성문법이든 관습법이든 다 해당한다. 이른바 '한번 걸리기만 해라' 하는 식의 분노는 분노의 대상이 될 누군가가 빌미를 제공하기만을 기다린다는 뜻이다. 자신이 분노를 뿜어내는데 법적으로나 관습적으로나 도덕적으로 문제가 없다면 조그만 꼬투리도 용납하지 않고 자신이 가진 분노를 모두 쏟아낸다. 하지만 그런 분노의 표출에는 정확한 대상이 결여되어 있을 뿐만 아니라 그 대상에게 표출되는 분노의 양 또한 부적절하다.

법적, 관습적, 도덕적으로 문제가 없다면 뭐가 문제냐고, 가뜩이나 스트레스받는 현대인에게 정당하게 화를 표출할 기회가 왔는데 화를 내지 못하는 것이 바보가 아니면 무엇이겠냐고, 그것까지 나무라는 것은 오히려 반 치료적이 아니겠냐고, 반문할지도 모르겠다. 하지만 화의 대상이 부정확할 경우 그 화는 근원적으로 해소되지 않는다. 일시적으로 화가 풀리는 느낌은 들 수 있을지 몰라도 결국에는 같은 대목 같은 상황에서 똑같은 분노를 느끼며 화를 터뜨릴만한 대상을 찾기에 다시 혈안이 된다. 운이 좋아 화를 낼 대상을 발견한다면 좋겠지만 늘 화가 날 때마다 적절한 화의 배출구가 생기란 법은 없다. 쌓이고 쌓인 분노가 배출구를 찾지 못할 경우 전혀 상관없는 대상을 선정하거나 전혀 부적절한 대상을 선정하게 된다. 그 결과 적절하지 못한 분노의 양을 엉뚱한 대상에게 사소한 일을 빌미 삼아 분노를 폭발

마음의 지도

시키는 것이다. 그도 아니면 결국 '나'의 내부에서 대상을 찾게 되고 결국 임계수치까지 올라간 분노를 '내'게로 터뜨려 버린다.

분노가 결핍이란 동전의 뒷면이라는 것을 늘 생각할 수만 있다면 사람은 분노를 느낄 때 우선 결핍이 무엇인지 한번 생각해 보는 시간의 여유를 느낄 수 있을 것이다. 또한 결핍이 무엇인지 알게 되면 그 결핍을 일으킨 장본인도 알 수 있을 것이다. 만약 결핍을 일으킨 장본인을 알고 그 대상에게 직접적인 결핍 복구 작업을 시도할 경우 그 결핍으로 인한 분노는 대부분 사라질 수 있다. (자세한 분노와 결핍의 해결은 따로 설명하기로 하자.) 무엇보다 분노를 인지했을 때 일견 그 분노와 전혀 관계없어 보이는 '나'의 결핍을 발견할 수 있다면 '나'는 '나의' 본질적인 문제에 조금 가깝게 접근했다고 할 수 있다. 그래서 실제적인 개념으로 '나'는 결핍과 분노가 동전의 양면을 이루고 있다고 생각하는 것이 중요하다. 반대의 개념으로서의 앞뒷면이 아닌 한 몸으로서의 의미다. 결핍이 보이면 안 보이는 뒷면엔 반드시 분노가 있음을 예상해야 하고 분노만 보일 경우 아무리 찾아도 안 보이지만 뒷면에 그에 상당하는 결핍이 있음을 예상해야 한다는 뜻이다.

4) 본능 인자

심리적인 항상성이 본능이라 불린다면 본능처럼 행세하며 인간의 행동을 결정짓는 것은 본능인자로서의 욕구와 욕구의 결핍과 분노라고 말할 수 있다. (이미 욕구에 대해서는 충분히 언급하였으므로 〈2장 결핍과 분노〉에서는 욕구에 대한 언급을 빼고 얘기할 생각이다. 이렇게 따로 설명하지만 실제로는 이 세 가지의 본능인자가 유기적이고 입체적으로 작용한다는 것을 알아두자.) 욕구의 결핍이 분노에 선행하고 분노가 결핍의 결과물이므로 분노의 처리만으로도 결핍을 보전할 수만 있다면 이 책에서 얘기하는 본능인자는 욕구의 결핍과 분노라고 얘기했을지도 모른다. 하지만 인간에게 있어 최초의 분노 대상이 양육자이다. 그 양육자가 양육하는 한 그 분노가 적절치 못하다고 교육되기 때문에 인간은 태어난 이후부터 지속해서 분노를 그 분노의 대상에게 표현하지 못하게 하는 교육을 받고 자라게 된다. 결핍을 분노에 맡겨놓고 채워지기만을 마냥 기다리고 있을 수만은 없는 이유이기도 하다. 그래서 결핍은 결핍대로 따로 스스로 채워야 하는 일이 생겼다. 한 번 발생한 분노는 분노대로 스스로 해소해야 하는 번거로운 일이 남았는데도 말이다. 결핍이 분노로써 복구되지 않게 되면 결핍은 스스로 거래를 하기 시작한다. (결핍은 결국 모든 욕구에서 발생하는 결핍의 합, 결핍의 총량이다.) 그러므로 하나의 욕구에서 발생한 결핍이 분노를 사용해도 복구되지 않는다면 다른 종류의 욕구를 발생 시켜 대신 충족 받게 만든다. 이미 설명했던 대리욕구다. 그래서 이미 원래 본능인자는 결핍과 분노와 대리욕구라고 한 바가 있다. 하지만 그것은 일반인에게 선뜻 이해하기 어려운 문제다. 그리고 임상에서 환자들에게 설명하는 데 있어 '욕구의 결핍에서 분노가 발생하고 분노가 좌절되면 대리욕구가 발생하게 된다'라고 말하는 것보다는 '결핍과 분노는 동전의 양면이어서 분노가 많다면 (지금 당장은 결핍이 없다고 느껴지더라도) 욕구의 결핍도 많은 것이며 욕구의 결핍이 많다면 분노 역시 당연히 많을 수밖에 없다'고 얘기하는 것이 훨씬 더 쉽게 이해되기 때문

마음의 지도

이다. 그리고 이미 일반인들은 결핍이 가진 게걸스러운 '식탐'도 충분히 이해하고 있으므로 결핍이 어떠한 욕구로 쉽게 변한다는 것을 직관적으로 알아차린다. 그리하여 본능인자 세 가지를 한꺼번에 다루기보다 먼저 욕구의 발달을 설명하고 결핍과 분노를 한데 묶어 따로 설명하게 된 것이다.

결핍의 인식

아무리 좋은 양질의 양육을 받는다고 하더라도 신생아와 영아 유아를 거치면서 생기는 불편감을 제대로 없애줄 수 있는 양육자는 없다고 단정할 수 있다. 왜냐하면 '나'의 양육자는 일차적으로 '내'가 아니기 때문이다. '나'는 말도 할 수 없고 '내' 양육자가 '나'의 의도도 알아차릴 수가 없다. 처음에는 '내'게 양육자가 있다는 사실도 모른다. 양육자가 없다면 양육자가 있다는 사실도 모르는 채 죽었을 것이다 (이를 절대 결핍이라 할 수 있겠으나 사실상 절대 결핍은 임상적으로 의미가 없다. 절대 결핍이 있다면 자신이 결핍이 있다는 사실도 모른 채 이미 한 줌의 흙이 되었을 것이므로). '나'는 '나'의 아주 가까운 미래도 어떻게 될지 모른 채 주어진 인지 불가능의 결핍을 살아갈 뿐이다. 오로지 양육자의 존재만이 '내'게도 결핍이 있다는 것을 인식시키게 한다. (자기 자신의 경험적 비교를 통해 결핍을 느끼게 되는 것이며 결핍도 학습을 통해 배운다는 사실이 중요하다. 이렇게 자기 내부에서 자신의 경험끼리의 시간적 비교를 통해 느끼는 결핍을 시간적 상대 결핍이라고 얘기할 수 있을 것이다.) 어쩌면 양육자의 존재는 선악과와도 같은 의미가 있다.

결핍 해소를 위해서는 반드시 양육자가 필요하지만, 양육자로 인해 결핍에 눈을 뜨며 결핍이 깊어진다. 더군다나 양육자 역시 결핍으로 양육된 자다. 결핍이 결핍을 잉태하고 양육한다는 말이다.

결핍에서 분노 발생

이렇게 태어난 이후로 필연적인 결핍을 가지게 되며 결핍을 키워나가게 되는 '나'는 그 결핍과 동시에 분노가 생기게 된다. (결핍에서 분노가 생기는 과정은 〈2장 결핍과 분노〉 中 '결핍-분노 회로' 참조) 이 분노는 결핍을 보전하기 위해 발생시키는 심리적 항상성, 혹은 본능으로 인한 결과라고 설명하였다. 이 분노 또한 처음 결핍을 인지시키는 양육자에 의해 의미가 있게 되는 것이다. 결핍이 발생하였고 심지어 상대적 결핍을 학습할 수 있을 정도로 양육이 된 상태라고 하더라도 신생아의 분노를 계속 무시하고 묵살할 경우(양육자가 사라질 경우), 그래서 어느 시점 이후에 양육이 중단되어 버린다면 결핍에 대한 더 이상 분노가 소용이 없다는 것을 깨닫게 된다. 아무리 화를 내어봤자 결핍이 개선되지 않기 때문이다. 분노에 양육자가 반응하지 않으면 드러내어 표현해도 바뀌는 것이 없으므로 결국 분노를 포기한다는 뜻이다. 물론 이때에도 신생아의 경우 아직 양육자가 공격성의 대상이라는 사실은 인지할 수 없다. 처음에 신생아는 대상의 존재조차 인지하지 못할 것이라는 생각이다. 하지만 빠른 시간 내에 눈앞의 어떤 존재가 있을 때 '나'의 불편감도 사라진다는 것을 학습하게 되면서 불편감을 느꼈을 때 내지르던 분노를 차츰 대상과 연관 지어 생각하게 되며 정확한 대상을 지정하면 할수록 점점 더 불편감을 감소시키는 효율성이 늘어난다는 것을 학습하게 될 것이다.

　인간이 신생아기와 영유아기를 거치는 과정을 생각해보면 상대적인 결핍 없이 양육될 수 없다. 결핍과 동시에 발생한 분노가 영유아의 경험을 가득 채우게 된다고 할 수 있다. (물론 분노만 느끼는 것은 아니다.) 그 분노가 가득 차게 되는 이유는 전술한 대로 신생아와 양육자 사이에 놓인 이해의 부재 때문이다. 소통의 도구인 언어가 습득될 때까지는 2~3년의 시간이 걸리며 이 기간 동안 소통의 도구로 사용되는 것은 영유아의 울음, 즉 분노가 된다. 이런 울음은 신생아가 태어나서 활용 가능한 자신의 모든 것을 동원해 표현한 것이다. 그러므로 이 인생의 초기 2~3년의 경험을 통해 얻은 결핍 표현 방법은 남은 인생에 있어 배우게 될 결핍에 대응하는 여러 방법 중 가장 기초가 되는 단 한 가지의 방법이라 말할 수 있다. 또한 몸에 밴 습관(심리적 관성)으로 남아 앞으로의 전 생애를 걸쳐 사용하기에도 충분하다. 신생아가 화를 내는 목적은 양육자에 의해 습득된 것이긴 하지만 결국 자신의 결핍을 양육자에게 이해시키기 위함이다. 처음에는 자신의 결핍을 알리기 위해 신생아가 할 수 있는 일이라고는 우는 일 밖에 없으므로 단지 울었을 것이다. 하지만 아무런 절박감도 의도도 실리지 않은 울음은 그다지 주의를 끌지 못한다. 조그맣게 울다 말다 하다 보면 양육자는 별다른 행동을 취하지 않는다. 자주 울다가 그치기를 반복하면 양육자로서는 그 울음에 익숙해지기까지 할 수도 있다. 어설프게 울어서는 양육자가 자신을 이해하려는 준비도 하지 않는다는 것을 깨닫게 되면 자신의 결핍이 해소되기 위해서는 조금 더 자신이 절박하고 공격적으로 울어야 한다는 것을 깨닫게 된다. 이 과정은 좀 더 본능적이고 즉각적이며 동시적으로 일어난다 할 수 있다. 울음이 곧 공격성은 아니지만, 울음을 통해 공격성을 배우게 된다. 나중에 어른이 되었을 때, 만약 공격성이 제구실을 못 하게 되었을 때 공격성을 대신 할 수 있는 최후의 방법으로 울음을 남겨 두게 되기도 한다.

신생아가 자신을 이해시키기 위해 분노를 (처음에는 단지 울음이었을 뿐인) 표현했을 경우 즉각적인 복구가 이루어지지 않을 때가 많다. 신생아도 양육자의 특성을 충분히 학습해야만 하고 양육자도 신생아의 특성을 충분히 이해할 수 있는 시간이 필요하다. 양육자와 '내'가 충분히 서로를 이해할 수 있는 도구가 생겼을 때는 이미 '나'는 불편할 때 즉시 분노를 내어야 한다는 사실을 학습하고 난 후다. (불편할 때 반드시 화를 내어야 하는 심리적 관성이 생겨난다. 심리적 관성의 특성상 '왜 불편할 때마다 화를 내야 하나?'와 같은 인지적 접근이 차단된다. 그래서 '나'에게 분노는 본능의 영역인 듯 근원을 알 수가 없는 것처럼 보인다.)

분노의 억압(거세)

아마도 인간의 비극은 이 시기에 탄생하는 것이 아닐까? 영유아기를 거치며 결핍을 깨달았고 그 결핍을 채우기 위해서는 화를 내어야 한다는 사실도 깨달았지만 결국 그 화를 내어야 하는 대상이 자신을 채워줄 가능성이 있는 양육자뿐이라는 것을 알게 된다. 그리고 그 양육자에게 분노하고 공격해봤자 다시 즉시로 보복당한다는 것도 경험적으로 알게 된다. 아무리 좋은 양육자라 하더라도 결핍이 있는 양육자이므로 때로 양육자의 공격성과 영유아의 공격성이 부딪히게 되면 영유아의 공격성은 무시될 수밖에 없다. 그 공격성이 절박하고 반드시 필요한 것임에도 그러할진대 영유아의 미숙한 판단에 의한 자기 파괴 행위를 들어줄 양육자는 없을 것이다. 하지만 영유아는 잘못된 판단이라도 자신의 의지가 관철되지 않으면 그 또한 결핍으로 느낄 것이며 그 결핍에 대한 반응은 주도권을 배워가는 시기일수록 격렬하다.

이 시기에 영유아가 양육자에 의해 굴복당하는 것을 영유아가 자신만의 심리적인 틀을 견고히 만들어 나아가는 데 꼭 필요한 것으로 여기지만 동시에 이 조기 거세로 인해 대부분의 영유아는 자신이 내야 하는 분노의 대상을 잃어버리게 되어 공격성의 자기 복구 기능을 상실하게 되는 시기라고 생각한다. 공격성의 자기 복구 기능의 상실이라고 한다면 조금 오해의 소지가 있다. 공격성이 근본적인 본능은 아니므로 인간 본연의 성품을 상실한다는 뜻이 아니다. 공격성은 인간이 말을 배우기까지 말 대신 의사 전달 역할을 하는 대체 수단이었을 뿐이다. 그리하여 말을 배우게 되면 당연히 의사소통의 수단이 있으므로 자신의 결핍을 진단하고 그 결핍을 복구하기 위한 최선의 방법이 무엇인지 양육자와 토론하고 합의하여 합리적인 결론을 내리면 된다. 하지만 지금 이 말이 이루어지기란 누구나 느끼다시피 불가능하다. 영유아기에 공격성을 대화와 타협으로 변형시켜서 정확한 대상을 구분해 낸 다음 '내'가 느낀 결핍을 충분히 복구한다는 것은 거의 불가능한 일이다. (그것은 에너지가 많이 들어가는 일이다. 심리적으로 에너지가 많이 들어가는 것처럼 보이는 현상은 잘 일어나지 않는다. 이 부분은 〈3장 에너지 경제론〉이나 〈4장 무의식의 형성〉 中 '심리적 관성'에서 자세히 얘기하기로 하자.) 결국 양육자에게 억눌려 분노를 참을 수밖에 없다. '나'의 분노가 대상을 노엽게 하면 '내' 존재가 사라질 수도 있다는 공포감은 분노가 생겨도 그 대상에게 직접 표현하면 안 된다는 것을 습득하게 해준다.

자신이 공격할 대상에게 굴욕적으로 정복당하는 모습들은 영유아기를 거치면서 계속 반복적으로 보이는 정상적인 성장기의 한 장면일 것이다. 그렇다. 지극히 당연하고 정상적인 모습이며 꼭 필요한 과정이다. 하지만 그 분노를 양육자에게 쏘아붙일 수 없다는 사실은 한편으로 인간의 모든 심리적 역동을 만들어 내는 비극의 씨앗이기도 하다는 것은 간과할 수 없는 사실이다. (분노가 분노의 역할을 하지 못하게 되면 결핍 스스로 결핍을 해결하려는 양상을 보이며 인간의 행동을 결정하는 중요한 인자로 결핍이 새로운 대리 욕구를 만들게 된다.)

분노와 대상의 분리, 분노와 결핍의 분리

분노가 억압되면서 결핍이 복구되지 않는다면 당연히 분노와 결핍의 일체감은 상실된다. 분노가 대상을 거쳐 결핍을 채울 수 있는 효율적인 방법이라면 당연히 누구나 분노와 결핍이 한 몸이라는 것을 알 수 있을 것이다. 하지만 분노가 제 기능을 하지 못하는 상황에서 분노라는 동전을 뒤집으면 결핍이 나온다는 사실을 스스로 알 수 있는 사람은 그렇게 많지 않다. 임상상황에서 종종 마주치는 장면이 있다. 너무도 사랑스럽고 순종적이며 연약한 주부가 내원하여 신체적인 증상을 호소할 경우 그 주부의 내부에 있는 분노를 인정하게끔 만들

마음의 지도

기가 쉽지 않다. 자신은 절대로 화를 내지 않는 사람이라고 거듭 강조하는 사람에게 지금의 문제는 절대로 화를 내지 않는 사람이 되려고 노력하는 것이 문제라고 얘기하는 것은 오히려 환자의 분노를 불러일으킬 수 있다. 환자가 인지 못 하는 분노가 내부에 쌓여 뭔가 일을 꾸미기 시작했기 때문이라고 설명하는 것은 그 사람의 인격과 그 인격을 형성하여 온 인생을 부정하는 것처럼 받아들여지기 때문이다.

결핍에서 분노가 분리되는 것은 분노를 그 분노의 대상과 분리하는 것과 동시에 일어나는 일이다. 분노의 대상에서 분노가 분리된다는 것은 바로 그 대상이 일으킨 분노의 원인인 결핍도 묻어 두어야 한다는 말과 다름이 없다. 그것은 아주 자연스럽게 일어난다. 양육자의 보복에 맞서지 않고 다시는 양육자를 거스르지 않으리라 다짐하면 된다. 어쩌면 그것으로 결핍의 복구와는 다른 칭찬이란 부수입이 생기기도 한다(대리욕구의 생성). 대부분의 유아가 이렇게 분노를 대상과 분리하여 처리하는 방법을 배운다. 분노를 대상과 분리하는 순간 그 공격성은 거세되는 것처럼 행동하며 대상을 잃고 잠행하게 된다. 하지만 절대 없어지지는 않는다. 남는 것은 보이지 않는 곳에서 쌓여 들끓는 분노의 압력을 어떻게 제어하는가 하는 숙제를 남긴다.

억눌러진 분노의 부작용에 대해 다시 한번 강조하자면, 첫 번째는 분노와 그 대상이 분리되어 다루어진다는 것, 두 번째는 분노가 그 동전의 앞면인 결핍과 분리되어 다루어진다는 것이다. 결핍과 분노는 동전의 양면과도 같이 거의 한 몸이란 것을 알았다면 분노에는 대상이 반드시 존재한다는 것도 기억해 두자. 그래야 결핍과 분노, 분노와 대상이 따로 분리되는 것을 당연하게 여기는 일반적인 생각에 제동을 걸 수 있다.

결핍, 분노, 대상의 분리는 사회화의 결과

신생아는 자신에게 능력이 있거나 없거나 상관없이 자신의 심리적 항상성만을 도모한다. 자신 스스로 자신의 심리적 항상성을 지킬 수 있다면 문제는 생기지 않겠지만 자신의 심리적 항상성에 대한 욕구만 있을 뿐 스스로 그 욕구를 수행할 수 있는 능력이 없다. 스스로 먹고 싸고 자는 것조차 어렵기 때문에 양육자에게 의지할 수밖에 없다. 그 다음에는 그 심리적 항상성을 제공하는 양육자로부터 자신의 존재를 위협받을 수도 있다는 사실에 굴복한다. 먼저 양육자의 심리상태 파악과 항상성을 제공해줄 용의가 있는지부터 타진하는 것이 중요하다는 것을 배우게 된다.

처음부터 인간은 자기 스스로 논리적이고 이성적인 생각을 가지고 태어나는 것은 아니다. 단지 그러한 생각을 할 수 있는 가능성만을 가지고 태어난다고 할 수 있다. 원래 자신만을 아는 이기적인 인간(선악의 문제가 아니고 자신의 심리적 항상성만을 추구하는 인간이라는 뜻이다.)이 생존을 위해 인간들이 모인 집단 속에서 섞여 살아야 한다. 그러기 위해선 부모로부터 충분한 기간을 통해 교육을 받아야 한다. 태어나자마자 바로 걷는 동물들에 비해 인간은 얼마나 타인에 의존적인가? 의존적일수록 타인의 눈치를 보아야 하고 타인의 요구에 순응할 수밖에 없다.

그리하여 인간의 행동을 결정짓는 여러 가지 요인들이 발생하게 되는데 워낙 인간 자신의 심리적 항상성에 대한 욕구가 강하므로 부모에 의해 제한되고 길들여지는 것 자체가 인간에게는 결핍으로 받아들여질 수밖에 없다. 하지만 그 결핍은 그나마 최소한의 심리적 항상

마음의 지도

성을 보전하기 위한 타협책이자 고육책이다. 그것은 인간이 어울려 살아가기 위해 설정된 고도의 프로그램이며 그 프로그램은 원래 인간의 DNA에 새겨진 것이 아니라 인간 사회가 원시시대 이후로 영위하고 발전시키고 있는 인간의 신체 외적인 프로그램이라고 할 수 있다. 이 부모의 교육프로그램을 사회화라고 이름 짓는다면 이 사회화가 인간의 태생적인 심리적 항상성에 대한 욕구를 충족시킴과 동시에 훼손하게 되고 이 당연한 과정에 인간의 결핍과 분노, 그리고 그 대상이 어쩔 수 없이 독립적으로 자리 잡게 된다.

1. 결핍

1) 결핍의 종류와 기능

절대 결핍

결핍을 분류하자면 가장 기본적으로 절대적 결핍과 상대적 결핍으로 나눌 수가 있다. 절대결핍(절대온도와 비슷한 개념으로 완전한 결핍을 의미)은 이미 언급한 대로 결핍자체를 느낄 시간도 없을 것이기에 임상적으로 의미가 없다. 절대 결핍이란 태어나면서부터 아무런 양육을 받지 않는다는 뜻이다. 절대 결핍 속에서는 아무도 살아날 수 없다. 예를 들자면 절대온도는 현실에서는 존재할 수 없고 절대온도와 가까운 온도 역시 실험적으로만 만들어질 수 있는 것처럼 절대 결핍이란 있을 수 없고 아주 특수한 경우에만 절대 결핍에 가까운 결핍이 존재할 것이다. '내'가 느끼는 절대 결핍은 존재할 수 없다. 절대 결핍에 가까운 결핍을 가진 사람이 생존할 가능성 역시 상당히 낮은 것이다. 태어나서 버려지기 전까지 양육기간이 길면 길수록 생존확률이 높아진다. 즉, '내'가 살아있다는 것은 절대 결핍은 이미 아니라는 얘기다.

마음의 지도

절대적 결핍과 상대적 결핍

　절대 결핍이 아닌 절대'적' 결핍이란 완벽하게 모든 욕구가 충족되어 결핍이 없는 상태를 비교기준으로 놓고 결핍을 측정하는 결핍의 종류일 테다. 그렇게 되면 모든 사람의 결핍도 순위가 매겨지게 될 것이다. 하지만 절대적 결핍이 0이 되는 지점은 없다. 생각과 동시에 결핍이 채워질 수 없고 무엇이 완벽한 양육인지도 논란의 여지가 많다. 그러므로 완벽한 양육의 정의 자체가 양육자와 '나'의 개체 특질에 따라 상호작용으로 변화하면서 생기는 것이라면 더욱 유동적일 수밖에 없다. 만약 양육자의 관점에서 살펴보자면 양육자의 측면에서 완벽한 양육이라고 하면 자녀('나')는 결핍을 느낄 수밖에 없다. 양육자는 어린 자녀('내')가 양육자가 없이도 세상을 살아가는 방법을 가르치는 것이 목적이기 때문에 자녀('나')에게 채워줄 수 있는 기본적인 일상 서비스를 점점 줄이게 된다. 그 과정에서 어디까지가 자녀('나')의 독립심을 위해서인지, 어디까지가 양육자의 귀찮음 때문인지를 가리기가 힘들다. 양육자 역시 그 둘 사이의 경계를 넘지 않고 일관되게 지키기란 불가능하다고 할 수 있다. 만약 자녀('나')의 입장에서 보더라도 '내' 나이에 따라 양육자의 도움이 절대적으로 필요할 경우와 양육자의 도움보다는 격려와 칭찬이 필요할 경우가 다르다. 그것을 '내'가 필요로 할 때마다 양육자가 언제나 '나'의 마음에 맞게 일관적으로 제공해 줄 가능성은 없다고 말할 수 있다. 만약 '내'가 필요로 하는 모든 것을 '내'가 원하는 대로 채워준다고 하더라도 그것이 문제가 될 가능성이 있다. '내'가 어릴수록 '내'가 원하는 것이 '나'에게 반드시 득이 되기만 하고 해가 되지 않는다는 보장은 없는 것이다. 어린 시절의 생각으로 자기 뜻대로만 살다가 성인이 되어 후회하는 것은 한국에서는 왕왕 있는 일이다. 정말 완벽한 양육이란 적절하고 적당한 결핍도 반드시 포함되어야 한다고 주장하는 이 책의 주장을 배제하더라도 어떤 양육자도 완벽한 양육을 할 수 없다는 생각은 아주 상식적인 생각일 것이다. 그렇듯 절대적 결핍이란 기준조차 특정할 수 없으므로 절대적 결핍이란 용어의 임상적 의미가 미미하다. 만약 예외가 있다면 그 기준을 임의로 만들어 사용할 경우 아니면 관습적으로 사용할 경우다. (대다수의 일반적인 사람의 눈에도 '내'가 가진 결핍이 결핍으로 비친다고 예상된다면 그러한 결핍을 절대적 결핍이라고 이름 지을 수는 있을 것이다.) 그러므로 살아 있는 '내'가 느끼는 결핍은 모두 상대적 결핍이다. 따라서 이 책에서 다루어지는 모든 결핍이라는 말은 특별한 언급이 없다면 모두 상대적 결핍을 의미한다.

시간적(내적) 상대적 결핍과 공간적(외적) 상대적 결핍

상대적 결핍은 '내'가 현재의 상태를 자신이 이미 가지고 있는 기준과 비교하여 결핍을 판단하게 된다. 그래서 이 기준이 어떤 것이냐에 따라 두 가지로 나누어질 수 있다. 하나는 자신의 과거 기억에 기준을 두고 현재의 상태가 결핍이다 아니다를 판단하게 되는 내적 또는 시간적 상대적 결핍이다. 다른 하나는 같거나 다른 공간 속에서 존재하는 타인과 자신을 비교하여 상대적으로 결핍이다 아니다를 판단하게 되는 외적 또는 공간적 상대적 결핍이다. 이 두 가지 결핍은 인생의 전반에 걸쳐 작용하게 된다.

정상적인 결핍과 비정상적인 결핍

기술적으로 결핍의 실체를 조금 더 쉽게 이해하기 위해 보는 관점에 따라 다른 분류방법을 생각해 볼 수 있다. 임상적으로 의미가 있는 결핍인가 아닌가에 따라 분류하는 방법으로 정상적인 결핍과 비정상적인 결핍으로 나눌 수 있다. 정상적인 결핍을 정의하라면 대다수의 사람이 잘 의식하지 못하는 채로 살아가며 간혹 결핍을 의식한다고 하더라도 대부분의 사람이 잘 견디고 살아갈 수 있는 적정한 수준의 결핍이라고 정의할 수 있다. 비정상적인 결핍이라고 한다면 대다수의 사람은 살아가면서 느껴보지 못하는 결핍을 '나'만 느낀다고 생각할 때 생긴다. 다른 말로 말하면 대다수의 사람도 '나'를 보면 결핍이 심하겠구나 하고 생각하게 되는 경우다. '내'가 잘 견뎌낼 수 없는 상대적 결핍이라고 얘기할 수도 있다.

비정상적인 결핍은 성장하는데 전혀 필요 없는 결핍을 받았다고 느낄 때도 마찬가지로 존재한다. 타인이 보기에는 결핍이 아닌 것 같지만 '내'가 느끼기에는 결핍이라고 느껴지는 경우 역시 결핍이라고 봐야 한다. 왜냐하면 '내'가 결핍으로 느끼고 있기 때문에 임상적인 문제가 발생하고 있어서다. 정말로 객관적인 결핍상태가 없는데도 '내'가 결핍을 느끼는 것이라면 그렇게 예민한 기준을 가지게 된 이유를 찾아야 한다는 의미에서 '나'만 느끼는 결핍 역시 결핍이라고 생각해야 한다는 의미다. 남들이 '나'의 결핍을 어떻게 판단하는 가와는 상관없이 '내'가 비정상적인 결핍을 받았다고 생각한다면 그것은 당연히 비정상적인 결핍이다. 하지만 '내'가 비정상적인 결핍을 받았다고 느끼지 않는데도 타인들이 보기에 비정상적인 결핍을 받았다고 한다면 그것은 비정상적인 결핍일까? '내'가 느끼지 못하는 결핍이 결핍일까? 만약 결핍이라고 느끼지도 못해서 아무런 문제가 없다면 결핍이 아닐 수도 있을 것이다. 하지만 임상적인 경험으로 볼 때 타인이 보기에도 결핍 상황에 놓인 사람이 자기 스스로는 결핍을 못 느낀다고 한다고 해서 문제가 없는 사람은 아니다. 결핍과 분노는 잠복하여 있을 뿐이다. 지금 당장 문제가 없다고 해도 언젠가는 그 문제가 의식으로 뛰어들 때가 오게 된다. 자신이 문제가 없다고 생각하는 사람일수록 신체적인 증상이 나타나기 마련이며 그런 사람들조차 조금만 지지해주면 결국 자신이 결핍이 많다는 것을 쉽게 깨닫기도 한다. 하지만 정상적인 결핍과 비정상적인 결핍을 칼로 자르듯 나눌 수 있는 기준은 어디에도 없다. 결국 결핍이 거의 없는(무결핍에 가장 가까운) 상태와 결핍으로 가득한(절대결핍에 가장 가까운) 상태의 양극단 사이에 정규분포 형태로 존재할 수밖에 없다. 대부분의 사람이 그 중간 어느 쪽에 위치한다고 할 수 있다. 그 양극단 사이에 존재하는 개인들이 느끼는 대로 자신이 견딜 수 없다고 인식하는 순간 비정상적인 결핍이 시작되는 것으로 보면 무방할 것 같다.

앞으로는 정상적인 결핍은 정상이므로 결핍이라고 언급하지 않을 것이며 비정상적인 결핍만을 결핍으로 부를 생각이다. 즉, 이 책 대부분에 사용된 결핍이라는 용어는 특별한 설명이 없다면 위에서 언급한 비정상적인 결핍을 뜻한다. 통상적이고 상식적인 선에서의 명명이 훨씬 더 이해하는 데 편할 것이라 여겨지기 때문이다.

마음의 지도

수동적 성장기의 결핍, 능동적 성장기의 결핍

내적 결핍은 주로 인생의 초반기에 타인(양육자)에 의해 자신의 행동이 제어되고 제한되는 시기에 발생하여 작용하게 된다. 비교적 짧은 시기임에도 불구하고 인생 전반에 걸쳐 심각한 영향을 미치며 상황중독에 관계하는 결핍으로 작용하기도 한다.

곤충이 성충이 될 때까지 보이는 변태變態과정만큼 극적이지는 않지만, 인간의 성장과정에도 변태라고 할 만큼 극적인 성장기의 변화가 나타난다. 하지만 그 변화가 겉으로 보기에는 너무 천천히 이루어지기 때문에 별다른 감흥이 없을 뿐이다. 인간에게는 두 번의 변태가 존재한다고 할 수 있다. 여기서 변태의 시기를 정하자면 첫 번째 변태는 타자변형적 태도에서 자기변형적 태도로 바뀌는 대목에서 보이는 인정욕구(에너지 지불된 욕구 : 〈3장 에너지 경제론〉 참조)를 장착하는 시기가 될 것이다. 두 번째 변태는 아마도 '내'가 스스로 기본적 일상 서비스를 해줄 수 있는 능력을 습득하는 시기(음식을 만들어서 먹고, 자고, 씻고, 청소하고 빨래하는 행동은 오랜 기간 서서히 장착되는 능력이다.)일 것이다. 다섯 가지의 기본적 일상 서비스를 스스로 할 수 있게 되는 순간부터 조금씩 양육자에 대한 확인욕구, 인정욕구가 다른 대상으로 넘어가기 시작한다. 완전히 양육자에 대한 확인욕구, 인정욕구도 줄어들기 시작하면서(줄어든다고는 해도 여전히 그 영향은 상당하다.) 그 관심과 욕구가 외부의 대상(친구, 동료, 연인)으로 옮기게 된다. 바로 그 시기에 양육자에 대한 확인욕구와 인정욕구를 받기 위해 억제되어 있던 분노가 분출되기 시작하는 부작용도 동반되기 시작하는데 그것을 일반적으로 사춘기라고 부른다. 그것을 불완전하나마 인간이 보이는 두 번째 변태과정이라고 보면 될 것 같다. 이 두 번째 변태는 분노 표출보다는 능동성에 초점을 맞추는 용어이다. 간단하게 말해 사춘기라 불리는 질풍노도의 시기를 두 번째 변태기라고 하자. 두 번째 변태기 이전, 기본적 일상 서비스를 전적으로 양육자에게 의지하여 대부분의 확인에너지 인정에너지를 양육자를 통해 수동적으로 충족 받는 시기를 거칠게 잡아서 수동적 성장기라 이름 붙이기로 하자. 기본적 일상 서비스를 전부 하지는 않더라도 스스로 능동적으로 할 수 있는 능력을 잠재적으로 획득하는 시기를 또한 능동적 성장기라 이름하기로 하자. 수동적 성장기는 다시 첫 번째 변태시기인 자기변형적 태도를 보이게 되는 시기를 기준으로 거만한 수동적 성장기와 겸손한 수동적 성장기로 나누어 보자.

수동적 성장기의 결핍

특별히 아주 결핍이 많은 사람을 생각해보자. 인생의 초반에 자신의 환경에 양육자가 차지하는 비중이 커서 아직 '나'의 관심이 친구들이나 이성으로 쏠리기 직전까지의 성장기, 다시 말해 '나'의 결핍에 대응하는 자세가 전적으로 수동적일 수밖에 없는 시기인 수동적 성장기에서 양육자의 부재를 겪거나 양육자에 의한 학대를 받는 등의 중대한 결핍이 생길 경우를 생각해 보자. '나'의 결핍에 수반되는 공격성을 발생시킬 대상을 찾지 못하거나 양육자의 공격성에 묻혀 철저히 거세된 경우다.

공격성을 쏟아 낼 대상을 찾지 못한 경우나 양육자에게 공포심을 갖는 경우 모두 자신들의 공격성은 억압되어 '나'에게 쏠리게 되면 우

마음의 지도

울증이 시작된다. 결핍이 큰 만큼 분노도 크다. 그 대상이 차단되어 분리되면 분노는 '나'의 내부에 쌓이게 되고 내부에서 대상을 찾던 분노는 내부에 남아 있는 유일한 대상인 '나'를 찾아 '나'에게로 쏟아진다. 그 분노로 인해 '나' 자신을 공격하면 자존감이 저하되며 '나'를 걷잡을 수 없는 결핍의 사태에 파묻히게 만든다. 이 상황을 여기까지 설명하자면 결핍이 많은 사람은 희망이 없어 보인다. 살아가는 현재가 행복하지도 않고 살아갈 내일이 밝아 보이지도 않는다. 하지만 그렇다고 '내'가 두 손 놓고 아무것도 하지 않는 것은 아니다. 놀라운 생명력과 생활력으로 살아남는다. 수동적 성장기가 가지고 있는 풍부한 에너지를 사용하여 자신의 험한 환경을 버텨낸다. 그 적응 과정과 적응의 종류 그리고 적응의 후유증을 살펴보기로 하자.

결핍에 대한 적응 - 자기변형적 태도autoplastic attitude 발생

수동적 성장기에 있는 경우 살아가는 재미와 낙조차도 없어 보인다. 하지만 아무런 희망이 없어 보이는 칠흑 같은 어둠 속이나 도저히 빠져나올 수 없을 것 같은 진창 속에서도 사람은 살아간다. 그렇지만 그냥 견디기만은 할 수 없다. 아무것도 할 수 없는 수동적 성장기의 '나'이지만 자신이 바꿀 수 있는 것은 바꾸고 싶어 한다. 자신이 바꿀 수 있는 유일한 것은 바로 자기 자신 밖에 없다. 수동적 성장기의 압박감을 벗어나기 위한 몸부림으로 변형 가능한 것은 다 바꾸려고 한다. 하지만 아무것이나 바꾼다고 하여 압박감을 벗어나는 것은 아니다. '내'가 자신을 바꾸어 나타나는 효과만큼 의미 있는 결과를 보이는 방법은 많지 않다. 자신의 태도를 바꾸어 양육자의 마음에 들기만

하면 과거의 잃었던 영광을 되찾을 수도 있다는 것을 알게 된다.

결핍에 대한 적응 - 비교기준 하향조정(상황중독 발생)

'나' 자신이 상대적인 결핍감을 속이는 것이다. 결핍감이란 비교 기준이 필요하다고 이미 얘기하였다. 양육자 이외의 세계가 넓지 않은 수동적 성장기에서는 결핍의 비교 기준이 과거의 '내'가 한 경험일 수밖에 없다. 만약 과거에 비해 고통스러운 현재가 계속 반복되다 보면 그 비교 기준을 바꿔 버린다. 비교의 기준을 반복되는 고통스러운 경험 중에 인생의 가장 고통스러운 순간으로 재설정을 하는 것이다. 그렇게 함으로써 두 가지의 효과가 발생한다. 하나는 비교 대상을 현재의 결핍상태로 놓을 경우 다가올 미래의 결핍감은 현재와 별 차이가 없을 것이므로 상대적 결핍감이 생기지 않을 것이다. 비교 기준을 기억하는 한 가장 고통스러운 경험으로 조정할 경우 어떠한 고통도 결핍감을 못 느낄 것이므로 견뎌낼 수 있다. 두 번째는 견뎌낼 뿐만 아니라 앞으로 다가올 모든 미래는 작든 크든 충족감만 있을 뿐이므로 그 충족감을 즐기는 일만 남았다. 만약 더 큰 고통이 온다면 그 시점에서 비교 대상을 다시 조정하게 된다. 잠깐은 힘들겠지만 앞으로 더 힘든 고통이 올 가능성이 떨어지는 만큼 고무적이기도 하다. 만약 가끔 결핍 상황이 사라져서 일상적이고 평범한 순간이 찾아온다면 최악의 순간에 비교하여 극치의 황홀감을 맛볼 수 있으므로 더할 나위가 없다. 자신의 상대적 결핍을 결정할 기준점을 다시 잡는 것만으로도 미래에 대한 희망을 품을 수 있게 되었으며 동시에 극도의 황홀경을 얻을 수 있다면 수동적 성장기에 처한 '내'가 선택할 것은 자명하다. 고통이 클수록 자신이 느낄 가능성이 있는 순간적인 쾌감은 훨씬 클 것이기 때문에 고통을 즐길 줄 알게 된다. 결핍이 큰 수동적 성장기에는 이 같은 작업이 계속 반복된다. 심리적 항상성 즉, 본능이 만들어낸 자연스러운 자기기만이라고 할 수 있을 것이다. (〈5장 상황중독〉 참조)

이것은 내적 상대적 결핍으로 인해 생기는 하나의 현상일 뿐이다. 수동적 성장기에서부터 발생한 내적 상대적 결핍에서 발생한 분노는 결과적으로 그 대상이 양육자일 수밖에 없는 것이다. 만약 양육자에게 지속해서 학대를 받는 상황과 드물게나마 정상적인 양육을 받는 상황이 동시에 발생하면 수동적 성장기의 '나'는 양육자에게서 지옥의 고통과 함께 천국의 황홀경을 동시에 느낄 수밖에 없게 된다. 이러한 혼란을 재정립하지 못한 채 능동적 성장기에 다다르게 되면 양육자의 역할을 내적으로 고스란히 물려받은 '나' 자신에 의해 가장 위험한 '나'를 맞닥뜨리게 된다.

결핍에 대한 적응 - 대리 욕구 생성

상황중독을 형성하는 비교기준의 하향조정은 생각보다 열악한 상황에서 일어나는 최소한의 방어이다. 비교기준의 하향조정 자체가 인식의 전환으로 일어나는 수동적인 반응이다. '나'의 입장에서는 결핍 상황이 회복되기를 바라는 기대를 포기하고 현실을 받아들이는 순간 일어나는 자동적 현상이다. 그에 비하면 대리 욕구의 생성은 상당히 적극적이고 능동적인 대응 방법이다. 기본적 욕구가 발생하고 기본적 욕구에 대한 결핍 예방욕구로서 확인욕구가 생성되며 확인욕구의 결핍 예방욕구로서의 인정욕구가 생긴다고 이미 설명하였다. 이러한 욕구들이 마치 기다란 막대 풍선처럼 연결된 것으로 인식하면 대리 욕구의 생성에 대한 이해가 빠를 것이다. 만약 인정욕구와 확인욕구가 억눌려서 쪼그라들었다면 압박이 없는 부분인 기본적인 욕구가 부풀어 오른다. 타인에게 인정을 못 받고 왕따를 당하는 '나'라면 누군가가 나를 좋아하고 인정하는 사람이 없다는 것이며 그것은 누군가를 만나고 싶어도 만날 사람이 없다는 뜻이다. 타인에게서 충족 받을 수 있는 모든 욕구가 차단된다면 스스로 채울 수 있는 기본적인 욕구로 대신 채울 수밖에 없다. 즉 집에 틀어박혀 잠만 자거나 모든 결핍을 먹는 것으로 대신 채우려고 하는 대리욕구가 발생하는 것이다. 자세한 것은 이미 본능과 욕구 편에서 살펴보았다.

능동적 성장기의 결핍

능동적 성장기의 결핍은 주로 외적(공간적) 상대적 결핍에 해당한다. 주로 능동적 성장기의 결핍은 그 시기의 능동성 때문에 곧바로 결핍을 복구하고자 한다. 그 결핍을 복구하기 위한 가장 첫 번째 방법이 분노임은 이미 설명하였다. 이 시기의 반응 행동은 수동적 성장기의 결핍이 상당 부분 선행되지 않는 한 주로 분노를 해소하는 행동이 위주가 될 것이다. 자신을 둘러싼 형제, 가족들과 자신의 형평성을 따지게 되며 또래의 친구들과 비교하여 자신이 있는 것과 없는 것을 비교하게 되는 것이다. 물론 외적(공간적) 상대적 결핍이 이 시기에 국한되어 나타나는 것은 아니다. 수동적 성장기에서도 충분히 나타날 수 있는 결핍이다. 하지만 타인과 비교하여 발생하는 결핍을 해소하기 위해 능동적으로 노력하는 것과 그 노력이 좌절되었을 때 생기는 적극적인 공격성의 표현은 주로 이 시기에서 많이 일어나는 것이다. 능동적 성장기의 결핍이 단독으로 작용해서 문제가 되는 경우도 있겠지만 수동적 성장기의 결핍과 겹칠 경우 좀 더 파괴적인 경향이 나타난다.

내적 상대적 결핍에서의 심리적 관성

내적 상대적 결핍에서는 공격성(능동적)이 약탈당한 '나'의 결핍을 되찾아 와야만 분노가 사라진다. 능동적 공격성이 대상을 잃고 갈팡질팡하고 제구실을 못 하는 만큼 분노는 사라지지 않는다. 분노가 사라지지 않는다는 얘기는 결핍이 복구되지 않는다는 뜻이기도 하며 한번 분노가 앙금이 되어 남게 된다는 뜻은 어지간한 이유로는 결핍이 채워지지 않는다는 뜻이기도 하다. 오래된 내적 상대적 결핍이 잘 채워지지 않은데는 이유가 있다. '나'는 누군가 '내'게서 결핍된 에너지를 가져갈 때 그대로의 상황과 바로 그 모습으로 다시 채워줄 것을 기대하며 기다리고 있기 때문이다. 아무리 어릴 때 잃어버린 결핍 그 모양과 내용 그대로를 맞춰서 결핍을 메워 보려고 하지만 이미 시간이 너무 지나버린 상태다.

예전에 신문에 보도된 적이 있는 스웨덴 카를린스카연구소 헨릭 에른스의 연구를 보자. 간략하게 말하면 작은 사람은 세상을 더 크게 바라보고 큰 사람은 세상을 더 작게 느낀다는 사실을 증명했다. 하지만 이것은 우리가 경험적으로 알고 있는 사실이다. 어렸을 때 뛰어놀며 야구, 축구를 할 수 있었던 넓은 골목이 어른이 되어 가 보았을 때는 자동차 한 대가 간신히 다닐 수 있는 좁은 곳이었다는 것을 깨닫게 되는 경험은 누구나 하는 것이다. 이 책에서는 그것이 단순히 물리적인 공간의 영역에 한정된 것이 아니라고 생각한다. 심리적인 영역도 마찬가지이다. 어렸을 때 느꼈던 결핍의 크기는 어른이 되었을 때 같은 크기로 대체될 수 없다. 어렸을 때의 심리적인 환경은 어른의 심리적인 환경보다 훨씬 크게 느껴진다. 수동적 성장기에서 양육자가 차지하는 '내' 환경에서의 비중은 어른이 되고 사회적 교류가 복잡해진 다음에 느끼는 비중과는 상대가 안 될 정도로 크다.

유아기에 양육자가 하루를 밥을 굶기는 것과 성인이 되어 하루를 굶는 것, 유아기에 온종일 양육자가 '내' 곁을 비우는 것과 성인이 된 후 하루 동안 부모와 떨어져 있는 것 등을 비교해 보면 그 의미를 알 수 있다. 안쪽 상대적 결핍의 기준은 똑같은 사건이라도 시간과 상황에 따라 달라진다. 하지만 '나'는 여전히 같은 것으로 채울 수 있다고 착각하기 때문이다. 바람 빠진 풍선 위에 그려진 별 문양의 크기는 풍선이 부풀어 올랐을 때와 비교할 수 없이 작다는 것을 알 수 있지만, 마음에서는 그것을 같은 크기로 인식하는 오류를 범한다고 할 수 있다. 어릴 때의 결핍은 풍선처럼 부풀어 오른 마음의 영역만큼 커졌지만 '내'가 느끼기에는 같은 것으로 생각한다는 것이다. 유아기에 양육자가 '내' 곁을 떠나서 하루를 굶겼을 때 받는 상처는 성인이 되면서 몸이 자라는 만큼 부푸는 풍선의 별 문양처럼 같은 비율로 커진다. 어릴 때 받은 상처의 느낌으로는 거의 '나'를 버리고 죽이려 했을 때와 같은 느낌이다. 그 상처는 성인이 되고 난 후 원래 받지 못한 하루 세끼를 잘 챙겨 받는다고 해서 갚아질 리가 없는 것이다. 같은 종

마음의 지도

류에 같은 크기의 것이기에 채우면 감쪽같이 채워질 것으로 생각한다. 하지만 모양과 크기만 같을 뿐 어렸을 때의 비율에 턱도 없이 모자라기 때문에 결핍이 채워지지 않는다. 하수도 관리자가 도로 위에 맨홀 뚜껑이 없어졌다는 신고를 받았다고 하자. 관리자는 그 맨홀 뚜껑을 복구하기 위해 똑같은 모양과 똑같은 크기의 맨홀 뚜껑을 들고 돌아와서 끼워 넣는다. 그러면 관리자의 일은 끝난다. 하지만 인간의 심리에서는 조금 다르다. 관리자가 신고를 받고 돌아왔을 때는 이미 수년에서 수십 년이 흐르고 나서다. 그 사이에 도로의 맨홀은 생물처럼 자라 몇 배나 커져 버렸다. 관리자가 신고받고 가져온 것으로는 그 커다란 구멍을 메울 수가 없다. 이때 '내'가 보이는 반응들은 두 가지일 것이다. 하나는 과거에 있었던 결핍을 그 모양과 크기 그대로 가져와도 소용없다고 느끼고 채우는 것을 포기한다. 다른 하나는 (만약 크기가 다르다는 것을 인지하지 못한다면) 영원히 채워지지 않는 결핍을 무한 반복하여 채우는(터무니 없이 작은 맨홀 뚜껑으로 계속 맨홀을 막으려고 드는 것과 같은) 어리석음을 범하게 되는 것이다. 그래서 어린 시절의 결핍은 성인이 되어서 채우기는 전혀 불가능하다고 단정 지어 버린다. 바로 그 점이 수동적 성장기에서 양육자에게 받은 결핍을 어른이 된 다음에는 양육자가 복구시키기 어려운 이유다. 또 한 번 발생한 결핍을 즉시로 복구하지 못하면 해소되지 못한 분노와 함께 계속된 결핍으로 남게 되는 이유이기도 하다.

성인이 되어 이렇게 결핍의 비율이 커졌다는 것을 인지하지 못하는 이유가 바로 심리적 관성 때문이다. 결핍은 안 좋은 감정을 가진 기억이므로 무의식적으로 억압당한다. 기억이 억압당하면 전반적인 인지 능력(인지 능력 자체가 기억력을 기본으로 성립되는 능력이다.)도 억압당하여 아무 생각도 없어진다. 자신의 문제를 생각해 볼 틈새도 없이 자신의 결핍이 같은 방식으로는 전혀 채워질 수 없는 것으로 생각하여 괴로워하는 것이다. 이것이 중요한 이유는 이것을 앎으로써 오래된 결핍을 성인이 된 후에도 해결해 나갈 수 있다는 가능성을 주기 때문이다.

양육자의 수동적인 분노 또는 능동적인 분노에 의한 '나'의 결핍

마지막으로 결핍의 원인과 형태로 분류해 보자. 결핍이란 어차피 수동적 성장기의 '내' 입장에서는 수동적인 사건이다. '나'의 행동과 반응에 따라 결핍 여건이 조금씩 달라질 수는 있겠다. 하지만 양육자가 얼마나 결핍이 많은지, 양육자의 결핍으로 인한 분노가 얼마나 아이('나')에게 투사 될 것인지, 양육자의 개체특성으로서 완충 역할이 얼마나 발휘되었는지, 그로 인해 양육자의 부모에게서 받은 분노를 스스로 얼마나 '약독화' 시켰는지에 따라 '내'게 주어질 양육들의 질과 양이 결정될 수 있다. 즉 양육자의 상태에 따라 양육을 받는 '나'의 결핍도 어느 정도의 형태가 결정된다는 얘기다. 양육자가 결핍이 많은 상태이며 주로 수동공격적passive aggressive인 형태로 분노를 표출하는 상황이라고 하면 수동적 성장기의 '나'는 받아야 할 양육에도 제한이 생기게 된다. 양육자의 수동적인 분노는 양육자 자신의 결핍을 최우선시하여 막으려 할 것이고 더 이상의 에너지 소모를 막으므로 양육에 필요한 에너지도 줄이게 된다. '나'는 '내'게 와야 할 양육의 에너지를 덜 받게 되는 데 이것을 느낄 수도 있고 못 느낄 수도 있다. 이 결핍은 받아야 할 에너지가 전반적으로 줄어드는 상태이며 다소 완만하고 지속적이고 광범위한 결핍 양상을 보인다.

만약 양육자 또는 타인으로부터 능동적인 분노(특히 파괴적인)를 받았다면 '나'는 심한 상처와 극심한 고통으로 힘들어하게 된다. 상처에 의한 결핍이 심하면 심할수록 분노의 대상을 명확하게 알고 있다. 대상이 뚜렷하고 대상에 대한 분노도 폭발적이겠지만 수동적 성장기부터라면 깊고 날카로운 결핍 역시 '나'의 정상적인 분노 발생으로 복구되긴 힘들다. 분노의 대상이 분리되거나 대상으로부터 거세되어 억압되기 때문이다. 분노는 두 가지 길을 갈 것이다. 한계까지 억압되다가 불특정 다수에게 폭발하거나, 분노가 자신에게 투사 되어 자신을 파괴하는 행동을 보인다. 만약 능동적이고 파괴적인 분노로 인한 결핍이 계속 반복될 경우에는 분노 억제나 자기파괴로도 견디기 힘들어질 것이며 참는 한계를 벗어나면 정신증이 발생할 수도 있다. 이 경우의 결핍은 에너지 변화가 급격히 일어나며 짧은 시간 내에 일어난다. 상대적으로 깊은 상처를 남기므로 기억에 오래 남고 '나'에게 의식적으로 인식될 가능성이 크다. 또한, 실제로 체감하는 파괴력은 훨씬 더 커진다.

(이미 언급한 바가 있지만, 양육자의 수동적인 분노 또는 능동적인 분노에 대처하는 또 다른 방식으로 상황중독을 들 수가 있다. 수동적인 성장기 동안 양육자에 의한 결핍 상황을 '내'가 바꿀 수 없다는 것을 깨닫고 환경을 바꾸기보다는 '나' 스스로 자신의 상대적인 결핍 기준을 재조정하는 '적응'을 하게 된다. 이 적응은 처음에는 굉장히 쓸모 있어 보이지만 점점 더 자기 파괴적인 상황중독에 빠져들게 만든다.)

2. 분노

1) 분노의 의미

이미 본능과 욕구를 다루는 곳에서 설명한 적이 있다. 분노의 의미는 '내'가 느끼는 결핍(불편함)에 대한 복구를 표현하는 것이다. 맞다. 가장 원초적인 의사소통 방법이라는 의미가 있다는 뜻이다. 그러므로 분노를 참는다는 것은 자신의 불이익에 대한 의사 표현을 억눌러참는다는 의미이며 참으면 참을수록 말을 못 하는 답답함과 같은 답답함이 생기는 것이다. 그 답답함 때문에 분노로 대화하는 것을 포기하고 '나'의 또 다른 돌파구로서 원하는 에너지를 습득하는 방법이 '대리 욕구'가 되는 것이다. '내'가 성장하면서 불편함을 견디는 방법으로 다른 것을 대신 얻는 것을 배워야 한다. 내가 원하는 것을 얻지못했기 때문에 차선으로 택한 대리욕구로 견뎌 보지만 일차적으로 원했던 것을 얻지 못하고 있다는 것은 변함이 없다. 그 사실을 표현하고자 하는 의사소통법은 분노뿐이므로 타인에 의해 잘 받아들여지지 않는다. 이러한 답답한 교착 상태가 지속하다 보면 반드시 알려주고 싶은 '나'의 본심을 분노의 형태로 뿜어내게 된다. 그 본심이 알려져서 창피하든 그렇지 않든, 알리는 방법으로 분노라는 방법을 쓰는 것이 창피하든 그렇지 않든 상관없이 말이다. '나' 개인의 가치관에 따라 조금씩 그 방법이 달라지기는 할 것이다. 본심이 알려지는 것을 전혀 개의치 않는다면 자주 화를 낼 것이다. 만약 분노라는 방법을 쓰는 것 또한 개의치 않는다면 더 자주 화를 낼 것이다.

2) 분노의 종류와 기능

똑같은 얘기를 계속 반복하는 것 같은 인상이지만 분노의 기능에 대해 다시 한 번 짚고 넘어가야겠다. 분노는 결핍을 막고 도로 채우기 위해 생긴다고 하였다. 따라서 이 분노가 결핍을 만드는 대상에게 정확하게 전달되고 그 대상에 의해 받아들여지고 그 대상이 다시 결핍을 복원시킬 때에야 비로소 결핍이 채워지게 된다. 하지만 결핍이 있음에도 불구하고 분노조차 표현할 수 없는 상황을 지속해서 학습하다 보면 기능을 잃은 분노를 따로 처리해야 한다. 거기에 더해 여전히 허전한 결핍 또한 따로 해결해야 하는 상황이 생기게 된다. 정확한 대상에게 정확하게 화를 내고 받아들여지고 교정을 해주어야 분노가 사라지고 결핍이 해소되는데 그 과정 중 어느 것 하나라도 빠지게 되면 분노가 잘 가라앉지 않는다. 게다가 결핍조차 그대로면 본능적으로 결핍과 분노는 따로따로 자신의 갈 길을 가게 된다.

분노의 종류

분노의 종류는 결국 분노의 기능과 관련되어 나누어지게 된다. 첫 번째 방어적 분노는 최초에 결핍이 발생하였을 때 그 결핍이 더 이상 진행되는 것을 막는 역할을 한다. 두 번째 공격적 분노는 결핍을 일으킨 대상에게서 능동적으로 되찾아 오는 역할을 한다. 자세한 것은 분노의 기능에서 설명하기로 하자.

분노의 기능

분노를 세분화해 보자. 분노에는 두 가지 기능이 있다. 첫 번째 기능으로서의 분노는 결핍이 발생했을 때 즉각적으로 더 이상의 결핍을 차단하고자 하는 방어의 기능(수동적 분노)이 있다. 결핍이 감지된 순간 그 결핍을 일으킨 장본인에게 더 이상의 결핍을 일으키지 말도록 최선의 방법으로 통보하는 것이다. 만약 화가 제대로 전달이 된다면 대상은 '나'의 결핍을 유발하는 행위를 멈출 것이다. 두 번째 기능은 대상이 '내'게 야기한 결핍을 다시 되돌려 복구하려는 공격의 기능(능동적 분노)이다. 분노는 화만 내는 것으로 끝내지 않는다. 뚜렷한 대상과 '나'에게서 빼앗은 명백한 전리품이 눈앞에 정확히 명시만 된다면 당연히 다시 찾아와야 하기 때문이다. 이 얘기는 분노에는 수동적 분노와 능동적 분노 전혀 다른 두 가지가 있다는 얘기가 아니다. 분노는 수동적으로도 나타나고 능동적으로 나타나지만, 그 본질은 같은 것이라는 얘기다. 분노는 수동적임과 동시에 능동적이며 능동적일

마음의 지도

수 있는 상황만 된다면 언제든지 능동적일 수 있지만 그렇지 못한 경우 수동적으로 남아 있을 수밖에 없다는 뜻이다.

분노의 대상 상실

이 분노의 두 가지 기능으로 인해 '나'는 더 이상의 결핍을 차단하며 대상과 목표물이 뚜렷할 경우에는 다시 찾아 오는 가능성을 갖게 된다. 하지만 수동적 성장기 때는 말 그대로 가능성만 있는 것이다. 정상적인 양육자의 양육을 받은 '나'라면 양육자에게서 받은 결핍을 복구할 수 없다. 양육자가 항상 올바른 선택으로 양육을 했다 하더라도 '나'에게는 결핍이 생긴다. 물론 어린 '나'의 미숙한 판단 때문이므로 '내'가 성인이 되어 양육자의 양육을 스스로 판단할 경우 타당하고 현명했다고 판단을 하게 되면(분노의 기능은 원래 의사소통이다. 어른이 되어서 어린 시절의 결핍을 재판단할 경우 결핍이 아니라고 판단되면 바로 그 분노가 사라진다. 더 이상 다시 채워야 할 결핍이 없기 때문이다.) 그 결핍은 더 이상 결핍의 기억으로 남지 않을 것이다. 하지만 그런 정상적인 양육이란 거의 이상적인 양육이라고 할 수 있다. 완벽하게 이상적인 양육을 할 수 있는 양육자가 많지 않다는 전제를 한다면 여기서 말하는 '정상적'인 양육이란 이상적인 양육을 뜻하는 것이 아니라 일반적이고 일상적인 생활 속에서 이루어지는 평범하고 평균적인 양육을 뜻한다. 그러므로 정상적인 양육에서는 '나'의 양육자에 대한 분노가 생길 수밖에 없으며 또한 그 양육자가 그 분노를 수용하지 않고 양육자에 대한 분노를 기각함으로써 양육자에 대한 분노를 거세시켜야 할 필요성도 있다. 정상적인 양육과 비정상적인 양육의 차이는 양육자의 거세가 적정선을 넘었느냐 넘지 않았느냐의 기준을 '나'의 개체특이성이 판별하는 결과에 달려 있다고 할 수 있다. 물론 정상적인 양육을 받았다고 생각하고 있지만 결국은 비정상적인 양육을 받았다는 것을 나중에 깨닫게 되는 상황도 생긴다. 어쨌든 분노가 대상에게 기각되는 바로 그 점에서부터 분노의 부작용이 생긴다. 대상을 잃은 분노는 기능을 잃었을 뿐만 아니라 대상에게 억압되어 제대로 표현도 되지 못하고 버려진다. '나'로서는 분노를 억압할 에너지가 충분하다면 큰 문제는 없다. 하지만 버려진 채 쌓여가는 분노가 억압의 한계를 넘어설 징조가 보이기 시작하면 난감해진다. 대상을 잃었다고 해서 분노는 소멸하지 않는다. 목적을 아직 달성하지 못했기 때문이다. 정상적인 범위 내의 결핍이어서 분노라고 느낄 필요가 없는 분노마저도 '내'가 성인이 되어 의식 선에서 그 결핍문제는 해결되었다는 것을 재정립하기 전에는 화가 사라지지 않는다.

3) 분노 표출의 네 가지 방식

분노가 축적되는 것은 별로 다를 것이 없지만, 분노가 표출되는 방식은 몇 가지로 나누어질 수 있다. 항상 불평불만이 많고 매사에 못마땅해하며 분노가 가득 차서 흘러넘치듯 비어져 나오는 듯한 사람, 평상시에는 조용하고 차분한데도 가끔 압박을 받으면 돌발적으로 터져 나오는 분노로 인해 스스로 힘들어하는 사람, 화를 낼 때는 모든

마음의 지도

계획을 세우고 그 계획대로 진행하면서 분노 표현의 양을 제어하지 않는 사람 등으로 나누어 볼 수 있다. 물론 모든 사람의 분노를 이 세 가지로 정확하게 나눌 수는 없을 것이다. 한가지의 분노만 가진 사람도 있겠지만 서로 섞이고 여러 가지 분노를 같이 가진 사람도 있을 수 있다.

분노의 과다 축적에 의한 흘러넘침

대상이 분리되어 사라지지 않는 분노는 억압이란 납덩이를 달아야 무의식으로 가라앉는다. 억압이 없다면 분노는 시도 때도 없이 튀어나오기 때문에 의식을 잠식하게 된다. 만약 그렇다면 의식 가득 들어차는 분노를 의식적으로 억누르는 것 외에는 어떤 일도 할 수 없게 될 것이다. 그래서 억압이란 무거운 추를 달아 무의식의 바다에 던져 놓게 되는 것이다. 하지만 무의식이라고 해서 무턱대고 모든 분노를 수용할 수 있는 것은 아니다. 대상을 잃은 분노는 지금 이 순간에도 실시간으로 생성되어 끊임없이 무의식으로 던져지기 때문이다. 던져진 분노가 차곡차곡 쌓여 차오르다 보면 언젠가는 무의식의 수면을 뚫고 의식으로 치솟아 올라오게 될 것이다. 이때는 아무리 추를 달아 던져 봐야 분노가 한계까지 차올라 있는 상태라서 참을 여유가 없다. 무의식보다 의식으로 인식되는 분노를 처리하는 것은 훨씬 더 많은 에너지를 쓰게 된다. 무의식에 가득 분노가 차올라 의식으로 밀려나온 분노를 항상 느끼고 사는 사람은 모든 삶의 태도, 대인관계나 대화에 분노가 깔린 사람이라고 할 수 있다. 항상 타인의 행동에 대해 비난하거나 화를 낼 구실이 될 만한 약점은 없는지를 찾게 된다. 타인에 대한 배려나 포용, 용서가 없다. 합법적인 분노의 기회라고 여겨지면 자신의 의식 위에 떠오른 모든 (대상을 잃은) 분노를 거두어 그곳으로 토해낸다. 이런 분노는 가득 차서 누르고 눌러도 수습되지 않고 흘러넘치는 공격성을 가지고 있다고 할 수 있다. 하지만 실제 생활에서 마주치는 인상으로는 수동 공격적passive aggressive인 태도에 더 가깝다. 정확하게 일치하는 것은 아니지만 먼저 화를 내기보다는 항상 수동 공격적인 자세를 유지하면서 누군가의 분노를 유발하거나 항상 자신이 화를 내어도 상관없는 상황이나 장소를 찾아다니는 사람이다. 예를 들면 인터넷 정치 게시판에 떠도는 수많은 분노를 들 수 있다. 그곳에서는 얼마든지 욕을 해도 상관이 없는 정치인들이 그 합법적인 대상이 되어 주기 때문에 자신의 분노를 마음껏 표출할 수 있는 것이다. 정치인의 공인된 잘못이야말로 누구도 반박 못 할 분노의 대상이기 때문이다. (물론 정치에 대한 순수한 관심이 있는 사람도 있을 것이다. 하지만 정책 비판보다는 단순히 화를 내기 위한 대상으로 정치인을 선택한 것은 아닌지 살펴보아야 한다.)

억압(에너지)의 실조로 인한 분노의 돌출

문제는 이 억압이라는 추가 '나'의 에너지로 만들어지고 관리된다는 것이다. 한 번 만들어진 추에는 더 이상의 에너지 투여가 없다면 좋겠지만 그렇지가 않다. 모든 억압은 계속 에너지를 공급해야만 그 기능이 유지되는 것으로 보인다. 만약 새로운 분노가 돌발적으로 발

마음의 지도

생한 경우 이 분노를 억누르기 위해 많은 에너지가 순간적으로 필요하게 되면 다른 곳의 에너지를 끌어다 쓰는 현상을 보이게 된다. 그러면 아슬아슬하게 기존의 분노를 억압해오던 균형이 깨져 버린다. 이로 인해 균열된 억압을 뚫고 가라앉아 있던 모든 분노가 순식간에 수면 위로 솟구쳐 오르게 된다. 무의식 바닥에서부터 오랜 세월에 걸쳐 쌓여 있던 분노가 한순간에 맹렬히 의식 위로 뛰쳐나오게 된다. 무의식의 수면까지 아무리 넉넉한 여유가 있다고 하더라도 그럴 것이다. 그것은 마치 분노가 끓어올라 폭발하는 것처럼 보일 수가 있다. 그리고는 다시 아무 일도 없었다는 듯이 이러한 억압의 균열이 사라진다.

팽팽한 긴장감으로 간신히 억압되고 있는 상태에서 어느 한 부분의 에너지 균열로 인한 분노가 돌출하는 예는 '내'가 살아가는 일상생활에서 부지기수로 발생하는 일이다. 집에서 학교에서 직장에서 일상생활에서 일어나는 사소한 순간적인 분노들이 이에 해당한다. 이런 종류의 분노는 지속적인 결핍으로 인한 분노를 참아 왔다는 전제가 있기 마련이다. 하지만 결국 중요한 것은 에너지의 문제이다. 순간적으로 에너지가 소모되는 순간 더 이상 억압을 유지하지 못하면서 벌어지는 사태인 것이다. 평상시 큰 문제가 없다가 갑작스러운 애인과의 이별로 인해 힘들어하고 있을 때 전혀 모르는 타인과 사소한 시비로 다툼이 발생하는 경우다. 또는 할머니의 병환으로 간호를 하고 돌아온 엄마 앞에서 예전과 똑같이 빈정대면 평소와는 다르게 터지는 폭탄과도 같은 것이다. 시험을 준비하는 수험생의 짜증은 분노를 눌러야 할 에너지로 시험을 준비하고 있기 때문이다.

분노의 과다 축적과 억압의 실조가 동시에 일어난 분노 폭발

전술한 두 가지의 경우가 합쳐지면 좀 더 돌발적인 분노의 폭발이 일어나게 된다. 이미 스트레스(분노를 억제하고 있는 상태)가 많은 상태에서 순간적인 에너지의 손실을 느끼게 되면 이해할 수 없는 분노의 폭발이 일어난다. 그 예로는 도로 위에서 일어나는 난폭 운전이나 보복운전을 예로 들 수 있다. 극단적인 예로는 충동적으로 일어나는 우발적인 상해와 살해 등이 될 것이다.

억압의 생성부전으로 인한 분노 발산과 의도된 공격성

묻지 마 폭력, 묻지 마 살인 등은 극도의 스트레스 하에서라면 에너지 소모와 억압의 실조로 인해 누구나 일으킬 수 있는 가능성이 있는 일이라고 생각된다. 하지만 신체적 약자를 향해 자행되는 폭력 중에 돌발적이지 않고 계획적으로 일어나는 범죄라면 에너지 소모의 문제라기보다는 억압 자체가 되지 않는 문제라고 보인다. 물론 모든 분노에는 에너지 소모가 관련될 수밖에 없다. 하지만 일반인이라면 참을 수 있는 사소한 문제로 일반인이라면 절대 벌이지 않을 도를 넘은 폭력을 행사하는 경우라면 다르다. 억압하는데 드는 에너지의 감소 문제라기보다는 무의식적 억압 자체가 형성이 되지 않은 경우라고 보아야 한다.

분노를 억압하는 방법은 오랜 기간 양육자에게서 분노가 거세되면서 수동적으로 배우는 것이다. 분노를 부당하게 표현할 때마다 양육자에게 제지를 당하면 그래서는 안 된다는 것을 깨닫게 된다. 그러한 과정이 일관적으로 상당 기간 반복되다 보면 어느 정도의 분노에는 분노가 생김과 동시에 먼저 참고 나중에 생각하는 심리적 관성이 생긴다. 먼저 참는 것은 의식해서 되는 문제가 아니다. 저절로 참아지는 것이다. '내' 분노의 즉각적인 표현은 항상 '내'게 안 좋은 감정을 일으키는 사건이 벌어진다는 것을 양육자로부터 배우게 된다. 그리고 그 안 좋은 감정을 떠올리기 싫어서 무조건 억제하게 되며 그 억제가 무의식적으로 일어날 때 비로소 억압된다. (분노를 느꼈을 경우 안 좋은 감정인 분노를 느끼게 만드는 기억을 무조건 억누르게 된다. 기억이 눌려있는 사이 현재 발생한 분노를 처리하기 위해 아무런 생각 없이 신속하게 현재의 분노도 억압하게 되는 심리적 관성을 형성하게 된다.) 양육자의 부재가 발생하면 결핍은 결핍대로 발생하며 분노의 대상 상실도 일어나지만, 거세만은 일어나지 않는다. 분노가 거세되어 대상이 상실되는 것이 아니라 아예 대상 자체가 없었다. 그러므로 분노를 억압하는 심리적 관성이 생기지 않는다고 봐야 한다. 대상 자체의 부재로 생기는 것이므로 자연스러운 무의식적 억압은 발생하지 않는다. 결국, 의식적인 억제만이 분노를 상대해야 하는데 그것은 체급이 다른 문제이다. 결국 억제되지 않는 분노를 표출하기 위해 용의주도한 대상선택이 이루어질 것이며 자신보다 육체적 힘이 약한 대상을 고르게 되며 분노표출 뒤 뒤처리를 어떻게 할 것인지 생각하고 행동으로 옮긴다. 보통 사람이라면 분노가 표출되면서 심리적 관성의 흔적이 남아 있을 것이다. 즉, 인지기능의 혼란이 생긴다. 억압이 완전히 사라지지 않기 때문이다. 하지만 억압하는 심리적 관성이 없다면 분노를 표출하면서도 인지기능의 혼란이 생기지 않게 되며 분노표출 과정에서도 냉정함을 잃지 않을 수 있게 된다.

4) 분노가 가진 몇 가지 심리적 관성들

분노가 가진 심리적 관성들이 보이는 역기능이 있다. 분노를 유지하는 이유는 결핍을 예방하고 복구하기 위해서지만 오래 반복되어 심리적 관성이 되면 분노 자체로 분노를 유지하려고 드는 적극성이 생겨난다. 그러한 분노 유지의 적극성은 당연히 소극적인 분노 유지가 선행되지 않고는 발생하지 않는 부분이다. 먼저 소극적인 분노 유지부터 살펴보자.

분노의 뚜껑이 씌워진 에너지 통

인간에게는 에너지를 담는 통이 있다. 그 통에는 자신이 어렸을 때부터 받아온 에너지들이 모여 있는데 그 에너지 통을 잘 관리해야 하는 것은 물론이다. 하지만 대부분 부모가 그 통에 넣어주어야 할 에너지를 완벽하게 채워주지는 못한다. 또는 누군가 '내' 통에 손을 넣어서 '나'의 에너지를 훔쳐 가는 상황이 발생한다. 분노란 채워져야 할 에너지를 받지 못할 때 자신이 결핍 상황이라는 것을 부모에게 일깨워주는 경고성이며 '내' 통에 들어온 낯선 손을 후려쳐서 물리친 후 더 이상의 외적을 막기 위해 씌운 뚜껑(수동적 분노)이자 더 나아가서 '내' 통에서 빼앗아간 에너지를 되찾아 오는 움키는 손(공격적 분노)이기도 하다.

그런데 아이러니하게도 치료 중에 에너지를 채우는 과정에서 가장 큰 저항으로 작용하는 것은 바로 그 뚜껑이다. 오랜 시간 동안 비슷한 상황에서 발생한 분노가 억압돼서 거세되었다는 것은 움키는 손이 잘

렸다는 것이다. 다른 설명으로는 분노의 두 가지 기능 중 더 이상의 결핍을 방지하는 뚜껑만 남아 있는 것이다. 뚜껑을 처음에 씌운 이유는 결핍을 막기 위해서지만 뚜껑이 자기의 역할을 너무 충실히 하다 보면 (심리적 관성) 의미가 변질 된다. 문지기에게 더 이상 내부에서 외부로의 반출을 못 하게 시켰는데 문지기는 아예 문을 폐쇄해 버린 것이다. 외부에서의 반입도 더 이상 할 수 없게 된 상황이 된다. '내'가 가진 에너지 통에서 아무도 가져갈 수 없지만 '나' 역시 아무것도 못 넣는 상태가 되는 것이다. 종종 임상 상황에서 벌어지는 일이며 때로는 그 공간이 숨겨진 방처럼 출입구가 시멘트로 발라져 버린 느낌이 들 때도 있다. 그러므로 치료에서는 반드시 '내' 에너지 통의 뚜껑 즉, 남아 있는 분노를 먼저 제거하지 않으면 '나'의 결핍을 복구하기 어렵다는 뜻이다.

분노의 순수성 유지

결핍의 심리적 관성화와 비슷한 의미로 분노가 스스로 생명을 유지하는 것처럼 보일 수도 있다. 분노의 기능은 결핍을 복구하기 위해 태어났지만, 수동적 성장기를 거치며 분노는 분노를 발산시키기 위해 쌓아 놓는 것으로 착각하게 된다. 그렇게 되면 분노는 분노의 생명유지를 위해 자생적으로 검열을 하기 시작한다. 분노가 사라지려면 결핍이 완전히 복구되는 느낌이 있어야 한다. 하지만 심리적으로 결핍이 해소되지 않은 채 시간이 지나게 되면 나중에 정확히 같은 양의 에너지로 복구한다 하더라도 내적 상대적 결핍의 기준이 시간과 상황에 따라 달라지므로 정확히 복구되는 느낌을 받지 못하게 된다. 영유아기를 지나면 이미 분노는 결핍을 복구시키는 본래적인 기능을 하기 보다는 분노를 배출하는 것을 더 선호하게 되므로 '나'는 어설픈 결핍의 복구보다는 분노 배출에서 오는 카타르시스(그 대상과 시기, 정도에 있어 정확하지 않은 분노가 배출 될 때 자신이 가진 결핍을 복구할 에너지를 되찾아오는 것처럼 착각을 하게 된다.)를 더 즐기게 된다. 다시 말해 정확한 대상에서 오는 복구에너지도 시간이 지나 '내'가 성인이 된 시점에서는 내적(시간적) 상대적 결핍을 메우지 못하므로 '나'에 의해 거부되고 오히려 분노를 모았다가 배출시키는 쾌감을 더 선호하게 되는 것이다.

이론의 전체 줄거리에서 살짝 벗어나 있는 부수적인 얘기이지만 임상적으로는 중요한 얘기이므로 따로 짚고 넘어가자. 이것을 분노가 순수성을 추구한다고 얘기하고 싶다. 어설픈 동정을 싫어하거나 헝그리정신을 강조하는 것은 이러한 분노의 순수성에 대한 순기능일 수도 있지만, 분노의 순수성 추구가 가진 가장 큰 역기능은 대부분의 결핍 복구 상황을 적극적으로 거부한다는 것이다. 원래 결핍상태를 결핍 발생 당시로 되돌려 그때 상황에 맞게 한 번에 해결해 줄 수 있는 치료는 없다. 하물며 생활 중에 간간이 생기는 결핍복구 상황은 말할 것도 없다. 결핍이 심하면 심할수록 잔잔한 생활의 즐거움을 철저히 외면하게 된다. 잠시 잠깐의 즐거움을 느꼈다면 자신의 서릿발 같은 분노가 무뎌졌을까 자책할 정도다. 그 분노를 삶의 원동력으로 하는 사람들일수록 자신의 분노에 조금이라도 불순물이 낄까봐 걱정을 한다. 한 번에 모아 놓은 분노를 터뜨릴 때 상대에게서 받았던 호의로 인해 분노폭발이 주저될까 두렵기 때문이다. 처음에 살짝 언급한 대로 분노의 소극적 유지에 상황중독이 개입한 것처럼 보인다.

마음의 지도

3장

에너지 경제론

내가 이 논문에서 제시한 불안의 관점은 내가 지금까지 옳다고 생각했던 관점과 어느 정도 다르다. 예전에 나는 불안을 불쾌한 상황에서 자아가 보이는 일반적인 반응으로 간주했었다. 그래서 나는 항상 불안이 나타나는 것을 경제적인 근거에서 정당화하려 했고, 내가 〈실제의〉 신경증을 탐구한 것에 힘입어 자아에 의해 거부되거나 이용되지 못한 리비도(성적 흥분)는 불안의 형태로 직접적인 해소 방법을 찾는다고 가정했다.[11]

임상에서 마주하는 모든 환자의 가장 중요하고 시급한 문제가 심리적 에너지이지만 심리적 에너지를 가장 중요하게 생각하는 치료자는 많지 않다. 환자 자신도 에너지가 없다는 자각을 하거나 에너지가 문제라고 생각하는 사람은 드물다. 때로는 스스로 힘이 없고 기력이 없다고 얘기하는 사람도 있지만 정작 어떤 에너지가 무슨 까닭으로 소진되었는지는 전혀 생각해 본 적이 없는 사람이 대부분이다. 말하자면 환자들은 에너지가 없다고 인식은 하고 있지만, 해결책을 알지 못하고, 해결책을 제시해주는 치료자 역시 그 해답을 에너지에서 찾지 않는다는 뜻이다. 사랑한다고 말은 하고 있지만, 눈과 마음은 전혀 다른 곳에 있는 사람과 같은 태도를 환자들에게서 많이 보게 된다.

치료자의 관심이 에너지에 맞추어져 있지 않은 이유는 에너지가 없는

---

11) 지크문트 프로이트, 『불안과 억압 (프로이트 전집 10)』, 열린책들

사람을 치료하는 데는 치료자의 에너지가 들기 때문이다. 그래서 그런 사람에게 에너지의 문제로 접근하지 않는다. 왜냐하면 치료자는 환자가 원하는 에너지를 감당할 수 없다고 생각하기 때문이다. 그래서 자기의 에너지는 자신이 감당해야 할 문제라고 교육 한다. 그렇긴 하다. 결핍이 심한 환자가 필요한 에너지를 치료자의 에너지로 대신 채워 줄 수는 없는 노릇이다. 에너지가 없는 환자가 면담을 통해 치료자의 에너지를 소모하는 느낌을 받게 되면 서둘러 차단해야 한다. 그렇지 않으면 그다음의 환자를 계속 웃는 낯으로 보기가 어렵다. 그러므로 텅 빈 에너지는 약으로 보충해주는 것을 최선으로 여기게 된다. 만약 상담을 통해 에너지를 채워주게 된다면 그에 상당하는 치료비를 받지 않고서는 치료를 시작하기 힘들다. 바로 이런 한계로 인해 많은 치료자가 에너지를 거론하거나 에너지를 논의의 중심에 놓은 이론들을 마음껏 적용할 수가 없었다고 생각한다. 에너지가 없는 것을 알지만, 에너지 상태를 신경 쓰지 않게 된다. 에너지 그 자체보다 에너지가 없어서 생기는 부산물인 증상에 관해서만 관심을 가지게 되면서부터 좀 더 근본적인 치료와는 거리가 멀어지기 시작했다고 여겨진다.

1) 심리적 에너지의 근원

심리적인 에너지의 근원은 당연히 물리적 에너지에 있다고 할 것이다. 인간에게 물리적 에너지 없이 심리적 에너지가 만들어질 수 없다는 것은 당연한 이야기다. 심리적 에너지의 소모에는 항상 물리적 에너지의 소모가 일부분 동반된다는 것 또한 당연한 이야기다. 살아서 숨 쉬는 한 ATP에서 ADP가 되는 탈인산화 반응으로 에너지를 얻어야 한다. 그것은 당 분해 과정에서 얻어지는 에너지로 다시 인산화반응을 통해 ADP가 ATP로 재장착 되어야 한다. 만약 심리적인 에너지라는 개념의 존재 자체가 없다면 모든 우울증 환자들은 신체적 에너지 소모가 극심한 사람이어야 한다. 그렇다면 아무리 먹어도 살찌지 않고 극심한 스트레스로 인한 에너지 소모가 바로바로 체중의 감소로 이루어질 것이다. 하지만 인간이 주관적으로 느끼는 심리적 에너지의 손실은 실제 물리적인 차원에서 발생하는 에너지 소모보다 훨씬 더 막대한 손실로 느껴지는 경우가 더 많다. 마찬가지로 아무리 심한 심리적 에너지의 손실이 발생한다고 하더라도 실제로 물리적인 에너지는 크게 소모되지 않는다. 때로는 몸무게가 느는데도 심리적인 에너지는 감소할 때가 많다. 심리적인 에너지 손실에 대비하여 아무리 물리적 에너지를 몸에 축적한다고 하더라도 쉽게 심리적인 우울감을 떨치지는 못한다. 바로 이런 사실들에서 심리적 에너지의 존재를 가상하는 것이다.

물론 극단적인 심리적 에너지 소모가 발생하면 물리적 에너지도 감소할 것이다. 반대로 우리가 먹지 못하고 한 달 이상 굶는다고 생각해보자. 물리적 에너지의 근원이 차단되며 몸에 축적되어 있던 물리적 에너지가 다 고갈된다. 몸은 더 이상의 에너지원이 없으므로 정신적인 활동도 현저하게 감소 된다. 정신적인 활동을 유지하는 에너지 역시 물리적 에너지가 공급되지 않는다면 소멸할 것이다. 그렇다고 심리적인 에너지가 곧 물리적인 에너지라고 할 수는 없다. 물리적인 에너지가 충분히 공급된다는 전제하에서도 심리적인 에너지가 없는 사람과 심리적인 에너지가 많은 사람이 존재하기 때문이다. 마치 물리적인 에너지는 신체나 마음이 극단적 손상에만 이르지 않는다면 심리적 에너지와는 전혀 상관없는 별개의 에너지 구조인 것처럼 보인다. 비유컨대 커다란 에너지 통 두 개가 이상한 체크밸브로 연결되어 있어 어느 한쪽이 비워지기까지는 다른 통에서 에너지가 빠져나가지 않는다. 하지만 한쪽이 다 빠져나간 상황에서는 나머지 한쪽도 안전하지 않은 것과 같다 할 것이다.

심리적인 에너지의 근원으로서의 물리적 에너지

심리적인 에너지라는 것이 무엇인지 실체를 밝히는 것은 중요한 문제인 것처럼 보인다. 하지만 심리적인 에너지의 본질이 무엇인지 알아내기란 극히 어려운 일이다. 심리적 에너지란 마치 눈에 보이지 않는 투명 인간과도 같다. 눈에 보이지 않으며 쉽게 인지되지도 않지만 그렇다고 실체가 없는 것은 아니기 때문이다. 그리하여 임상에서 '내'가 심리적인 에너지를 축적하고 유지하는 방법이 무엇인지 아는 것과 심리적인 에너지가 소모되는 과정을 아는 것을 통해 심리적인 에너지의 본질에 대해 간접적으로 파악할 수밖에 없는 듯하다. 바로 그 방법을 통해 어느 정도 심리적인 에너지가 무엇인지 알아내었다고 믿는다. 아마 100% 정확하지는 않아도 임상 경험상 어느 정도의 에너지가 복원되고 회복되는 것을 미루어 근원적인 본질에 상당히 접근했다고 생각된다. 그중 일부를 여기에서 설명해보기로 하자.

지구상에 존재하는 모든 에너지의 근원은 태양에너지일 것이다. 태양에너지가 지구에서 생명체에 의해 흡수되면 (태양에너지가 생명체로 흡수되는 광합성 과정은 생략하기로 하자.) 생식의 과정을 통과하며 생명체가 탄생한다. 그 생명체 역시 태양에너지의 응집체이다. 그 응집체는 또 다른 생명체들에 의해 섭취된다. 그리고 그 생명체를 포식하는 상위의 생명체들에 의해 점차 상위 포식자들에게로 에너지가 전달된다. 그렇게 여러 단계를 거쳐 태양의 물리적 에너지가 인간에게 전달된다. 그러므로 산에서 들에서 바다에서 나는 모든 태양에너지의 결정 덩어리들을 끌어모아 섭취하게 된다. 하지만 인간은 태어난 지 얼마 되지 않아 태양의 소산물을 직접 땅에서 섭취할 수 있는 초식 동물이 아니며 태어난 지 1년 또는 2년 만에 스스로 사냥할 수 있는 육식 동물도 아니다. 인간들은 각 지역 사회별로 땅과 바다에서 수집된 태양에너지를 소비한다. 다시 사회에서 각 가정으로 태양에너지가 보내어지며 각 가정에서는 부모가 이것을 자녀들에게 제공하는 형태를 띠고 있다. 그리고 자녀들은 장기간의 시간에 걸쳐 물리적 에너지를 부모에게 의존해야 한다. 부모는 일정 기간 자식에게 물리적인 에너지를 제공할 의무가 있고 자식은 부모에게서 에너지를 얻을 권리가 있다.

물리적 에너지의 말단 '삶의 기본적 일상 서비스'

이 에너지를 정량화하고 계량화할 수 있는 것은 아니다. 하지만 우리가 부모에게서 태양에너지가 제공되는 형태는 단순히 먹이는 행동으로 이루어진다는 것은 명백히 알 수 있는 부분이다. 그리고 이 먹이는 행동을 성공적으로 해내기 위해서는 인간이 이루고 있는 가정이 인간 사회란 집단 속에 머물러 남아 있어야 한다. 현대 사회에서는 모든 부모가 직접 농사를 지을 수 있는 것이 아니다. 또, 태양에너지만을 단순히 긁어모으는 것(수렵과 채집)으로는 안정적으로 자녀를 기를 수가 없다(불가능하다.) 그것은 사회시스템을 이용하지 않고서는 장기간의 안정적인 물리적 에너지 공급이 어렵다는 뜻이다. 그리하여 양육자에게서 받는 가장 단순하고 직접적인 물리적 에너지인 식품 이외에도 사회라는 안전장치에서 튕겨 나가지 않도록 막아주는 1차 심리적 에너지가 제공되는데 그것이 바로 태양에너지의 말단부(식품)를 포함한 '삶의 기본적 일상 서비스'다. 단순히 먹이는 행동만으로는 자녀('내')가 사회시스템 속에서 적응할 수 있도록 성장할 수 없다. 그것 외에도 씻기고, 재우고, 입히고, 치워 줘야 한다. 식품을 먹이는 행동과 네 가지 심리적 에너지가 포함된 삶의 기본적 일상 서비스를 '기본적 에너지'라고도 할 수 있다. 삶의 기본적 일상 서비스가 부족할 때 거기에 대한 욕구가 발생한다는 것을 이미 이야기했다. 그리고 그것을 일컬어 '기본적 욕구'라고 부르기로 했다는 것을 기억하자. 자물쇠를 여는데 필요한 것이 그 구멍 모양에 꼭 맞는 열쇠인 것처럼 그 기본적 욕구가 부족했을 때 필요로 하는 것은 거기에 꼭 맞는 '기본적 에너지'인 것이다. (〈1장 본능과 욕구〉 참조)

아마도 우리가 살아가면서 받을 수 있는 가장 큰 에너지가 바로 이것이 아닐까 생각된다. 만약 부모로부터 충분히 이러한 사랑을 받은 사람이라면 자신의 에너지가 충분하기에 삶의 기본적 일상 서비스를 누군가가 해주어야 한다는 것에 연연하지 않고도 스스로 잘 해낸다. 그리고 스스로 자신은 이러한 에너지를 받기에 충분히 가치가 있는 사람이라고 생각할 것이다. 그것은 결국 자신의 부모들이 자신에게

했던 반응을 학습하고 그 반응이 자신에게 주어지는 것이 당연한 일이라고 받아들이게 되므로 '나' 자신 역시 '나에게 부모가 보인 반응과 같은 방식으로 반응하게 되기 때문이다. 부모에 의해 '기본적 에너지'를 충분히 받게 되면 자신에게도 충분한 에너지(삶의 기본적 일상 서비스)를 거리낌 없이 스스로 해주게 된다. 역설적으로 들릴지도 모르겠지만 어렸을 때부터 누군가에게 받지 못하고 대부분 자신이 했다고 느껴지는 사람은 그 사랑을 받지 못했기에 그 부분은 앞으로 반드시 '남'에게서 받아야 할 부분으로 남겨두게 된다. 자신이 계속 억지로 해왔으므로 그 이상 스스로 하는 것은 최후까지 미루어 놓은 채 누가 자기 대신에 해주기를 간절히 바라고 기다리는 것이다. 자기 스스로 남들에게 그러한 사랑을 받을 자격이 없다고 생각하면 할수록 더 심해진다. 받을 자격이 없는 '내'가 뜻하지 않게도 누군가에게 삶의 기본적인 일상 서비스를 받게 된다면 그보다 더 큰 짜릿함이나 희열은 없기 때문이다.

기본적 에너지=물리적 에너지+1차 심리적 에너지

삶의 기본적인 일상 서비스를 제공해본 부모들은 다 알 것이다. 그 행위들에는 많은 정신적 에너지가 소모된다. 전달하는 것은 물리적인 에너지이지만 여러 가지 상황과 상태를 살펴야 하고 세심하게 배려해야 한다. 심리적인 에너지까지 포함하여 전달하는 것이다. 1차 심리적 에너지란 태양에너지가 식품이라는 물리적 에너지 형태로 제공되는 과정에서 생기는 양육자의 심리적 소모에서 기인한다. 그 심리적 소모가 자녀('나')에게는 당연히 받아야 하는 것으로 받아들여지는 것이다. 그것이 자녀('나')에게 고스란히 축적되어 '나'의 심리적 에너지가 될 것이다. 보쌈을 싸듯 물리적 에너지를 심리적 에너지로 싸서 먹이는 것과 비슷하다. 단순히 물리적 에너지 즉 식품만을 먹여서는 물리적 에너지만 전달된다. 하지만 심리적인 에너지는 그 식품을 전달하는 장소와 식품의 위생과 청결상태, 그리고 식품을 전달하는 사람의 태도나 마음가짐에 의해 결정되는 것이다. 쾌적한 환경에서 깨끗하고 품위 있는 식품을 정성껏 그리고 즐겁게 먹여주는 양육자(먹여주는 양육자의 태도가 중요하다.)에 의해 '나'는 그러한 식품 제공을 얻는 동시에 즐거움과 안정감(불안이 예방되는 느낌)을 받게 된다. 그것이 바로 1차 심리적 에너지의 정체라고 할 수 있다. 이 1차 심리적 에너지는 물리적 에너지인 식품이 자녀에게 전달되는 과정에서 이루어지는 양육자의 태도와 양육자 태도에서 기인한 청결한 환경으로 전달된다고 할 수 있다.

확인(2차 심리적) 에너지

1차 심리적 에너지가 만족스러웠다면 '나'는 이 1차 심리적 에너지가 얼마나 균일하고 일관성 있게 전달되는지에 신경을 쓰게 된다. 이는 이미 〈2장 본능과 욕구〉에서 살펴본 내용이다. 결국, 욕구가 채워지면 심리적 에너지가 채워지는 것이며 심리적 에너지가 채워지지 않으면 욕구가 강화되는 것이므로 심리적 에너지와 욕구는 자물쇠와 열쇠의 관계처럼 서로 상보적 관계에 있다고 할 수 있다. 투명 인간을 알아보기 위해서는 투명 인간으로 인해 밀려난 발자국이나 물의 형태를 보고 그 형상을 미루어 짐작하듯이 심리적 에너지는 욕구의 형태를 보고도 알 수가 있는 것이다.

당연히 2차 심리적 에너지란 기본적 욕구의 결핍 예방 욕구(1차 대리 욕구)로서 발생한 확인욕구와 밀접한 연관이 있다. 1차 심리적 에너지를 보증해주는 보증인과 같은 존재로서 양육자를 확인하는 것이 바로 2차 심리적 에너지가 될 것이다. 이미 〈1장 본능과 욕구〉에서 설명한 부분을 참고하자면 시각적 확인과 촉각적 확인 에너지(주로 애착이라고 얘기하는)가 주된 2차 심리적 에너지라고 할 수 있다. 그것은 일상적 기본 서비스(1차 심리적 에너지)가 앞으로도 지속해서 들어올 것인지를 보증해주는 양육자의 존재 확인 과정이라고 볼 수 있다. 양육자의 존재를 확인함으로써 미래에 대한 안정감 형성이라는 방식으로 에너지가 발생한다. '나'의 여러 에너지 중에서 확인 에너지는 받을 수 있는 조건만 성립된다면 가장 강력하고 직접적인 에너지로 인식하게 된다.

인정(3차 심리적) 에너지

3차 심리적 에너지는 당연히 양육자에 의해 인정받을 때 생기는 에너지를 말한다. 이 역시 보증인(확인 에너지)이 변하지 않도록 잡아두기 위한 담보물과 같은 에너지다. 이 인정을 받아두면 확인 에너지는 저절로 채워질 것이라는 무의식적 믿음을 가지게 된다. 그리고 잘 인식되지는 않겠지만 궁극적으로는 기본적 에너지를 보충하기 위함이다. 다시 말해 기본적 에너지를 미래에도 안정적으로 수급 받기 위함인 것이다. 인정받는 것은 확인받기 위함이며 확인받는 것은 인정받지 못하면 의미가 없기 때문이다. 그래서 인정받았다는 것은 이미 확인도 받았다는 뜻이며 확인받았다는 것 또한 이미 인정받는 것을 포함하고 있는 경우가 많다.

인정 에너지 역시 확인 에너지를 강화하고 확인 에너지를 항상 의미 있게 유지하는(양육자가 눈앞에서 확인되고 있는 데도 양육자가 칭찬도 없이 못마땅한 표정을 짓고 있다면 기본적 에너지조차 제공되지 않을 수도 있다는 것을 뜻한다.) 데서 생기는 간접적인 에너지다. 다른 심리적 에너지와 다르게 인정 에너지는 '내'가 먼저 에너지를 사용해야 얻을 수 있는 에너지이기도 하다. 인정 에너지는 공짜로 주어지는 에너지가 아니다. '내'가 얼마나 열심히 노력해야 하는가는 인정 에너지를 얻는 중요한 열쇠 중에 하나다. 어떤 의미에서는 '내'가 성숙해 가는 과정 중에 기본적 에너지나 확인 에너지처럼 양육자의 의도에 따라 주어지는 에너지가 아닌 자신이 가지고 싶을 때 가질 수 있는 에너지를 원했기 때문일 수도 있다. 그런 의미에서 (확인 에너지가 가장 강력하고 직접적인 에너지처럼 느껴진다면) 인정 에너지는 가장 실제적이고 자신이 주체적으로 실현 가능한 현실적인 에너지로 느껴지게 된다.

인정 에너지의 종류는 너무 다양하여 일일이 나열하지 못할 정도이다. 하지만 이 인정 에너지야말로 '내'가 살아가면서 추구하는 부분이다. 또한, 각자의 사회적 위치와 관계 때문에 인정 에너지가 다양한 모습으로 변환되고 있어 '내'가 인정 에너지임을 쉽게 눈치채지 못하는 원인이 되기도 한다.

자존감과 심리적 에너지의 관계

임상에서 심리적 에너지를 다루다 보면 이러한 1, 2, 3차 심리적 에너지를 양육자로부터 얼마나 많이 받았는지가 중요한 문제로 다루어지는 것을 볼 수 있다. 정신분석학의 표현을 빌자면 전오이디푸스기 결핍(1, 2차 에너지 결핍에 해당)이나 오이디푸스기(3차 에너지 결핍에 해당) 문제로 얘기할 수 있을 것이다. 이 두 부류의 에너지는 모두 양육자로부터 수여 받는 에너지다. 차이점이 있다면 1, 2차 에너지는 수동적으로 받기만 하는 에너지이고 3차 에너지는 능동적으로 에너지를 제공해야만 돌려받는 에너지 교환에 가깝다. 어린 시절에 부모로부터 기본적인 보살핌을 대가 없이 듬뿍 받았다면 1, 2차 에너지를 많이 받았다는 뜻이다. 그리고 청소년기에 양육자에게서 칭찬과 인정을 큰 어려움 없이 받았다면 3차 에너지를 교환하는데도 별 어려움이 없었다는 말이다.

이러한 에너지는 그날그날 쓰는 에너지를 축적하는데도 큰 몫을 담당하게 되지만 그것보다 훨씬 중요한 역할도 맡고 있다. 어떻게 보면 에너지라는 재화가 화폐의 형태로 바뀌는 양상이기도 하다. 이미 〈2장 본능과 욕구〉에서 기본적 욕구라는 재화를 상징하는 화폐로서의 확인욕구, 확인욕구를 상징하는 화폐로서의 인정욕구가 발생한다는 개념을 소개했던 적이 있다. 여기서도 마찬가지로 에너지가 축적되어 하나의 상징을 만드는데 그것이 바로 자존감이다.

자존감(자기존중감)의 구성 : 자기가치감

1, 2차 에너지는 양육자로부터 받기만 하는 에너지라고 했다. 그것은 '내'가 어떤 자격을 얻어야만 하는 것은 아니다. 양육자의 자녀이므로 조건 없이 주는 에너지다. 그러므로 1, 2차 에너지를 얻는 데에는 '나'의 어떤 노력도 필요 없다. 노력 없이 받은 에너지가 상징하는 것은 바로 자신의 존재가 가진 가치이다. 매일 에너지가 공짜로 생긴다면 '나'는 자연스럽게 자신이 그 정도의 에너지는 당연히 받을 자격이 있다고 생각하게 된다. 늘 그런 에너지를 받다가 갑자기 에너지 공급이 차단되면 오히려 화를 낸다. 자신의 가치에 비해 형편없는 대접을 했기 때문이다. 그래서 당당히 자신이 누려왔던 권리를 다시 복구해 달라고 요구하는 것이다. 그것이야말로 자기가치감이 형성되는 과정이 아니고 무엇이랴.

이 자기가치감은 대다수의 경우 자존감의 얼마 안 되는 부분을 차지하지만 가장 핵심적인 역할을 하기도 한다. 실직당하고 연인에게 차이고 가족들에게 무시 받은 사람이 있다고 하자. 만약 얼마 안 되던 자기가치감이 조금이라도 남아 있기만 하다면 '내가 밥을 먹어서 뭘 하나?', '내가 살아서 뭘 하나?' 따위의 생각은 하지 않을 것이다. 그래도 밥은 먹어야 하는 것이고 삶은 살아야 한다. 태어나서부터 그렇게 주어졌고 길러졌다. 절망과 우울함에 빠졌다가도 다시 헤쳐나올 것이다. 얼핏 자살을 생각했다 하더라도 시도하지는 않을 것이다. 하지만 이 자기가치감이 없는 사람이라면 좀 더 큰 문제가 된다.

자존감(자기존중감)의 구성 : 자기효능감

3차 에너지는 양육자와 에너지를 교환하는 과정에서 얻어지는 결과물이다. '나'는 자신의 가치를 자신의 능력으로 증명해야 한다. 자신이 얼마나 말을 잘 듣는 사람인지, 또는 자신이 얼마나 법 없이 살아도 될 만큼 착한 사람인지, 또는 얼마나 능력 있는 사람인지를 증명해야 한다. 그래야 양육자로부터 칭찬과 인정이라는 에너지가 되돌아오는 것이다. (하지만 이 3차 에너지는 특성상 얻기 위해 스스로 내어놓는 에너지보다 그 대가로 받는 칭찬과 인정으로 들어오는 에너지가 너무 적다.) 그래서 더 인정욕구에 매달릴 수밖에 없다. 인정욕구 속에 연쇄적 상징으로 포함되는 1, 2차 욕구의 결핍이 크면 클수록 인정욕구는 점점 더 거대해지기 때문이다. 인정만 받을 수 있다면 그동안 받지 못했던 모든 결핍이 순식간에 해결된다고 생각하기 때문에 인정욕구를 통해 채워지는 에너지는 절대로 포기할 수도 놓칠 수도 없는 에너지가 된다. (어떤 대가를 치르더라도 반드시 인정받고야 말겠다는 욕구는 에너지 교환에 커다란 불균형을 일으키는 주범이기도 하다.)

그러면 이렇게 손해를 봐가면서까지 기를 쓰고 모은 인정 에너지는 도대체 어디에 쓰려는 것일까? 왜 사람은 칭찬이나 인정을 받지 못하면 위축되고 우울해하며 힘들어하는 것일까? 왜 자신을 인정해 주지 않고 따돌리는 것만으로도 실제 폭력을 당한 것과 비슷하게 느끼는 것일까? 왜 부당하게 비난당하면 억울해서라도 자해와 자살을 하는 것일까? 왜 다른 사람들에게 손가락질받거나 놀림 받기라도 하면 거의 자신의 삶이 제대로 이어질 수 없다고 여기는 것일까?

그 이유는 이미 설명했듯이 인정욕구야말로 자신이 살아가는 존재 이유와도 같은 욕구이기 때문이다. 특히나 1, 2차 에너지(기본적 에너지와 확인 에너지)를 아무 대가 없이 받아본 기억이 잘 없는 사람은 자기가치감의 형성이 거의 되지 않는다. 오히려 1, 2차 에너지를 얻기 위해서라면 양육자에게 자신의 존재감을 인정받거나 아니면 쓸모를 증명해야 한다. 즉 자신의 쓸모가 자신의 가치가 되어 버리는 것이다. 만약에 자신에게 어떤 효용성도 없다면 존재 이유가 사라지는 것과 같은 느낌을 받게 된다. 살려면 그 가치를 스스로 증명해 내어야 한다. 어떤 대가를 치르더라도 이 인정을 받아두어야 앞으로 당분간 살아도 되는 허가를 간신히 얻는 것이다.

자기가치감이 거의 없는 사람에게 '이 머저리. 뭐하러 사냐? 나가서 죽어. 아무짝에도 쓸모없는 놈!'이라고 한마디 던진다면 '나'의 쓸모를 순식간에 삭제해 버린다. 자기가 쓸모 있는 사람이라는 생각으로 하루하루 연명하던 사람에게 그 쓸모마저 박탈해버리면 자신의 존재 이유와 존재가치를 한꺼번에 빼앗는 결과가 된다. 말 한마디에 사람이 죽을 수도 있는 것이다.

많은 사람이 살아가는 이유를 자신과 타인을 막론하고 누군가에게 도움이 되거나 어떠한 일에 쓸모가 있다는 사실에 기대고 있다. 이를테면 자신이 여전히 도움이 되고 쓸만하여 존재해도 문제가 없겠다고 느끼는 감각이 바로 **자기효능감**이다.

그리고 이 자기효능감은 주위 사람들로부터 자신이 얼마나 많은 칭찬과 인정을 받았는가에 비례한다. 당연한 얘기지만 칭찬과 인정을 받아서 3차 에너지가 축적되면 축적된 에너지를 가진 사람을 의미하는 또 다른 상징이 생기는데 그 상징을 자존감(자기효능감)이 높은 사람이라고 부르는 것이다. 하지만 자기효능감만 높은 사람은 조금 위험하다. 자신의 쓸모가 사라지는 순간 자존감은 거품처럼 사라지기 때문이다. 그럴까봐 쓸모를 잃지 않기 위해 노력하고 또 노력하는 것이다. 자신의 심리적 에너지가 고갈되기 직전까지. 만약 높을 수만 있다면 자기가치감이 높은 것이 좋다. 어떤 좌절에도 꺾이지 않는 자존감을 선사해 줄 것이기 때문이다.

2) 또 다른 심리적 에너지의 근원

지금껏 설명한 것을 조금 더 직관적으로 얘기해보자. 1, 2차 에너지를 조건 없이 많이 받은 사람에게서 보이는 이유 없는 자신감을 자기가치감이라 하고 3차 에너지를 많이 교환해서 받은 사람이 보이는 이유 있는 자신감을 자기효능감이라고 다시 설명할 수 있겠다. 이것을 기준으로 생각해보면 자존감은 양육자로부터 최대한 많이 받아야 좋아지는 것으로 생각될 수밖에 없다. 많이 받을수록 좋은 것이다.

그런데 그렇게 따지면 한 가지 논리의 오류가 생긴다. 에너지가 축적되어 생기는 상징이 자존감이라고 했을 때 무엇이 되었던 조금이라도 더 에너지를 받을 시간이나 기회가 많은 사람이 자존감이 더 높아야 하는 것 아닌가? 하는 의문이 생긴다. 양육자로부터 양육을 받을 수 있는 최소한의 기간을 청소년까지라고 잡았을 때 갓 태어난 아이보다는 나이가 많은 청소년일수록 자존감이 높아야 한다. 그만큼 양육자로부터 1, 2, 3차의 에너지를 많이 받았기 때문이다. 하지만 실제로 보이는 양상은 그렇지 않다. 자존감은 둘째치고 에너지의 상태만 보더라도 마찬가지다. 유아기 아이들의 에너지만 보더라도 중고등학생보다는 높을 것이기 때문이다. 물론 사회에 적합한 정제된 자존감인가 아닌가의 문제는 남아 있겠지만 실질적인 에너지 상태는 누가 보아도 유아의 심리적 에너지가 높다고 판단할 것이다. 이것은 계속해서 양육자로부터 에너지를 받아 쌓아 나간다는 이론에 맞지 않는다. 그리고 또 한 가지 의문이 제기될 수 있는데 심리적 에너지가 아무리 바닥난 사람이라도 아무 걱정도 없이 아무 일도 하지 않고 오랫동안 충분한 휴식을 취하면 회복이 일어난다는 사실이다. 이것만 보아도 에너지라는 것은 꼭 부모에게서 받아야 하는 것만은 아니라고 예상되는 부분이다.

또 다른 심리적 에너지의 근원: 호기심

아이는 발달과 함께 여러 가지 능력이 생긴다. 신생아는 아무것도 못 하고 누워만 있다가 2개월이 되면 목을 가눌 수가 있게 된다. 그리고 점점 물건을 잡을 수 있게 되고 6개월이 되면 뒤집을 수가 있게 된다. 그렇게 앉고 기어 다니다가 12개월이 되면 스스로 설 수 있게 되는 것이다. 그 과정에서 아이들은 한자리에 오래 머물러 있는 것을 불편함으로 느낄 것으로 가정해보자. 뒤집을 수 있는데 뒤집지 못하게 하면 불편함을 느낀다는 뜻이다. 일어서서 걸을 수 있는데 걷지 못하게 하면 불편함을 느낄 것이다. 그 불편함을 해결하기 위해서 신체적인 능력을 사용할 것이다. 그 능력을 사용하는 데 별 어려움이 없고 부정적인 결과만 나오지 않는다면 점점 더 거리낌 없이 사용하게 될 것이다. 능력이 생기면 사용하고 싶을 때 사용해야 한다. 그리고 그것이 자유로워야 한다. 만약 새로 생긴 능력을 자유롭게 쓰지 못하게 되면 불편함이 생긴다. 아이는 불편함을 해결하기 위해 노력한다. 자신의 능력을 마음껏 발휘하게 될 것이다. 그리고 그 능력 안에서 자신의 새로운 경험을 습득하게 될 것이다.

어린 영유아들은 이렇다 할 경험이 없다. 그래서 부정적인 경험 역시 적을 수밖에 없다. 새로운 능력을 사용하는 것이 새로운 경험을 얻는 방법이다. 새로운 경험 하나하나가 이전의 경험에 비해 즐거움을 준다. 그러므로 새로운 경험을 하지 못하는 것이 오히려 불편함이 된다. 그 불편함을 해결하기 위해 새로운 능력을 사용하여 새로운 경험을 얻으려고 노력하는 것이다. 아이가 일어서서 걷기 시작하게 되면 새로운 경험을 즐길 준비가 된 것이다. 주변의 모든 사물은 아이에게 자극을 준다. 그것이 무엇인지 궁금할 것이다. 그리고 그것이 자신을 즐겁게 해줄 수 있는지도 궁금할 것이다. 자신의 경험상 즐거울 수 있는 최고의 감각기관은 입이다. 그래서 일단 입에 넣어 본다. 삼켜보기도 할 것이다. 그 행동을 양육자가 보고 제지하게 되면 불편감을 느끼게 되고 운다. 양육자는 그런 아이를 달래기 위해 애를 쓸 것이다. 만약 양육자의 달래기가 아이의 주의를 끌게되면 울음은 금세 그치고 다시 새로운 경험에 대한 즐거움 속에 파묻히게 될 것이다. 자라면서 느끼는 새로운 경험을 아이가 즐겁다는 감정으로 받아들이면 받아들일수록 또 다른 새로운 경험을 경험하고 싶어 하게 된다. 새로운 경험을 하지 못하는 것을 불편함으로 받아들일 것이다. 그리고 그 불편함을 해결하기 위해 스스로 그리고 적극적으로 움직일 것이다.

굳이 새로운 경험에 대한 즐거움을 추구하는 것이라 말하지 않고 새로운 경험을 추구하지 못하는 불편함을 해결하는 것이라 말하는 것에 주목하자. 이 책에서 처음 본능을 얘기할 때 불편함을 회피하는 것으로 정의했던 것을 기억하자. 프로이트의 쾌락원칙인 불쾌를 회피하고 쾌락을 추구하는 것과는 다르다. 별로 다를 것 없어 보일 수도 있겠지만 엄연히 다른 것이다. 프로이트의 관점에 따르면 쾌락을 추구하는 것이 동시에 불쾌를 회피하는 것이므로 인간은 항상 쾌를 추구하고 있어야 한다. 하지만 인간이 늘 쾌락을 추구하는 것은 아니다. 때로는 편안함만 충족된다면 아무것도 하지 않고 있을 때도 있기 때문이다. 그 편안함을 추구하는 것이 쾌락을 추구하는 것이라 말할 수도 있겠다. 하지만 그렇게 되면 어떨 때 가만히 있고 어떨 때 쾌락을 추구하는지를 판단할 기준이 불분명해진다. 그것보다는 불편하지 않으면 아무런 행동을 하지 않고 불편하게 느껴지면 불편함을 해소한다고 정리하는 것이 더 이치에 맞다. 새로운 경험을 하면 얻어지는 즐거움은 처음에는 부산물이었다. 새로운 경험을 하지 못해서 생기는 불편함을 해소하면 편안함을 느끼거나 편안함과 동시에 쾌감을 느낄 수도 있겠다. 불편감 해소가 목적이지만 동시에 쾌감이 덤으로 딸려 왔던 것이다. 아이에게 느껴지는 쾌감과 불편 해소감 둘 중에 더 자극적이고 인상적인 느낌은 아무래도 쾌감일 수밖에 없다. 새로운 경험을 할 때 발생하는 쾌감이라는 것은 주객이 전도되어 마치 새로운 경험의 목적처럼 여겨지게 되었다. 그리고 그 쾌감은 곧 새로운 경험의 추구를 강화하는 가장 강력한 유인책이기도 하다.

문제는 새로운 경험을 추구하는 모든 행위가 반드시 쾌감을 주는 행위가 아니라는 사실이다. 만약 새로운 경험이 즐겁지 않다면 어떻게 될까? 예를 들면 동전을 삼키다가 기도가 막혀 죽다 살아난 경험이 있다고 하자. 아이의 발달이 이 경험을 기억 속에 새길 만큼 충분히 이루어졌다면 아이는 동전을 입에 넣는 행위를 다시는 하지 않을 것이다. 또 다른 예로 아이가 식탁에 있는 유리잔을 바닥에 던져서 깨버렸다고 하자. 아이가 다치지는 않았다. 하지만 양육자는 그와 비슷한 행동을 어떻게든 막으려고 들 것이다. 아이는 양육자에게 혼이 나고 다시는 그러지 말도록 단단히 주의를 받을 것이다. 아이는 그 경험에서 부정적인 감정을 받는다. 만약에 몇 번을 반복해도 동일하게 야단을 맞는다면 이제는 더 이상 그런 행동을 하고 싶지 않을 것이다. 아이는 유리잔이라는 것을 딱딱한 바닥에 던졌을 때는 산산조각 나면서 깨어진다는 새로운 경험을 얻었을 것이다. 때에 따라서는 박살 나는 유리잔을 보면서 쾌감을 느꼈을지도 모른다. 하지만 첫 경험 때 당당하고 기운차게 했던 행동은 그 결과에 따라 양육자에 의해서 필사적으로 저지당하게 된다. 당연하게도 아이가 가진 호기심의 가장 큰 적은 양육자이다. 양육자는 아이의 가장 큰 즐거움을 빼앗는다. 물론 양육자에게도 이유는 있다. 첫 번째는 아이의 안전 때문이다. 그리고 두 번째는 양육자 자신의 안전이다. 세 번째는 자신의 에너지 소모를 막고 자신의 불편함을 예방하기 위해서이다. 양육자는 아이의 기본적인 욕구를 대신 채워주기 위해서 노력하고 있기 때문에 그 일 이외의 사건들로 또 다른 불편감을 느끼기 싫어한다. 그래서 아이의 호기심 중에 위험하거나 뒤처리가 심각할 것 같은 궁금증은 양육자 선에서 원천 차단하기에 이른다. 그리고 아무런 망설임 없고 당당하고 활기찬 행동으로 무엇인가 새로운 행위를 하려고 할 때 조금은 그 뒷일을 생각해 보도록 권고하고 또 요구한다. 아마도 양육자에 따라 강요하거나 압제하는 때도 있을 것이다. 그러다 보면 그토록 활발하고 기운찼던 유아의 행동은 점점 멈칫거리게 되고 자신 없어지며 하염없이 망설이게 된다. 아무리 좋게 봐줘도 에너지가 가득 찬 모습은 아닐 것이다.

어린 유아가 육체적인 성장을 하면 없던 능력이 하나둘 생겨난다. 그 능력은 자신이 현재까지 몸담고 있는 작은 방안을 열고 거실로 나가게 해주는 능력이다. 작은방에서는 볼 수 없었던 풍경과 사람들과 사건들이 아이를 자극할 것이다. 그런 자극들에 대해서 좋은 감정을 가지게 되고 어떤 양육자도 말리지 않는다면 아이는 거실로 향한 방문을 힘껏 기운차게 열어젖힐 것이다. 그런 행동이 늘 자신에게 기분 좋은 느낌을 주었다면 아마 다음의 현관문을 열 때도 마찬가지일 것이다. 자기 집을 나가는 문을 활기차게 열고 나가는 아이는 자신의 동네를 벗어나는 것도 활기찰 것이다. 자기 동네를 나가는 데에 성공한 아이는 좀 더 활기찬 모습으로 더 넓은 영역으로의 진입에 자신감을 가질 것이다. 그렇게 아이가 자라면서 능력도 함께 자라고 동시에 아이의 영역도 함께 자라면서 커지게 된다. 아마도 외부적 요인에 의해서 크게 방해를 받지 않는다면 그 영역을 여는 아이의 손은 망설임 없고 기운차게 움직일 것이다. 그것은 비단 공간에 국한된 문제가 아니다. 자신이 새로 만난 세계, 영역이나 부문을 통틀어 나타나는 기본적인 태도일 것이다.

이 책에서는 심리적 에너지의 상당 부분이 어릴 때 설레면서 미지의 문을 여는 아이의 호기심에 담겨 있다고 생각한다. 이 아이의 호기심을 얼마나 존중하고 채워주느냐에 따라 아이는 자신이 존중받는다는 느낌이 들 것이다. 그리고 이 느낌이 자신의 존재에 대한 가치감을 원천적으로 부여해 주는 것이라고 믿는다.

호기심의 제한과 축소

어린아이가 가지고 있는 막무가내식의 에너지는 미래를 내다보는 양육자의 현명한 눈에 의해 차단당한다. 그것은 당연히 필요한 것이다. 세상은 위험하고 험난하다. 혼자 살 수 없으며 타인들과 어울려 살아야 한다. 그러기 위해서는 자신만의 가치를 주장할 수도 없다. 타인에게 배려해야 하고 양보해야 한다. 좋은 양육자일수록 그것을 강조할 것이다. 특히 아이의 망설임 없는 무지한 행동이 자해가 되는 결과를 낳거나 타해가 되는 결과를 낳을 때는 양육자로서 적극적으로 차단을 할 것이다. 그리고 그런 경우를 반복적으로 경험하면 할수록 아이의 행동은 소극적으로 변하고 신중해지며 차분해진다. 그리고 해서는 안 되는 것과 할 수 없는 것들이 경험을 통해 마음속에 각인될 것이다. 물론 안 되는 것은 안 된다고 얘기해야 한다. 그것은 양육의 가장 중요한 덕목이다. 문제는 일관성과 적합성이다. 양육자가 해서는 안 된다고 말한 행동이 사실은 양육자의 편의 때문일 수도 있다. 아이의 안전과 양육자의 안전 또는 타인의 안전과는 거리가 먼 얘기일 수도 있다. 양육자의 에너지에 따라서 어떤 경우는 가능한 행동이 어떤 경우는 안 되는 행동이 되는 것이다. 모든 경우를 따졌을 때 차단해야 할 행동을 허용했거나 허용되어도 좋을 행동들을 다 차단하거나 하지는 않았다고 어떤 양육자가 감히 장담할 것인가? 그러므로 어린아이('나')의 입장에서 양육이라는 것은 자신의 가능성과 호기심을 지속해서 삭감당하면서 살아가는 일이라고 할 수 있는 것이다. 아마 가장 좋은 양육이란 것은 정말 꼭 필요한 억제와 제한은 반드시 심어주되 아이의 가능성을 양육자의 필요에 의해 가두지 않고 찾

마음의 지도

아서 일일이 격려하고 밀어주고 열어주는 것을 말하는 것이 아닐까 생각한다. 하지만 말 그대로 이상적인 얘기이며 그 누구도 완벽하게 수행할 수 있는 목표는 아닐 것이다.

다음의 표는 이렇게 양육자에 의해서 에너지가 차단당하는 경우의 수를 표로 나타낸 것이다. 물론 절대적인 기준은 없다. 상대적이며 사회와 문화에 따라 다르게 적용될 수도 있을 것이다. 이것은 한국인의 기준에서 세계적 일반화를 위해 약간의 노력을 가미한 결과라고 볼 수 있을 것이다. 결론적으로 말하자면 아이가 커가면서 스스로 느끼는 감정과 양육자의 통제를 통틀어 조금의 부정적인 차단도 없이 긍정적인 피드백을 받는 경우는 이기적인 행동이지만 타해할 가능성은 없는 경우, 그리고 소수의 이타적인 행위를 할 경우에만 해당한다. 그 이외의 모든 행위에는 자신의 감정에 의해서나 양육자의 양육에 의해서 지속해서 차단당하고 억눌리는 경우가 더 많다. 그러므로 오히려 에너지가 유지되는 경우라기보다는 전체적으로 자신이 해야 하는 행동에 걸리는 제약을 뚫고 어쩔 수 없이 해야 하는 일이 더 많다는 뜻이다. 아무런 걱정과 거리낌 없이 해도 결과도 좋고 기분도 좋아지는 경우는 얼마 되지 않고 하기 싫은 일을 억지로 하거나 하고 싶은데도 주변 사람이 말리고 반대하기 때문에 참아야 하는 경우가 많아진다는 것이다. 그것은 그만큼 에너지가 소모되는 일이 많다는 뜻이다. 그리고 그런 행동의 패턴이 지속해서 유지될 경우 에너지가 점점 축소될 수밖에 없다. 방문을 기운차게 열고 뛰쳐나가던 어린아이의 활력은 나이를 먹을수록 점점 더 떨어지기 마련이다.

		기분	결과	기분	자기반응1	종속조건1	양육자 반응	기분
호기심 행동 어렸을 때의 행동에는 무엇이든 망설임이 없고 거침이 없다. 이것이 인간이 가진 에너지의 디폴트값일 것이다. 인간이 자라고 발달하면서 얻게 되는 여러 가지 능력이 사용될 때 이렇게 망설임 없고 거침없이 사용되었을 것이다. 그리고 그 능력 사용의 결과로 조금씩 자신의 세계가 넓어진다. 그리고 그 넓어진 세계에서 얻어질 즐거움에 대한 열망이야말로 인간이 가진 가장 근본적인 에너지원이었을 것이다. 하지만 그 거침 없는 행동은 그 행동의 부정적인 결과와 자기 자신의 기분 그리고 주변의 부정적 반응에 따라 점점 억압되고 축소된다. 새로운 세계의 문을 여는데 망설임과 주저함이 생기는 것이다.	★ 한다	좋음 ++	☆이기	좋음 ++	이기적행동 강화++	•타해행동 일 경우	긍정적+	좋음+
							부정적--	나쁨--
						*타해행동이 아닐 경우	긍정적++	좋음+++
							부정적-	부정적 혼란 또는 나쁨-
				나쁨	이기적행동축소- 또는 ▶안한다로 감	그래도 할 경우 윗칸 *으로 감. 기분이 나쁜 확률이 더 높아짐		
			☆이타	좋음+	이타적행위 강화+	조건없이 이타적인 행위가 기분 좋기 는 드문일이다.	긍정적++	좋음++
							부정적-	나쁨-
				나쁨-	이타적행위축소-- 되거나 ▶안한다로 감	이타적행위축소가 타해행동일 경우	드물게 긍정적+	좋음+ 또는 긍정적 혼란
							부정적--	나쁨--
						타해행동이 아닐 경우	긍정적+	좋음+
							이타적 행위 축소 에 대해 부정적-	부정적 혼란 또는 나쁨-
			☆타해	좋음+	타해행동 강화+	+정당한 사유가 없을 경우	긍정적+, 드묾	좋음
							부정적---	나쁨
						+정당한 사유가 있을 경우	긍정적	좋음
							부정적-	부정적 혼란
				나쁨-	타해행동 축소되거나 ▶안한다로 감	그래도 할 경우 윗칸 +으로 감		
			☆자해	나쁨 ---	자해행위강화 처음부 터는 불가능 거의 ▶안한다로 감	¶타해행동이 극단적으로 축소되어 분노 배출이 불가능할 경우 자해 행위 함	무관심	※좋음
								나쁨
							부정적	※좋음
								나쁨
		나쁨 : 어떤 행동 자체가 바로 기분 나쁘다면 다음에는 거의 그 행동을 하지 않을 확률이 높다 ▶ 안한다로 감	이기	윗칸에 설명된 ☆로 감. 하지만 좋은 기분의 결과가 아니므로 각각의 자기 기분에서 조금 더 나쁜 기분이 들 확률이 올라가는데 일조할 것으로 보인다. [1]				
			이타					
			타해					
			자해					
	▶ 안한다	좋음	어떤행동도 안함					
		나쁨	★한다로 감					

마음의 지도

자기반응2	종속조건2	도덕적 반응	사회적 반응	법률적 반응	기분	자기반응3	종속조건3
이기 적행동강화		부정적 --	부정적 ---	부정적 ---	부정적 혼란	이기적행동축소— 또는 ▶안한다로 감	
이기적행동축소— 또는 ▶안한다로 감					나쁨 ---	이기적행동축소— 또는 ▶안한다로 감	이기적행동이 극단적 축소가 되면 ☆이타로 감
이기적행동강화+++		긍정적 +	긍정적 +	긍정적 +	좋음 ++++	이기적행동강화+++	
이기적행동축소— 또는 ▶안한다로 감					긍정적 혼란 또는 좋음+ 또는 좋음++	이기적행동강화++	
이타적행위강화++	양육자의 반응이 부정적---일 경우 외부의 사랑받기 위해 더욱 노력하는 경향이 있다.	긍정적 ++	긍정적 +++	긍정적 +	좋음+++	이타적행동강화+++	하지만 극단적이타 행위가 기분을 나쁘게 할 경우 ☆이기로 간다. 이 경우 타해행동일 경우도 상관없이 이기심을 발휘한다.
이타적행위축소- 또는 ▶안한다로 감					좋음++	이타적행동강화++	
					좋음++++	이타적행동강화++++	
이타적행위축소-유지 또는 멈춤 또는 이타적행위강화+		부정적 ---	부정적 ---	부정적 ---	나쁨--	이타적행동강화++	나쁜 기분을 상쇄하기 위해 타인의 반응을 긍정적으로 바꾸려고 애쓴다. 스스로 ☆이타의 좋음으로 간다.
이타적행위축소를 멈추거나 이타적행위 강화+					나쁨---	이타적행동강화+++	
이타적행위축소— 또는 ▶안한다로 감		부정적 +	무관심	무관심	긍정적 혼란	이타적 행위축소-또는 ▶안한다로 감	양육자의반응과 상관 없이 자기반응3의 내용은 아래위가 바뀔 수도 있음
이타적행위축소-유지 또는 멈춤 또는 이타적행위강화+					부정적 혼란	이타적행위축소-유지 또는 멈춤 또는 이타적행위강화+	
타해행동강화		부정적 --	부정적 --	부정적 --	부정적 혼란	타해행동축소 또는 ▶안한다로 감	극단적 축소와 더불어 양육자의 부정적 반응이 커서 분노가 많을 경우 ☆자해의 ¶로 감
타해행동축소 또는 ▶안한다로 감					나쁨--	타해행동축소 또는 ▶안한다로 감	
타해행동강화		가치관에 의한 부분적 긍정	자기방위로 인한 부분적 긍정	정당방위로 인한 부분적 긍정	좋음+	방어행위강화++	양육자의 부정적 반응이 클 경우 ☆자해의 ¶로 감
타해행동축소 또는 ▶안한다로 감					긍정적 혼란	방어행위강화+	
자해행동강화	※자해를 통한 상황 중독으로 쾌감을 느끼게 될 경우	무관심	무관심	무관심	※좋음	자해행동강화	자해를 통해 분노 해소와 쾌감획득을 동시에 이룰 경우 자해행동이 크게 강화된다.
자해행동축소 또는 ▶안한다로 감					나쁨	자해행동강화 또는 ▶안한다로 감	
자해행동강화		부정적	부정적	부정적	※좋음	자해행동강화	
자해행동축소 또는 ▶안한다로 감					나쁨	자해행동축소 또는 ▶안한다로 감	

심리적 에너지 통합적 관점

심리적 에너지란 아이의 출생 이후 양육자로부터 1, 2, 3차 에너지의 형태로 제공된다. 이상적인 에너지 제공 형태를 따르자면 1, 2차 에너지는 아무런 조건 없이 제공되어야 한다. 3차 에너지는 적절한 대가를 받고 제공된다. 다만 아이와의 에너지 교환에서 충분히 자주 칭찬과 인정을 해주어야 한다. 그런데 3차 에너지의 특성상 아이의 독자적인 행동을 막고 제한하는 과정에서 주어질 가능성이 크다. 자해 또는 타해의 가능성이 있거나 이기적이어서 사회 구성원에게 받아들여지지 않을 가능성이 많은 행동은 최대한 제한하고 자제시킨다. 그 외의 상황이라면 얼마든지 장려하고 격려한다.

하지만 이상적인 에너지 제공 형태란 어디까지나 양육자의 에너지 상태에 달려 있다. 양육자 스스로가 그런 이상적인 양육을 받아본 적이 없는 상태에서 이상적인 에너지 제공을 하라는 것 자체가 어불성설이다. 뭔가 새롭게 양육자의 에너지가 들어가는 행동은 자제시킨다. 조금이라도 위험성이 있는 행동은 무조건 차단한다. '안돼. 하지 마'라는 말을 통해 아이에게서 돌발적으로 나올 가능성이 있는 에너지 소모를 원천 차단한다. 아이는 점점 의기소침해지고 눈치를 본다. 자신의 선택이 존중받지 못한다는 느낌을 받는다. 더 나아가서 자신의 존재에 대한 가치가 줄어든다는 생각이 든다. 새로운 아침에 눈을 떴을 때 재생되던 활력은 점점 떨어져 간다. 무슨 일이든 처음 하는 일에 대해서는 겁을 먹고 하지 않으려고 한다. 그렇게 호기심이 줄어들어 인생 자체에 대한 호기심이 줄어든다. 행동반경은 제한되고 해보지 않은 것에 대한 즐거움보다 미지의 것에 대한 두려움이 더욱 커진다. 매 순간 선택에서 자신이 결정에 자신이 없고 결단력이 떨어진다. 그런 자신이 또 싫어진다.

즉 자기가치감은 두 가지에서 생성된다고 할 수 있다. 하나는 자신의 호기심에서 비롯된 자주적인 행동 방식을 존중받느냐 받지 못하느냐에 따라 자신의 가치가 결정되는 것이다. 그리고 행동을 반복적으로 제지당한다면 행동이 심하게 위축되거나 에너지를 얻을 수 있는 행동 범위가 계속 축소될 것이다. 또 하나는 자신이 얼마나 조건 없이 풍족하게 1, 2차 에너지 그러니까 기본적 에너지와 확인 에너지를 받느냐에 달려 있다. 아무런 조건 없이 받을수록 자기가치감은 커질 것이다.

아이는 자신의 호기심이 얼마나 덜 제한받느냐와 1, 2차 에너지가 얼마나 조건 없이 제공되느냐에 따라 자기가치감이 결정된다. 1, 2차 에너지를 받지 못했더라도 제한받지 않은 호기심이 있다면 자기가치감이 그렇게 떨어지지 않을 것이다. 호기심에 제한을 많이 받았다고 하더라도 1, 2차 에너지를 조건 없이 받은 경험이 많다면 자기가치감도 어느 정도까지는 역할을 할 수 있을 것이다.

3차 에너지인 칭찬과 인정은 자기 효능감에 필수적이다. 인정욕구는 불편함을 예방하기 위해서 생긴 욕구다. 인정을 많이 받아두면 불편함을 예방하게 되며 기분이 좋아진다. 그리고 자신의 쓸모 있음을 만족스러워한다. 만약 이 인정욕구를 받아두지 못하게 되면 불편함을 예방하지 못함과 동시에 기분이 나빠진다. 그것은 자기 효능감을 떨어뜨린다. 그리고 자기 효능감이 없는 사람은 자신을 책망하기 시작한다. 아무것도 할 수 없는 자신을 자책할 것이기 때문이다. 에너지도 바닥이 나고 효능감도 바닥이 난다면 우울증이 발생한다.

하지만 자기 효능감의 상승과는 별개로 에너지만 적자가 날 수도 있다. 그것은 자기 효능감을 얻기 위해 양육자나 주변 사람들에게 자신의 에너지를 훨씬 더 많이 소모하기 때문이다. 심지어 칭찬과 인정이 인색한 사람이나 자신에게 적대적인 사람들에게도 인정을 받으려고 노력한다. 만약 인정을 받는다면 자기효능감은 치솟아 오르겠지만 자기효능감과는 별개로 에너지의 고갈이 발생한다. 자기효능감은 문제가 없지만, 자기효능감을 위해 사용하는 자신의 에너지 소모가 훨씬 클 경우는 원인 모를 불안을 경험하게 된다.

심리적 에너지의 사용처

그렇다면 이 심리적 에너지는 왜 이렇게 모으려고 하는 것일까? 자존감을 높이기 위해서는 아니다. 에너지를 모으다 보니 자존감이 높아진 것이다. 결과이지 이유는 아니다. 굳이 이유를 찾으라고 한다면 영유아인 '내'가 원하는 대로 기본적 에너지가 채워지지 않기 때문이다. 그것이 처음부터 욕구가 발생한 이유다. 그리고 욕구는 사용자의 편의에 맞춰 충실하게 에너지를 모은다. '나'는 경험적으로 기본적 에너지가 양육자의 사정에 따라 변동이 있다는 것을 알게 된다(양육자의 입장은 고려하지 않겠지만). 양육자가 '내'가 원하는 시간대에 '내'가 원하는 양만큼 '나'를 채워주기가 힘들다는 것도 경험적으로 알게 된다. 그리고 또 알게 되는 것이 있다. 양육자(그 사람이 양육자라는 것을 '내'가 알든 모르든 상관없이)의 모습이 보이면(확인 에너지) 현재 시점에서의 기본적 에너지가 조금 부족하더라도 그것은 곧 다가올 미래에 채워질 것이 분명하므로 현재 시점의 기본적 에너지 부족 상태(결핍, 분노, 욕구가 동시에 발생하게 되는 상태)를 참아낼 수가 있다. 그리고 인정 에너지 역시도 확인 에너지와 기본적 에너지가 잘 채워지지 않는 상태를 잘 참아 낼 수 있게 해주는 에너지가 되는 것이다. 그것은 대리욕구와 마찬가지로 거슬러 올라갈 수도 있다. 인정 에너지를 얻기 위해 불편함을 참게 되면 또 다른 심리적 에너지가 소모되며 확인 에너지나 기본적 에너지가 소모되기도 한다. 마찬가지로 확인 에너지가 채워질 수 없을 때 인정 에너지나 기본적 에너지가 필요하게 된다.

기본적인 욕구가 기본적인 에너지로 채워지는 것은 일정하지 않기 때문에 언제 다시 채워질지 모르는 불안이 생긴다. 이런 불안을 해결하기 위해 결핍 예방욕구인 확인욕구(나중에 대리욕구로 발전하는)가 발생하는 것이며 이 확인욕구가 (확인에너지로) 충족되면 현재의 기본적 욕구 불만(기본적 에너지 결핍상태)을 견딜 수 있게 해주는 힘이 된다.

대리욕구란 바로 현재의 결핍상태를 대신 채워줄 수 있는 다른 에너지에 대한 욕구가 발생한다는 뜻이다. 마찬가지로 확인 에너지가 항상 채워지고 있는 것이 아니고, 양육자를 물리적으로 확인하는 모든 경우마다 매번 기본적인 에너지가 채워지는 것은 아니기 때문에 '나'는 결핍 예방 에너지로서 인정 에너지가 반드시 필요한 것이다. (욕구는 결핍된 에너지를 회복시키고자 하는 의지를 말한다.) 그리고 이러한 결핍 예방 에너지들은 (대리 에너지로서) 원래 추구하는 에너지가 결핍된 상태를 다시 채워질 때까지 견딜 수 있도록 도와주는 것이다. 처음에는 결핍 예방 욕구/에너지로 생성되었지만, 그 결핍 예방 욕구/에너지가 완전히 독립하게 되어 하나의 욕구/에너지로 자리 잡게 되면 그 결핍 예방 욕구/에너지는 하나의 대리 욕구/에너지로서 기능하

게 되는 것이다. 그러므로 발생순서는 기본적 욕구/에너지→ 확인욕
구/에너지→ 인정욕구/에너지 순으로 발생하지만 발생한 후에는 서로
독립적인 욕구/에너지의 지위가 부여되므로 각각 서로 대리 욕구/에
너지가 될 수 있다. 기본적 대리 욕구/에너지 ⇔ 확인 대리 욕구/에너
지 ⇔ 인정 대리 욕구/에너지 ⇔ 기본적 대리 욕구/에너지

　간단한 예를 들어 보자. 누군가 수험에 실패하였을 때 위로해 줄
누군가를 찾는다는 것은 간접적인 인정 에너지(좋은 대학에 합격하는
것)가 결핍되었기 때문에 직접적인 인정 에너지(위로)와 확인 에너지
로 충족 받고 싶어 하는 것이다. 확인 에너지로 인정 에너지의 결핍
(충족되지 않는 인정욕구) 상태를 참아 내는 것이다.

　또 다른 예로는 고객의 억지를 들어도 참고 그 요구 사항을 들어주
어야 하는 영업사원을 들 수가 있다. 실적에 대한 평가(간접적인 인정
에너지)를 얻기 위해 굴욕감을 견디며 고객의 요구를 만족시켜야 한
다. 부당한 고객의 요구를 참아낼 힘은 대리 에너지인 실적에 대한
평가(인정 에너지) 때문이다. 만약 그렇게 힘들게 참고 영업을 잘하고
있다고 생각했는데 자신에 대한 평가가 상반되게 나올 경우 더 이상
버틸 힘은 사라지게 된다.

　사사건건 깎아내리는 시어머니의 태도를 조용히 견뎌야 하는 며느
리는 열심히 제사 음식을 만들었지만, 오히려 음식을 못 한다고 구박
을 받는다. 정말로 제사 음식 하기 싫지만 그런 마음은 참고 할 일은
해야 한다. 만약 남편이 되었든 시누이가 되었든 자식이 되었든 그
누군가의 위로(직접적인 인정 에너지와 확인 에너지)가 없다면 그 상황
을 오래 버틸 수 있는 며느리는 얼마 되지 않을 것이다.

　왕따를 당하는 중학생도 있다. 아무도 자신을 도와주지 않을 뿐 아

마음의 지도

니라 평소에 친했던 친구들도 등을 돌린다. 죽기보다 가기 싫은 학교를 꾹 참고 가야 하는지 아니면 학교를 그만두어야 하는지를 고민하게 된다. 꿋꿋하게 계속 등교를 하게 되면 장한 일이지만 이 참고 견디는 어린 영혼의 에너지가 외부의 도움 없이 얼마나 더 버텨 줄지는 미지수다.

아무도 자신을 인정하지 않고 좋아하지 않고 만나려 하지 않는다고 생각하는 외롭고 우울한 20대가 있다. 이 사람은 자신의 외모에 주관적으로 자신이 없다. 그리고 다른 사람의 생각보다 훨씬 더 자신을 박하게 평가한다. 이 사람은 나가서 다른 사람들의 따가운 시선을 받느니 차라리 집에서 틀어박혀 나가지 않는 것이 현명하다고 생각한다. 나가서 불편한 시선에 구겨지는 자존감을 계속 견디면서 시간을 보내는 것보다는 집에 있으려고 한다. 집에 있으면 자기가 하고 싶은 것을 마음껏 할 수 있기 때문이다. 24시간 잠만 자다가 일어나 텔레비전을 보다가 배가 터질 때까지 먹었다 토하는 일 같은 것 말이다.

여러 예를 들었으며 세상 어디에나 있을 법한 예들을 가상으로 만들어 보았다. 이 예들이 지어낸 것이라서 현실과 동떨어졌다고는 할 수 없을 것이다. 상황과 대상이 다를 뿐이지 모든 사람이 살아가면서 겪는 일상들이기 때문이다. 이런 예들의 환자들이 진료를 위해 내원하게 되면 공통으로 하는 말이 '힘들다'이다. 세상 살기 너무 버겁다며 고통스럽게 호소한다. 심리적 에너지 소모가 극심하여 도저히 스스로는 어떻게 해볼 도리가 없다고 생각하게 되어 정신건강의학과를 찾은 것이다. 이 사람들이 얘기하는 에너지 소모 상황을 살펴보다 보면 모든 이들이 얘기하는 상황에서 공통점을 발견할 수 있다. <u>불편함을 계속 참는 경우 또는 하기 싫은 것을 억지로 참고 견뎌야 할 경우</u>

심리적 에너지가 사용된다는 것이다. 이것은 아주 중요한 얘기다.

심리적인 에너지는 불편함(에너지 결핍 상황)을 참고 견디는 데 사용이 된다. 일상생활에 불편함이 있다면 계속 심리적인 에너지가 소모된다는 뜻이다. 대부분의 사람은 이 에너지 소모 상태를 대신 채워줄 수 있는 다른 대리 에너지로 채우게 된다. 만약 이러한 대리 에너지가 없거나 작동 불능의 상태에 빠진 경우 심각한 심리적 에너지 결핍 상태에 이르게 된다. 그렇게 되면 심리적 에너지 결핍상태에서 발생하는 분노의 양에 따라 분노가 폭발하게 된다. 만약 분노를 터뜨리는 일마저 여의치 않을 때에는 신경증이나 신체화 증상이 나타나게 될 것이다.

3) 심리적 에너지가 발생하는 장場으로서의 '관계'

확인 에너지는 기본적 에너지를 보증하고 인정에너지는 확인 에너지를 보증하므로 확인 에너지와 인정에너지가 동시에 직간접적으로 기본적 에너지를 보증하고 있다고 설명할 수 있겠다. 그리고 이런 에너지를 주는 사람은 양육자임은 당연하다. 그리고 이 양육자의 역할은 대부분 부모가 담당하게 된다. 만약 부모가 아니라면 '나에게 부모가 해 온 것처럼 끊임없이 지속해서 기본적 에너지, 확인 에너지, 인정 에너지를 제공하지 못할 것이다. 부모와 자녀관계란 물리적 에너지를 포함한 모든 심리적 에너지를 일방적(일단은)으로 주어야 하는 의무가 있는 관계이다. 일방적으로 주지 않으면 자녀('나')는 생존하지 못하기 때문이다. 이러한 부모 자식 관계야말로 에너지를 발생시키는 하나의 에너지장이 된다. 이 관계에 들어서면 반드시 어느 방향으로 에너지가 흘러야 한다. 아니 그렇게 흘러야 한다고 믿는 것이다. 물론 부모 자식 관계도 시간이 지나면서 변하게 된다.

에너지 교류의 유형

- 일방적 에너지 교류 : 영유아기. 부모→자녀의 일방적인 에너지 흐름이 존재한다. (비록 이 시기에 부모조차 자녀로부터 확인욕구와 인정욕구를 느끼게 되지만 자녀의 입장에서 그 에너지의 흐름을 느낄 정도는 아니다.) 자녀('나')는 모든 기본적 에너지를 부모에게서 일방적으로 받게 된다. 그리고 그것을 당연하게 생각한다. 이렇게 일방적으로 흐르는 에너지의 장을 '원초적 에너지 장'이라, 그 관계를 '원초적 관계'라고 부르기로 하자.

- 상호적 에너지 교류 : 학령전기와 학령기, 청소년기. 모든 관계에는 양방향의 에너지 흐름이 존재한다는 것을 깨닫게 된다. 여전히 부모→자녀 흐름이 더 강하지만 부모에게는 그 흐름을 유지할 수 있는 동기가 필요하며 그 동기를 자녀에게 요구함으로써 적으나마 역방향 흐름이 생기게 된다. 양육자는 영유아기 때와 마찬가지로 여전히 일방적인 에너지 흐름으로 자녀를 양육하지만, 자녀에게 유무형의 대가를 바라기 시작한다는 뜻이기도 하다.

- 독립적 에너지 교류 : 청장년기. 부모 자녀 간의 에너지 흐름이 대부분 단절되며 독립적인 에너지를 유지해 나간다. 결혼 후 독립하

여 가정을 이루면 각자 자기 자신만의 가정에 충실하므로 서로 독립적으로 에너지를 사용하다가 가끔 다른 형태의 에너지(주로 돈)가 오가는 것을 제외하면 에너지의 흐름은 없다고 할 수 있다.

• 역방향 에너지 교류 : 노년기. 주로 한국에서 노쇠한 부모를 모시면서 다시 에너지 흐름이 시작되는 시기이다. 자식→부모의 역방향 에너지가 흐르게 된다.

이러한 모든 에너지 교류의 방식은 자식 부모 사이에 한정되지 않는다. 가족으로부터 학습된 에너지 교류 방식은 이후에 발생하는 모든 '나'와 다른 사람과의 관계에도 적용된다.

원초적 관계

원초적 관계란 부모와 자녀 사이의 에너지가 일방적으로 자녀 쪽으로 흐르는 관계를 나타낸다. 기본적 에너지와 함께 확인 에너지 인정 에너지가 동시에 일방적으로 흐르는 관계를 말한다. 에너지가 일방적으로 흐르는 경우는 이렇게 특수하고도 가장 원초적인 상황에서만 유지될 수 있기 때문에 오랫동안 지속하기는 힘들다. 짧으나마 이렇게 일방적 에너지 흐름이 유지되는 이유는 바로 부모→자녀라는 '관계' 때문이다. 부모→자녀의 관계가 아니면 원초적 관계가 발생하기 어려운 일이다.

대부분 사람은 부모 자식 관계라고 하면 그중에서도 부모에서 자녀에게로 일방적으로 에너지가 흐르는 이 원초적 관계를 대표적으로 떠올리게 된다. 그런 일방적인 에너지가 흐르는 장에서 몸을 담그고 쉬는 것은 모든 '나'의 소망이기 때문이다. 그 소망으로 인해 그 관계를 재현하려고 노력하게 되고 여타 인간관계를 평가하고 측정하는 잣대로 사용이 되어서 무의식적으로 인간관계의 호불호를 정하게 된다. 그 과정에서 일방적인 부모→자식 관계(원초적 관계)는 모든 인간관계를 형성하는 원형 틀로 자리 잡게 된다.

문제는 부모→자식 관계의 일방적인 에너지 장이 형성되는 시기는 영유아시기에 국한되어 있다는 것이다. 모든 '내'가 그 시절의 에너지 장에 몸 담가 본 경험으로 인해 계속 그 관계를 재현하고 싶어 하지만 현실적으로 불가능하다. 그래서 학령전기와 학령기의 관계처럼 말 잘 듣고 칭찬받는 '나', 집안일에 도움이 되며 쓸모 있는 '나'를 자꾸 부모에게 호소해야만 그 흐름을 유지 할 수 있다는 것을 경험적으로 알게 된다. 이 상호적 에너지 교류를 선택하게 되는 과정 자체가 일방적 에너지 교류를 실현하기 위한 '나'의 눈물겨운 노력이라고 할 수 있다. 어떻게 하면 양육자의 에너지가 일방적 에너지 교류가 있던 그 시기의 느낌을 재현할 수 있을까를 고민하다가 생긴 자구책이라는 것이다. 그래서 '내'가 먼저 변하고 '나'부터 에너지를 전달하였을 때 양육자가 '나'를 칭찬하고 기뻐하는 얼굴로 기본적 에너지들을 마구 쏟아 부어주는 경험을 한 뒤로는 '어떻게 하면 칭찬을 받을 수 있을까'와 '그 칭찬을 어떻게 하면 일정하게 미리 받아 둘 수 있을까'를 고민하게 된다. 바로 '내'가 먼저 변해야겠다는 마음의 변화가 타자변형적 태도 alloplastic attitude를 자기변형적 태도autoplastic attitude로 바뀌게 하는 원동력이 된다는 뜻이다. 이것은 남을 배려하고 이해하는 데 없어서는 안 되는 기본적 태도 변화이기도 하지만 너무 과하면 에너지를 고갈시키고 우울증과 공황장애를 일으키게 만드는 병적인 상태의 원인이 될 수도 있다.

　논점의 핵심은 '내'가 자라면서 원초적 관계는 영원히 사라지지만 '나'는 그 원초적 관계를 재생하고 싶어 한다는 것이다. 그래서 '나'는 원초적 관계와 비슷한 형태만 보이면 그것을 원초적 관계라고 착각하게 되고 그 형태가 망가지거나 변형되지 않도록 스스로의 에너지를 투입하게 된다. 그러한 형태에 대한 집착은 '내'가 원초적 관계를 양육자와 맺었던 시기에 받았던 일방적 에너지 교류가 적으면 적을수록 더 집착하게 되는 것 같다. 그래서 일방적 에너지 교류를 일으키는 원초적 에너지 장의 형태라도 회복한다면 '나'는 그 대가를 치러야 한다는 것을 크게 중요시 생각지 않는다. 어느 정도 자란 후에는 부모 자녀 간의 관계라 하더라도 '내'가 어느 정도 에너지를 돌려줘야 한다는 것이 기본적인 규칙이 되어 버렸기 때문에 여타 다른 사람의 관계에서는 '내'가 먼저 에너지를 써야 하는 것은 당연한 일이 되어 버린다. 만약 '내'가 성인이 되어서도 양육자와의 원초적 관계가 여전하며 일방적 에너지 교류가 지속된다면(그럴 리가 절대로 없겠지만) '나'는 따로 인간관계를 찾아 나설 필요가 없을 것이다. 그래서 아마도 '나'에게 인간관계란 중단된 원초적 관계를 다시 누군가에게서 발견하려고 세상으로 떠나는 흥미진진한 모험이 되는 것 같다.

　'나'는 성장하면서 다른 사람과의 관계를 통해 '내'가 어렸을 때 받았던 원초적 에너지 장 형태를 회복하기 위한 노력을 한다. 조금 다른 말로 바꾸어보면 인간은 모든 관계에서 원초적 관계를 재현하기 위해 대가를 치른다고 할 수 있다. 조금 더 이해하기 쉬운 다른 말로 바꾸어보면 사람은 모든 관계에서 부모→자녀의 관계를 대가를 주고 사려 한다고 할 수 있다.

원초적 관계 유지의 대가

원초적 관계는 사실상 학령전기 학령기를 지나면서 점점 사라지기 시작한다. 하지만 '나'는 그 관계를 반드시 유지해야 하는 것으로 생각한다. 그러므로 그 관계를 유지하기 위해서는 기꺼이 대가를 치르려고 하는 것이다. 그리고 가능한 모든 에너지를 주고서라도 원초적 관계를 유지하려고 한다. 주로 대부분이 인정받으려고 하는 노력으로 대가를 치르게 된다. 만약 '내'가 어린 시절에 칭찬을 많이 받지 못하거나 비난을 많이 받을 경우에는 오히려 칭찬을 받기 위해 더 애쓰거나 비난받지 않기 위해 필사적으로 노력하게 된다. 그런 상태로 성인이 된다면 자신의 수많은 노력에 얼마되지 않는 칭찬을 받게되는 상황이 장기간 지속된 것이다. 심지어 아무리 노력을 해도 칭찬받지 못했다고 느낄 수도 있다. 그렇게 되면 인정을 받기 위한 노력과 그 노력을 통해 인정을 받은 에너지의 비율이 효율적이지 못하거나 극단적으로 낮아지게 된다. 그 결과 원초적 관계 유지의 대가가 원초적 관계 유지를 통해 얻을 수 있는 에너지보다 말도 안 되게 커지는 경우가 생길 수도 있다.

원초적 관계의 재현으로서의 대인 관계

'내'가 부모에게서 독립하여 스스로 살아갈 수 있는 나이가 되었다고 해서 모든 사람이 태양에너지를 직접 채집할 수 있는 것은 아니다. 모든 사람이 논에서 모내기를 하지도 않으며 모든 사람이 다 태평

양에서 참치를 잡지도 않는다. 그러므로 태양에너지를 모아온 사람과의 관계를 통해 태양에너지를 섭취하는 사람이 절대다수인 것이다. 그 생산자와 소비자 사이에 생산자→소비자의 일방적 에너지 교류가 존재하며 소비자는 바로 그 일방적 에너지 교류를 즐기려고 하는 것이다. 그러기 위해 소비자는 역방향 에너지가 필요하다는 것을 알게 되며 그 역방향 에너지를 상징하는 것이 바로 돈이다. 돈은 부모와 자식과의 관계 사이에 존재하는 일방적 에너지 교류를 전혀 관련이 없는 생산자와 소비자 사이에서 재생시킨다. 이것은 물론 상호 에너지 교류라고 표현할 수도 있다. 상호 에너지 교류 자체가 역방향의 에너지로 일방적 에너지 교류 상태를 사는 것이다. 이것은 서로 주고받음이 섞이고 중화되는 의미가 아니라 좀 더 많이 그리고 확실하게 일방적인 에너지를 얻기 위해 많고 분명한 역방향 에너지를 먼저 제공한다는 것이 다르다. 자식이 어려서 아무것도 못 하는 상황이라면 부모가 대신 음식을 만들어 주어야 한다는 상황이 생산자와 소비자 사이에도 그대로 적용되는 것이다. 즉 일반적인 소비자라면 스스로 쌀을 생산하고 생선을 잡을 수 없으므로 생산자의 손길이 필요하다. 하지만 생산자가 소비자를 아무런 대가 없이 먹여 살릴 어떠한 의무도 없으므로(인간관계가 없으므로) 대신 돈을 받고 팔게 되는 것이다. 그 매개체인 돈은 원초적 관계를 재현시키는 역방향 에너지를 상징하며 정확히는 인간관계를 유지하는데 드는 누군가의 심리적 에너지를 상징한다. 심리적 에너지를 대가 없이 소모할 수 있는 사이가 아니라면 심리적 에너지의 소모(물론 육체적 에너지의 소모도 포함된다.)에 대한 정당한 대가를 돈으로 치러야 한다.

이렇게 사람이 서비스 산업과 그 관련 업계에서 일상적인 기본적 서비스(먹여주고, 씻겨주고, 재워주고, 청소해주고, 빨래해주는)를 돈으로 사는 것 자체가 역방향의 에너지 교류가 선행되어야 한다는 심리적 에너지의 교류 방식을 상징하는 것이다. 사람이 돈으로 사는 것은 일상적인 기본적 서비스를 받을 수 있는 원초적 관계를 사는 것이다. 그 관계는 바로 '내'가 물리적 에너지와 심리적 에너지를 안정적으로 얻을 수 있다는 보증인 역할을 하는 셈이다. 원래 기본적 에너지의 일방적 교류(부모→자녀)를 재현하기 위해서는 원초적 관계가 필요하다. 또 원초적 관계를 사는 데는 역방향의 에너지가 필요하다. 이 역방향의 에너지에는 기본적 에너지와 확인 에너지, 인정 에너지가 모두 인정받기 위한 역방향 에너지로 쓰일 수 있다. 그리고 이러한 모든 역방향의 에너지는 돈이나 다른 종류의 에너지로 대체 될 수도 있다. 또는 같은 종류의 역방향 에너지로 대체 될 수도 있다.

'내'가 싫은 것은 에너지 결핍 상황이며 그 싫은 상황을 미리 방지하기 위해 원초적 관계를 재현하려고 한다. 원초적 관계에는 모든 불편한 에너지 결핍 상황을 막아주는 마술적인 힘이 있다. 그것은 한때, 어린 시절 '내'가 아무것도 할 수 없었던 무능한 시절의 결핍을 모조리 막아주었던 관계의 기억에 기인한다. 원초적 관계라는 에너지 장에 들어서면 아무것도 신경 쓰지 않고 무장해제 한 뒤 편안해질 수 있기 때문이다. 그러므로 그 원초적 관계를 재현하기 위해서라면 수단과 방법을 가리지 않게 된다. 때로는 어떠한 에너지도 쉽게 역방향으로 내어 줄 준비가 되어 있는 것처럼 보인다. 심지어 원초적 관계를 재현하고 느끼기 위해서 '나'는 다른 사람에게 미리 주는 역방향 에너지로 바로 그 원초적 관계를 재현해주는 것도 마다하지 않는 경우가 생기게 된다. 다시 말하면 '내'가 '내'게 해줄 생각도 없고 해주지도 않는 기본적 에너지를, 남을 통해 받기 위해 '내'가 먼저 남에게 기본적 에너지 제공을 하게 되는 경우도 생긴다는 것이다. 회계장부로 따지자면 '나'의 장부에 '엄마에게 받은 용돈'이라는 명목으로 수입이 잡히기 위해서(말이 안 되는 것 같겠지만 바로 이 한 줄을 읽고 느꼈던 기분을 재현하기 위해서) 먼저 타인에게 엄마 역할을 해달라고 부탁을 한 뒤 그 돈을 타인에게 미리 입금한다는 뜻이다. 그 타인에게 부탁하기 위해 수고비가 가외로 들 수밖에 없지만 그렇게라도 에너지를 받는 원초적 관계를 유지하겠다는 뜻이다.

관계라는 이름의 딜레마

귀찮고 '내'가 하기 싫은 모든 것이 저절로 채워지는 에너지 장, 원초적인 관계를 한 번이라도 느껴본 사람이라면 '나'는 오로지 원초적인 관계에만 목을 매게 된다. 그것은 '내' 앞에 놓인 현재의 결핍을 참게 만들어 주는 마법의 에너지 장이다. 심지어 모든 귀찮고 하기 싫은 일도 견디게 해준다. 원초적 관계만 재생된다면 말이다. (조건 없이 근원적인 에너지를 주는) 원초적 관계 재현을 위해서는 원초적인 관계를 필요했던 원인이자 동기가 되었던 바로 그 일까지 '내'가 역방향 에너지로 남에게 제공하게 되는 어이없는 일도 벌어지게 된다고 얘기하였다. 뫼비우스의 띠나 에셔의 「무한한 공간의 세계」라는 판화 작품처럼 물이 계속 아래로 흐르지만, 다시 원래 떨어졌던 폭포로 돌아가는 부조리한 현실이 얼마든지 마음속에서는 가능한 것이다.

예를 들어 기본적인 에너지(삶의 기본적인 일상 서비스)를 받기 위해 그 에너지를 받을 수 있는 친밀한 관계(원초적 관계)를 만들려고 한다고 해보자. 그 친밀한 관계를 또래의 친구와 재현하려고 하면 '내'가 받고 싶은 그대로 먼저 그 친구에게 해주어야 한다. 그래야 친구 역시 '내'가 원하는 바대로 힘들 때는 기본적인 에너지도 서슴없이 내어 줄 것이기 때문이다. 하지만 그것은 이미 '내'가 준 것만큼 같은 양의 에너지로 오지 않는다. 게다가 내가 조금 더 절박하면 할수록 '내'가 이미 내어 준 바로 그 에너지보다는 조금 더 받고 싶어 하므로 같은 양이라도 아쉬울 수밖에 없다. 이 장사는 늘 적자를 보지만 그래도 '내'가 얻는 에너지는 이 '대인 관계'에서 밖에 얻을 수 없기 때문에 이 '대인 관계'를 버릴 수가 없다. 대인 관계를 유지할수록 에너지가 축나는데 그나마 에너지가 들어오는 것처럼 느껴지는 데라고는 대인 관계 밖에 없다. 그렇다면 대인 관계를 끊어야 하는가? 유지해야 하는가? 대인 관계에서 늘 손해만 보고 대인 관계 자체가 고통인 사람들은 어떻게 해야 하는가? 그렇다고 원초적 관계에서 에너지를 찾고자 하는 사람들은 관계가 단절되면 더 심한 고독에서 피폐해져 갈 것이다.

주로 이런 딜레마는 직장에서 절친을 찾으려고 하는 사람들에게서 볼 수 있다. 직장은 일하러 오는 곳이지 사람을 사귀러 오는 곳이 아니다. 하지만 일의 특성상 조금씩의 배려나 친절을 주고받을 수밖에 없다. 만약에 이러한 배려나 친절을 자신이 어렸을 때부터 받고 싶었던 원초적 관계로 착각하게 되면 문제가 커지게 된다. 즉 직장에 일하러 오는 것이 아니라 이 원초적 관계를 만끽하러 오는 것이다. 만약 이러한 관계가 문제없이 유지가 된다면 큰 문제가 밖으로 돌출되지는 않을 것이다. 오히려 작업의 능률도 오를 뿐만 아니라 회사를 가기 싫은 곳에서 즐거운 곳으로 바꿔줄 것이기 때문이다. 하지만 전적으로 자신이 유지하고 있는 인간관계가 직장 내의 관계밖에 없는 사람이라면 필연적으로 원초적 관계를 재현하려고 든다. 만약 상대방도 그런 것을 원한다면 문제가 되지 않겠지만 그런 관계를 부담스러워하는 동료를 만나면 문제가 생긴다. 만약 같은 관계를 원한다고 해도 문제다. 원초적 관계를 유지하기 위해 써야 하는 에너지의 양이 같지 않을 때 점점 자신의 에너지가 고갈되는 것이 느껴지면 스스로가 그 관계를 피하게 된다. 관계를 유지할 수도 끊을 수도 없는 상태가 되는 것이다. 같은 관계를 원하고 그 관계 유지를 잘할 경우에는 마치 계를 타는 것과 같은 일이 벌어진다. 누가 계를 먼저 탈 것인지 공평하게 기회를 받을 것인지 끝까지 믿을만한지 등의 문제가 발생한다. 만약 어느 것 하나라도 문제가 발생하면 원초적 관계를 바라는 '나'는 세상을 향한 모든 대화 창구가 막히는 느낌이 들어 막막해질 수 있다. 어쩌면 그 이상일지도 모른다. 마치 자신이 공들여 쌓아 놓은 자신만의 파라다이스가 동료들이 일으킨 파도 한 번에 싹 쓸려나가는 경험을 하게 될지도 모른다. 이럴 경우 '나'는 필요 이상으로 감정적이고 격정적으로 되며 비이성적으로 행동할 가능성이 높다.

4) 욕구의 에너지적 관점

욕구도 에너지다

'누군가'의 욕구에는 거대한 소용돌이가 있고 한가운데에는 바다 괴물이 살고 있어 한 번 빠지면 다시는 살아나올 수 없을 것만 같다. '누군가'의 욕구에 포착되면 가진 것을 다 빼앗길 것 같은 느낌 때문이다. 그 단어에는 애끓는 갈구와 쟁취의 의지가 담겨 있는 것처럼 보인다. 아주 강한 욕구가 욕망이라고 일컬어진다면 그 욕망에 의해 주변 사람을 포함하여 자신 역시 고통받는 모습들을 상상할 수 있다. 그러한 모습은 문학작품이나 영화에서도 자주 볼 수 있는 부분이다. 자신의 욕망을 채우기 위해 타인의 희생을 당연하게 여긴다. 또는 자신의 욕망을 위해 자신이 희생해야 할 부분을 감수하는 것이다. 이처럼 욕구가 강하다는 것은 그 욕구를 채우기 위해서 일정 부분 다른 부분에서 손해가 발생하거나 희생이 따라도 무시하고 그 욕구를 채우겠다는 뜻이다. 그러한 예는 많다. 돈을 위해 우정을 희생하거나 직장을 얻기 위해 사랑을 희생하거나 자신의 승진을 위해 주변의 인간관계나 자신의 밤잠을 희생하는 것 역시 마찬가지다. 그렇기에 욕구를 가진 자는 그 욕구를 충족하기 위해 에너지를 쓰게 된다. 그러므로 욕구에는 이미 아주 강한 역방향의 에너지가 포함되어 있다고 할 수 있다.

욕구가 에너지라고 느껴지지 않는 이유

'내'가 욕구를 충족시키는 과정에서 에너지를 소모한다고 느끼지 못하는 이유는 무엇일까?

첫 번째는 '내'가 에너지를 받고자 하는 데 집중하고 있기 때문이다. 어떻게 하면 에너지를 얻어낼 수 있을까에 집중하고 있으므로 애를 쓰는 과정에서 사용되는 에너지를 에너지로 인식하기가 힘들다.

두 번째, 만약 '내'가 욕구에 뒤따르는 에너지가 소모되는 느낌을 알아챌 수 있다고 하자. 하지만 곧바로 '내'가 집요하게 원하던 욕구를 충족시켰다는 느낌의 만족감이 에너지로 크게 다가오기 때문에 에너지 소모의 느낌은 금방 뇌리에서 잊힌다.

세 번째는 욕구의 에너지 지출 방법이 은밀한 뒷거래이기 때문이다. '내'가 누군가에게 에너지를 받고자 한다면 '나'는 누군가에게 다른 에너지로 '나'의 의식 몰래 뒷거래를 해야 한다. '내'가 '나'에게 해주기 싫어서 남에게서 받으려면 그에 상응하는 뭔가를 해주어야 한다. 그리고는 내가 해주는 부분을 잊고(의식하지 않고) 받는 것만 떠올린다. 때로는 그것이 무의식 속에서 쉽게 일어나도록 '내'가 주는 것의 방식이나 형태를 다른 것으로 바꿀 때도 있다. '내'가 주는 에너지는 감추어 의식 몰래 전달하고 원하는 것은 정확히 '나'의 의식 선에서 받는다. 만약 누군가로부터 에너지를 얻고 싶다면 '나'는 좀 더 친밀함(확인 에너지)과 자상함(인정 에너지)을 제공하여 상대방이 내가 원하는 에너지를 내어놓게 한다. '내'가 얻고 싶은 에너지가 상대방에게 주는 에너지와 정확히 같은 종류의 에너지면 '내'가 주었다는 사실 자체를 잊으려고 노력한다. 만약 다른 종류라면 내가 얻고자 하는 에너지와 다르므로 내가 에너지를 주었다는 사실을 좀 더 쉽게 잊어버릴 수가 있다. 이렇게 자신이 먼저 에너지를 제공하고 제공한 에너지를 잊어버리는 경우는 결핍이 많은 사람일수록 자주 나타나는 경향을 보이는 것 같다. 결핍이 없이 에너지가 많은 사람일수록 자신의 에너지 거래를 똑똑하게 인식하는 경우가 더 많아 보인다.

네 번째, 강한 욕구는 어떠한 대가를 치르더라도 원하는 에너지를 쟁취하고야 말겠다는 의지이므로 실제로 에너지가 지불되는 시간의 지연이 있을 수 있기 때문이다. 강한 욕구의 의지를 담보 삼아 자신의 욕구부터 채우게 되는 현상이다. 그리고 시간이 흘러도 갚지 않는 경우가 허다하므로 욕구에 에너지가 포함되어 있다고 느끼기 어렵게 된다. 먼저 차용하고 나중에 갚겠다는 강한 의지를 보이면 때로는 그 의지를 믿고 에너지를 내어주게 된다. 만약 그 의지가 부도가 나면 결국 다양한 사회적 제약과 제재가 뒤따르게 된다. 하지만 이미 욕구의 부도가 빈번하게 나타나고 인간관계에서 당연히 나타나는 일반적인 현상처럼 느껴지기 때문에 욕구라는 단어에는 에너지를 갚아야 한다는 의미가 퇴색되어 버린 것 같다. '나'의 강력한 욕구로 인해 연인과 사소한 약속을 깨는 것부터 연인과의 신뢰를 깨고 좀 더 짜릿한 성관계를 다른 사람과 갖는 행위, 깨진 신뢰에도 불구하고 연인과의 육체적 관계를 계속 요구하는 행위 등을 예로 들어 보자. 일반적으로 신뢰를 깨게 되면 연인으로부터 추후 책임 추궁이 발생하며 그마저 무시하는 경우 관계가 단절되는 제재를 받게 된다. 하지만 제약과 제재를 받아들이지 않고 오히려 더 큰 에너지를 강제로 요구하는 경우역시 존재한다. 그것은 '내'가 에너지를 차용하는 대상이 물리적 사회적 경제적 약자일 경우에 발생할 가능성이 높다. '나'의 강력한 욕구에 의해 타인의 에너지를 미리 가져다 썼을 때 상대방이 약자일 경우 그 에너지를 갚지 않아도 될 것이라는 유혹을 받게 된다. 그 유혹에 빠져 갚지 않느냐 이겨내고 갚느냐는 전적으로 '나'의 성숙도와 사회의 성숙도에 달린 문제다. 성숙한 사회란 '나'의 성숙도가 떨어지는 개인들의 욕구로부터 물리적 사회적 경제적 심리적 약자들을 안전하게 보호해줄 수 있는 시스템이 얼마나 잘 발달하여 있느냐로 판가름 난다고 할 수 있다.

에너지가 '지불되어야 하는 욕구'와 '지불된 욕구'

욕구를 에너지의 측면에서 살펴보면 두 가지의 욕구로 나뉠 수가 있다. 결국, 욕구를 충족시키기 위해 미리 에너지를 충분히 제공하는 성숙한 욕구와 갚아야 하는 에너지를 무시하고 막무가내로 에너지를 내어놓으라고 떼를 쓰는 미성숙한 욕구다. 성숙한 욕구는 확인욕구에서 인정욕구로 넘어가는 단계에서 발생하는 자기변형적 태도auto-plastic attitude에서 기인하는 것이다. 양육자에게 인정받기 위해 노력하는 과정에서 자연스럽게 느끼는 것이 있다. '내'가 누군가에게 조금이라도 에너지를 건네받기 위해서는 '내'가 조금이라도 더 에너지를 누군가에게 미리 써야만 가능하다는 것을 아주 어린 시절부터 학습받게 되는 것이다. 그리고 이렇게 자신의 욕구를 채우기 전에 미리 에너지를 쓴 경우를 에너지가 지불된 욕구라고 하자.

에너지가 '지불되어야 하는 욕구'가 과잉일 때의 문제점

만약 이 시기 양육자로부터 얻는 기본적인 욕구와 확인욕구 혹은 이 두 가지의 대리 욕구인 소유 욕구를 얻고자 할 때 인정욕구가 필요 없는 경우를 보자. 양육자의 얼굴을 살피지 않고 막무가내로 떼를 써서 쟁취하려고 하는 '내'가 있다고 하자. 그것을 마지 못해 양육자들이 용인했다면 '나'의 욕구에는 양육자에게 인정받기 위한 에너지가 포함될 필요가 없으므로 분노를 대상(양육자)으로부터 분리하여 억압할 필요가 없다. 원래는 분노를 대상(양육자)으로부터 분리하여 억압한 뒤 반대로 대상(양육자)에게 인정받기 위한 에너지를 후에라도 지불해야 한다. (이 과정에서 자기변형적 태도가 나타나는 것이다.) 떼를 쓰는 것을 용인한다는 의미는 '내'가 지불해야 할 에너지를 양육자가 대신 내어주는 셈(대가 없이 인정해 주는 셈)이기 때문에 '내'가 화를 애써 참을 필요도 없다. 주변 사람과 사회화에 의해 욕구에는 에너지를 지불해야 한다는 것을 인지하게는 되지만 실제로 실행에 옮기지는 않는다. 에너지를 지불해야 하는 대상은 버리고 '나'의 양육자들이 그러했던 것처럼 자신의 의지를 꺾지 못하는 또 다른 누군가(물리적 사회적 경제적 심리적 약자)를 찾아 떼를 쓰면 되기 때문이다. 이렇게 어떻게든 욕구만 채우고 그것에 대한 책임을 지지 않으려고 하는 것을 에너지가 지불되어야 하는 욕구라고 하자. 크게 보면 '나'에 대한 평판을 잃어버려 이것 역시 에너지가 지불된 욕구일 수밖에 없지만 '내'가 인지하지 못하므로 지불이 되어야 하는 것으로 표현할 수 있겠다.

에너지가 '지불된 욕구'가 과잉일 때의 문제점 - 공황장애 발생

에너지가 지불되어야 하는 욕구는 그 자체로 문제가 된다는 것을 살펴보았다. 문제는 에너지가 지불된 욕구일 경우 욕구가 강하면 강할수록 양날의 검이 존재한다는 것이다. 욕구가 강하다는 얘기는 에너지를 많이 써야 한다는 뜻이다. 이미 에너지가 지불된 욕구이므로 거의 인정욕구에 해당한다는 것을 의미하며 인정받기 위한 욕구가 강하면 강할수록 지불되어 소모되는 에너지가 너무 많다는 뜻이 된다. 예를 들어 광장공포증을 동반한 공황장애일 경우 대부분이 바로 이 지불된 욕구가 너무 많아서 발생하는 것으로 보인다. 물론 모든 인정욕구가 공황장애를 유발하지는 않을 것이다. 적절하고 일관적이며 안정적인 양육을 통해 생성된 인정욕구는 공황장애를 유발하지 않을 것이다. 반대로 결핍이 많은 양육을 받았거나 양육자에 의해 너무나 강한 압박으로 고통을 받은 경우를 보자. 결핍이 많은 양육을 받은 경우는 '나'의 결핍에 대해 그 당시에는 고통을 잘 느끼지 못할 수도 있다. 하지만 적게나마 주어지는 양육의 기회를 놓쳐서는 안 되므로 미리 인정을 받아두지 않으면 안 된다. 기회가 왔을 때 그제야 인정을 받기 위해 무언가를 하려고 하면 경쟁자(형제)에게 이미 빼앗겨 버린 후이거나 양육자의 마음이 변한 후이기 때문이다. 항상 미리 대비하여 인정받고 있어야 하므로 과도하게 에너지가 지불된 인정욕구를 형성하게 된다. 양육자의 강한 압박으로 인한 고통 받는 경우는 양육자의 강한 압박을 조금이라도 덜어보고자 양육자의 행동이나 요구에 '나'를 맞출 수밖에 없는 것이다. 그리고 자신이 양육자의 요구에 맞추어 행동하였는지 아니면 '나'의 행동에 기분이 나빠지지는 않았는지 항상 눈치를 살필 수밖에 없다. 상대방의 기분을 살피는 과정에서 상대방의 기분에 따라 '나'의 행동을 조금씩 그때그때 수정을 해야 하는데 여기서 과도한 에너지가 지불된다. 고통을 회피하기 위해서도 자신이 과도하게 에너지를 써야 하는 인정욕구가 발생하는 것이다. (결핍이 많은 상황이나 압박이 많은 상황에서 반드시 에너지를 과도하게 쓰는 방법을 선택하는 것은 아니다. 쌓여있는 분노를 해소하기 위한 방

마음의 지도

법을 선택하는 경우도 있다. '내'가 어떤 방법을 선택할 것인지는 '나의 기질 temperament과 환경, 즉 양육자와의 상호작용에 기인한다.)

'나'로서는 고통받는 상황이 기분 좋을 리 없다. 즉 인정을 받아야 만 하는 상황이 벌어진다면 그것은 기분이 '나쁜' 기억(감정기억단위) 을 불러일으킨다. 나쁜 감정기억단위라면 심리적 관성이 발생하게 만 드는 데 있어 필요조건이다. 그래야 억압이 발생하며 그래야 그 억압 이 인지 기능도 억압하며 그래야 아무 생각 없이 과거의 미숙한 방법 으로 현재를 해치우기 때문이다. '내'가 인정받아야 하는 상황도 마찬 가지다. 과도한 결핍이나 과도한 억압, 학대에 의해 발생한 인정욕구 라면 '내' 인정욕구에서 지불된 에너지는 이미 심리적 관성에 의해 아 무런 인지적 작동 없이 실행되는 영역이 된다. 그러므로 그 인정욕구 의 지불된 에너지가 제대로 된 대상에게 지불되고 있는지를 검토하 지 않는다. 그 지불 대상을 검증할 인지적 기능이 '나쁜' 감정기억단 위를 억압하는 '나'의 심리적 관성에 의해 제 기능을 못 하고 있기 때 문에 지불된 에너지는 대상을 가리지 않고 무차별적으로 뿌려진다. 심리적 관성에 의해 눈에 보이는 모든 사람에게 인정욕구를 채우려 고 들며 사람이 보이는 즉시 모두에게 지불된 에너지를 사용한 상태 가 되는 것이다. 버스에서 지하철에서 사람이 많이 보이면 보일수록 그 사람들에게 이미 에너지 지불된 상태가 되어버린다. 마치 한 가닥 숨쉬기조차 어려울 만큼 에너지가 고갈되어 죽을지도 모른다는 두려 움을 느끼는 것이다. 그리고 그렇게 많은 사람이 있음에도 불구하고 자신을 도와줄 사람이 한 명도 없다고 생각하는 것이다. 그러므로 공 황장애는 '내'가 신경을 많이 써야 하는 사람과 있을 때, 그리고 신경 을 많이 써야 하는 사람이 많을 경우 더 악화할 수밖에 없다.

인간관계에서 일어나는 상보적 욕구의 교환

그런 의미에서 보면 '나'에게 인간관계란 정말 중요한 것이다. 인간관계란 욕구를 에너지로 채우는(실제로는 에너지를 교환하는) 에너지장이라고 할 수 있기 때문이다. 만약 인간관계 중에서 서로에게 알맞은 욕구를 가진 누군가를 만나지 못한다면 욕구 충족이 지연된다. '내'가 지불되어도 괜찮다고 생각하는 형태의 에너지를 준비해둔 채, '내'가 준비한 형태의 에너지를 원하는 정확히 상보적인 누군가를 만나지 못한다면 욕구 충족이 지연된다. 욕구 충족이 지연되는 것이 싫다면 '나'는 누군가를 만족시킬 가능성이 높도록 또 다른 형태의 에너지를 여러 가지 준비해야 한다. 그렇게 자신의 욕구와 상보적인 에너지를 가진 사람을 만나기 위하여 이합집산을 반복하는 것이 바로 인간관계인 것이다.

5) 심리적 화폐로서의 에너지

현실적 감각으로서의 에너지

그렇다면 과연 에너지가 현실에서는 어떻게 느껴지는 것일까? 에너지가 실체가 있다면 그 에너지가 느껴지는 실체감도 있을 것이다. 앞에서 에너지의 종류에 관해 설명했던 것을 기억하자. 기본적 욕구는 기본적 에너지에 대한 욕구다. 확인욕구는 확인에너지에 대한 욕구이며 인정욕구는 인정에너지에 대한 욕구다. 다시 말하면 욕구는 에너지에 대한 욕구다. 이 책의 첫 부분에서 본능이란 불편함에 대한 복구욕이라고 했다. 그렇다면 에너지가 없는 것에서 에너지가 생기는 것을 원한다는 뜻이다. 에너지가 생긴다면 어떤 느낌이 들까? 에너지가 생겼을 때는 어떤 기분이 들까? 이 질문은 이 책의 성격을 규정하는 데 꼭 필요하다. 현실을 살아가는 데 필요한 지침으로서의 이 책의 역할이 구체화하려면 심리학 이론서와 개개인의 느낌과의 간격을 줄여야 하기 때문이다.

그래서 이 책에서는 불편함의 실질적인 느낌과 불편함을 제거하고 편함을 획득했을 때의 느낌을 알기 쉽도록 단순히 기분 나쁨과 기분 좋음이라 하려고 한다. 불편감이 에너지가 빠져나갈 때의 느낌이라면 그것을 기분 나쁘다고 할 수 있다. 충족감이 에너지가 채워질 때의 느낌이라면 그것을 기분 좋다고 할 수 있다. 이 표현들은 정확히 같지 않다. 하지만 하나의 거대한 진실을 설명하고자 할 때 한 가지 표현과 한 가지 느낌으로만 표현한다는 것이 오히려 오류가 발생활 확률이 더 높다고 생각한다. 그러므로 본질적으로 같은 현상이 조금씩 바뀌면서 여러 가지 다른 방식으로 표현된다고 생각하는 것이 더 타당할 수도 있을 것이다. 그러므로 이 책에서 말하는 불편감과 에너지가 소모되는 느낌과 기분 나쁨을 서로 바꾸어 읽어도 무방하다는 뜻이다. 충족감과 에너지가 채워지는 느낌과 기분 좋음 역시 마찬가지다. 기분 좋은 것 자체가 에너지이며 기분 나쁜 것은 에너지를 빼앗겼기 때문이다.

심리적 화폐로서의 기분 좋음

배고파서, 잠을 못 자서 기분 나쁜 것은 엄마를 만나면서 기분 좋은 느낌으로 바뀐다. 엄마를 보지 못해 기분 나쁘다면 대신 연인을 보게 됨으로써 기분이 좋아진다. 지금 당장 연인이 없어 기분 나쁘다면 누구라도 좋아할 만한 학벌과 직업과 인격과 외모를 얻으려고 노력하고 그 노력으로 결과를 얻었을 때 기분이 좋아진다. 기분이 나쁘면 힘이 들고 기분이 좋으면 힘들지 않다. 하기 싫은 일을 하는 것은 기분 나쁜 일이어서 힘들다. 같은 일을 하더라도 기분이 좋다면 힘이 안 든다. 없던 에너지도 생기는 느낌이다. 기분 나쁜 일이 생기면 반드시 기분 좋은 일을 만들어 보상받기를 원하는 것도 '기분 좋음'이 에너지 자체라는 것을 설명하고 있다. '나'는 '타인'을 기분 좋게 해주는 것으로 '나'의 기분 좋음을 산다. '타인'을 기분 좋게 해주는 행위가 인정욕구에 해당하는 것이다. '나'는 '나'의 기분 좋음을 위해 '타인'의 비난을 무릅쓰는 행위도 하는데 이것은 자기변형적 태도가 발생하지 않아 대리욕구가 생성되지 않은 것에 해당한다. 하지만 '타인'의 비난을 무릅쓰는 행위 또한 '나'의 기분 좋음을 위해 '나'의 에너지가 소모되는 것을 감수(인지하지 못할 수도 있다.)한다는 뜻이다.

다시 말하면 기분 좋음을 벌기 위해 에너지(다른 기분 좋음)를 사용하기도 하고 기분 나쁨을 막기 위해 에너지(다른 기분 좋음)를 쓰기도 한다. 가장 대표적인 기분 좋음을 버는 행위는 다른 사람에게 기분 좋음을 선사하고 그 사람에게서 기분 좋은 칭찬을 받는 것이다. 가장 대표적인 기분 좋음을 쓰는 행위는 기분 나쁜 상태를 억지로 참는 행위다. 기분이 나빠지는 것을 참는다는 것은 기분이 좋아질 기회

마음의 지도

를 잃는다는 의미다. 기분이 좋아질 기회를 잃는 것은 에너지를 얻을 기회를 잃는 것이므로 에너지를 사용하는 것과 같은 의미를 지닌다. 기분이 나쁜 상태를 계속 견딘 후에 '나'는 추가적인 기분 좋음으로 그 에너지 소모의 시간 동안을 보상하려고 한다. 기분 나쁨을 견딘 후 후에 보상받는 행위는 외상을 진 후 갚는 것과 같은 행동이다. 그러므로 '나'는 기분 좋음이라는 에너지를 화폐로 삼아 경제활동을 하는 것으로 생각할 수 있다.

에너지 수입원

그렇다면 에너지가 들어오는 곳은 어디일까? 그것은 이미 여러 차례 설명한 바 있다. 정상적이고 일반적인 '나'라면 기본적인 에너지와 확인에너지와 인정에너지를 통해 에너지를 공급받는다. 만약 이런 에너지가 처음 있는 그대로의 에너지로 들어만 와 준다면 이 에너지를 사기 위해 들어야 하는 '나'의 에너지는 그렇게 크지 않다. 하지만 이 에너지를 얻으려는 욕구들이 한 번 좌절 된 뒤에 대리욕구로서 자격을 통해 에너지를 얻게 되면 훨씬 더 효율이 떨어진다는 것이 문제이다. 처음 생긴 욕구들의 순서 그대로 욕구들이 채워진다면 제일 에너지 효율이 높다. 하지만 그럴 확률은 높지 않다. '내'가 보통 사람이라면 양육자가 해주는 칭찬과 같은 강도로 평생토록 계속 칭찬받게 되리라는 기대는 하지 않는 것이 좋다. 결국, 타인들과 사회라는 시스템에 의해 인정욕구가 좌절되는 상황이 벌어지게 된다. 대입시험에 떨어지거나 입사시험에 떨어지는 상황이다. 그 상황에서 1차로 생기는 대리욕구는 양육자에게 안정감을 얻으려 하거나 연인을 만나서 위로를 듣기 원하는 것(확인욕구)으로 생성된다. 하지만 이때 생기는 에너지는 효율이 낮다. 그래서 어지간한 위로를 듣지 않으면 최초의 인정욕구가 좌절되어 생기는 결핍(불편감, 에너지 감소, 기분 나쁨)이 잘 채워지지 않는다. 한번 좌절되어 돌아서 채워지는 대리욕구인 만큼 효율이 떨어진다. 예컨대 1차 하청회사에서 2차 하청을 받은 것과 같다. 만약 그 1차 대리욕구마저 좌절되어 집에 가서 혼자 단것을 먹거나 잠을 자거나 자신의 옆에 누군가가 없다고 생각하여 또 다른 칭찬을 해줄 사람을 찾아서 노력하는 2차 대리욕구는 더 효율이 떨어진다. 만약 대리욕구에 접혀 들어간 대리욕구가 많으면 많을수록, 즉 원청회사에서부터 하청 단계가 추가되면 추가될수록 이득보다는 지출이 많아지는 현상이 발생하게 된다. 당장 지출이 없다 하더라도 부족한 예산으로는 부실공사를 할 수밖에 없다. 심리적인 관점에서도 마찬가지로 나중에 그 부실공사로 인해 더 큰 목돈이 보상금 형식으로 빠져나갈 것이다. 다시 말해 여러 단계 하청을 거친 대리에너지를 얻고자 한다면 오히려 극도의 에너지 소모 현상이 발생하게 된다.

에너지 지출원

여러단계을 거쳐 하청 받은 대리욕구

에너지의 지출원은 어디일까? 먼저 에너지 수입원에서 설명했다시피 하청 단계가 많은 대리욕구는 그 자체로 에너지 지출원에 해당한

마음의 지도

다. 그중에서도 마지막 하청을 받은 대리욕구가 인정욕구일 경우 인정욕구에 포함되어있는 '이미 지불된 에너지' 자체가 점점 커지게 되어 막대한 에너지 지출원이 된다. 조금이라도 기분 나쁜 일이 생기면 먹는 것으로 해결하는 사람이 있다고 생각하자. 모든 종류의 기분 나쁜 일을 먹을 때의 기분 좋음으로 상쇄하려고 하는 행동이다. 이것은 이미 발생했을 확인욕구와 인정욕구가 이미 좌절되었다는 것을 포함하고 있다. 그러므로 적어도 2차 대리욕구(확인욕구 인정욕구도 대리욕구라고 생각하면 4차 대리욕구에 해당한다. 하지만 확인욕구와 인정욕구는 한 번 생성된 후 다시 돌이킬 수 없는 욕구로 자리 잡기 때문에 일반적인 대리욕구에서는 제외하기로 하자.)에 해당한다. 타인의 비난(인정욕구의 좌절)과 외로움(확인욕구의 좌절)으로 인한 기분 나쁨을 상쇄하기 위해 먹는 것의 기분 좋음을 얻고자 하는 것이다. 하지만 2차 대리욕구는 효율이 낮기 때문에 일반적인 식사량으로는 비난과 외로움을 털어낼 정도의 기분 좋음(에너지)을 얻을 수가 없다. 그래서 필요 이상의 양을 먹게 되거나 굉장히 맛있는 음식을 먹게 되거나 아니면 맛있는 음식을 굉장히 많이 먹게 된다. 문제는 그 후 망가지는 외모로 인해 기분이 더 나빠지기까지 하므로 효율이 극단적으로 떨어지게 된다.

여러 단계를 하청 받은 대리욕구로서의 인정욕구

일반적으로 생각하는 인정욕구 역시 마찬가지다. (이미 인정욕구 자체가 에너지가 지불된 욕구라고 설명한 적이 있다.) 예를 들어 맞벌이 부모 밑에서 외동으로 자란 아이를 생각해 보자. 맞벌이 부모 밑에서 자란 아이('나')는 부모를 만날 기회가 원천적으로 적다. 그로 인해 '나'는 다른 집 아이들과는 다르게 다른 집 아이들이 칭찬을 받았을 법한 성취물에 칭찬을 받을 횟수가 떨어지게 된다. 그렇다는 얘기는 인정욕구가 원만하게 채워지지 않게 된다는 얘기다. 이 인정욕구가 좌절된 (인정욕구의 좌절로 인해 생기는 분노의 좌절도 당연히 존재하지만, 지금은 논의에서 제외하기로 한다. 이것은 밑에서 다시 논의할 것이다.) '나'는 인정받지 못하는 것이 자기 탓이라고 생각한다. (인정욕구가 생성되었다는 것은 자기변형적 태도는 가지고 있다는 얘기다.) 그래서 '나'는 더 열심히 인정받기 위한 노력을 '참고 하게' 또는 '인내하며 하게' 된다. 같은 종류의 인정을 받으려 할 수도 있고 다른 종류의 인정을 받으려 할 수도 있는데 이 두 경우 모두 대리욕구다. 즉, 인정욕구의 대리욕구로서 또 인정욕구가 발생하는 것이다. 만약 '내'가 이런 노력을 함에도 피곤함에 지친 부모가 몇 번 이런 노력을 인지하지 못하고 무시한다고 하자. '나'는 그 인정욕구가 좌절된다. 그러면 다음에는 부모가 피곤한 와중에 얼핏 봐도 눈이 크게 떠질만큼 놀라운 인정을 받아야 한다고 생각하게 된다. 인정욕구의 대리욕구로서의 인정욕구가 발생한 뒤 그 인정욕구에 대한 대리욕구로서의 인정욕구가 다시 발생하게 된다. 2차 대리욕구인 것이다. 이것이 반복되면 될수록 인정욕구 속에 몇 번의 인정욕구가 접혀 들어가면서 대리욕구의 하청 단계만 올라가게 된다. 자꾸 접혀 들어간 인정욕구를 포함하게 되면 원래보다 극도로 떨어진 에너지 효율의 인정욕구가 자리 잡게 되는 것이다.

이것의 가장 대표적인 예로써 거절을 잘 못 하는 것이다. 누군가 무리한 부탁을 해와도 자신이 인정받기 위해서는 이 정도 희생하는 것을 당연한 것으로 여기는 것이다. 이것 역시 〈4장 무의식의 형성〉에

마음의 지도

서 논의할 심리적 관성이 포함되어 있다고 할 수 있다.

모든 욕구와 모든 대리욕구의 단계마다 발생하는 분노

또 다른 에너지 지출원이라고 하면 각 단계의 모든 욕구의 좌절마다 발생하는 분노이다. 분노는 '내'가 결핍에 대응하여 결핍을 복구하기 위해 만든 가장 미숙하고 가장 원초적인 방법이다. 이것이 한 번 심리적 관성화 되어 버리면 모든 결핍에는 어김없이 나타난다. 이 분노가 양육자에 의해 억압되면 분노 대신 대리욕구가 결핍을 복구하기 위해 나서게 된다. 이 과정에서 분노를 느끼지만, 분노를 표현할 수 없어 참아야 하는데 바로 이 분노를 '참는' 행위에 에너지가 소모된다. 간단한 예로 우리가 늘 스트레스라고 얘기하는 바로 그것이 화를 참는 행위가 아니고 무엇이겠는가? 즉 화를 참는 행위는 여러 가지 이론적 여지를 따지기도 이전에 모든 사람이 에너지를 소모하는 일로 느낄 수 있는 부분이다. 화가 느껴진다는 것은 '기분 나쁜' 일이다. 기분이 나쁜 상태가 되면 그 기분 나쁜 상태가 이미 에너지가 빠져나간 상태다. 그 에너지가 소실되는 상태를 빨리 복구해야 하는데 그러기 위해 만든 분노가 쓸모가 없을 뿐만 아니라 그 상태 그대로를 참고 견디어야 하므로 에너지는 한 번 더 빠져나가게 된다. 만약 화를 낸다고 한들 그 화가 다시 기분 좋게 해줄 경우는 드물기 때문에 에너지는 이래저래 빠져나가는 형국이 된다.

심리적 관성

심리적 관성은 모든 심리적 모순과 비합리성 비일관성(심리적 관성 자체에 관한한 일관적이다.)을 만들어 내는 가장 핵심적인 부분이다. 비합리적이고 비일관적인 심리는 당연히 에너지를 소모하게 만든다. 타인에 의해 쉽게 공격받게 되며 공격받아도 쉽사리 방어할 수 없다. 만약 방어하게 되더라도 비이성적인 방어가 되므로 다시 타인의 공격을 받을 구실을 제공한다. 이 심리적 관성은 모든 심리적 이론에 공통적이고 기본적으로 깔려 있다. '내'가 태어나서 제일 처음 사용하는 것이 분노인데 이 분노 또한 강력한 심리적 관성이라 할 수 있다. 다시 말해 심리적 관성이 없다면 모든 결핍에 분노가 생기지 않을 것이다. 분노가 생기지 않는다면 대부분의 심리적 문제도 사라질 수 있을 것이다. 또한 이미 생겨난 분노를 억압하는 것도 심리적 관성이다. 그러므로 대부분의 심리적 관성은 여러 가지 다른 심리적 기전들과 합하여 에너지를 소모하는 원천이 된다.

심리적 관성 단독으로도 에너지를 소모하는 경우가 있다. 예를 들면 소위 콤플렉스라고 일컬어지는 부분이다. 심리적 관성 자체가 점점 커져서 생기는 것이며 이것 또한 에너지를 많이 소모하는 것이다. 이 심리적 관성에 대해서는 〈4장 무의식의 형성〉의 심리적 관성 편에서 자세히 얘기하기로 하자.

에너지 지출로 인해 생기는 여러 가지 문제들

에너지 절벽

에너지 절벽이란 자신의 에너지가 갑작스럽게 빠져나가는 느낌, 기분 좋은 상태가 가파르게 줄어드는 느낌, 편안함이 돌발적으로 감소하는 느낌을 말한다. 또는 에너지 소모, 기분 나쁜 느낌, 불편함이 폭발적으로 증가하는 느낌을 말한다. 그래프를 그리자면 에너지가 일정한 상태를 유지하다가 바닥으로 뚝 떨어지면서 절벽을 형성하는 것이다.

이 에너지 절벽이 중요한 이유는 모든 사람이 이 에너지 절벽을 싫어하기 때문이다. 정확히 말하면 이 에너지 절벽이 예상되는 순간을 극도로 꺼린다는 뜻이다. 물론 사람마다 같은 경험이라도 다르게 반응한다. 또는 사람마다 겪는 경험이 다를 수밖에 없다. 그 정도의 차이는 있지만, 이 에너지 절벽을 싫어하는 것만은 사실이다. 특히 이 에너지 절벽을 예민하게 느끼고 반응하는 사람이 강박증을 가진 사람들에 해당한다. 자신의 경험상 느껴질 에너지 절벽의 가능성을 조금이라도 줄여보고자 하는 것이 바로 이 강박사고와 강박행동이다.

이 에너지 절벽이 형성되려면 반드시 필요한 것이 바로 과거의 경험이다. 과거의 경험에서 돌발적인 에너지 절벽을 느꼈던 사람이라면 그 에너지 절벽이 언제 다시 나타날까 전전긍긍하게 된다. 그래서 자신이 막을 수 있다고 생각하는 갖가지 방법과 생각을 동원하여 그 에너지 절벽을 막고자 하는 것이다. 그래서 될 수 있는 대로 변수를 줄이려고 한다. 습관을 벗어나서는 안 되는 것이다. 무엇을 하더라도 늘 자신이 해왔던 방식과 해왔던 순서를 고집하게 된다. 돌발적인 의외성을 줄이고자 하는 것이다.

에너지 절벽의 또 다른 예로서 월요병을 들 수 있겠다. 다음 날 아침 출근이 싫어서 일요일 저녁부터 불안해지거나 우울해지는 사람을 생각해보자. 주말이 편안하면 편안할수록 월요일 아침에 해야 하는 출근은 너무 기분 나쁜 일이다. 편안한 주말에 비해 불편해지는 일이며 에너지가 갑자기 소모되는 일이다. 예상되는 에너지 절벽이 너무 부담스럽고 무서워진다. 그래서 적극적으로 그 에너지 절벽을 걱정하고 불안해하는 것이다. 미리 걱정하여 에너지 절벽의 충격을 완화하겠다는 뜻이다. 에너지 절벽으로 떨어져 다칠까 걱정되는 사람은 스스로 사전에 절벽을 무너뜨리고자 노력을 하는 것이다. 마치 절벽 밑으로 내려가는 계단을 파는 것과 같은 작업을 한다. 불안과 걱정으로 스스로 기분이 점점 나빠지게 한다는 것이다. 그렇게 미리 기분이 나빠져야 막상 월요일 아침에 닥쳐오는 기분 나쁜 절벽을 절벽으로 느끼지 않고 기분 나쁨으로 인식하지 않게 된다. 이미 기분이 나빠져서 월요일 아침을 맞았으므로 추가로 기분이 나빠질 일이 없는 것이다. 가끔 덤도 얻을 수 있다. 그 전날부터 월요일 출근에 대한 부담(기분 나쁨)과 걱정 때문에 미리 기분이 나빠진 상태를 과도하게 만든다. 그러면 막상 실제 월요일이 되어 출근해보면 생각보다 부담(기분 나쁨)이 훨씬 덜하다는 것을 깨닫고 오히려 기분이 좋아지기도 하는 것이다. (이 부분은 다음에 〈5장 상황중독〉에서 설명할 상황중독이 같이 작용하게 된다.)

마음의 지도

심리적 피부

심리적 피부란 심리에도 감각기관이 존재한다는 가정하에 설정되는 일종의 통증 감지 수준이라고 할 수 있다. 피부는 우리 몸을 감싸고 있고 외계와 맞닿는 첫 번째 기관이다. 만약 외부의 날카로운 물체가 피부를 뚫고 들어오면 엄청난 통증을 느끼게 된다. 마찬가지로 심리에도 피부가 존재하며 어떤 심리적 사건이 이 피부에 부딪히거나 피부를 뚫고 들어갔을 때 통증을 느끼게 된다. 만약 피부에 각질층도 없이 진피만 존재한다고 생각해 보자. 예를 들어 발바닥이나 손바닥에 잡힌 물집이 벗겨지면 진피층이 나타난다. 이 진피층은 살짝만 닿아도 쓰라린 통증이 느껴진다. 마찬가지로 우리의 심리에 에너지가 없다면 이 각질층이 모두 다 벗겨진 상태로 진피층이 고스란히 노출된 상태가 되는 것이다. 그 상태라면 누군가와 살짝만 닿아도 아플 것이다. 그래서 심리적 피부를 보호하는 각질층의 역할을 하는 것이 심리적 에너지다. 심리적 에너지가 두꺼울수록 웬만한 상처나 웬만한 에너지 절벽으로는 피부에 닿지 않을 것이다.

예를 들면 오랫동안 노총각으로 외롭게 지내고 있는 직장의 간부를 상상해보자. 흔히 얘기하는 대로 히스테리도 부리며 마음에 여유가 없는 사람이었다. 사소한 일에도 자주 짜증을 부리고 늘 우울한 얼굴이다. 그런 그에게는 몇 년간 짝사랑하던 여자가 있었는데 그 여자는 눈길 한 번 주지 않는 도도한 여자였다. 그러던 그녀가 웬일인지 호의를 보이며 데이트를 신청했다고 생각해보자. 첫 번째 데이트 약속이 잡힌 이 노총각은 얼마나 설레겠는가? 두근대며 그 데이트만 생각해도 기분이 좋아질 것이다. 기분이 좋아지는 것은 명백한 에너지 유입상태라고 할 수 있다. 이런 상태에서는 부하직원의 사소한 실수도 눈감아 줄 수 있게 된다. 평소 예민했던 층간 소음도 별로 신경쓰이지 않게 되며 낯선 사람과의 사소한 시빗거리조차 전혀 기분 나쁜 통증이 되지 않게 된다. 고대하던 그 순간이 이제 곧 닥칠 것을 상상하면 누가 뭐라 해도 기분이 좋을 것이다. 그 기분 좋음은 에너지가 되고 그 에너지가 주변의 일상적인 공격에서 '나'를 보호할 것이다.

이 예에서 심리적 피부가 존재한다는 것과 그 심리적 피부를 보호하는 것이 바로 에너지라는 것을 쉽게 알 수 있다. 만약 심리적 피부라는 것을 느껴 본 적이 없다고 생각하는 사람은 에너지가 많은 사람이라고 할 수 있다. 한 번도 심리적 피부를 보호하는 에너지 껍질이 벗겨져 본 적이 없는 사람이기 때문이다. 하지만 한 가지의 조건이 더 존재한다. 그것은 에너지 껍질을 뚫고 심리적 피부를 잔인하게 짓이기는 에너지 절벽이 살면서 한 번도 없어야 한다. 아마도 바로 그 순간을 사람은 트라우마로 기억하게 되는 것 같다. 만약 에너지 절벽이 있었지만, 그 에너지 층이 두터워서 심리적 피부에 닿지 않았다면 그 에너지 절벽을 고통스러워할 이유가 없다. 그러므로 심리적 통증이나 트라우마라고 일컬어지는 것에는 에너지 절벽과 심리적 피부라는 개념이 동시에 작용하게 되는 것이다.

이 두 가지의 개념은 심리적 에너지를 얘기하는 데 있어 중요한 도구가 된다. 에너지의 지출이 갑자기 일어나는 것이 에너지 절벽이며 이 에너지 절벽이 심리적 피부를 뚫고 내려가면 극도의 고통(분노, 무기력, 우울, 수치, 자기혐오 등의 '기분 나쁜' 느낌)과 함께 심한 에너지 소모가 폭발적으로 일어난다. 그리고 이러한 에너지 절벽을 예측하여 나타나는 불안과 공포 역시 의식 밖에서 또 다른 에너지 절벽을 만들게 되는 모순된 행태를 보인다. 하지만 에너지 절벽이 아무리 과도하게 일어난다고 하더라도 피부 위 두꺼운 옷처럼 아주 두꺼운 에너지 층이 존재한다면 심리적 피부에 닿지 않게 된다. 심리적 피부에 직접 닿지 않았으므로 고통도 없으며 폭발적인 에너지 소모도 없을 것이다. 작은 일에도 쉽게 PTSD에 걸리는 사람과 반대로 큰일을 당해도 걸리지 않는 사람을 설명하는데도 이러한 심리적 피부 위에 쌓인 에너지의 두께와 그것을 헤집는 에너지 절벽의 높이로 설명하면 쉽게 이해할 수 있다.

4장

무의식의 형성

무의식이라고 언급하자면 원래 사용했던 사람이 어떠한 의도로 사용했는지와는 무관하게 일반적인 인식으로 의식과 빈번히 충돌하고 가고자 하는 방향도 정반대의 것인 양 인식돼 왔다. 또 일반적으로 무의식이란 심연을 가진 거대한 미지의 세계가 의식과 수직적으로 분리된 것처럼 생각한다. 아마도 가장 보편적인 설명이 대부분 물에 잠긴 빙산일 것이다. 이 경우 물에 잠긴 90%의 빙산을 무의식에 비유하는데 우리가 도저히 알 수도 없고 알 필요 없는 것이라는 느낌이 들게 한다. 일반인들은 쉽게 접근할 수 있는 수면 위의 부분만 생각하면 되고 나머지 상당 부분의 잠겨 있는 영역은 전문 잠수부인 전문가들에게 맡겨두라고 말하는 것 같다. 그 결과 무의식의 세계는 일부 자격증 있는 전문가를 제외하고는 일반인에게 전혀 생소한 세계, 신경 쓰지 않아도 되는 세계가 되었다. 그 밑의 세계를 무엇이라 부르는지 또는 그러한 세계가 있다는 존재의 유무 정도만 알고 있으면 되는 것으로 느껴지게 된 것이다. 물론 이 세계는 위험하고 두려운 느낌이 들게 만든다. 많은 경험을 가진 사람도 때로는 자기 자신의 무의식에 뛰어드는 행위를 꺼리기 때문이다. 하지만 이러한 두려움이 무의식을 필요 이상 신성불가침의 영역으로 만들어 버렸다. 그리고 그것 때문에 일반인들이 무의식의 영역에 관심을 두는 것을 꺼려 왔다고 생각한다. 무의식을 발견하고 주창한 프로이트의 전문성으로 인해 정작 엘리트와 일부 정신분석 대상자를 제외한 대중의 무의식은 전혀 다루어지지 못한 듯해 보인다. 적어도 한국에서는 그래 보인다. 그래서 무의식의 이미지를 조금 개선해야 할 필요가 있다고 생각했다. 이것이 중요한 이유는 치료 중에 많은 사람이 무의식을 두려워하고 있다는 것을 느꼈으며 그 무의식의 문을 스스럼없이 적어도 치료 시간만이라도 열어 두는 것을 아주 어려워했기 때문이다. 무의식은 우리가 들어가서 수시로 손봐야 할 두꺼비 집과도 같다. 퓨즈가 끊어지지는 않았는지 혹은 퓨즈가 제 역할을 못 하고 고스란히 과부하를 견디고 있는 것은 아닌지 수시로 들어가 살펴야 하기 때문이다. 이 진입이 늦어지고 부담스러워질수록 치료효과와 효율은 높지 못했다. 그러므로 조금 더 간단하고 우스꽝스러운 상상을 몇 개 얘기하여 무의식의 문턱을 조금 낮춰 보고자 한다. 그것이 실제 무의식과 비슷하기 때문이다. 물론 여기 제시하는 이미지보다 훨씬 자연스럽고 즐거운 상상이 있다면 바꾸어서 생각해도 무방하다.

우리가 무의식을 대하는 태도를 비유컨대 기억의 시체들로 가득 찬 어두운 광장 입구에 서 있는 사람의 심정과 같다 할 수 있겠다. 그 시체들은 무작위로 쌓여있고 전혀 정리되지 않은 채 흐트러져 있다. 시체들은 간혹 벌떡 일어서서 강렬한 감정으로 무언가를 호소하곤 하지만 도무지 무슨 이유로 그렇게 절박한지 무슨 내용을 얘기하는지 알 수는 없다. 도처에서 불쑥불쑥 튀어나오는 시체들의 울부짖음 속에서 우리는 공포에 사로잡혀 갈팡질팡한다. 이 아비규환에서 벗어날 유일한 방법을 아는 사람은 아무도 없다. 우리에게는 막연한 시행착오 밖에는 그 기억의 시체들과 그들의 맹렬한 울부짖음 속에서 살아남을 방법이 없다. 더구나 앞도 보이지 않는 완전한 암흑이므로. 다행히 우리는 발밑을 비출 전등을 가지고 있기는 하다. 그런데 이 전등이 비추는 영역은 아주 작아 전체적인 상황을 파악할 여유가 없다. 왜냐하면, 우리 스스로 그 빛의 영역을 넓혀서 주변에 널려있는 시쳇더미를 보는 것은 더 끔찍하기 때문이다. 아마도 그 어둠의 장막은 우리 스스로 내린 것일 테다. 그리고 우리가 가지고 있는 전등 불빛의 영역도 우리가 줄인 것이다. 그래야만 끔찍한 지옥도를 최대한 외면할 수 있기 때문이다. 하지만 우연한 기회에 광장에 조명을 밝힌 후 자세히 들여다본다면 시체라고 여겨졌던 것들은 춤추는 애드벌룬이었다는 것을 알게 될 것이다.

우리의 무의식은 이 광장과 같다. 각자가 주인공이자 피해자인 각자의 광장에 뛰어들어 작은 전등(위태위태한 촛불일지도 모른다.)에 의지해서 한 발 한 발 걷고 있다. 무의식 속에서 끓어오르는 과거의 분노들로 인한 압박에서 벗어나기 위해서 그날그날 당면한 과제들만 해결하다 보면 전체적인 무의식을 일관된 관점으로 파악하지 못하고 임시방편적인 해결을 해야 하는 상황들이 생긴다. 자그마한 전등 불빛 밑으로 들어온 기억의 모순으로 인해 현재의 사건을 모순으로 간주해 버리면 우리는 그 모순을 영원히 풀 수가 없다. 전등 불빛을 조금만 넓히면 그 기억이 전혀 모순되지 않는다는 것을 알 수도 있을 테지만 아주 일부분의 모순을 발견하고 그 모순이 자신의 현재 바라보고 있는 시야를 가득 채우고 있다면 그 모순이 진실로 그러하다고 단정 지을 수밖에 없게 된다. 그러한 일들이 반복되다 보면 무의식 내부에 여러 가지 모순을 조장하게 되며 그 모순들이 격돌하는 순간들을 표면적으로 해결하면서 근근이 살아갈 수밖에 없는 상황이 되는 것이다.

예를 들자면 끝도 없이 많다. 사랑해서 떠나보내면 죽을 것 같지만 정작 같이 있으면 서로를 찌르고 상하게 하는 애증 어린 연인부터 높은 이상을 가졌지만, 시궁창에서 뒹구는 자신의 한심함까지 우리 인간의 부조리는 어제오늘의 일이 아니었다. 이를 새삼스럽다고 할 것도 없겠지만 그렇기 때문에 반드시 해결해야 하는 부분이기도 하다. 그러기 위해선 우리가 의식과 무의식으로 구분 지어진 경계를 계속 벗겨 내어야 한다. 우리의 무의식은 포장 속에 가려져 있고 의식 부분만 노출되어 있다. 의식과 무의식의 경계는 원래부터 만들어져 있는 것이 아니라 살면서 편의를 위한 취사선택으로 의식의 내용물이 선택되면서 자연스럽게 생긴 것으로 생각하자. 지금 당장 필요한 사안이 아니면 모두 끌어내 생각하기가 불편하기 때문에 무관심이란 장막 속에 버려두는 행위가 바로 무의식을 만들어 내는 배경이 아닌가 생각된다. 즉, 의식과 무의식의 경계가 고정된 무의식의 바다에서 물속 깊숙이에서 보이지 않는 물고기들을 건져 올리는 상상보다는 거대한 잡동사니 위에 씌워진 포장을 조금씩 걷어내어 그 속에 무엇이 들어있는지 확인하는 상상이 치료에는 훨씬 도움이 되며 의식과 무의식의 경계가 고정되어 있지 않고 유동적이라는 생각만으로도 우리가 우리의 마음을 바라보는 기본적인 자세가 달라지기 때문이다. 따라서 그러한 무의식과 의식의 구분을 없애다 보면 조금 더 전체적인 자신의 모습을 일관되게 관찰할 수가 있을 것이며 조금 더 나아가 비교를 통한 모순의 우선순위가 제대로 매겨질 것이며 당연한 결과로서 큰 모순이 해결되면 작은 모순들은 저절로 해결되는 경험을 하게 될 것이다. 그렇게 되면 자신의 내부에서 발생하는 모순의 충돌에 위협감을 느껴 온종일 그 생각만 한다거나, 그 충돌을 피하고자 회피하거나 억압하는데 들이는 에너지로 인해 온종일 피곤해하며 무기력해 하지 않아도 된다는 말이다.

무의식이란 그다지 거창하지 않으며 꼭 정신과나 상담소 심리학 교과서에서만 다루어져야만 하는 것은 아니라는 것이다. 프로이드의 공로로 인해 일반인에게도 상당히 일반적인 말이 되어 버린 무의식이지만 정작 자신의 무의식에 무엇이 있는지를 알아보기란 엄두가 나지 않으며 그러고자 하는 사람도 없다. 일반인들에겐 의식과 무의식의 경계란 들어가면 안 되는 DMZ처럼 느껴지게 되었다. 또는 탱크로리에 가득 든 고압의 LP 가스처럼 느끼는 부분이어서 누군가 전문가가 출동하여 긴박하고 아슬아슬한 순간을 피해 압력을 빼내어 주기를 원한다. 이제 그 부분을 좀 더 부드럽게 만들고 싶다. 무의식이란 그렇게 위험하지 않으며 자격을 가진 전문가가 아니라도 언제든지 자신의 일부분(대개는 대부분)에 말을 걸 수도 있다는 사실을 밝혀내고 싶은 것이다. 터지기 직전의 탱크로리들이 응급처치일망정 스스로 조절할 수 있는 기능을 갖춘다면 세상은 조금 더 안전하고 안락해지지 않을까.

밝은 대낮에는 거대한 광장을 구석구석 신경 쓸 수는 없지만, 고개를 옆으로 돌려 신경을 집중하거나 다가가는 것만으로도 충분히 필요한 정보들을 습득할 수가 있다. 하지만 어두운 밤이라면 똑같은 장소에 똑같은 사물이라도 전혀 알아볼 수 없고 한 발짝도 뗄 수가 없게 된다. 그러면 이렇게 얘기할 수 있다. '뭘 찾아보라고? 이렇게 어둡고 무서운 데서 뭘 찾아 찾긴. 몰라. 나보고 어쩌라고? 답답한 사람이 나가서 찾아!' 결국 불을 끈 채 어둠의 장막으로 덮어둔 것은 무의식이 가진 원래의 특질이 아니라 우리의 병적인 심리상태에 기인한 것일지도 모른다. '내'가 '내' 무의식을 들여다볼 수 없다는 사실이 일반적으로 공유되기만 하면 아무도 자신의 무의식에 뛰어들어 시쳇더미들을 더듬지 않아도 되기 때문에 스스로 그 광장의 불을 꺼버린 것이다. 그 어둠의 장막을 걷어 내는 방법은 그 장막을 왜 씌웠는지 원인을 알아내는 것이며 그것은 인간 행동의 근원인 본능과 욕구들에 연결되어 있다.

물론 말이야 쉽지, 자기 자신의 무의식을 점점 벗겨내어 자기 스스로 자기 자신의 전체를 조망한다는 것은 보통사람이 스스로 할 수 있는 것은 아니다. 좀 더 자세하고 세부적이며 좀 더 포괄적이기도 한 것은 반드

마음의 지도

시 치료자와의 오랜 교감 속에서야 비로소 얻어질 수 있다. 하지만 자신이 앞을 못 보고 빠졌던 함정을 계속 반복해서 똑같이 빠지면서도 자신의 문제를 잘 모르고 있는 사람들과 그것을 알기에 다시 빠진 함정을 보며 자괴감에 괴로워하면서도 또 빠지는 사람들의 모순이라면 약간의 잡설로도 조금은 도와줄 수 있지 않을까 하는 과대망상도 해본다.

무의식에 대한 재평가

무의식이란 프로이트가 그 존재를 증명한 이래로 인간이라면 당연히 가지고 있으며 그 존재를 믿고 있는 보통명사가 되었다. 그리고 프로이트는 무의식을 담고 있는 우리의 내면에 대해 진지하고 자세한 고찰을 통해 인류에 많은 기여를 하였다. 그렇다면 무의식은 어떻게 형성된 것일까? 무의식의 내용물과 그 영역은 어디까지일까? 무의식은 왜 생기는 것일까? 융의 말처럼 인간에게는 정말로 집단 무의식이 있어서 집단 속에 포함된 구성원일 경우 태어 날 때 집단의 무의식에서 무의식을 나누어 받는 것일까? 인간이 태어나고 무의식은 인간의 개개인에 의해 만들어지는 것일까? 무의식에 관한 여러 가지 의문들은 많다. 그리고 그 의문들에 모두 정확한 답을 줄 수 있는 것도 아니다. 그 명확한 경계와 내용물은 아마 아무도 알 수가 없을 것이다. 하지만 그렇다고 해서 다루지 못할 성질의 것도 아니라고 생각한다. 만약 무의식에서 일어나는 예지몽이나 종교적인 문제가 여전히 존재 한다 하더라도 그런 부분은 미지의 이유로 인해 생긴다고 인정하면 그만이다. 그것이 무의식의 중요한 부분이 아니기 때문이다. 우리가 살아가면서 삶이 힘들어지고 어려워지는 데 무의식이 기여하는 부분은 좀 더 단순하다고 믿는다. 그래서 지금 여기서 다루려고 하는 무의식의 대부분은 '나'의 하루하루를 살아가면서 일거수일투족 또는 희로애락에 가장 영향을 많이 미치는 부분으로만 한정시키려 한다. 무의식의 개방되지 않은 힘이나 신비주의적인 요소는 배제하고 집단 무의식 역시 논외로 하자. 논리적으로 설명이 안 되는 부분을 억지로 이성적인 설명의 틀에 끼워 맞추려고 하는 것은 능력 밖의 일이므로 삼가할 생각이다. 무엇보다 무의식의 신비적인 요소는 인간의 일상생활에 미치는 영향의 중요도로 따져 보면 거의 언급하지 않아도 될 만큼 무의미하다고 생각하기 때문이다. 무의식은 인간 정신세계에 존재하는 만능열쇠도 아니며 전능자도 아니다. 무의식은 인간의 존재에 딸린 부산물일 뿐이다. 적어도 이 책에서 만큼은 그렇게 생각하기로 한다.

환자들과 무의식을 다루는 작업을 하다 보면 환자들의 의식과는 상관없이 꼭 무의식이 살아있는 생물 같은 느낌이 들 때가 있다. 환자 속에 남아 있는 무의식이라는 제3의 인격이 환자와는 별도로 치료자와 교감하며 줄다리기하며 심지어 암투를 벌이기도 하는 느낌까지 받을 때가 있다. 하지만 그것은 무의식의 저장 당시의 입력상태에 따라 나타나는, 그 당시의 인격적 반응(《4장 무의식의 형성》 中 '심리적 관성' 참조)이라는 이해 하에 다시 재평가될 부분이라는 생각이 든다.

1) 무의식의 형성

기억의 분류 모델

① 단기기억
    ㉠ 감각기억
    ㉡ 단기기억/작업기억
② 장기기억
    ㉠ 서술기억
        ⓐ 사건
        ⓑ 사실
    ㉡ 비서술기억
        ⓐ 절차기억
        ⓑ 감각적 재현 기관
        ⓒ 고전적 조건화
        ⓓ 비연관 학습

　서양의 학자들이 연구한 기억에 대한 기존의 분류방법을 살펴보자. 기억의 기간에 따라 단기기억과 장기기억으로 나눈다. 다시 장기기억을 서술기억과 비서술기억으로 나누게 된다. 그중에 서술기억은 다시 사건과 사실로 나눈다. 먼저 단기기억은 장기기억으로 바뀌기 전까지는 크게 임상적 의미가 없다. 여기서 얘기하고 언급하고 싶어 하는 부분은 사건에 관한 기억이다. 기억을 어떻게 분류했는지는 중요하지가 않다. 단지 우리의 생각과 정서에 지대한 영향을 미치는 무의식의 악마들이 주로 어디에서 서식하느냐가 더 중요한 것이기 때문이다. 우리가 콤플렉스를 가지게 되는 것도 과거의 사건에 대한 기억 때문이며 단순한 사람의 그림자를 보고 가슴이 내려앉은 기분을 느끼는 것도 사건에 대한 기억 때문이다. 그래서 이 책 전체를 통해 무의식이라고 불리는 것은 바로 이러한 사건에 대한 기억에 한정하여 얘기하려고 한다.

무의식의 형성 방법

무의식이 형성되는 데는 몇 가지 방식이 있는 것으로 보인다. 그중에 가장 두드러지며 임상적으로 유의미한 무의식의 형성 방법 몇 가지를 알아보자.

첫째, 억압에 의해 무의식이 형성된다. '나'의 초기 신생아 시절부터 '나'는 인생에 여러 욕구에 부딪히며 살게 된다. '나'에게 있어 욕구를 맞닥뜨리는 일이 일상적으로 반복되어 일어날 것이다. 그리고 그 욕구가 채워지는 순간과 채워지지 않는 순간으로 나누어질 것이다. 즉 각적으로 채워지지 않을 때 기다려야 하며 그 순간부터 '나'는 화를 내게 된다. 채워질지 채워지지 않을지 모르기 때문에 채워질 때까지 힘든 시간을 버텨야 한다(〈1장 본능과 욕구〉 참조). '나'는 태어나는 순간부터 (최선을 다하는 양육자의 존재에도 불구하고 계속 울고 있는 신생아를 생각해보자.) 욕구 불만을 표출하기 위해 화(분노)를 내지만 조금 성장해서는 스스로(양육자에 의해 억지로 떠밀려 스스로 하게 된다.) 욕구를 충족시켜야 하는 방법을 터득해야 한다. 그 과정 중에 양육자에 의해 화가 받아들여지는 때가 있겠지만 그 기간은 짧고 그 한계도 명확하다(양육자들의 개인차가 있겠지만). 그래서 화가 받아들여지지 않는 순간들이 생기게 되며 화가 받아들여지지 않는 경우에는 강제로 화를 참게 되는 불쾌감을 겪게 된다. 이러한 불쾌의 감정기억단위는 불쾌의 기억으로 분류하고 더 이상 기억으로 회상시키기를 싫어하게 된다. 그리고 다음에 또다시 불쾌한 감정을 떠올리는 기억을 불러내려고 할 때는 불쾌한 감정을 떠올리지 않기 위해 기억을 강하게 억누른다. 그렇게 억압에 의해 의식으로 올라가지 못한 기억들이 모여 무의식이 된다. (〈4장 무의식의 형성〉中 '심리적 관성' 참조)

둘째, 기억의 확장으로 인해 무의식이 형성된다. 컴퓨터가 발달하면서 우리는 컴퓨터의 시스템에 대해 익숙해지게 되었다. 그래서 컴퓨터가 구동하는 원리에 대해 웬만큼 지식 없는 사람조차도 어느 정도의 이해는 가능하게 되었다. 이제 우리의 심리 또한 프로이트와 그 이후 학자들의 공로로 어느 정도 익숙해졌기 때문에 심리학의 문외한이라도 무의식의 존재 정도는 이해하고 있게 되었다. 그리고 프로이트가 말한 지정학설(topographical theory, 인간의 정신이 의식, 전의식, 무의식의 층으로 이루어져 있다는 이론. 무의식의 기억들이 의식으로 올라오기 위해서는 전의식의 검열을 거쳐야 한다.)의 입장에서 봤을 때 그 구조가 컴퓨터와 상당히 유사하다고 할 수 있다. 컴퓨터를 주기억장치hard disk와 임시기억장치RAM 그리고 디스플레이장치monitor로 나누었을 때 hard disk에 해당하는 부분이 무의식이며 RAM에 해당하는 부분이 전의식, monitor에 해당하는 부분이 눈에 명료하게 보이는 의식이라고 할 수 있겠다. 컴퓨터에서는 hard disk의 느린 속도 때문에 필요한 부분만 불러와서 데이터를 활성화시키는 RAM이 필요하다면 인간에게는 RAM에 해당하는 전의식의 기억 용량이 너무 적기 때문에 필요 없어진 기억을 따로 담아 둘 기억장치가 필요하여 hard disk에 해당하는 무의식이 만들어진 것으로 생각된다. (이 책의 주장이다.) 즉 의식과 전의식에 인간의 모든 기억을 떠올려 둘 수 없기 때문에 무의식이 필요한 것이다. 또는 전의식에 많은 기억이 있으면 현재를 제대로 살아갈 수 없으므로 필연적으로 기억의 다락방인 무의식 속에 처박아 둘 수밖에 없는 경우도 있다. 무의식은 단지 그러한 것이다. 단순한 기억의 저장고일 뿐이다. 이것이 구조적인 부분에서 무의식은 현실에서 당장 쓰지 않아 불필요한 기억이 담기게 되는 용기라고 생각하면 편리할 것이다.

셋째는 습관화로 인해 무의식이 생긴다. 주로 행동이나 동작에 관한 기억에 해당하며 오랫동안 의식에서 기억을 떠올려 두고 반복적인 작업을 하다 보면 기억에 떠올려 둘 필요 없이 습관적으로 하게 되는 행동이 생기게 되며 그러한 필요 없는 기억은 덜어내어 지면서 무의식이 형성되는 것이다.

2) 감정기억단위

언어의 관용법이 바로 그 증거로서, 일상생활에서 우리는 〈실컷울어서 해소하다〉, 〈분을 폭발시키다〉 등의 말들을 사용한다. 만약 이러한 반응이 억제되면 감정이 기억에 붙어 있는 채 그대로 남아 있게 된다.[12]

---

12) 지크문트 프로이트 • 요제프 브로이어, 『히스테리 연구 (프로이트 전집 3)』, 열린책들

마음의 지도

감정기억단위의 형성

감정은 그 감정이 무엇이든 기억과 상관없이 독립적으로 일어날 수 없다. 감정은 에너지 수지에 따라 변동되는데 현재의 에너지가 $+\varDelta$값을 가지면(불편함이 충족되어 만족감을 느끼면, 또는 기분이 좋아지면) 좋은 감정을 느낄 것이며 $-\varDelta$값을 가지면(불편함이 충족되지 않아 결핍감을 느끼면, 또는 기분이 나빠지면) 나쁜 감정을 느낄 것이다. 이 과정에서 $+\varDelta$값(에너지 충족)을 평가하려면 반드시 과거 에너지의 비교기준이 필요하다. 비교할 과거 기준이 있어야 현재 상태를 에너지 충족인지 에너지 결핍인지 평가할 수 있는 것이다. 이 비교 기준을 떠올리는 과정이 기억을 떠올리는 과정이다. 이것이 감정 발생이 기억과 상관없이 발생할 수 없는 이유다. 그러므로 감정과 기억이 하나의 단위를 만들어 발생한다고 말할 수 있다. 감정이 없는 기억은 있을 수 있지만, 기억이 없는 감정은 있을 수 없다. 감정이 없다는 것 역시 감정이 좋지도 나쁘지도 않다는 뜻이지 감정이 존재하지 않는다는 뜻이 아니다.

무의식의 이해를 위한 전제

논점을 단순화하기 위해 무의식에 대해 불확실한 신비적인 요소를 빼고 공통으로 받아들일 수 있는 몇 가지의 기본적인 입장을 얘기하기로 하자.

첫째, 무의식이란 인생의 기록일 뿐이다. 인생을 살아오면서 일분, 일초의 사건들을 모두 기억할 수도 없을 뿐만 아니라 해서도 안 되는 상황이 생기기도 한다. 그러한 기억의 찌꺼기들을 모아 둔 곳이 바로 무의식이 아닌가 생각된다. 그리고 가능한 한 즉시 기억하고 싶어 하는 기억들은 언제든 떠올려 볼 수 있게 하기 위해 RAM 즉, 프로이트가 얘기한 전의식에 담아두고 있다.

둘째, 임상적으로 의미 있는 기억들은 감정기억단위로 저장된다. 감정기억단위란 단일한 감정으로 묶인 기억을 일컫는다. 기억의 단위는 그 기억이 얼마 동안의 기억인지 신경 쓰지 않는다. 단 몇 분의 기억일 수도 있고 한 시간의 기억일 수 있고 며칠 또는 몇 개월의 기억일 수도 있다. 단지 기억을 쪼개는 단 하나의 원칙이 있다면 하나의 사건 또는 연속적인 사건들을 꿰뚫는 단일한 감정만이 중요한 분류 기준이 된다. 기억을 떠올릴 때 드는 감정이란 기억이 없이는 존재할 수 없다. 기억이 감정의 숙주인 셈이다. 마찬가지로 감정이 없는 기억(중립적인 감정을 가진 감정기억단위) 역시 존재할 수 있으나 시간이 지날수록 점점 사라지게 된다. 감정이 배제된 기억은 별다른 임상적 의미를 지니지 못하기 때문이다. 그렇게 모든 기억이 어떠한 종류의 감정과 만나 짝을 이루고 있다는 사실이 중요하다. 그렇게 감정의 꼬리표를 달고 하나의 사건 기억으로 과거라는 창고에 던져진다.

셋째, 기억은 저장되기 전에 기억에 붙은 감정의 호불호를 판정한 후 저장이 된다. 자신이 현재에서 느꼈던 고통이나 결핍이 많았다면 전반적으로 기억되는 감정은 좋은 감정일 수가 없다. 그 모든 감정을 재평가하여 '나쁜' 쪽에 가깝다면 '나쁨'이라는 딱지를 달고 의식에서 먼 쪽의 과거로 던져진다. '나쁨'이란 딱지를 다는 이유는 다시는 떠올리고 싶지 않기 때문이다. 마찬가지로 평소에는 전혀 느끼지 못했던 황홀한 감정을 경험했다면 그 현실을 과거로 보내면서 '좋음'이라는 딱지를 붙이고 의식에서 가까운 쪽 과거로 넘긴다. 그것은 너무도 '좋기' 때문에 가까이 두고 자주 꺼내 보고 싶어 하기 때문이다.

넷째, 같은 감정의 꼬리표를 단 감정기억단위들은 서로서로 모여 있게 된다. 같은 감정을 가진 감정기억단위들은 시간의 순서를 무시하며 시간의 선행보다는 감정의 강도에 따라 순위가 매겨지는 것 같은 인상이다. 그러다 한가지의 검색어(단어, 촉감, 냄새, 음악, 상황, 감정 등)가 현실에서 발생한다면 그 현실의 검색어가 발생시킨 감정이 미끼가 되어 무의식에 드리워진다. 곧 같은 감정의 꼬리표를 단 과거(무의식)의 감정기억단위들이 찾아내고는 그중에 가장 강렬하고 중첩된 감정부터 불러낸 뒤 그 감정의 꼬리표를 따라 무작위로 소환된다. 만약 그 감정이 정확하게 같은 상황에서 생겨난 같은 감정이라면 원래 있던 감정기억단위에 양파처럼 한 겹 덧씌워진다. 아마도 프로이트와 융이 얘기한 콤플렉스와 비슷한 얘기이며 여기서 또한 같은 의미로 쓸 생각이다. 하지만 모든 감정은 좋은 감정 나쁜 감정 둘로 나누어진다는 것을 잊지 말자. 혹시 중립적인 감정이 있다면 '나'의 심리에 미치는 영향이 적으므로 논외로 해도 무방하다. 결국 무의식은 여러 가지 감정들이 적힌 행선지를 단 수하물(감정기억단위)들이 모이는 공항의 화물 집하장과도 같다.

다섯째, 감정기억단위의 '좋고', '나쁨'은 하나의 감정기억단위의 사건 중에 있는 여러 대상에 대한 감정의 '좋고', '나쁨'을 +, -로 상쇄하여 낸 합산으로 결정된다. 하나의 감정기억단위가 하나의 대상에 대한 감정이 아닐 수도 있다. 하나의 감정기억단위에 여러 개의 대상이 들어갈 수 있다는 것을 고려할 때 그 여러 개의 대상 하나하나의 호불호를 가린 뒤에 각각의 대상에 대해 좋고 나쁜 감정을 서로 상쇄하고 남은 감정으로 그 감정기억단위의 전체 호불호를 정하게 된다. 만약 또 다른 감정 하나가 여러 개의 감정기억단위들이 가지는 공통점이라고 했을 때는 여러 개의 감정기억단위로 구성된 더 큰 감정기억단위가 생성된다. 그리고 더 큰 감정기억단위는 그 속에 존재하는 개개의 감정기억단위들에 붙은 꼬리표들을 한 번 더 합산하여 전체의 '좋고', '나쁨'으로 갈라놓는다. 이러한 현재의 감정기억단위들이 과거(무의식)로 던져져서 쌓이다 보면 결국 '나'의 과거(무의식) 역시 감정기억단위들의 전체적인 총합의 결과로 '좋고', '나쁨'이 인상지어진다.

감정기억단위의 이분법적 분류

다시 처음부터 살펴보자. '나'는 '내'가 현실에서 느끼는 대상 하나하나에 대해 호불호의 딱지를 붙인다. 물론 그 대상 하나하나마다 여러 가지 감정들이 있을 것이지만 좋아하는 면이 있음에도 불구하고 싫은 면이 더 많다면 '나쁜' 사람이 된다. 반대로 싫은 면이 있긴 하지만 자신에게는 다른 사람보다 더욱 더 따뜻했다면 '좋은' 사람으로 기억된다. 현실의 감정기억단위는 이러한 대상들 개개인의 호불호를 전체적으로 평가한 뒤 이 대상들의 호불호를 전체적으로 총합하여 현실에서 실시간으로 벌어지는 감정기억단위에 '좋고', '나쁨'의 꼬리표를 달아주게 된다. 그리고 과거(무의식)로 넘어가게 되는 모든 감정기억단위들은 '좋고', '나쁜' 두 가지의 꼬리표로 먼저 분류가 되며 이러한

마음의 지도

분류를 통해 '좋은' 기억들은 계속 떠올려 두고 싶은 전의식(RAM)에 담아두게 되며 기억하기 싫은 '나쁜' 기억들은 무의식의 깊숙이 파묻은 뒤에 '억압'이란 큰 돌을 올려놓아 과거에서 현재로 떠오르지 못하도록 눌러둔다. 이렇게 감정기억단위들이 첫 번째로 '좋고', '나쁨'으로 분류된 뒤에는 다시 한번 비슷한 상황에서 발생하는 비슷하고 특징적인 감정들로 분류가 되는 것이다. 예를 들면 일단 '좋고', '나쁜' 감정기억단위로 따로 묶어서 모아 놓은 '나쁜' 감정기억단위 집합소 중에서 부모로부터 발생하는 강압에 억눌린 분노들과 '나' 자신에게서 발생하는 수치들과 타인에게서 발생하는 모멸감들의 감정들로 세분해서 다시 뭉쳐지는 것과 같다.

이것으로 끝이 난다면 인간의 무의식에는 가장 훌륭한 작업의 결과물로서 더없이 깔끔하고 세련된 수납장으로 평가받을 수 있었을 것이다. 하지만 인간의 분류는 칼로 무 자르듯 깨끗하게 분류되는 것은 아니다. 아무런 감정이 없는 중립적인 기억 단위도 있을 것이며 감정이 있긴 하지만 호불호를 가릴 수 없는 애매한 감정일 수도 있다. 대상 또한 '좋고', '나쁨'을 분명하게 구별할 수 있는 대상만 있는 것이 아니라 극렬한 '좋음'과 '나쁨'의 두 가지면을 가진 야누스 같은 대상도 있을 것이다. 그렇지만 전혀 색깔이 없고 극성이 없는 밋밋한 기억들은 방전된 배터리처럼 역동적인 내용물이 들어있지 않기 때문에 '나'의 무의식에 미치는 영향이 미미하므로 논의를 줄이기로 한다. 하지만 양극성의 대상에 대해서는 나중에 다시 설명해야 할 것이 남아 있다.

무의식 속에 존재하는 감정기억단위들을 감정에 따라 호불호로 나누어 놓은 이유는 '좋은' 감정기억을 수시로 떠올리기 위해서이며 '나쁜' 감정기억을 떠올리고 싶지 않아서였다. 그래서 정말 큰 에너지를 소모해가며 '억압'이란 돌을 만들어 '나쁜' 감정기억단위들을 모아 놓은 뒤 그 위에 눌러 놓는 것이다. 그 억압이란 돌의 무게가 무거울수록 '나쁜' 감정기억단위들은 현재로 뛰쳐나올 확률은 떨어지게 된다.

3) '나쁜' 감정기억단위에 의한 억압의 형성

꺼림칙한 것을 망각하는 경향은 내가 볼때 지극히 보편적인 현상
이다.

위대한 과학자 다윈은 망각의 동기로 불쾌감이 중요한 역할을 한
다는 통찰에 바탕을 두고서 과학자들의 〈황금률〉을 제시했다.
나는 수년 동안 나의 일반적인 관찰 결과들과 상충되는 출판물이
나 새로운 관찰. 혹은 사상이 나오면 언제든지 그것을 즉각 기록해야
한다는 황금률을 준수했다. 왜냐하면 나는 경험을 통해 그런 사실
들과 사상들은 내가 좋아하는 것들에 비해 훨씬 멀리 내 기억에서
떨어져 나가려 한다는 사실을 깨달았기 때문이다.[13]

'억압'이란 돌이 만들어지는 과정은 그렇게 단순하지 않다. 억압의
형성은 '나쁜' 감정기억단위들의 존재 자체에 의해 저절로 촉발되는

---

13)   지크문트 프로이트, 『일상생활의 정신 병리학 (프로이트 전집 5)』, 열린책들

것이다. 나쁜 감정기억단위가 최초로 생성이 된 시점으로 가보자. 감정기억단위 하나가 생겼다고 치자. 그 감정기억단위는 곧잘 의식으로 떠오르게 된다(억압이 존재하지 않으므로). 기억과 동시에 감정이 떠오르게 되므로 그 감정이 '나쁜' 감정일수록 그 감정을 다시 재 경험하고 싶지 않게 된다. '나'는 그 감정을 느끼지 않기 위해 감정을 제어하고 싶어 한다. 하지만 감정을 '나' 스스로 조절하는 것은 아주 힘든 일이다. 감정을 다루어 본 적도 없을 뿐 아니라 감정을 불러일으키는 호르몬이나 신경전달물질을 직접적으로 조절할 수 있는 시스템이 없기 때문이다. 아무리 감정을 억눌러도 감정을 불러일으키는 기억이 존재하는 한 감정이 사라지지는 않는다. 그렇다. 기억이 존재하는 한 감정이 가라앉지 않는다. 아마 우연히 발견되는 것으로 보인다. 감정을 느끼지 않으려고 발버둥 치다가 우연히 그 감정이 담긴 기억을 다른 생각으로 치환을 하면 감정의 고통에서 놓여난다는 것을 깨닫게 되는 것이다. 그래서 '내'가 선택한 방법이 바로 감정을 떠올리게 만든 기억을 조절하는 것이다. 기억을 조절하는 것이란 더 이상 그것과 관련된 생각을 하지 않는 것이다. 주의를 다른 데로 돌리거나 다른 생각을 하거나 아니면 생각 자체를 애써 외면한다. (드물게 감정과 기억을 분리하는 사람이 있다. 하지만 그것 역시 억압의 또 다른 형태이며 조금 특수한 형태일 뿐이다.) 슬픈 감정을 참는다는 행위를 살펴보면 슬픈 감정을 견뎌내는 것으로 시작해서 결국 슬픔을 일으키는 생각을 되도록 안 하려고 노력하는 것을 알 수 있다. 물론 슬픈 감정을 견뎌내는 방법이 그것만 있는 것은 아니다. 감정기억단위에 붙어 있는 감정을 적극적으로 느껴서 소진하는 방법도 있다. 정면 돌파라고 할 수 있겠다. 미리 마음껏 많이 슬퍼하면 더 이상 그 기억을 떠올려도 슬퍼지지 않는 예와 같다. 마음껏 슬퍼하는 것은 바로 마음껏 그 기억을 떠올린다는 뜻이기도 하다. 마음껏 기억을 떠올리는 사이에 슬픔이란 감정을 다시 평가하게 된다. 자주 생각하다 보면 슬픔을 일으킨 결핍상태를 있는 그대로 받아들이게 된다. 결핍이라고 느끼게 되는 원래의 평가 기준이 하향조정 되면서 그 결핍상태를 무의식적으로도 인정하게 되면 슬픔에서 벗어나게 되는 것이다. 반대로 결핍상태가 일으키는 분노(슬픔이란 결핍으로 인한 분노의 일종이며 대상에게 표현하지 못하는 분노를 마음껏 표현할 수 있는 몇 안 되는 방법이다.)를 견디기 힘들어하면 할수록 그 결핍 상황을 생각하지 않으려 한다. 생각하지 않으려고 하면 할수록 평가 기준은 여전히 건재하며 그 평가 기준 때문에 슬픔은 여전히 존재하게 되는 것이다. 슬픔이란 감정을 감당할 힘(에너지)이 남아 있으면 그렇게 감정을 계속 견뎌내며 반복적으로 기억을 떠올리며 비활성화시킬 수도 있겠다. 하지만 좀 더 간단하게 기억을 하지 않으면 현재의 감정에서 벗어나게 되는 방법이 있는데 굳이 힘든 고통의 길을 걷는 사람은 많지 않다. (물론 근본적으로 해결 되는 것은 아니다.) 떠올리기 **싫은** 감정이라고 할 때 결국 그 감정을 전혀 느끼지 않는 방법이란 기억을 하지 않으려고 노력하는 것이다. 이렇게 나쁜 감정이 포함된 기억을 떠올리려고 하지 않는 의식적인 노력이 바로 **억제**이며 그 억제가 습관적으로 일어나서 무의식 수준에서 이루어질 경우 **억압**이 되는 것으로 보인다.

슬픔이란 분노의 일종이라고 얘기한 대로 가장 대표적으로 억압되는 감정은 분노일 것이다. 분노는 결핍이 발생함과 동시에 생긴다고 설명하였다. 분노는 결핍을 복구하는 역할을 맡고 있지만, 분노가 항상 그 역할을 잘하는 것은 아니다. 그리고 인생 초기의 분노가 양육자에 의해 억압당하면서 분노란 항상 참아야 함을 강제로 배우게 되는 것이다. 만약 양육자가 영유아기와 학령전기, 학령기에 걸쳐 전반적인 분노를 강제로 억누르지 않는다면 '나'는 분노를 억압하는 방법을 배우지 못하게 될 것이다. 분노를 억압하는 방법을 배우는 데는 양육자의 강제적인 억압만 가능한 것은 아니다. 양육자의 부재로 인한 결핍도 마찬가지다. 양육자가 아예 없거나 양육자가 같이 있는 시간이 짧을 경우 결핍이 생길 수밖에 없다. 그리고 그 결핍이 개선되지 않으리라는 것을 '내'가 깨닫게 되면 '나'는 그 결핍으로 인한 분노를 결국 스스로 억압할 수밖에 없다. 그냥 참아야 한다. 억압은 아주 사소한 불편과 짜증을 참는 것부터 시작된다. 그 불편이 양육자에 의한 공격적인 압박에 의한 것인지 양육자의 부재로 인한 것인지에 따라 억압의 방법이나 양상이 조금씩 달라지는 것일 뿐이다.

억압에 소모되는 에너지

자꾸 떠올라 오는 기억(나쁜 감정을 가진 감정기억단위일수록)의 자연적인 속성에 반해 기억을 누르는 것은 억지로 참는 것이므로 심리적 에너지가 많이 소모되는 작업이다. '나쁜' 감정기억단위들이 많으면 많을수록 그 나쁜 감정을 떠올리기 싫어서 참는 '나'의 노력은 배가 된다. 만약 '나'의 과거가 일반적이고 평범하게 적당한 대상들이 만들어준 감정기억단위들로 채워져 있다면 '나쁜' 감정기억단위들은 그다지 많지 않을 것이다. '내'가 떠올리기 싫어하는 감정기억단위들도 별로 없을 것이기 때문에 '억압'이라는 참을성을 그렇게 많이 만들지 않아도 된다. 그러므로 평상시 '억압'하는 데 드는 에너지가 많지 않다는 얘기는 살아가면서 기본적으로 드는 심리적 에너지의 '고정 비용'이 많지 않다는 뜻이다. 평상시 닥치는 돌발적인 스트레스에 충분히 대응할 수 있는 여유가 있다는 뜻이며 대부분의 인생사에 있어 건강하게 견뎌내고 살아갈 수 있다는 뜻이기도 하다.

만약 '나'의 과거가 다른 사람보다 훨씬 더 많은 '나쁜' 대상들로 이루어져 있다면 그 대상들이 만들어준 순간, 순간의 감정기억단위들은 '좋은' 것보다는 '나쁜' 것이 더 많을 것이며 지속해서 과거에 쌓인 '나쁜' 감정기억단위들은 하나 같이 억압이라는 돌이 필요하게 된다. 그리고 이러한 억압의 돌이 많이 필요하다는 것은 조금만 게을리 억압하면 '나쁜' 감정기억단위들이 의식으로 치밀어 올라온다는 의미다. 더 신경 써서 더 많은 에너지를 사용하여 24시간 감시체제하에 들어가야 한다. 그래야 비로소 '나'의 현재는 안전하고 평안하게 현재를 살아갈 수 있다. 하지만 남들처럼 평범하게 살아가는데 사용되는 에너지가 너무 막대해진다. 평범하게 살아가는 데 사용되는 에너지가 많다는 것은 정신적 탈진이 아주 쉽게 몰려온다는 뜻이며 사소한 분노나 사소한 스트레스에도 정상적인 생활을 유지할 수 없을 만큼 분노가 치밀 수 있다는 뜻이다.

억압의 긍정적인 면

프로이트 이후로 많은 연구자가 많은 신경증이 억압에 의해 일어난다고 생각하게 되었다. 그것은 당연한 얘기다. 억압이 너무 과도할 경

마음의 지도

우 많은 문제점과 병적인 증상들이 나타난다. 하지만 억압이 그렇게 나쁜 것이어서 반드시 버려야 할 것이냐고 묻는다면 그렇지 않다고 얘기할 수 있다. 이 부분에 대해 명확하게 얘기하자면 억압 자체가 나쁜 것은 아니다. 억압은 인간이 지닌 가장 근본적인 방어기제일 뿐 아니라 강력하고 효과적이며 꼭 필요한 방어기제이다. 문제는 억압을 유지하는 데에 에너지가 든다는 사실이다. 평생 살아오면서 참아야 하는 억압이 너무 많을 경우 어느 순간 하루하루 살아가는데 공급되는 에너지보다 사용되는 에너지가 많아지게 된다. 그렇게 되면 억압되었던 분노가 채 여며지지 않은 채 일상생활로 비어져 나오게 되는 것이다. 다시 말하면 무의식 수준에서 억압되지 않고 의식으로 넘쳐 나온다는 뜻이다. 무의식이 막아 주어야 하는 억압된 분노가 의식으로 치고 올라오면 당황한 의식은 최선을 다해 억제를 시작한다. 하지만 억제를 하기 위해 에너지를 따로 편성해 둔 것이 아니므로 의식 선에서 다른 곳에서 사용될 에너지를 예전에 한 번 억제했던 분노를 억누르는 데 사용하면서 에너지 수급이 근본적으로 흔들리게 된다. 마치 조선시대 성城을 방어하면서 앞뒤로 적에게 둘러싸인 상황과 마찬가지이다. 정문과 후문의 수비대는 서로 믿고 싸울 수밖에 없는 상황이다. 서로가 막아줄 것이라고 믿고 자신의 눈앞에 있는 적에게만 전력을 쏟고 있는 것이다. 지휘관인 '나'로서는 최대한 정문에 집중해야 하므로 가장 강력하고 믿을만한 무기는 후문에 배치해 두었다. 이제 마음껏 정문의 적만 신경 쓰면 되는 것이다. 하지만 이 팽팽한 균형을 무너뜨리고 후문이 뚫린다고 생각해보자. 정문의 적도 버거운데 후문을 지원할 여력은 남아 있질 않다. 이제 곧 적들이 들이닥칠 것이라는 극도의 혼란과 절박감이 발생한다. 결국 근근이 버티고 있던 정문 수비대도 속절없이 허물어지고 마는 것이다. 정문의 수비대 이름은 의식이고 후문은 무의식이다. 정문 수비대의 무기는 억제이며 후문 수비대의 무기는 억압이라고 한다. 억압을 뚫고 후문에서 밀려드는 적들을 막기에 억제는 너무 가엾고 초라한 무기다.

마음에서 발생하는 여러 역동 중에서 그 어느 것도 존재 자체가 비정상적인 것은 없다. 항상 그 정도가 중요한 것이다. 자기변형적 태도 autoplastic attitude는 너무 많아도 문제이지만 없어도 문제이다. 이것과 연결선상에서 억압 역시 너무 지나쳐도 문제이지만 없어도 문제가되는 것이다. 혹시 억압이 전혀 없는 자유로운 생활을 원할지도 모르겠지만 진실로 자유로운 생활을 원한다면 일상생활에서 일어나는 잡생각(안 좋은 부정적인 생각, 분노, 짜증)을 자동으로 억압해주는 시스템이 필요하다는 것을 깨닫게 된다. 그리고 그 과정에서 에너지가 소모된다. 결국 억압의 많고 적음과 함께 억압을 유지할 에너지의 많고적음이 임상적으로 중요하다는 것을 강조하고 싶다.

기본적인 일상 서비스에 필요한 억압(기본적 억압)

앞서 보았듯이 억압이 항상 필요 없는 것만은 아니다. '나'는 현재를 살아가는 데 있어 써야 하는 기본적인 일상생활(서비스) 조차 억지로 '참고'해야 하는 에너지가 필요하다. '내'가 살아가는 데 반드시 필요한 에너지이므로 **기본적 억압**이라고 부르자. 이 기본적 억압은 불필요한 억압이 아니라 반드시 필요한 억압이다. 이 기본적 억압은 보통 사람의 경우 억압이라고 느껴지지 않는 경우가 많다. 이 기본적 억압이 느껴지는 사람이라면 매일 매일 기본적 일상 서비스를 억지

마음의 지도

로 '참고'해야 하는 사람을 말한다. 즉 기본적 억압이 무의식 속에서 이루어지지 않아 의식에서 억제를 해야 하는 상황인 것이다. 반대로 전혀 못 느끼는 사람은 무의식 속에서 기본적 억압이 작동한다고 할 수 있다. 만약 먹고 씻고 잠자고 청소하고 빨래하는데 전혀 억지로 하지도 않고 힘들이지도 않고 잘하는 사람이 있다면 그 자신은 기본적 일상 서비스를 하고 있는데 들어가는 기본적 억압을 못 느낄 것이다. 그것은 심리적 에너지가 충분하기 때문에 기본적 억압에서 소모되는 에너지를 전혀 눈치채지 못하고 있다는 뜻이다. 하지만 이런저런 일로 여러 가지 스트레스가 겹치며 그 스트레스(사실은 대부분이 분노)를 참아 내느라 에너지 소모가 극심하게 증가했을 경우 비로소 기본적 억압의 존재가 드러나게 된다. 더 이상 여분의 에너지가 없으므로 기본적 억압에 사용하는 에너지마저 스트레스를 억압하는 데 사용하고 나면 기본적 일상 서비스를 하는 것 자체가 가외의 에너지를 들여서 억지로 참고하는 고역이 되기 시작한다. 다른 것은 그럭저럭 해나갈지 몰라도 잠자는 기본적 일상 서비스에 들어가는 기본적 억압마저 소모되면 더 이상 스트레스가 저절로 억압되어 잠을 잘 잘 수 있는 상태를 유지할 수가 없게 된다. 잠자는 행위에도 기본적인 억압이 필요한 것이다. 오늘 낮에 혹은 어제저녁에 일어났던 일들로 인해 사소한 짜증(분노)에 대한 감정기억단위를 참지(억압하지) 못하게 되면 그 분노를 지속해서 재경험하면서 짜증(분노)을 점점 더 심하게 느끼게 된다. 그럴 경우 그 짜증에 반응하는 교감신경 흥분으로 인해 각성이 되면서 잠을 잘 수가 없게 된다.

대개의 환자는 잡생각이 너무 많다고 얘기하는 정도다. 생각이 생각을 물고 끊이지 않는다고 얘기한다. 그리고 그 잡생각이 생겨난 이유에 대해서는 이상하다는 의구심을 가진다. 누구나 잡생각이 많아진 이유가 스트레스 때문이며 그 잡생각으로 인해 계속 각성이 된다는 것은 인정할 수 있다. 하지만 몇 년 전에 있었던 더 큰 스트레스는 왜 불면증을 만들지 않았는지 이상해한다. 그것은 전적으로 에너지와 억압의 문제인 것이다. 과도한 에너지 소모가 일어나는 스트레스가 있었다 해도 아직 여분의 에너지가 남아 있다면 기본적 억압이 무의식 선에 이루어질 수 있다. 하지만 얼마 남지 않은 에너지를 곧 뒤따르는 연속적인 (그렇지만 훨씬 작은) 스트레스가 소모해 버린다면 결국 그렇게 큰 스트레스가 아닌데도 기본적 억압이 손상되며 기본적 일상 서비스 하나하나가 지금 당장 억지로 참고 **의식해서** 하지 않으면 하나도 쉽게 넘어가는 법이 없는 괴로운 일이 된다. 결국 삶 자체가 조선시대 양반의 삶(먹고, 씻고, 자고, 청소, 빨래하는 데 있어 하기 싫은 부분은 노비가 했으므로 의식하지 않아도 되며 그만큼 편안했다.)에서 노비의 삶(자기가 하기 싫은 일을 억지로 해야 하며 해야 하는 대부분의 일이 주인을 위한 일이다.)으로 순식간에 바뀌는 느낌이 들 만큼 고단하게 된다(이렇게 에너지가 많이 소모된 상태에서 약간의 에너지로 간신히 버티고 있는 것을 임계점을 넘는 단 하나의 사건으로 참아왔던 모든 증상이 촉발되는 것은 PTSD 환자군에서 두드러지게 나타나는 현상으로 보인다.) 그리고 이 기본적 억압이 건강하게 보존되고 있느냐 아니냐는 수면(잠)이 제대로 이루어지고 있느냐, 그렇지 않냐로 판단 할 수 있다. 잠을 자기 위해서는 의식선상의 정신적인 방어기제를 모두 무장해제 해야 한다. 그 모든 의식적인 억제를 내려놓았을 때도 사소한 일상생활의 잡음을 무의식적으로 억압해주어야 잠을 잘 수가 있는 것이다. 그 기본적 억압이 무의식에서 일어나느냐 실패하느냐는 남아 있는 심리적 에너지의 양量과 관련되어 있다고 할 수 있다. 에너지가 많으면 의식에서 모든 방어기제를 내려놓고 신경 쓰지 않아도 자동으로 무의식에서 억압이 되지만 에너지가 소모되어 바닥났다면 저절로 억압되지 않는 소음들이 의식 선으로 올라오는 것이다.

영유아 때부터 '나'는 억압을 하면서 살아왔기 때문에 그것은 이미 무의식적으로 습관화habituation-nonassociative learning 되어버린 것이다. 억압은 안 좋은 감정을 떠올리기 싫어하는 심리적 항상성과 그에 따른 심리적 관성에 의해 생겨난 최초의 심리적 방어기제이다. 그러므로 기본적 억압은 무의식 속에서 지속해서 일어나고 있는 것이 초기 값default이다. 기본적 억압을 계속 유지한 채로 습관화되어 무의식화되므로 기본적 억압을 계속 유지하기 위한 에너지 소모마저도 무의식적으로 한다. 그래서 대부분의 건강한 정상인들은 기본적 억압을 하는데 에너지가 소모된다는 사실을 인지하지 못한 채 살아가게 된다.

모든 사람이 에너지가 빼앗긴다고 반드시 잠자는데 필요한 기본적 억압이 무너지는 것은 아니다. 실제 가장 먼저 무너지는 것은 씻는 것과 청소와 빨래이며 먹는 것에 속해있는 설거지가 될 것이다. 하지만 그래도 잠자는 것이 건강하게 살아있다면 다시 정상적으로 회복되는데 크게 어렵지 않다고 할 수 있다. 잠자는 것이 무너졌다는 얘기는 그만큼 심각하다는 의미다. 그래서 불면은 심리적 에너지가 스스로 돌이킬 수 없을 정도로 소모되었다는 것을 알려주는 강력한 지표이기도 하다.

요약해보자. 첫째, 잡생각을 억압할 에너지가 없으면, 다시 말해 에너지가 잡생각을 억누를 수 있는 역치에 못 미치면 의식으로 올라오면서 힘들어한다. 둘째, 잡생각의 양이 많거나 커서 에너지가 누를 수 있는 역치를 반대로 넘게 되면 의식으로 올라온다. 셋째, 의식으로 올라오는 잡생각이 점점 많아지면 그것을 억제해야 하는 의식에서의 에너지 소모가 급격하게 진행된다. 넷째, 에너지가 소모되면 억압이 약해지며 더 많은 잡생각이 의식으로 떠오고 그것 때문에 에너지가 더 소모되는 악순환에 빠진다. 다섯째, 그러므로 에너지가 남아있는 한 잡생각이 의식으로 밀려 올라오는 것을 막아주는 억압은 정상적인 일상생활을 위해 반드시 필요한 것이다.

4) 심리적 관성

심리적 관성의 정의

심리적 관성을 정의하자면 현재의 심리적 상태에 에너지가 가해지지 않을 경우 현재의 심리적 상태를 계속 유지하려고 하는 경향이라고 말할 수 있다. 간단한 예를 들면 소파에 누워 TV를 볼 때 재미없는 프로그램을 리모컨을 찾으러 일어나기 귀찮아 계속 보고 있는 상태를 들 수가 있다. 리모컨을 찾으려고 몸을 일으키는 것은 하기 싫은 일을 억지로 해야 하는 일이므로 심리적 에너지가 소모되는(불편함이 생기는, 기분이 나빠지는) 일이며 심리적 관성에 반하는 일이 된다. 억지로 에너지가 투입되지 않으면 현재의 상태가 변화되지 않는 것이다. 이렇게 행동을 일으키는 마음에는 언제나 심리적 관성이 존

마음의 지도

재하게 된다. 하지만 이 관성을 모든 사람이 다 가지고 있다고 해서 모든 사람이 다 심리적 관성에 지배를 받는 것은 아니다. 왜 어떤 사람은 심리적 관성에 크게 얽매이지 않고 살아가고 왜 또 다른 사람은 심리적 관성에 빠져 헤어 나오지 못하는 것일까? 그 차이의 이유는 심리적 관성의 정의를 보자면 쉽게 알 수 있다. 심리적 관성이 계속 유지되는 것은 그 상태를 변화시킬 에너지가 가해지지 않았기 때문이다. 즉 심리적 에너지가 없으면 아무것도 변화시킬 수가 없는 것이다. 심리적 관성에 얽매여 있지 않은 사람은 당연히 에너지가 넘치는 사람이다. 여기서 심리적 상태가 변하지 않으려고 하는 이유는 에너지가 소모되는 것을 막고자 나타나는 심리적 항상성 (이 책에서 정의하는 본능) 때문이다. 하지만 조금 더 생각해보면 무엇이 더 에너지가 소모되는 일인지 애매해진다. 꼼짝 않고 누워서 재미없는 프로그램을 보는 것이 더 에너지가 소모되는 일인지 아니면 한두 발자국 안에서 찾아질 리모컨을 찾아서 일어나는 것이 더 에너지가 소모되는 일인지 따져 봐야 한다. 심리적 관성에는 이렇게 합리적인 생각이 결여되어 있는 것이 특징이다. 이것은 심리적 관성이 가진 가장 독특한 특성이자 중요한 특성이다. 이 특성으로 인해 인간의 모든 우매한 행동들이 나타나며 낭만romanticism과 비애감pathos 그리고 모순paradox이 생겨난다. 애증이라는 말에서 '애'와 '증'이 같이 붙어 있을 수 있게 해주는 이유이기도 하다. 심리적 관성 중에 합리적 생각이 결여되어도 괜찮은 부분이라면 고민하거나 망설이는 과정이 생략되어 기능적으로 작동하게 되는 부분뿐이다. 위에서 설명한대로 기본적인 생활습관들 속에 담겨져 있는 '기본적 억압'이 여기에 해당한다. 하지만 합리적 생각이 반드시 필요한 것은 반대로 상상불가한 역기능을 가지게 되는 것이다.

심리적 관성의 구성요소

심리적 관성에는 과거의 '나쁜' 감정기억단위, 현재의 기억소환자, 나쁜 감정기억을 강력하게 누르는 억압, 그리고 과거 감정기억단위 속에 내재되어있는 반응행동으로 나누어진다. 먼저 심리적 관성이 이루어지려면 과거의 감정기억단위가 있어야 한다. 그리고 그 감정기억단위가 안 좋은 감정을 가진 감정기억단위여야 한다. 다시 말해 '기분 나쁜' 감정기억단위여야 한다. 그래야 억압이 작동하기 때문이다. (분노는 본능인자로 본능에 의해 발생하지만 원래 심리적 관성은 아니었다. 가장 기본적인 심리적 관성인 억압이 만들어지면 분노 역시 심리적 관성화된다.) 억압이 작동해야 인지기능이 억압되며 인지 기능이 억압되어야 기억소환자를 처리하는데 과거의 반응행동을 아무런 재평가 없이 다시 쓰게 된다. 안 쓸 수는 없다. 지금의 '내' 앞에 놓여 있는 기억소환자를 처리해야 하기 때문이다.

최초의 심리적 관성이자 심리적 관성의
핵심 부품으로서의 억압

심리적 관성으로서의 억압이 만들어지는 과정이 다음과 같다. 먼저 억압이란 분노를 무의식 속에서 스스로 참는 것을 뜻한다고 정의하자. 억압은 본능이 채워지지 않는 외부적 환경에 적응하는 과정에

마음의 지도

서 생기는 것이다. 즉, 외부에서 '나'를 억누르는 압제가 없으면 생기지 않는다는 뜻이다. 여기에는 '나'의 인생 초기 특성상 외부에서 꼭 받아야 하는 양육이 결여되는 것도 포함된다. 양육이 결여되는 것도 압제와 비슷한 효과를 보인다.

처음에는 본능에 의해 불편함이 채워지지 않아 화를 낸다. 그 화가 양육자와의 관계에 의해, 또는 양육자의 압제에 의해 좌절되면 '기분 나쁜' 느낌이 들게 된다. '기분 나쁜' 느낌이 생기면 본능이 작동하여 본능인자인 화를 낸다. 만약 이 화를 내는 단계에서 그 화가 잘 받아들여져서 '기분 나쁜' 느낌이 사라진다면 화를 내는 것이 기분 나쁜 일일 수가 없다. 그렇다면 심리적 관성이 생기지 않을 것이다. 그 화마저 양육자에 의해 다시 압제되면 화를 내지 못해 생긴 화조차 양육자에 의해 압제되는 것이다. 그것은 더 기분 나쁜 일이 되는 것이다. 물론 화를 내지 못해 내는 화가 압제 되는 상황에서 벌어지는 기분 나쁨은 2중으로 포개져 있다. 기분 나쁨이 지수적으로 상승하게 된다. 이 기분 나쁨을 해소하기 위해서 또 화를 낼 수도 있고 대리욕구가 발생할 수도 있다. 외부에서 '나'를 압제하고 있는 한, 또 화를 내면 또 압제 되어 기분 나쁨이 발생한다. 그 기분 나쁨에 대한 화를 낼 것인지 대리욕구를 발생시킬 것인지를 또 선택해야 하는 무한 순환고리가 형성된다. 그 순환 고리를 빠져나가는 유일한 방법이 대리욕구를 선택하여 다른 식으로 양육자의 감시를 피하는 것이다. 만약 이 대리욕구를 선택한다면 선택하기 전에 가장 먼저 해야 하는 일이 바로 '나'의 화를 양육자의 요구대로 참는 것이다. 양육자는 화를 멈추도록 요구하고 화를 멈춘다면 다른 방법으로 '나'의 기분좋음을 충족시켜줄 수 있다고 이미 회유하고 있다. 최초의 발생하는 억압은 결국 양육자에 의해 강제로 일어난다. 그 후 그 강제적 압제를 '나' 스스로 해제할 방법이 없다는 것을 확인하게 되면 '나'는 양육자의 압제를 예측하게 된다. '나'는 화를 내어 봤자 양육자에 의해 어차피 압제되어 기분 나쁠 것을 예측한다. 그리고 양육자의 기분 나쁜 압제가 발생하기 전에 '나' 스스로 그 분노를 억압하게 된다. 분노라는 감정은 잘 억압되지 않기 때문에 분노를 억압하기 위해 기억을 억압한다. 기억에 기반한 모든 인지기능과 생각이 억압되므로 다시 같은 분노가 발생했을 때 아무 생각 없는 상태에서 양육자가 원했던 '반응행동'으로서 억압이 나타나게 된다. 즉, 억압이 반응행동이 된다.

심리적 관성이 발생하였다면 이미 그 안에 심리적 관성으로 만들어진 억압이 핵심 부품으로 장착된 것이다. 이 핵심 부품인 억압 때문에 인지적 사고가 결여되는 것이다. 그리고 심리적 관성의 가장 큰 특징이 바로 기분 나쁜 일을 당했을 때 인지적 사고가 결여되어 있는 반응을 보이는 것이다.

아까 소파에서 뒹구는 사람의 예를 다시 들어보자. 리모컨을 가지러 가는 데는 에너지가 소모된다. 그래서 가지러 가기 싫은 생각이 든다. 그래서 리모컨을 가지러 가지 않고 그냥 누워만 있는 자신을 또 내려다본다. 한심하다는 생각이 든다. 그래서 자신이 싫어진다. 만약 이 생각을 의식적으로 하게 되고 그 한심함을 끝내기 위해 일어설 에너지의 여분이 있다면 실제로 가지러 갈 것이다. 심리적 관성이 깨지는 것이다. 하지만 반대로 전날 하기 싫은 야근을 잔뜩 하고 와서 아무것도 하기 싫을 정도로 피곤하고 에너지가 없다고 느낀다면 일어나지 않을 것이다. 그리고 그런 자신을 더더욱 한심스럽게 여길

마음의 지도

것이다. 이런 안 좋은 감정이 들면 서둘러 머리를 흔들어 생각을 멈춘 후 억압을 해둔다. 그리고 일어나지 않는다. 그러면서 또 드는 생각이 재미없는 프로를 귀찮아서 계속 보고 있는 자신을 깨닫고 실망한다. 하지만 여전히 일어설 에너지는 없다. 다시 자신에 대한 자괴감으로 안 좋은 생각을 한다. 생각을 멈추고 무의식으로 억압한다. 현재의 기억소환자(재미없는 TV 계속 보기)를 처리하기 위해 반응행동을한다. 반응행동이란 아무런 생각 없이 재미없는 TV 프로그램 계속보기이다. 여기서 중요한 것은 생각을 멈추고 아무런 생각 없이 보는것이다. 그것이 몇 번 반복되면 정말로 무의식적이고 자동으로 멍하니 아무런 생각 없이 재미없는 TV를 바라보는 심리적 관성이 일어나게 된다. 이 도식은 어떠한 심리적 관성에도 적용이 된다. 핵심적인구성요소로는 과거의 나쁜 감정기억단위 속에 포함된 반응행동이다. 이 반응행동이 단순하면 단순할수록 즉, 에너지가 덜 드는 행동이면행동일수록 반응행동이 처음의 형태를 계속 유지할 확률도 높다. 즉, 심리적 관성의 강력함은 얼마나 강력한 억압으로 인지기능을 마비시키는가와 함께 얼마나 단순한 반응행동을 가지고 있느냐에 달려 있다. 이 반응행동은 인지기능이 억압된 상황에서 현재의 기억소환자를 처리할 유일한 반응행동 유형이다. 만약 이 과거의 반응행동이 마음에 들지 않아 바꾸고 싶어도 자신이 보여주고 싶은 반응행동이 에너지가 많이 드는 행동이고 원래 가지고 있는 반응행동이 거의 에너지가 안 드는 행동이라면 과거의 반응행동이 바뀔 가능성은 상당히낮아진다. 에너지가 거의 들지 않으므로 '내'가 알아차렸을 때는 이미반응행동이 나오고 난 후일 가능성이 더 크다. 자꾸 나쁜 기억과 거기에 붙어서 몰려오는 감정으로부터 회피하고 싶은 본능을 거스르고 생각해 내어야 한다. 어떻게 하면 이 나쁜 감정기억단위로부터 벗어날 수 있는지를 생각하고 그 생각을 반응행동으로 만들어야 한다.

심리적 관성의 문제점

재미없는 TV를 멍하니 아무 생각 없이 바라보고 있다고 해서 이것을 문제점이라고 부를 수는 없을 것이다. 크게 문제 되지도 않을뿐더러 재미없는 것을 장시간 보는 것도 상황중독적인 관점에서 살펴보면 나쁠 것도 없다. 일반적인 심리적 관성 자체가 문제점은 아니지만 감정기억단위가 나쁜 감정을 불러일으킬수록 문제가 될 가능성이 크다. 심리적 관성으로 인해 개선되고 성숙되어야 할 것들이 그대로 머물러 있는 것이 문제라고 할 수 있다. 나쁜 감정기억단위를 억압하는 것은 나쁜 감정기억단위에 포함된 그 어떤 논리적인 인지 기능도 같이 억압된다는 것을 뜻한다. 나쁜 감정은 감정기억단위가 의식 선으로 떠오르려고 할 때 기억을 억압하면 같이 억압된다. 하지만 여전히 현실의 '내' 앞엔 나쁜 감정기억단위를 끌어 올리는 상황(현실의 기억 소환자)이 놓여 있다. 그 상황을 정리하지 않으면 느껴지는 현실로 인해 과거가 계속 소환될 (감각재현기관perceptual representation system에 의해) 것이므로 나쁜 감정기억단위들이 끊임없이 호출될 것이다. '나'는 '나쁜' 감정기억단위를 불러일으키는 현실의 상황들을 마주치면 할 일이 너무 많아진다. 먼저 현실에서 기억을 강제로 소환시키고 있는 상황을 제거해야 한다. 그리고 무의식에서 떠올라오는 나쁜 감정기억단위를 억압해야 한다. 그런데 일반적으로 현실에서 발생

마음의 지도

한 모든 문제의 원흉인 기억소환자를 처리하는 과정에서 문제가 생긴다. 이 기억소환자를 처리하는데 필요한 인지기능이 감정기억단위가 억압되면서 같이 억압된다. 현실에 놓인 기억소환자를 처리하는데 필요한 '나'의 인지적 능력이 모두 억압되어 사라지기 때문에 논리적이거나 맥락과 상황에 맞는 성숙한 반응을 보일 기회가 사라지는 것과 같다. 만약 반응할 인지적 기능이 남아 있지 않다면 결국 아무런 생각 없이 무의식적으로 예전에 했었던 익숙한 반응행동으로 눈앞에 놓인 기억소환자를 처리할 수밖에 없는 것이다.

수치스러운 상황에서 아무런 대꾸도 못 하는 '나'를 가정해보자. 수치스러운 상황이 더더욱 수치스러운 이유는 그 수치스러운 상황을 벗어나는 방법이 너무 수치스러워서인 경우가 더 많다. 수치스러워하는 순간은 지나가면 잊히지만, 그 순간에 보였던 '나'의 바보스러운 반응은 그 수치스러운 순간에 더욱더 수치스러운 기억 하나를 덧붙여 끔찍한 감정이 들게 만드는 가장 큰 이유다. 콤플렉스는 그렇게 자라는 것이다. 친구 중 누군가 '나'의 약점을 들먹이며 다른 사람들 앞에서 농담했다면 굉장히 아픈 상처를 받게 된다. 만약 약점을 잡아 농담하는 친구에게 버럭 화를 내었다면 '나'는 친구의 농담에 화로 반응하는 이상한 사람이 되는 것이다. 주변 사람이 조금만 영민하다면 그것이 바로 '나'의 콤플렉스라는 것을 그리고 '내'가 가장 아파하는 약점이라는 것을 알아차리게 된다. '나'는 바로 그 상황이 더 못마땅하다. 화가 아니고는 그 놀림을 막을 수가 없다고 생각하여 화를 내면 낼수록 '나'는 참을성 없고 화를 잘 내는 미숙한 사람이 된다. (인간관계를 중시하는 한국 사회에서는 중요한 문제다.) 그리고 그 미숙한 반응이 더 수치스러워 자다가도 이불을 차는 또 하나의 콤플렉스가 되는 것이다. 만약 그것이 싫어 꾹 참았다면 그렇게 아무 말도 못 하고 참고 있는 자기 자신이 더 한심스러워 자책하게 된다. 어느 쪽 반응이 되었든 결국 원래 '내'가 처음부터 해왔던 익숙한 반응행동을 할 뿐이다. 그것은 이미 '내'가 해봤으므로 별다른 인지적 검토 없이 반사적으로 나오는 반응행동이며 지금 이렇게 수치스러워하는 이유가 되는 최초의 미숙한 반응행동이다. '내'가 수치스러워하는 이유가 되는 반응행동이란 처음 나쁜 감정기억단위가 만들어졌을 때 사용했던 미숙했고 어렸던 '나'의 반응행동을 말한다. 나쁜 감정은 '나'에게 나쁜 감정을 느끼게 하는 대상에 대한 기억 때문만은 아니기 때문이다. 나쁜 감정기억단위가 억압되었다면 그것은 그 대상에게 정확하고 적절한 성숙된 분노를 표현하지 못한 '나'에 대한 나쁜 감정도 포함되어 있다. 그리고 시간이 흐르면 흐를수록 대상에 대한 기억이 흐려짐에 따라 대상에 대한 분노보다는 그 대상에 대한 미숙한 반응을 보인 '나'에 대한 분노가 더 커지게 되는 것이다. 그 분노가 현재의 비슷한 상황과 맞닿아 있는 과거의 나쁜 감정기억단위에 현재의 '나쁜' 감정을 덧씌우게 만든다. 즉 과거의 나쁜 감정기억단위가 현재의 나쁜 감정이 붙어 조금 더 커지고 심해지는 느낌이 든다. 그래서 나쁜 감정이 커지면 커질수록 그것을 억압하는 것이 더 큰 일이 되며 에너지가 많이 들어가게 된다. 그것은 과거의 나쁜 감정이 소환되면 그 감정을 느끼지 않기 위해 억압해야 하는 기억이 하나가 더 늘었기 때문이다.

요약해보자. 인지능력이 억압된 상황에서는 어릴 때의 미숙한 반응을 현재의 성숙된 '내'가 인지할 수 없고 개선도 되지 않는다. 하지만 과거의 나쁜 감정기억단위를 억압하기 위해서는 현실에 놓여 진 기억소환자를 어떻게든 빨리 처리해서 치워야 한다. 그리고 그 치우는 방법에 대해서는 아무런 생각과 재고 없이(억압되어 있으므로) 유일하게 무의식이 알고 있는 반응, 유일하게 사용해 본 경험이 있는 반응, 즉 최초의 미숙한 반응이 재현된다. 그리고 '내'가 싫어하는 그 미숙한 '나'의 반응행동을 보고 '나'에게 실망하는 과정이 반복되면서 심리적 관성이 한 단계 더 강해진다.

심리적 관성에서의 탈출

어떻게 보면 심리적 관성이란 개미지옥과도 같은 것이다. 뻔히 문제점이 보이고 이 문제를 피해 빠져나가고 싶지만, 막상 실제로는 벗어나기가 너무 어렵다. 그렇다고 일반인 중에 이 심리적 관성을 빠져나오는 사람이 없는 것은 아니다. 심지어 많다고 할 수 있다. 그리고 일상생활 중에 다반사로 일어나는 일이기도 하다. 삶에 있어서 성장 또는 성숙이라고 불리는 종류의 모든 것은 바로 이 심리적 관성에서의 탈출이라는 형식을 가진 것으로 보인다. 성숙과 성장이란 항상 낡은 것에 안주하지 않고 새로운 성숙된 관점으로의 전환이 필요한 것이며 새로운 관점으로의 전환이란 항상 에너지를 소모하는 일이기 때문이다.

예를 들자면 아이들이 먹는 음식의 종류와 어른들이 먹는 음식의 종류가 다른 것을 들 수 있다. 특히 한국의 음식 문화에서는 어른들이 먹는 음식은 발효된 것이 많고 강하고 불쾌한 냄새가 나는 것이 많다. 만약 아이들이 먹는 달콤하거나, 고소하거나, 짭짤한 것에서 어른들이 먹는 갓김치, 청국장, 고추장아찌 같은 음식을 먹기 위해서는 먹기 싫은 것을 '참고' 먹는 과정이 반복적으로 일어나야 한다. 먹기 싫은 어른 입맛의 음식을 '참고' 먹는 것을 얼마나 반복적으로 하느냐에 따라 빠르게 어른 입맛으로 변하게 될 것이다. 입맛이 변하는 것을 성숙이라고 할 수는 없겠지만 이 과정은 '내'가 성숙해 가는 과정에 동일하게 적용되는 것이다. 계속 먹어보지 않고서는 김치와 청국장의 자극적인 맛이 재평가되지 않을 것이다. 안 먹는다는 것은 변하지 않는다는 뜻으로 심리적 관성이라고 할 수 있겠다. 그 심리적 관성을 바꾸려면 생각하기 싫은 관성에 따라 덮어 놓고 생각을 억압해 둘 것이 아니라 힘들고 싫더라도 계속 생각(경험 중에)해 봐야 한다는 뜻이다. 생각 없이 경험하는 것은 청국장을 안 먹겠다는 뜻이다. 어쨌든 하나의 심리적 관성(콤플렉스)이 존재하고 '내'가 그 심리적 관성에서 빠져나오지 못하고 있다는 것은 덮어 놓고 그 상황을 억압하여 다른 방향으로 생각(새로운 것을 경험)할 여지를 주지 않았기 때문에 항상 제일 처음 했던 반응행동(미숙한 어린 시절 했던 반응행동)을 그대로 답습할 수밖에 없다는 뜻이다. 그러므로 거기서 벗어날 수 있는 방법은 나쁜 감정을 느끼기 싫지만 참으면서 생각하는 것이다. 어떤 반응행동을 보이는 것이 '내'게 더 이로울까를 생각해야 한다. 다시 말해 성숙되고 '내'가 용납할 만한 새로운 반응을 미리 생각해 놓아야 한다. 그리고 그 새로 생각해 둔 반응 행동을 생각한 그대로 해보여야 한다. 그 생각한 대로의 반응행동이란 '내'가 해야 할 말과 행동을 미리 생각해 놓아야 한다는 뜻이다. 그리고 기억소환자가 발생했을 바로 그때 비슷하게라도 내뱉어야 한다. 만약 완벽한 말을 찾기 위해 더듬다가 그 순간을 놓치면 작은 혁명은 실패한 혁명이 되고 만다. 그만큼 반응행동의 내용이나 형태보다는 타이밍이 중요하다. 현

마음의 지도

실의 기억소환자 앞에서 5초만 더듬어도 결국 예전의 반응행동이 나올 것이다. 반응행동의 내용이 중요한 것이 아니다. 예전의 심리적 관성에 들어 있는 바로 그 반응행동만 아니면 된다. 그것을 기회가 왔을 때 재빨리 펼쳐야 한다. 그래야 아주 약간의 변화라도 생기게 된다. 그 조금의 변화가 조금이라도 '나쁜' 감정기억단위를 '좋게' 만들면 반은 성공한 것이다. 조금이라도 '좋은' 감정기억단위로 바뀌었다면 이미 선순환은 돌기 시작한 것이나 다름없다.

콤플렉스의 극복

나쁜 감정을 느끼기 싫다고 '생각하는 것'을 멈춘다면 결국 '나'의 일처리 방식은 절대 성숙하지 않는다. 늘 같은 방식과 늘 같은 태도를 유지하는 것은 '내'가 자라면서 여러 가지 사회적 심리적 대인관계에 악영향을 미친다. 다른 사람들이 '나'를 미숙한 사람으로 보게 만들며 '나'는 그 사실에 대해 왜 자신은 그렇게밖에 할 수 없는지 실망하고 화를 낸다. 과거의 나쁜 감정기억단위에 연관된 또 다른 나쁜 감정기억이 현재에 발생하여 덧붙여지게 된다. 세월이 흐르면서 나쁜 감정기억단위가 점점 커지면 커질수록 더더욱 생각하기 싫은 마음이 커질 것이며 억압 또한 더 커질 것이다. 억압이 커지면 심리적 관성은 더더욱 바꾸기 어려운 하나의 콤플렉스로 자리 잡게 된다. 처음 브로이어가 콤플렉스를 어떤 뜻으로 사용했는지, 그리고 그것을 강조한 융이 어떤 뜻으로 사용했든 지와는 상관없이 한국 사회에서 주로 사용되고 있는 그대로의 콤플렉스를 뜻한다. 즉, 심리적 관성을 탈출하는 것은 콤플렉스를 극복하는 방법이기도 하다.

콤플렉스를 극복하는 방법은 마찬가지로 그 콤플렉스가 주는 나쁜 감정을 '참고' 견디면서 무엇이 잘못되었는지를 지금 생각하고 있는 성숙한 사람의 관점에서 바라보아야 한다. 콤플렉스가 가지고 있는 심리적 관성대로 행동하면 얼마나 문제점이 많은 것인지 스스로 평가해야 하고 그런 행동이 문제가 많다면 어떤 것이 성숙한 행동이고 어떻게 해야 '내'가 납득하고 받아들일 수 있는지를 생각해야 한다. 이 방법은 당연히 현실에서 이미 성숙된 많은 사람이 쓰고 있는 방법이다. 감정기억단위에 붙어 있는 '나쁜' 감정이 조금 덜하고 그것을 좀 덜 억압하고 있다면 '나'는 좀 더 쉽게 '나'의 잘못된 심리적 관성을 평가하여 깨닫고 바른 반응 방법을 생각하고 고안해 내어 바꾸게 된다. 하지만 트라우마가 생길 정도의 나쁜 감정일 경우에는 여지없이 생각을 진행하지 못하고 인지 기능마저 억압하기 때문에 더 이상 평가가 진행되지 않는다. 평가는 한다고 하더라도 왜 그런지에 대해 이해는 하지 않고 자신에 대한 비난만 더 커지기도 한다. 그렇다 해도 평가만이라도 된다는 뜻은 언젠가는 어떤 식으로든 심리적 관성이 바뀔 가능성이 있다는 뜻이기도 하다.

만약 초등학생이 자신의 신체적인 특징인 긴 팔을 콤플렉스로 가지고 있다고 가정해보자. 긴 팔과 얼굴 생김새 때문에 긴팔원숭이라고 불린다. 아주 어려서부터 들은 별명이므로 원숭이의 원자, 숭자만 들어도 과민반응을 일으킬 정도로 듣기 싫은 말일 것이다. 하지만 치기 많고 배려심 없는 아이들은 그렇게 과민한 반응을 보고 재미있다고 생각해서 더 놀린다. 만약 계속 놀리는 것에 대해 과도하게 화를 내면 아이들은 얘기한다. 그냥 장난일 뿐이라고. 그렇게 화를 내는 것

마음의 지도

이 이상한 것이라고 한다. 그러면 더욱 화가 날 뿐이다. 생각하면 할수록 화가 나며 화가 난 상태에서 그것을 따지면 따질수록 '나'만 더 이상해지는 꼴이 되고 만다. 만약 계속 놀리는 것이 싫어서 빨리 그 순간을 지나기만을 바라고 가만히 있게 되면 친구들은 아무리 놀려도 반항하지 않고 받아주는 '나'를 향해 무시하고 점점 더 심하게 놀리게 된다. 그리고는 항상 아무리 놀려도 아무 말도 안 하는 사람으로 여겨 '나'를 막 대하는 것을 보게 된다. 그런 모습을 보는 것은 더 큰 상처로 남는다. '나'는 오히려 아무 말 못 하고 바보같이 놀림을 듣고 있는 '나'를 더 비난하게 된다. 두 가지의 반응 모두 성숙한 반응은 아니다. 그러므로 나쁜 감정기억단위로 남을 수밖에 없고 억압에 의해 모든 인지 기능이 억눌러지면 더욱 생각 없이 항상 '내'가 제일 싫어하는 같은 반응을 보일 수밖에 없게 된다. 아마 그런 비슷한 상황은 대부분이 겪어 본 것이다. 그리고 그것을 스스로 이겨낸 사람이 그렇지 않은 사람보다 훨씬 더 많을 것이다. 한참 동안 분을 못 참고 억울함에 휩싸여 있겠지만 결국 어떻게 하면 복수를 해줄 것인지 생각을 할 것이다. 어떻게 하면 갚아 줄 수 있는지 고심하게 된다. 만약 정말로 분을 못 참아서 다음날 학교에 가서 놀린 아이들을 때렸다고 하자. 더 이상 놀림은 없어졌지만 좀 더 큰 문제가 생긴다는 것을 알게 된다. 같은 상황에서 미리 폭력적인 방법을 쓰면 안 된다는 것을 부모의 가르침으로 이미 알고 있거나 폭력적인 방법을 사용하고 싶어도 능력이 없는 경우에는 같이 놀리기로 하고 열심히 상대방이 싫어할 만한 단점이나 별명을 찾아내어 같은 방법으로 복수하려고 한다. 하지만 그 방법도 썩 바람직한 방법은 아니다. 주먹을 먼저 쓰지 않은 것일 뿐 결국 서로 주먹다짐을 할 가능성이 높고 서로 상처를 남기며 서로 편을 가르게 되고 친구들 간에 등을 지게 된다. 어떤 경우에는 어른들의 중재가 필요할 때도 있을 것이다. 그래서 조금 더 큰후 중학생이 되어 새로운 친구를 만나면 좀 더 성숙한 반응을 보일것이다. 똑같이 긴팔원숭이란 소리를 들어도 화를 내는 대신 "야, 너는 얼굴이 원숭이구만, 그리고 사람 신체로 사람을 놀리는 것 아니야."라고 말했다고 치자. 상대방에게 복수는 했지만 웃음을 머금고했으므로 크게 분위기가 경직되었던 것은 아니다. 한 걸음 더 나가서성숙한 자세로 점잖게 타이르기까지 했으므로 '나'의 완벽한 승리다.뒤에 상대방이 성을 내거나 뭐라고 군소리를 달아봤자 상황은 거기서 끝나 있다. '나'는 예전부터 마음고생 많이 했던 콤플렉스를 점점벗어나고 있음을 깨닫고 스스로를 대견해할 수 있다. 고등학교로 진학해서도 마찬가지로 똑같은 얘기를 들었다고 하자. 만약 좀 더 성숙한 '내'가 긴 팔을 머리 위로 들어 올리고 원숭이 같은 표정을 지으면서 "우끼끼끼, 긴팔원숭이에게 맞아 볼래? 이 짧은 팔 원숭아?"라고말한 뒤에 상대방과 함께 박장대소를 했다면 더 이상 '내'게 긴팔원숭이라는 단어는 나쁜 감정기억단위를 소환하지 않을 것이며 '나'의 인지기능을 더 이상 억압하지도 않을 것이다. 오히려 이 통쾌한 기억은나쁜 감정기억단위에서 좋은 감정기억단위로 순식간에 바꿔 놓게 된다. 그러므로 '나'는 이 좋은 감정기억단위를 계속 느끼기 위해 의식과 아주 가까운 곳에 두고 수시로 틈만 나면 불러내어 이 좋은 감정을 즐기려고 한다. 감정을 느끼기 위해서는 반드시 먼저 기억해야 하므로 그 사건에 대한 전반적인 세부 사항을 다시 기억하게 된다. 그리고는 꼼꼼히 복기해 보게 된다. '역시 그때 그런 말을 하기를 잘했어. 나에게 웃기는 재주도 있나 봐. 나 멋있어 보였어.'라고 생각하게

마음의 지도

될 것이다. 조금 더 생각할 수도 있다. '그런데 내가 너무 비굴하게 웃었나. 내가 힘이 없어서 웃음을 택했다고 생각하는 애들도 있겠네. 그럼 그때는 힘센 롤랜드 고릴라 흉내를 내 보는 것도 좋겠구나.'라고 생각하게 되면 이제 콤플렉스(심리적 관성)는 완전히 극복한 것이다.

누구나 살면서 위와 같은 심리적 관성을 깨는 경험을 하게 된다. 그 것도 아주 많이 하게 된다. 그리고 그 방법은 '내'가 경험한 개개인의 경험에 따라 다르며 개개인이 가지고 있는 능력과 신체적인 제약에 따라 다르게 된다. 하지만 그래도 그것 중에 상처trauma로 남는 것들도 있다. 그 상처는 돌이킬 수 없이 '나'를 나쁜 감정으로 휘몰아가는 상처다. 그리고 혼자서 생각하고 생각해서 관성을 깨기에는 힘들 정도의 나쁜 감정기억단위이다. 그리고 그 감정을 느끼지 않기 위해 필사적으로 기억을 억누르게 되는 것이다. 그것을 깨는 방법 역시도 '내'가 늘 해 왔던 데로 생각하고 생각하는 것이다. 어떻게 하면 조금 더 성숙한 반응이 될 수 있을 것인지 계속 생각하는 것이다. 문제는 그 생각을 생각하면서 에너지를 써야 한다는 데 있다. 나쁜 감정기억단위이므로 생각하면 나쁜 감정을 계속 느껴야 한다. 나쁜 감정을 계속 느끼면서 생각하는 것은 굉장히 힘든 일이다. 나쁜 감정을 온몸에 휘감고도 냉정하게 객관적으로 생각하는 것은 누군가의 도움이 없이는 불가능할 정도이다. 그래도 나쁜 감정을 억지로 '참는'데 들어가는 에너지만 있다면 완전히 냉정하게는 생각하지 못하겠지만 어느 정도 생각으로 시도는 하게 될 수는 있다. 조금 거친 방법으로 시작되겠지만 점점 더 참는 것이 적어지며 객관적으로 생각하는 것도 수월해질 것이다. 예를 들었던 것처럼 일단 생각을 바꾸고 반응행동을 바꾸는 시도부터 하다 보면 점점 완벽해질 것이다. 지금까지 설명한 내용은 심리적 관성의 구조와 속성에 대한 것이다. 그 구조와 속성을 이해하면 어떻게 심리적 관성을 빠져나올 수 있는지 방법을 안다는 것과 같은 얘기다. 하지만 구조와 방법만 안다고 탈출이 가능한 것은 아니다. 그것과 함께 반드시 필요한 것은 나쁜 감정을 억지로 참으면서 생각할 수 있도록 해주는 심리적 에너지다. 그리고 그 심리적 에너지는 전문가의 도움으로 얻을 수 있으며 스스로는 마중물 요법(《6장 마중물 요법》 참조)을 통해 만들어 낼 수가 있다.

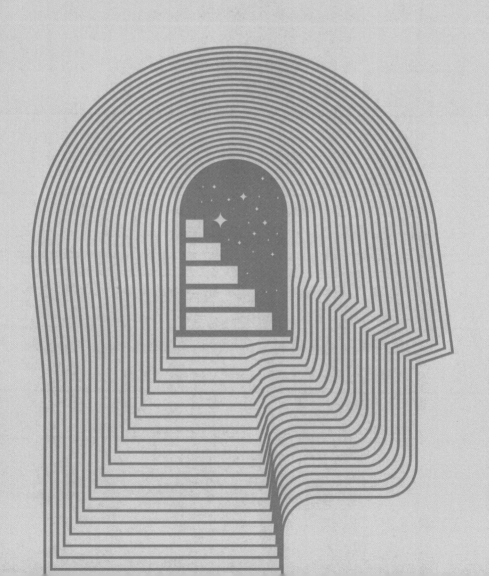

5장

상황중독

대학 초년생일 때 읽었던 이어령 씨의 에세이집에 나온 한 대목을 기억한다. 페루에는 산길 곳곳에 아파체타Apacheta라는 돌무더기가 있다는 얘기였다. 그 돌무더기는 무거운 짐을 지고 가는 짐꾼들이 잠시나마 무거움을 잊기 위해 짐과 돌을 같이 지고 가다가 돌을 던져놓고 조금은 홀가분해진 마음으로 갈 길을 가는 장소라는 것이다.

이 얘기를 그 당시 굉장히 인상 깊게 읽었던 기억이 있다. 그리고 지금은 인간의 아이러니를 가장 현명하게 보여주는 하나의 단서라고 생각한다. 짐도 무거운데 돌을 또 드는 어리석음을 어느 누가 비난할 수 있을까? 현재의 고난을 견디기 위해 작은 고난을 다시 자청한 뒤 그 고난을 벗으면서 느끼는 작은 해방감으로 원래의 고난을 이겨내겠다는 생각은 인간이 만들어 낸 슬픈 발명품이 아닐까? 그것은 인간이 느끼는 모든 결핍은 상대적이라는 뜻이기도 하다. 인간이 관심을 가지고 중요하게 생각

마음의 지도

하는 것은 정지된 상태가 아니라 역동적으로 변화하는 변화의 순간이며 에너지의 양에 주목하는 것이 아니라 에너지의 전위차에 지대한 관심을 가진다는 사실이다.

1) 아이러니

인간의 가장 큰 아이러니라면 고통과 쾌락을 맞바꾸는 행동이 아닐까? 자기 자신밖에 모르고 자신만의 이익을 추구하면서 살다가도 왜 갑자기 위험을 무릅쓰고도 파괴적인 모험을 하는 것일까? 건강한 범위 내에서의 익스트림 스포츠extreme sports부터 문제적 행동인 도박, 마약중독에 이르기까지 사람이 자신의 목숨을 담보로 쾌락을 추구하는 것은 무슨 이유에서일까?

많은 사람이 인생을 즐기면서 살고 싶다고 말한다. 인생 뭐 있냐고, 인생은 한방이라면서. 그러한 즐거움에는 반드시 짜릿하고 자극적이며 평상시의 생활과는 많이 동떨어진 것에 의지하는 것이 필요하다. 자신이 가지고 있는 안정에 대해서는 잊어버린 채 뭔가 자신에게 자극을 줄 만한 색다르고 신기한 것을 찾아 나선다. 아마도 인간의 그런 습성 때문에 인류가 진보했는지도 모르겠다. 하지만 인류의 진보에 끼친 영향이라면 이런 습성을 스스로 조절하여 창의성으로 표출한 일부 극소수의 사람들 얘기다. 원래 대부분의 사람은 새롭고 자극적인 것을 선호하는 경향으로 인해 좀 더 지지부진하고 엉켜버린 덫에 빠진 채 스스로 한심해하거나 누군가에게 한심하다고 여겨지며 살게 된다. 실제 우리의 삶을 들여다보면 인간의 삶이란 대부분 '얼마나 안전하게, 얼마나 합법적으로, 얼마나 효율적으로, 얼마나 짜릿하게 살아갈 수 있나'를 놓고 모든 궁리와 생각이 집적되는 듯한 양상을 볼 수 있다. 우리는 그러한 한순간을 위해 직장을 다니며 하루하루의 필수 불가결한 일상생활들을 견뎌낸다. 하루의 노고를 씻어내는 듯한 친구와의 맥주 한 잔, 일주일 동안 녹슨 관절에 기름을 치기 위한 클럽생활, 한 달에 한 번 신선한 공기를 폐 속에 채우기 위한 캠핑, 일 년에 한 번 큰돈을 들인 이벤트나 해외여행 등. 요즘의 우리 생활에는 하루를 얼마나 알차게 보내는가보다는 전술한 활력소들을 실행에 옮기기 위해 얼마나 많은 따분한 날들을 견뎌낼 수 있는가가 미덕이 되었다. 물론 그러한 것들이 전혀 필요가 없다거나 전혀 무가치하다는 것을 주장하려는 것은 아니다. 지금 기술해 놓은 정도만 유지해도 전혀 문제없고 건강한 삶을 누리는 사람들의 삶이 될 것이다. 하지만 그 원인이 어디에서부터 왔는지는 알아야 한다. 그래야 MSG가 요리의 맛을 살린다고 해서 MSG만 듬뿍 넣고 주재료를 조미료 치듯 넣은 황당한 음식을 피할 수 있을 것이다.

에너지에 대한 오해

〈3장 에너지 경제론〉에서 밝혔듯이 사람은 살아가면서 마음속의 에너지를 있는 그 자체로 느끼지 못하는 것이 문제의 원인일 수도 있다는 생각이 든다. 우리가 느끼는 공기처럼 평상시에는 공기의 고마움과 존재가치에 대해 잊고 살다가 가끔 불어오는 바람으로 인해 공기의 존재를 느끼게 된다. 마음의 에너지 역시 그 존재에 대해서 늘 인지하고 살기는 힘든 것 같다. 일반적으로 공기의 존재를 기압의 차에 의해 발생하는 바람으로 느끼듯 마음의 에너지 역시 에너지 상태의 차이에 의해 에너지가 들고 날 때의 느낌을 느끼는 것이지 우리가 에너지 자체를 인지하고 살지는 않는다는 의미다. 평상시 우리의 심리적 에너지가 얼마나 남아 있는지 알아볼 수 있는 퓨얼게이지가 손등이나 손바닥에 있었으면 좋겠다고 생각해 본다. 아니 실제로는 있을지도 모른다. 마음에 대해 유독 깊은 관심이 있는 사람이거나 정신건강을 다루는 영역에서 잘 훈련된 사람들에게는 자기 스스로 자신의 에너지의 수위를 감지하는 사람이 혹여 있을지도 모르겠다. 하지만 그런 사람들조차도 에너지의 존재는 안정상태에서 급격한 에너지 소모가 오거나 에너지 소모 상태를 가까스로 벗어날 때, 즉 에너지의 변화가 뚜렷하게 느껴질 때야 비로소 그것이 에너지인 줄 깨닫게 된다. 에너지의 오해는 거기서 비롯되었다고 생각한다. 인간이 느끼기 편한 대로 에너지를 정의해 버린 것이다. 그리고 인간들은 자연스럽게 에너지의 변화량을 에너지 그 자체로 느끼게 되었다. 이 사실이 왜 중요한지 지금부터 설명할 생각이다.

2) 중독과 상황중독의 정의

우리가 일반적으로 쓰는 중독이라는 말에는 여러 가지의 의미가 있어 여러 가지 용어로 표현될 수도 있다. 그리고 주로 물질로 인한 남용이나 중독에 관해 설명을 하는 경우가 많다. 교과서에는 어떻게 표현되고 있는지 알아보자.

남용abuse이란 사회적 또는 직업상의 기능장애를 초래하는 물질의 병적 사용, 즉 의학적 사용과는 상관없이 약물을 지속적으로 또는 빈번히 사용하는 것을 말한다. 습관성 중독addiction(중독, 갈망, 탐닉)이란 심리적 의존이 있어 계속 물질을 찾는 행동을 하고, 신체적 의존이 있어 복용을 중단하지 못하며, 신체적 정신적 건강을 해치게 되는 상태를 말한다. 현재 의학적 용어로는 많이 사용하지 않으나 상태를 보다 정확히 표현하는 용어이기도 하다. 습관성habituation이란 약물을 계속 사용함으로써 긴장과 감정적 불편을 해소하려는 것을 말한다. 내성tolerance이란 약물을 사용했을 때 효과가 점차로 감소하거나, 같은 효과를 얻기 위해 점차 용량을 증가시켜야 하는 상태를 말한다. 금단증상withdrawal or abstinence syndrome이란 약물의 사용을 중단하거나, 사용량을 줄였을 때 나타나는 증상을 말한다. 신체적 의존 physical or physiological dependence이란 약물 사용이 지속되면서 약물과 유기체간의 상호작용의 결과로 나타나는 생리적으로 변화된 상태를 말한다. 즉, 신체적으로 금단증상을 피하기 위해 사용자가 약물을 계속해서 사용하게 되는 상태를 말한다. 심리적 의존psycholog-ical dependence이란 습관성habituation과 유사한 개념으로 약물을 계속 사용함으로써 긴장과 감정적 불편을 해소하려는 것을 말한다.[14]

---

14) 민성길, 『최신정신의학』, 일조각, 329.

마음의 지도

의학서적을 읽다 보면 중독이란 결코 약물과 뗄 레야 뗄 수 없는 부분이다. 개념 자체에 약물이 포함되어있다고 해도 과언이 아니다. 그래서 개념을 조금 약물에서 더 넓혀 보자. 일상적으로 잘 사용하며 주로 일중독, 운동중독, 커피중독 등과 같은 개념의 친숙한 의미의 중독addiction으로부터 시작해보자. 그리고 우리가 한때 집착하고 파고들었던 모든 대상, 사물, 관계, 상황에 이르기까지 광범위하게 적용해 보기를 원하는 것이다. 그리고 그 중독의 가장 기저에 있는 심리적인 원인을 경험적으로 풀어서 밝히고자 한다. 그래서 위에 있는 중독의 정의에서 꼭 물질에만 해당하지는 않는다는 뜻으로 바꾸어서 정의를 다시 써보자. **중독이란 긴장이나 감정적 불편을 해소하기 위하여 하게 되는 반복적인 어떤 행동을 말하며 심리적인 의존과 신체적인 의존이 있어 정신적 신체적으로 건강을 해치게 되어도 그 행동을 그만두지 못하는 상태를 말한다.** 무엇보다도 정신적 신체적으로 건강을 해치게 된다고 하더라도 당장의 불편감을 해소하기 위해 반복해서 하는 행동이라는 말에 주목해야 한다. 그리고 그 행동을 하게 되는 이유를 이제까지는 그 행동에 사용되는 매개체(약물, 음식, 기호품)에 있다고 생각해 온 것이 일반적이다. 여기서 그 이유가 다른 것에 있다고 얘기하려 한다. 어릴 때부터 반복적으로 노출되어 온 환경이나 상황에서 느끼는 쾌감을 재현해 내기 위해 매개체를 사용하는 것이다. 여기서 매개체는 선택사항이다. 매개체를 사용하지 않는 사람이라고 해서 쾌감을 전혀 추구하지 않을 것이란 보장은 없다. 모든 사람은 불편한 상황에서 자연히 얻어지는 쾌감에 중독되어 있다. 그 정도의 차이일 뿐이다. 정도가 심할수록 그 쾌감을 재현하기 위해 매개체를 사용할 가능성이 높다. 중독 정도가 심하지만, 죄책감이 크다면 매개체를 사용하기를 꺼린다. 오히려 불편함을 느꼈던 그 상황을 직접 재현하려는 경향이 있다. 여기서 상황중독의 정의를 내려 보자. **상황중독이란 인생의 초기(수동적 성장기)에 겪었던 과거의 상황으로 인하여 저절로 체득한 쾌감을 현재에서 다시 재현하고자 하는 모든 의도와 행위를 말한다.**

3) 상황중독의 형성

> 인간의 정신적 삶이 어떤 것이라는 것을 아는 사람이라면 그는 한 번 경험한 쾌락을 포기하는 것보다 더 어려운 일이 없다는 사실 또한 알 것이다.[15]

조금 더 임상적인 사례에서의 상황중독은 정신 분석가들이 주로 '치료되지 않으려고 저항하는 성향' 또는 '반복 강박repetitive compulsion' 정도로 인식하게 되는 것이다. 쾌감을 얻기 위해 불편한 상황을 스스로 재현하는 것이라고 할 수 있다. 이게 무슨 뜻인지 몰라 의아해할지도 모르겠다. 인간은 살아가면서 이미 다양한 방법으로 상황중독에 지배당하고 있다. 많은 사람이 생활 속에서 이미 경험하고 있는 얘기다. 일반인이라도 조금만 이 원리를 이해하면 생활 곳곳에서 보이는 중독적인 성향의 일반적인 원리와 함께 부작용도 쉽게

---

15) 지크문트 프로이트, 『예술, 문학, 정신분석 (프로이트 전집 14)』 - 작가와 몽상, 열린책들

마음의 지도

깨달을 수 있을 것이다. 자 이제 불편한 상황에서 쾌감이 얻어지는 과정을 설명해 보자.

'내'가 살면서 발생하는 불편감이 욕구를 만들고 그 욕구가 채워지지 않으면 결핍이 생긴다(〈1장 본능과 욕구〉 참조). 그리고 그 결핍감 역시 '나'를 지속해서 괴롭히는 불편감이자 괴로움이다. '내'가 살아가는 인생의 초기에 그러한 불편감이 지속해서 생길 경우 '나'는 그 불편감을 견뎌 내면서 힘들어한다. 그렇게 견디고 견디다 보면 그 상황에 적응하게 된다. 그리고 그 적응상황에서 불편감을 있는 그대로 받아들이지는 않고 변형시킨다. 자신이 불편해하는 지금의 상황을 어쩔 수 없이 받아들여야 하는 자신의 원래 상태인 양 변화 시켜 받아들인다. 그리고 그것을 다음부터 생기는 상대적 불편함의 기준으로 삼게 된다.

이것을 이해하기 위해서 먼저 에너지 전위차에 대한 이해가 필요하다. 아파체타에 비교하여 설명해보자. 아파체타는 상황중독을 재현하기 위한 복제품이므로 원래 상황중독이 생길 때와는 조금 다르다는 것만 염두에 두자. 원래 무거운 짐을 지고 산길을 가는 것은 괴로운 일이다. 하지만 이 괴로운 일을 견디고 견디다 보면 언젠가 끝이 난다는 것을 우리는 경험적으로 알고 있다. 그리고 이 고통이 끝나면 느껴지는 쾌감은 느껴본 자만이 아는 것이다. 상황중독에 대한 다른 관점의 정의를 내려 보자면 바로 이 쾌감으로 고통과 지루함을 견디는 데 사용하는 경향을 말한다고 할 수 있다. 고통은 아직 끝나지(짐을 내려놓지) 않았으므로 쾌감이 생길 리가 없다. 하지만 그 쾌감을 만드는 다른 방법은 얼마든지 있다. 현재의 고통보다 조금만 더 고통을 짊어지면(무거운 짐에다 돌을 하나 더 들면) 내려놓는 순간 느끼는 작은 해방감을 수시로 맛볼 수 있다. 현재의 고통 중에도 소소한 쾌감은 얼마든지 즐길 수가 있는 것이다.

무거운 짐을 지는 것은 평상시의 기준으로는 심한 불편감이다. 그렇지만 오랫동안 짐을 지고 가다 보면 어느덧 그것을 현재 자신의 기준으로 삼게 된다. 그리고 짐에서 해방될 때 현재의 기준에서 (짐을 벗어 던지면서 느끼는) 불편감이 해소되면서 쾌감을 느끼게 된다. 하지만 짐을 벗어 놓을 때가 아직 멀고 멀었다면 불편하게 참고 있는 현재를 계속 지루하게 인내해야만 한다. 이 지루함을 사람은 더 못 견뎌 하는 것이다. 그래서 현재의 불편을 참고 지루함을 인내하는 도구로 에너지의 전위차를 느끼는 것이다. 무거운 짐을 지고 가다가 다시 돌을 드는 에너지 소모 가중 상태는 할 수만 있다면 무시하고 신경 쓰지 않는다. 오로지 (돌을 던졌을 때 느껴지는) 에너지 소모 상태의 중단을 에너지가 유입되는 것으로 여기면서 잠시 잠깐의 여유를 되찾는 것이다. 사막에 오아시스가 있다면 안데스에는 마음의 오아시스가 있다.

짐을 지고 가는 상태를 여전히 평상시 짐을 지지 않고 있는 상태의 기준으로 보고 있다면 짐을 벗는 것이 원상복구의 의미만 있을 것이다. 하지만 기준을 짐을 지고 있는 상태로 재조정하면 현재 상태에서 나은 상태로 변화하는 에너지의 전위차를 느낄 수가 있다. **비교기준 재조정**은 무거운 짐을 지고 가면서 일어나고 그 상태로 돌을 집어 드는 것으로 다시 한번 일어난다. 그 비교기준을 재조정하기 위해 자신이 스스로 자초한 불편함은 대부분 무시하거나 외면한다. 그것은 지금까지도 그랬지만 앞으로도 그럴 것이다. 지금 이렇게 지적하지 않는다면.

마음의 지도

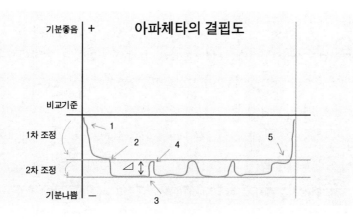

아파체타의 결핍도

1. 무거운 짐을 지는 시점. 이후 고통이 지속되면서 1차 비교기준 재조정을 통해 고통을 현실로 받아들인다. 그 후 고통을 묵묵히 견딘다.
2. 다시 또 돌을 드는 시점. 이후 고통이 가중되면서 2차 비교기준 재조정을 통해 가중된 고통을 현실로 받아들인다.
3. 아파체타에 도달해서 돌을 내려놓는다. 이때 발생하는 고통의 해방감을 쾌감으로 느낀다. 바로 그 변화량을 통해 고통을 견디며 지루한 노동에 대한 재미를 느낀다.
4. 아직 목적지가 멀었으므로 다시 돌을 집어 든다.
5. 목적지에서 짐을 내리는 시점이다.

 에너지의 전위차에 대한 이해를 바탕으로 상황중독이 생기는 과정을 설명해 보기로 하자. 이미 그 에너지 전위차를 느끼기 위해서 기꺼이 손해를 보는 상황을 아파체타를 통해 알아보았다. 그러면 그렇게 전위차를 느끼는 방법은 어디서 알았을까? 지금 이 글을 읽고 있는 사람이 에너지 전위차에 대해 공감하는 부분이 있었다면 무엇을 통해 알게 되었던 걸까? 그 답은 간단하다. 이미 경험해 보았기 때문이다. 인생을 살아오면서 '내'가 자연스럽게 겪었던 많은 상황과 에피소드를 겪으며 '나'는 경험적으로 에너지의 전위차를 깨달았던 것이다. 하지만 거기에는 조건이 있다. 에너지의 소모(기분 나쁨) 상태를 감당하기 위해서는 에너지 소모(기분 나쁨) 상태가 만성적으로 일어나서 에너지 소모(기분 나쁨) 상태를 현재의 일반적인 상태로 인식하는 비교기준 재조정이 일어나야 한다. 만약 에너지 소모(기분 나쁨) 상태를 너무 민감하게 받아들이면 즉, 비교기준 재조정이 일어나지 않은 상태에서는 에너지 소모(기분 나쁨) 상태를 너무도 뼈아프게 느낄 것이다. 소모(기분 나쁨) 상태가 중단되면 그것은 당연히 되돌아와야 할 원상 복구이지 짜릿하게 느낄 에너지 전위차는 아니다. 즉, 평상시 환경에 안정적이며 보통의 평탄한 날을 보내고 있는 '나'라면 순간적인 에너지 소모(기분 나쁨) 상태와 다시 복구된 상태를 트라우마 trauma라고 여기게 된다. (하지만 '나'의 에너지 상태에 따라 평범한 상태로 돌아오는 것을 기분 좋은 느낌으로 느낄 수도 있다.) 하지만 환경이 좋지 않아 매일 에너지 소모 상태를 겪고 있다면 에너지 소모(기분 나쁨) 상태 중단은 커다란 에너지 전위차를 느끼게 하며 그것은 쾌감에 가까운 것이다(그 당시에는 그렇게 느끼지 않는다고 해도). 그런 일들이 자주 일어나면 '나'는 괴로운 상황이 반복되는 끄트머리에는 언제나 커다란 쾌감도 따라온다는 것을 체험으로 깨닫게 된다.

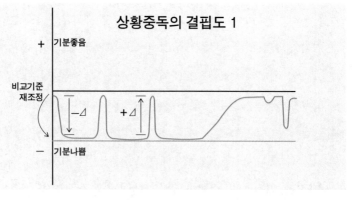

상황중독 결핍도1

마음의 지도

'나'의 어린 시절 부모에 의해 지속적인 결핍이 생기게 되면 그 불편감이 중단되는 순간(+Δ), 순간을 굉장히 즐거운 사건으로 기억하게 되며 '나'는 그때 느끼는 에너지 전위차를 쾌감으로 기억하게 된다.

이것만 보면 괴로운 '나'의 긍정적인 인식전환이 아닐 수가 없다. 고통을 고통으로 보면 괴롭지만, 쾌감을 얻을 기회로 생각하는 것은 자아의 훌륭한 방어기전일 수 있다. 그것으로 끝나서 아무런 부작용도 남기지 않았다면 말이다.

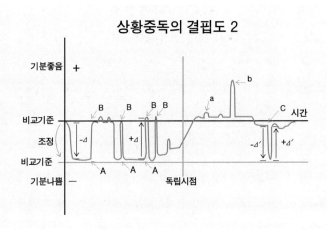

상황중독 결핍도2

오랜 기간 불편감에 노출된 '나'는 비교기준이 점점 하향 조정된다(비교기준'). 원래 불편감을 참는 것을 당연한 것으로 즉, 기준으로 여기게 된다. 그러다가 '나'에게 부과되었던 불편감이 사라지는 순간(A) 양陽의 전위차(+Δ)를 경험하게(B) 된다. 스트레스가 사라지는 순간은 평범한(비교기준에 가까이 도달하는) 순간이다. 지금 고통을 받는 현재의 스트레스가 영구히 사라지는 독립의 시기가 되면(비교기준에 가까이 도달하면) 스트레스가 사라지는 순간 느꼈던 양의 전위차(+Δ)를 계속 느낄 수 있다고 착각을 하게 된다(B상태가 유지되면 계속 +Δ를 느낄 수 있으리라 생각한다.) 하지만 막상 독립해서 자신의 불편감이 모두 사라진 상태가 되면 짜릿한 양의 전위차(+Δ)는 느낄 수가 없다. B가 곧 +Δ는 아니기 때문이다. 모든 상황은 더 나아졌지만, 오히려 더욱 더 지루함만 느끼게 된다. 그 지루함을 탈피하는 방법은 자신의 기분을 순간적으로 즐겁게 해줄 수 있는 모든 쾌락에 의지하는 것이다(a). 만약 그것만으로는 어린 시절 느꼈던 그 짜릿함을 재경험할 수 없다고 느낄 경우, 그리고 자신을 둘러싼 상황이 불법을 부추길 경우 술, 약물, 도박, 불법적인 쾌락에 의지하게 된다(b). 만약 죄책감이 커서 불법적인 방법을 쓰지 못할 경우에는 이미 오래전부터 익숙하게 경험했던 그 상황으로 다시 돌아가는 방법을 쓴다. 바닥을 모를 감정의 심연으로 다시 잠수하는 것이다(c). 그리고는 다시 되튀어 오르는 양의 전위차를 즐기려 한다.

부작용이란 비교기준이 조정되면서 생기는 스트레스 중단 상황이 고스란히 전위차로 느껴지게 되는 부분을 말한다. 극단적인 예를 들어 오랫동안 집안에서 억압적인 분위기를 조성하는 아버지 밑에서 자라는 경우를 생각해 보자. 하루하루가 폭압의 살얼음판을 아슬아슬하게 걸으면서 불편함(기분 나쁨)을 견뎌내야 하는 상황이다. 하지만 가끔 아버지가 들어오지 않는 날, 또는 여행을 간 날에는 스트레스 중단 상황이 생긴다. 그때의 해방감은 예전에 느껴본 적이 없는 양의 전위차(+Δ) 또는 '기분 좋음'으로 느껴지게 된다. 스트레스가 없다는 것은 객관적으로 아주 좋은 일도 아니고 그다지 나쁜 일도 아니다. '보통' 사람들에게는 그저 평범한 하루가 되는 것이다. 하지만 스트레스로부터의 해방감을 느끼는 '나'에게는 극단적인 쾌락(기분 좋음)의 날이 된다. 해방감이 얼마 가지 못하고 아버지가 돌아오면서 사라질 경우 더 그렇다. 그리고 또다시 스트레스 상황에서 괴로운(기분 나쁜) 일상이 유지가 되면 그때 느꼈던 그 해방감, 짜릿한 쾌감, 양의 전위차(+Δ)를 그리워하게 된다. 이런 상황이 반복되면 될수록 '나'는 계속 쾌감(기분 좋음)에 대한 갈증이 생기게 된다. 이렇게 보통사람에게는 평범한 일상이 비교기준을 조정함으로써 '나'에게는 전위차의 정점으로 경험된다. 그것은 엄청난 유혹이다. 일상생활에서는 도저히 느낄 수 없는 쾌감을 느끼는 것이다. 거기서 부작용이 탄생한다. '나'는 훗

날 '내'가 독립하여 아무런 스트레스도 받지 않는 혼자만의 생활을 꿈꿀 것이다. 그때 이 쾌감(기분 좋음)도 함께 꿈꾸게 된다. '나'는 상태의 급격한 변화에서 오는 전위차를 느끼는 쾌감(기분 좋음)이라고 생각하지 않는다. '나'는 아무런 스트레스가 없는 평범한 상태가 되면 쾌감(기분 좋음)을 당연하게 느낄 것이라고 생각한다. 물론 변화하는 역동성만 있다면 쾌감을 느끼는 것이 당연하겠지만 평범한 상태가 유지될 경우 즉 정적인 상태에서는 전위차를 느낄 수 없다. 독립한 지 얼마 되지 않은 시점에서 아직 비교기준 하향조정이 유지되고 있다면 매일 매일 여전히 전위차를 느끼면서 해방감이 지속될 것이다. 하지만 시간이 지나면서 독립상황을 일상으로 받아들이게 되면 비교기준이 곧 상향으로 재조정된다. 평범함이 일상이 되면서 매일 매일 기대했던 전위차는 전혀 느끼지 못한다. 오히려 매일 매일 전위차를 느낄 것이라는 기대치에 비해 쾌감이라는 전위차를 못 느끼기 때문에 상대적인 결핍감으로 다가오게 된다. 그리고 그 결핍감을 권태라는 감정으로 느낀다. 이것은 프로이트와 괴테도 분명히 느꼈던 부분인 듯하다.

쾌락 원칙이 간절히 바라는 상황도 오래 지속되면 강렬한 쾌감이 아니라 가벼운 만족감을 낳을 뿐이다. 인간은 오직 대조對照에서만 강렬한 즐거움을 얻을 수 있고, 상태에서는 거의 즐거움을 얻지 못하도록 되어 있다. 원주. 실제로 괴테는 "화창한 날이 계속되는 것만큼 견디기 어려운 것은 없다"고 경고한다. 물론 이것은 과장일 수도 있다.[16]

---

16) 지크문트 프로이트, 『문명 속의 불만 (프로이트 전집 12)』, 열린책들

'나'는 상황이 모두 평범해지게 되면 (평범한 상태로 돌아올 때 느꼈던 전위차를 평범한 일상생활의 특질이라 착각하기 때문에) 전위차를 느낄 것이라 생각했던 기대를 바꾸지 않는다. 하지만 그 뒤 지속되는 평범한 일상은 더 이상의 전위차를 느끼지 못한다. 대조되는 음陰이 없이는 양陽이 양이 아니다. 아무리 즐거운 일이라도 비교기준이 상향조정 된 뒤에는 재미없는 하루가 반복되는 것이다. 현재 아무런 일이 일어나지 않는 상태를 지루해 한다. 또 과거에 느꼈던 전위차를 그리워하게 된다. 그래서 다시 그러한 상태를 즐기려고 하는 경향이 생기게 된다. 이 전위차를 다시 재현하여 즐기려고 하는 경향이 바로 상황중독이다. 가장 일반적인 현상으로 나타나는 것이 세간에서 향락산업이라고 일컬어지는 부분이다. 조금 과장하자면 인류가 만들어낸 대부분의 서비스 산업들은 바로 이 쾌락(양의 전위차)을 얼마나 더 안전하게, 극적으로 즐길 수 있느냐를 고민한 데서 비롯되었다고 할 수 있다. 만약 이러한 일반적이고 비교적 안전함이 보장된 양의 전위차도 만족할 수 없을 경우가 생긴다면 문제적인 행동이 발생하게 된다. 지루한 하루를 매개체(술, 약물, 도박)를 통해 전위차를 발생시키는 것이다. 이것은 개인적으로나 사회적으로 모두 문제가 되는 부분이며 사회적 비용과 법적인 문제가 겹치게 되므로 어떻게든 겉으로 드러나게 되는 부분이다. 그 부분은 현재도 알코올중독, 약물중독, 도박중독이라는 병명으로 지대한 관심을 받고 있다. 하지만 여기서 조금 더 신경을 써서 강조하고 싶은 부분은 겉으로 드러나지 않는 부분이다. 아무도 신경 쓰지 않고 당사자조차도 어쩔 수 없이 견디면서 넘어가는 부분이다. 왜 힘들어하는지도 모르면서 힘들어하기도 한다. 말하자면 양의 전위를 느끼기 위해 불법적인 매개체를 사용하지

마음의 지도

못하는 사람이 사용하는 방법이다. 옛날 어린 시절 느꼈던 양의 전위차를 느끼는 방법 그대로 재현을 하는 것이다. 그러기 위해서 음의 전위차를 무릅쓰며 음의 전위차를 무시하고 없는 존재인 것처럼 느낀다. 그것은 음의 전위차를 느끼는 순간 과거 어린 시절 느꼈던 심리적 관성으로 인해 비교기준 하향조정이 무의식적으로 자연스럽게 일어나기 때문이다. 그래서 음의 전위차가 주는 불편감은 곧 잊게 되고 이어지는 거대한 양의 에너지를 기대할 수 있는 것이다. 상황중독은 어렸을 때 형성된 상황에 중독되어 현재에서도 어렸을 때 느꼈던 불편감을 재현하면서 얻어지는 양의 전위차에 집착하는 경향을 말한다. 다시 표현하면 쾌락을 얻기 위해서라면 어떠한 대가와 손해라도 개의치 않고 스스로 무릅쓰는 경향을 말한다고 할 수 있다.

상황중독의 발생

상황중독의 구성요소

이러한 상황중독이 생기는 과정에는 일련의 조건이 필요하다. 대부분의 상황중독은 인생의 초기에 형성된다. 불편함이나 고통 또는 압박과 같은 스트레스 상황을 스스로 아무 말 없이 견뎌 내야 하는 상황이 존재해야 한다. 그래야 비교기준 조정이 일어날 수 있기 때문이다. 이 비교기준 조정이 일어나지 않는다면 스트레스 상황을 트라우마로 인식하고 다시는 경험하고 싶지 않은 악몽으로 기억할 것이다. 그래서 이 비교기준 조정이 생기기 위해서는 '내'가 회피할 수 없는 고통스러운 결핍을 장기간 감당했던 경험이 필요하다.

　이러한 상황중독 형성의 조건에 해당하는 사람이 그렇게 적은 편은 아니다. 대부분의 사람이 이러한 상황중독에 걸려 있다고 할 수 있다. 양육자의 양육에 있어 어느 정도는 반드시 압박과 스트레스를 동반할 수밖에 없기 때문이다. (이미 본능 편에서 설명한 대로) 그 압박과 스트레스로 인해 타자변형적 태도alloplastic attitude에서 자기변형적 태도autoplastic attitude로 바뀌어야 한다. 자기변형적 태도가 자신의 기준을 현재 상황에 맞게 바꾸어야 한다. 자기변형적 태도로의 전환과 비교기준 조정은 동시에 일어난다. 하나의 본질이 가진 양 측면이라고 할 수 있다. 그 얘기는 타인의 기준에 맞춰 자신의 기준을 변형시키는 사람이라면 이미 비교기준 하향조정이 이루어졌다는 얘기다. 타인에 대한 기준을 먼저 생각하고 자신의 불편을 참을 줄 아는 (그것이 당연하다고 생각하는) 사람이라면 대부분은 알게 모르게 상황중독에 걸려 있다는 얘기가 된다.

　또 하나의 상황중독 형성조건이라고 한다면 비교기준 하향조정이 된 상태에서 가끔씩 평범해질 때 수동적으로 느끼게 되는 +Δ만큼의 쾌감에 대한 경험이다. 에너지 변화량은 오랫동안 견뎌왔던 고통에 대한 훌륭한 보상이다. 그리고 그 보상은 +Δ값이 깊으면 깊을수록 고통의 기간이 길면 길수록 커다란 쾌감으로 다가오게 된다. 그리고 그러한 쾌감의 경험은 아파체타 만큼이나 고단한 삶을 잊게 하는 마약 같은 보상이다.

　마지막 상황중독 형성조건으로는 나중에 그 보상을 다시 받고 싶어질 때 사용하는 매개체이다. 거의 같은 보상을 받기 위해 삶의 초기에 수동적으로 받았던 고통을 스스로 재현하는 정서적 다이빙이

마음의 지도

좁은 의미의 상황중독을 정의한다면 단순하게 자신의 경험과 비슷한 크기의 +Δ값을 추구하는 여러가지 약물과 알코올, 도박, 섹스 등의 매개체는 넓은 의미의 상황중독을 정의한다고 할 수 있겠다.

상황중독을 만드는 결핍감(불편감, 기분 나쁨)의 종류

여기서 하나 짚고 넘어가야 할 것이 바로 한국과 서양의 결핍감(불편감, 기분 나쁨)의 차이에 따른 상황중독의 차이일 것이다. 이미 결핍감(불편감, 기분 나쁨)을 받아야 할 것을 못받았을 경우와 원래 내것을 빼앗겼을 경우로 나누어 설명한바 있다. 받아야 할 것을 못 받았을 경우 느끼는 결핍감을 좁은 의미의 결핍감이라고 하고 원래 '내' 것을 빼앗겼을 때 느끼는 결핍감은 '내' 뜻대로 '내' 삶을 살지 못하는 것에서 오는 압박감으로 느끼게 된다. 원래 '내' 것을 오랫동안 누군가에게 빼앗기는 경험이란 웬만하면 일어나기 힘든 경험이며 만약에 일어난다면 양육자에 의해서 내 의사에 반하여 일어나는 억압 말고는 거의 없을 것이다. '나'의 자유를 장기간 동안 빼앗아 가는 경험이라고 할 수 있다. 이 두 종류의 결핍감이 주로 한국과 서양의 양육에서 일어나는 결핍감의 차이라고 할 수 있다.

한국에서는 양육자가 많은 것을 미리 정하고 밀접하게 제공해주기 때문에 양육자의 스트레스가 큰 만큼 '내'가 느끼는 압박감도 더불어 커진다. 서양에서는 많은 것을 스스로 선택하고 스스로 책임을 지게 하기 때문에 양육자의 스트레스도 덜하고 '내'가 느끼는 압박감도 덜하다. 반대로 한국에서는 양육자의 책임이 큰 만큼 많은 보살핌을 알아서 챙겨주는 경향이 있는 반면 서양에서는 최소한의 양육 이상의 것을 기대하기는 힘들다. 그래서 결핍을 느낀다면 '내'가 느끼는 결핍의 종류도 한국과 서양이 차이가 날 수밖에 없다. 그리고 그 결핍감은 한국에서는 압박감으로, 서양에서는 좁은 의미의 결핍감으로 느껴질 것이다. 물론 대표적인 경향성이 그렇다는 것이다. 한국에서도 서양식 양육으로 인한 좁은 의미의 결핍감 역시 많을 것이고 서양에서도 부모의 양육 욕심으로 인한 압박감 역시 많을 것이다. 단지 그러한 경향이 왜 발생했는지 이유를 설명하기 쉽도록 한국과 서양의 양육으로 분류했음을 밝혀둔다.

그런데 이 결핍과 압박감은 서로 반비례하는 관계가 된다. 양육자가 '나'를 살뜰히 챙기면 챙길수록 양육자의 기대치가 높아지며 '나'는 그 양육자의 기대치에 압박을 받을 수밖에 없다(한국). 양육의 질이 떨어지면 떨어질수록 '나'는 자유로움을 느낀다(서양). 물론 양육자에 따라 양육의 질도 떨어지면서 압박감도 큰 최악의 양육 환경이 존재할 수도 있다. 이상적으로는 양육의 질도 높으면서 '나'의 압박감을 최소화해줄 수 있다면 더할 나위 없을 것이다. 하지만 양육자가 완벽에 가깝거나 '치료 되지' 않으면 그런 이상적인 양육은 기대하기 어렵다. 그리고 아무리 양육자가 완벽에 가깝다고 하더라도 압박감이 너무 없어도 문제가 된다. 적당한 압박감은 타인과의 관계 유지를 위해 타인을 배려하는 방법을 배우게 하기 때문이다. 또 상황중독의 불법적인 매개체를 사용을 막는 것 역시 양육자로부터 받는 적절한 압박감이다.

또 하나의 결핍감(불편감, 기분 나쁨)은 지루함이다. 그것은 어린 시절의 결핍감(불편감, 기분 나쁨)이 심하면 심할수록 지루함도 강하게 느끼게 된다. 이 지루함은 양육자의 양육도 양육자의 간섭도 줄어들

마음의 지도

어 '내' 인생이 평탄해졌을 때 느끼는 금단증상이다.(실제로 스트레스 호르몬에 대한 수용체 수준에서 일어나는 금단증상일 것이라는 가설도 세울 수 있을 것이다.) 상황중독에서 상태 변화량이 크면 클수록 결핍의 순간적 변화량은 짜릿한 만족감으로 느껴진다. 압박감의 순간적인 변화량은 해방감으로 느껴질 것이다. 그 상태를 반복하게 되면 순간적인 상태 변화량에 대한 새로운 기대치가 형성된다. 일차적으로 현재 상태가 어디에 있든 상관없이 일정한 도착점을 형성하는 일차적 비교기준 또는 기대치가 생긴 뒤, 현재 상태가 어디에 있든 상관없이 순간적인 상태 변화량을 일정하게 느끼고 싶어 하는 이차적인 새로운 비교기준 또는 기대치가 형성된다. 그 기준이 되는 상태 변화량은 '내'가 과거에 느껴본 최대치의 상태 변화량일 것이다. 현재 상태가 과거 변화량의 도착지점에 도착하여 일차적인 기대치가 충족되었다고 해도 약간의 적응 시간이 지나다 보면 과거의 기대하던 상태를 이루었음에도 불구하고 새로 생긴 순간적 상태 변화량의 기준을 이차적으로 다시 들이대는 것이다. 목표지점에 도달하면 목표를 이루어 낸 역동성이 사라지므로 아무 일도 일어나지 않는 현실은 오히려 결핍감(불편감, 기분 나쁨)으로 인지된다. 바로 이 결핍감(불편감, 기분 나쁨)이 지루함으로 느껴지는 것이다. 이 지루함이 바로 성인이 되었을 때 일반적인 '내'가 느끼는 좁은 의미의 상황중독을 만드는 원인이다.

정리해보자. '나'의 상황중독을 만드는 넓은 의미의 결핍감(불편감, 기분 나쁨)은 양육자로부터 받아야 할 양육이 부족해서 생기는 (좁은 의미의) 결핍감. 양육자로부터 받고 싶지 않은 압박 때문에 생기는 압박감, 이러한 불편감이 전혀 없을 때도 나타나는 지루함(상황중독)으로 들 수 있다.

결핍감을 해결하는 방법으로 사용되는 상황 중독

이 결핍감(불편감, 기분 나쁨)을 해결하는 방법에 대해서도 언급하고 넘어가자. 만약 결핍감이 심한 사람이라면 결핍을 메워 줄 대리욕구에 얽매여 있는 삶을 살게 된다. 끊임없이 인정을 받으려하거나(인간관계에 얽매여 필요도 없는 사람에게까지 인정받으려고 에너지 낭비를 한다.) 시각적확인욕구에 매달리거나(확인욕구가 조금만 채워지지 않아도 외로워하고 누군가를 끊임없이 그리워한다.) 아니면 가장 간편한 방법인 기본적인 욕구를 채우려고 한다. (과도하게 먹거나 과도하게 자게 된다.) 아니면 또 다른 강력한 대리욕구인 접촉확인욕구를 사용하게 된다. (성관계에 과도한 욕구를 보이거나 입맞춤이나 포옹에 집착하게 된다.) 접촉확인욕구란 한 번에 확인욕구와 인정욕구를 동시에 만족시킴과 동시에 성적인 관계에서 얻어지는 쾌감 또한 가져다주므로 서양에서는 가장 사용이 빈번하고 주된 대리욕구가 된다. 하지만 이것은 문제의 해결책이 될 수 없다. 어떠한 대리욕구도 근본적인 문제를 이해하지 않고서는 결핍감을 영구히 해결시킬 수 없기 때문이다.

만약 압박감이 심한 사람이라면 압박을 받는 데서 생기는 결핍감(불편감, 기분 나쁨)을 자꾸 분노로 발산하게 된다. 분노라고 하면 직접적인 대상에게 화를 발산하는 분노와 그 분노가 대상에게 좌절되어 다시 자기 자신에게 내는 분노로 나누어질 수 있을 것이다. 그 어느 경우나 항상 누군가에게 분노를 내기 위해 잔뜩 벼르고 있게 된다. 하지만 그 분노가 타당하지 않다는 것은 곧 알게 되는 것이다. 분노란 성숙한 인간의 해결방법이 아니다. 외부로든 내부로든, 타인에게든 자신에게든 미숙하게 발산되는 분노는 부메랑처럼 돌아와 더 큰 결핍감(불편감, 기분 나쁨)을 가져다주기 때문이다.

만약 과거에 상황중독을 몸으로 체험한 '내'가 성인이 되어 지루함을 느낀다면 상황중독에 의한 쾌감으로 지루함을 보상하고자 한다. 정서적 잠수를 통해 내재되어 있던 내부로의 분노 발산과 쾌감까지도 만족시킬 수 있다. 말하자면 만족을 얻거나 분노 발산을 통한 해방감을 얻으면서 그 만족과 해방감을 극대화하는 것이 바로 상황중독이다. 어떤 방식이든 순간적인 양의 전위차를 극대화해 느끼는 방법으로 결핍감(불편감, 기분 나쁨)을 상쇄시키는 것이다. 하지만 이 방법은 인생을 조금 더 꼬이게 만들어 마치 인생에 뭔가 커다란 비밀이 있는 것처럼 보이게 만드는 주범이 되었다.

한국과 서양의 양육환경에 따른 상황중독 형성의 차이

결핍감(불편감, 기분 나쁨)을 느끼는 비교기준의 관점에서 다시 언급해보자. 이 비교기준은 하나의 가치관을 가진 공동체에서 양육 받았을 때 일반적으로 받을 수 있다고 기대되는 수준이 될 것이다. 그 기준은 가족마다, 지역마다, 나라마다 다를 수 있으며 한국과 서양이 다를 수가 있는 것이다.

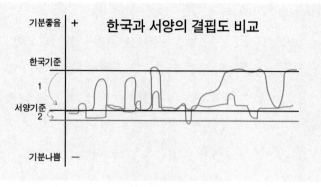

한국과 서양의 결핍도 비교

한국의 비교기준은 서양보다 높을 수밖에 없지만, 서양의 기준보다 훨씬 더 깊은 비교기준 조정이 일어난다. 한국에서 '나'의 불편감은 양육의 질이 높을수록 압박감의 비중이 더 크고 양육이 질이 떨어질수록 결핍감의 비중이 더 클 것이다. 하지만 어느 경우나 불편감은 클 수밖에 없다. 왜냐하면, 한국에서는 양육하는 쪽이나 받는 쪽이나 서로에게 비교기준의 기본적인 기대치가 있기 때문이다. 양육자의 양육이 기대에 못 미칠 경우의 결핍도 있지만, 양육자의 양육이 기대에 차고 넘칠 때 '내'가 받게 되는 기대치가 '나'에게 압박을 주는 상황이 생기게 된다. "엄마 아빠는 너에게 부족함 없이 해줬는데 네가 우리한테 어떻게 이럴 수가 있니?"라는 말은 한국 드라마에서 자주 나오는 대사임과 동시에 해 준 만큼 기대한다는 것이 모든 인간관계에 존재하는 불문율이라는 것을 나타낸다. 그것을 깨는 순간 관계는 무너지게 되고 한국인들은 불행해지게 되는 것이다.

서양은 이러한 관계가 필요 없다. 부모 역시 최소한의 양육을 하며 '나' 역시 최소한의 기대만을 하게 된다.(의식주와 신체적 안전을 제공한다.) 자신의 이익을 추구하는 데에 관계를 살필 필요가 없는 것이다. 기본적으로 주어진 양육이 모자란 만큼 나머지는 '내'가 채워야 하는데 '나'는 결국 '내'가 행복한 방향으로 자신을 이끈다. 문제는 서양의 행복이 단순한 양의 전위차를 추구하는 방향으로 자리 잡게 되면 걷잡을 수 없는 쾌락의 바다에 빠져들게 된다.

양육의 비교기준이 높은 사회에서의 상황중독 형성

일반적으로 양육 받을 수 있다고 기대되는 일차적인 기준이 높을수록 상대적인 결핍감은 더 크고 압박감 또한 높을 수밖에 없다. 이런 양육 문화를 가진 곳에서는 양육자가 모든 것을 알아서 해주기 때문에 양육자의 뜻대로 양육을 받게 된다. 양육자가 정해주고 양육자의 판단 기준대로 양육해준다면 그 기준이 아무리 좋은 것이라 하더라도 받는 '나'의 기분에 반할 경우가 많다. 양육자는 '나'의 미래를 위해 양육하기 때문에 현재의 '나'는 괴로울 수밖에 없다. 양육자가 정확하고 공정하게 '나'의 미래를 위해 좋은 것만 주기 위해 양육한다고 하더라도 그럴 것이다. 양육자의 편의와 양육자의 욕구가 '나'의 양육에 끼어들게 될 때 '나'의 괴로움이 커질 것은 말할 것도 없다. 양육자의 양육이 기준에 훨씬 못 미치는 가정이라면 결핍이 훨씬 더 커진다. 시간이 지나면서 그 큰 결핍이 모두 분노로 바뀐다. 명백하게 질 좋은 양육의 기준은 미디어를 통해 너무 잘 알려져 있기 때문이다. 그 기준과 동떨어진 양육을 받고 있다는 자각이 든다면 '나'는 분노가 생긴다. 그리고 그 분노는 자기가 스스로 억눌러야 하는 짐이 되는 것이다. 그리하여 양육의 질이 높은 사회에서 자라는 '나'는 어떤 경우든 압박감이 높을 수밖에 없다. 양질의 양육을 받는 '나'는 순간순간 밀접한 양육에서 벗어날 때 해방감을 느낄 것이다. 양질의 양육을 받지 못한 '나'는 누군가의 관심을 지속해서 받다 보면 자신의 분노가 그제야 풀리는 것을 느낄 것이다. 다른 사람과 어울려 살기 위해 억눌러 두었던 분노가 그제야 해소되며 억압에서부터 해방감을 느낄 것이다. 그 해방감이 기분 나쁨에서 기분 좋음으로 바꾸는 에너지 변화량, 순간적인 양의 전위차로 느껴지게 된다. '내'가 느꼈던 그 에너지 변화량이 크면 클수록 '나'는 자신의 감정의 상태가 어디에 있든 상관없이 경험과 기억 속에 남아 있는 그 에너지 변화량을 추구하게 된다. 그리고 방식은 자신에게 주어진 압박감을 푸는 방식으로 얻기 때문에 자신에게 익숙한 원래의 압박받는 상태로 돌아갔다가 그 상태를 해소하면서 생기는 에너지 변화량(기분의 상태 변화)으로 쾌감을 얻는다.

양육의 비교기준이 낮은 사회에서의 상황중독 형성

양육의 비교기준이 낮은 사회적 분위기가 있다면 '나'의 상대적 결핍은 거의 일어나지 않는다. 서양의 식사가 육류 위주이고 달콤한 디저트가 발달했으며 자극적이지 않고 칼로리가 많은 이유는 어렸을 때부터 자신이 먹고 싶은 것을 선택하는 문화이기 때문이다. 거기에는 아침부터 먹기 싫은 채소와 김치 젓갈 청국장 등의 발효식품을 먹으라고 강요하는 부모가 없다. 왜냐하면 부모도 부모의 부모에게 강요받은 적이 없어서다. 모든 음식에 자신이 뿌려야 할 드레싱을 선택하는 것과 자신이 절대 싫어하는 소스를 골라내는 것은 당연한 얘기다. 한국처럼 주는 대로 먹지 않는다. 어떤 어른도 어른이 먹는 대로 먹으라고 강요하지 않는다. 어른조차 아이들 입맛과 같기 때문이다. 아주 사소한 문제처럼 보이지만 중요한 문제이다. 양육자로서는 아침 메뉴에 대해 무엇을 먹일지 어떤 영양분을 섭취시킬지 크게 고민하지 않는다. 형편이 되는 대로 아침 재료를 놓고 아이들이 원하는 대로 먹이면 된다. 아침부터 초콜릿 시리얼을 달라고 한다면 주면 되는

마음의 지도

것이다. 아침 메뉴로 아이들과 전쟁을 하지 않아도 되므로 평화롭다. 아이들은 크게 압박감을 받지 않은 채 살아간다. 자신이 무슨 결핍이 있는지도 느낄 수 없으므로 비교기준도 낮다. 만약 비교기준 자체가 생활 속에서 느껴지지 않을 만큼 일상이 평화롭다고 생각해보자. 양육자 또한 양육에 대한 부담감이 적으며 '나' 역시 양육자의 압박감을 덜 느끼게 된다. '내'가 하고자 하는 행동에 별다른 제약이 따르지 않는다. 그렇게 되면 살아가는 모든 순간이 즐거움으로 가득할 것이다. 어린 '나'는 살면서 맞닥뜨리는 모든 상황이 처음 부딪히는 상황이므로 모든 상황이 자극된다. 양육자가 미리 제시하는 기준도 없고 제한도 거의 없으므로 모든 새로운 상황을 스스로 부딪치며 겪게 되는 것이다. 처음 부딪히는 상황이 즐거운 상황이었다면 '나'는 그 즐거움을 '기분 좋은' 상태 변화로 받아들이게 된다. 처음 부딪히는 상황이 괴로운 상황이라면 '나'는 그 괴로움을 '기분 나쁜' 상태 변화로 받아들이게 된다. '내'가 하루하루를 살아가면서 느끼는 것은 미지의 세계를 탐험하는 것과 같다. 아무도 이것을 해라 저것을 하지 말아라 (한국에 비해서는) 크게 간섭하지 않는다. 위험에 대해 사전에 경고하기보다는 스스로 위험에 대해 깨달아가기를 기다리는 쪽에 더 가깝다. 그러기 위해서 '나'는 매일 모험을 하게 되는 것이다. 만약 운이 좋아 모험의 결과로 큰 성취감을 맛볼 수 있었다면 그것만큼 '기분 좋은' 상태 변화는 없을 것이다. 만약 운이 나빠 실패를 했다 하더라도 '기분 좋은' 상태 변화를 추구하기 위해서는 반드시 지고 나가야 할 위험부담 정도로 인식하게 된다. 혹시 실패에 빠져 힘들다고 하더라도 그것을 담담히 받아들이면서 계속 모험을 추구하여 성공을 이루어 내었다면 실패에 대한 '기분 나쁨'을 딛고 이루어 낸 '기분 좋음'이므로 '기분 좋음'이 갑절이 되는 것이다. 그래서 그 '기분 좋음'을 더 가치 있게 여기게 된다. 모험하다가 실패를 해도 '나'의 선택이며 성공을 해도 '나'의 선택에 의한 결과이다. 거기에는 양육자가 제시한 어떠한 기준도 없는 것이다. 모험과 도전이 양육자의 압박일 리도 만무하다. 모든 것은 자신의 선택이다. 좀 더 '기분 좋기' 위한 선택인 것이다.

　문제는 인생초기 이러한 경험을 하게 되면 이 경험으로 인해 새로운 기준이 생기게 된다. '나'의 경험에서 새로운 것에 도전하여 성공을 하였을 때 주어지는 순간적인 '기분 좋은'(에너지) 느낌이 새로운 기준이 되는 것이다. 그 기준에 비해 순간적인 양의 에너지 변화량이 없을 때, 그것을 결핍으로 인식한다고 생각된다. 그리고 이 결핍을 채울 새로운 욕구가 발생하게 된다. 아무런 일도 일어나지 않는 상태에서 아무런 에너지의 변화가 발생하지 않는 것을 결핍으로 인식한다는 뜻이다. 비교기준은 과거의 경험에서 느꼈던 에너지 변화에 대한 느낌이 될 것이다. 그래서 발생하는 결핍을 '나'는 똑같은 본능으로 처리하게 된다. 결핍이 발생하였으므로 분노를 만들고 그 분노로는 결핍이 채워지지 않으므로 '내'가 직접 순간적인 에너지 변화량을 추구하는 욕구가 발생한다. 그리고 아무것도 주어지지 않는 백지상태에서 '내'가 순간적인 에너지의 변화량을 추구해가는 과정에서 발생하는 이 욕구의 순수한 형태를 호기심이라고도 부를 수 있을 것이다.

　이 책에서는 한국인을 위한 책이므로 그 욕구를 상황중독이라는 범주에 포함해 다룰 것이다. 주로 한국인들은 에너지의 변화량을 순수한 형태로 제공받지 못하기 때문에 따로 호기심으로 다룰 필요성을 느끼지 못하기 때문이다. 한국인들은 늘 관계라는 늪에 빠져 있어 호기심이 생겼을 때 항상 주변의 시선을 신경 쓰게 되기 때문이다.

대부분의 호기심은 어린 시절 양육자에 의해 좌절된다. 어른이 되었을 때 역시 호기심은 항상 관계에 분란을 일으키는 역할을 하게 된다. 해보지 않은 미지의 영역에 대한 호기심은 주로 하지 말아야 할 사회적 도덕적 규범에 의해 제한되고 있기 때문이다. 그래서 순간적인 에너지 변화량을 추구하는 방법을 다르게 처리할 수밖에 없다. '내'가 일상을 살아가는 과정에서 느끼는 여러 가지 욕구들과 결합해 느끼게 될 수밖에 없다. 늘 관계라는 압력이 존재하므로 그 관계를 유지하기에는 일정한 에너지를 항상 소모하게 된다.(의식적이든 무의식적이든 '기분 나쁜' 상태를 참는다는 뜻이다.) 항상 에너지가 소진되어 있어 그 에너지를 여러 가지 욕구로 다시 채우는 과정에서 얼마만큼 극적으로 채울 것인가의 문제가 중요해지는 것이다. 다시 말해 결핍이 발생하면 결핍을 스스로 조금 더 과장하고 욕구를 채울 때 조금 과장해서 채우면서 에너지 변화량을 극대화하는 방법을 쓴다. (간단한 예를 들면 배가 고플 때 이왕이면 매콤한 음식을 먹는 것을 들 수가 있다. 배가 고픈 결핍을 느끼면 매운 통증으로 결핍을 조금 더 과장하고 달콤한 맛으로 만족스러움을 강조한다. 같은 음식이라도 상태변화를 극단적으로 강화하는 음식을 고르는 것이다.)

만약 서양인을 위한 책이 된다면 그 욕구를 호기심이라는 새로운 범주로 다루어야 할 것이다. 확실하게 말할 수는 없지만, 서양인들은 어렸을 때부터 최소한의 위험을 배제한 뒤 그 최소한의 안전 내에서 아이가 스스로 하고 싶은 것을 마음껏 하게 두는 것으로 보인다. 최소한의 부담만 지면 되므로 그 최소한의 부담마저 소홀히 할 확률도 떨어진다. 그 최소한의 부담만큼은 양육자들이 제대로 지킨다는 뜻이다.

한국의 양육자들은 이미 아이와의 관계가 너무 밀접하기 때문에 조금의 위험이라도 허용하지 않으려고 한다. 하지만 그만큼 부담이 커지므로 그만큼 소홀해질 확률도 높다. 오히려 아이의 행동에 제약만 잔뜩 걸어두고 지치면 화를 내는 것이다.

서양(모든 서양을 하나로 묶어 버린 것은 이 책의 중대한 결점이기도 하다.)의 양육자들은 아이가 처음부터 스스로 조금씩 세상을 탐구해 나가는 것의 즐거움을 잘 알고 있는 듯하다. 그리고 누구도 그 즐거움을 빼앗을 권리가 없다고 생각한다. 그래서 새로운 것에 대한 도전과 미지의 세계에 대한 탐험이 인간이 가진 가장 숭고한 본능이라고 여긴다. 그것을 인간이 가진 본능의 본질이라고 본 것이다. 상황중독은 그렇게 복잡한 개념이 아님에도 이때까지 서양의 철학과 문학, 심리학, 사회학에서 따로 분리해 내지 못한 이유는 그것 자체를 인간의 본능이라고 보았기 때문일 것이다.

4) 상황중독의 종류와 임상적 의미

상황중독1형

아파체타형

현재 당하고 있는 고통이나 압박감을 조금이나마 덜기 위해 조금 더 고통이나 압박감을 스스로 당했다가 해소하는 경우다. 해소되지 않는 압박감을 잠깐이나마 해소한 것처럼 자신을 속이는 것이다. 아파체타형 상황중독이야말로 상황중독의 가장 기본적인 형태이다. 고통을 이겨내기 위해 순간적인 기분 좋은 변화(양의 에너지 변화)를 추구한다는 것이 상황중독의 핵심 내용이며 아파체타형이 그 내용을 가장 잘 표현하고 있기 때문이다. 양의 에너지 변화는 아무런 대가 없이 그냥 주어지지는 않는다. 거기에는 반드시 에너지가 투입되어야 한다. 만약 외부적인 에너지가 투입될 수 없는 상황이라면 양의 에너지 변화가 발생할 수 없다. 아파체타의 위대한 발명은 거기서 생겨난 것이다. '내'가 외부적인 에너지를 받을 수 없는 상황에서 절대 얻을 수 없지만, 또 가장 필요한 것이 양의 에너지 변화량이다. 그러므로 '나' 스스로 음의 에너지 변화를 만들고 스스로 해소하는 순간의 양의 에너지 변화를 느끼는 것이다. 순간적인 양의 에너지 변화를 추구하기 위해 반드시 필요한 음의 에너지 변화는 무시한다. 그러기 위해 무의식에서 처리하게 되는 것이다.

스트레스가 많아서 고통스러울 경우 자신을 자해하는 행동으로 고통을 해소하려고 하는 경향이 대표적이다. 예를 들어 스트레스를 받으면 머리카락을 뽑거나(발모광 tricotillomania), 손톱이나 손톱 주위 굳은살을 물어뜯는 경우를 말한다. 스트레스를 받으면 머리카락을 뽑고 살을 뜯을 때 느껴지는 재미를 통해 스트레스를 견뎌내려고 하는 것이다. 재미란 곧 기분변화인데 기분변화를 위해서는 아무것도 하지 않는 것보다는 무엇인가 행동을 해야 하므로 스스로 고통을 느끼는 방법을 사용하는 것이다. 물론 처음에 시작할 때는 굳은살이 제거되는 것에 흥미를 느꼈을 수도 있겠지만 가끔 실수로 생살이 찢어지는 고통을 맛보게 되면서 조금 더 감정의 변화를 큰 폭으로 느끼게 된다는 것을 깨닫는다. 점점 굳은살을 제거할 것이 없는데도 생살을 제거하면서 동일한 감정을 느끼고자 하게 된다. 재미가 있다면 고통은 무시할 수 있다. 틱tic이나 다리 떨기 등도 같은 기전으로 여겨진다.

상황재현형

현재 당하고 있는 고통이나 압박감이 없음에도 불구하고 순간적인 양의 에너지 변화를 느끼기 위해 스스로 상황을 변화 시켜 음의 에너지 변화를 무의식적으로 재현하는 경우다. 상황재현형은 원래 아파체타형과 같은 것으로 보면 된다. 원래 상황중독은 고통, 즉 결핍에 대응하는 또 하나의 대응방법이다. 결핍으로 인해 분노가 만들어지고 그 분노가 제구실하지 못하게 되면(분노를 통해서 더 이상 타인을 바꿀 수 없다는 것을 깨닫게 되면, 다시 말해 타자변형적 자세alloplastic attitude를 버리고 자기변형적 자세autoplastic attitude를 얻게 되면) 그다음 단계인 대리욕구를 찾아 나선다. 자신이 만들어 낸 욕구 중에 가장 효율이 크고 손쉽게 얻을 수 있는 욕구를 찾는다. 하지만 때로 인생에서는 '나'의 뜻과 상관없이 욕구 충족이 여의치 않을 때가 많다. 여러 욕구를 통해 에너지를 얻고자 하는 모든 시도가 좌절될 경우가 생길 수 있다. 그리고 그런 상황은 꽤 자주 발생한다. 이런 경우도 '나'의 무의식은 그대로 주저앉지 않는다. 전혀 새로운 방식으로 욕구불만을 해소하게 된다. 욕구를 충족했을 때 생기는 만족감을 욕구가 충족되지 않았음에도 마치 충족된 것처럼 꾸며서 느끼게 하는 것이다. 그것이 쾌감을 추구하는 상황중독이며 그 쾌감을 통해 현재의 고통을 마치 해결했을 때 생기는 쾌감인 것처럼 자신을 속이는 것이다. 그러면 잠시나마 현재의 고통을 무마하는 것처럼 느껴져 시름을 잊게 된다. 어떻게 보면 상황중독은 모든 대리욕구가 듣지 않을 때 발생하는 가짜 대리욕구, 대리욕구의 대리욕구, 최후의 대리욕구라고 할 수 있을 것이다.

상황재현형 상황중독은 객관적인 고통을 느끼지 않을 때 발생하는 상황중독이다. 객관적인 상황판단으로는 전혀 고통스럽지 않고 전혀 결핍이 없을 때 발생하는 상황중독을 말한다. 그렇다면 이 상황중독은 아파체타형 상황중독과 전혀 다른 상황중독이라고 할 수 있을까? 미리 말한 바 있지만 그렇지 않다. 객관적인 상황에 아무런 결핍이 없다 하더라도 주관적인 결핍은 발생한다. 이미 과거에 상황중독 속에 놓여 본 '나'는 상태변화량(+Δ값)만은 기억하기 때문이다. 원래는 상태변화량이 결핍이 해소되는 순간에 발생한다. 그것이 당연한 얘기다. 하지만 결핍이 해소되는 순간에 발생하는 상태 변화량은 일회성이다. 한번 결핍 해소 상태가 되면 상태 변화량은 더 이상 발생하지 않는다. 만약 누군가의 경험 속에 상태 변화량과 결핍해소'된' 상태가 잘못 짝 지어져 있다(결핍이 해소되는 '순간'이 아니라)고 생각해 보자. '나'는 결핍이 해소'된' 상태를 유지하면 해소 상태에 도달하는 일회성의 순간만이 아니라 유지되는 내내 언제나 그 상태변화량이 동반될 것이라고 착각한다. 그리고 그것을 간절히 바라는 것이다. 그 착각이 주관적인 결핍을 만들어 내는 주관적인 기준이 된다. 객관적 결핍이 해소'된' 상태에서 당연히 느껴져야 할 상태변화량이 더 이상 동반되지 않는다면 그것을 또 다른 주관적 결핍으로 느끼게 되는 것이다. 중독적인 용어로 말하면 그것은 금단 증상이다. 원래 들어오기로 되어있던 약물이 들어오지 않는다면 원래 들어올 것으로 예상하여 모든 신체적 평형이 맞추어져 있는 상태가 깨어지면서 다시 평형 상태로 되돌리고자 하는 생리적 반응이 생기는 것이다. 그 생리적 반응의 신체적 증상이 금단 증상이다. 그 평형 상태를 돌리고자 하는 욕구가 심리적으로 발생하면 그것이 새로운 주관적 결핍인 심리적 금단증상이 된다. 그 새로운 주관적 결핍에서 그 결핍을 메꾸고자 하는 새로운 욕구가 생기는데 그 욕구가 심리적 에너지 변화량에 대한 욕구이며 그것을 상황중독이라고 부르기로 한다. 아파체타형이 가장 기본적인 상황중독이지만 상황재현형은 가장 보편적인 상황중독이다. 그 욕구를 상황중독이라고 부르는 이유는 임상양상이 중독적으로 나타나기 때문이다.

예를 들면 아무것도 하지 않고 있을 때 느껴지는 불안과 초조, 재미있는 일을 해야 할 것 같은 압박감이나 강박, 또는 재미있는 일을 하지 못해서 생기는 결핍감이나 불행감을 들 수 있다. 사귈 가능성이 없었던 이성과의 교제가 시작된 순간만큼 짜릿한 느낌이 드는 것은 없을 것이다. 하지만 그 느낌이 그 이성과 계속 교제하는 기간 내내 지속되는 것은 아니다. 사귀는 상태가 되어 있으면 그 느낌(에너지 변화량, 사귀기 어려운 상대를 사귀는 상태로 바꾸는 순간 생기는 기분 변화)이 계속 생길 것이라고 착각을 한다. 그래서 생기는 (에너지 변화량의) 기대치보다는 이미 사귀는 상태가 되어 있으므로 에너지 변화량은 없다. 기대치만큼 에너지 변화량이 생기지 않으므로 결핍이 생긴다. 짜릿함을 느낄 기회가 박탈되었기 때문에 기분이 나빠진다. 그래서 다시 기분이 좋아질 가능성을 얻기 위해 이미 사귀고 있는 이성과 헤어지는 것이다. 그리고는 다시 새로운 연애 대상을 물색한다. 만약 이

마음의 지도

미 결혼하여 배우자와 헤어지는 것이 어려울 때는 헤어지지는 않더라도 새로운 연애 대상을 물색하여 기존의 식상한 애정관계를 환기하려 한다. 들켰을 때 감당이 되지 않는 위험을 안고 하는 연애이므로 짜릿함은 배가 된다. 만약 처음 결혼할 때 수많은 난관을 뚫고 천신만고 끝에 결혼하게 될수록 배우자가 외도할 가능성이 크다고 할 수 있다. 이미 강력한 에너지 변화량을 맛보았기 때문이다. 결혼의 턱이 높으면 높을수록 성취하는 순간 느꼈을 에너지 변화량(기분 좋음)은 어마어마했을 것이다. 그 짜릿함이 강렬하면 강렬할수록 그 짜릿함을 재경험 할 수 있는 유일한 가능성은 (그 결혼을 깰 수도 있는 위험성을 안고서 느끼는) 외도의 스릴 밖에는 없는 것이다.

매개체형

순간적인 양의 에너지 변화를 느끼기 위해 약물이나 도구를 사용하는 경우다. 이 경우 음의 에너지 변화는 양의 에너지 변화 뒤에 발생하게 되는 데 그것을 예상하지만 무시한다. '내'가 매개체를 사용하여 얻는 즐거움만 의식하고 집중한다면 그것은 매개체형이라고 할 수 있다. 하지만 매개체를 사용하여 쾌감을 얻고 나서 느껴지는 고통을 어떤 형식으로든 느끼고 있다면 바로 그 순간 매개체형은 큰 의미의 상황재현형이 된다. 매개체를 사용하는 것이 자신을 고통 속으로 끌어내리는 일이라는 것을 알고 있음에도 양의 에너지 변화를 추구하기 때문이다. 그러므로 아파체타형이나, 상황재현형, 매개체형 모두 본질은 같다고 할 수 있다. 상황중독의 종류를 세세하게 나누는 것은 임상에 빠짐없이 적용되기 위한 방편일 뿐이다. 그물코를 좁히는 작업이라고 할 수 있다.

　보통사람들의 삶을 들여 보다 보면 저마다 자신의 문제와 씨름하면서 살아가는 모습들을 보게 된다. 누군가는 하루의 고된 노동이 끝나면 그 지루함을 씻기 위해 치킨과 맥주, 꼼장어에 소주를 먹는다. 또 누군가는 옆집 이웃들과 점 백짜리 고스톱을 치면서 하루의 시름을 잊는다. 또 다른 누군가는 일터에서 돌아오는 전철 안에서 모바일 게임으로 하루를 달랠 것이다. 또 누군가는 자신의 외로움을 달래줄 상대를 찾기 위해 소개팅 자리로 향하고 있을 것이다. 보통 사람들의 삶은 이토록 사소한 것을 즐기기 위해 사는 삶이다. 그리고 소소한 행복을 얻는다. 그렇지만 그 이면을 조금만 파고들면 또 다른 모습을 볼 수 있다. 그 어떤 사람이 먹던 치킨과 맥주, 꼼장어와 소주는 어느새 매일 먹는 깡소주로 바뀔 수 있다. 누군가와 치던 점백짜리 고스톱판은 불법 도박판이 될 수 있다. 휴식을 위한 게임이용자가 아니라 사흘 밤낮 식음을 전폐한 게임중독자가 될 수도 있다. 반려자를 찾기 위한 만남이 아니라 하룻밤의 섹스를 위해 밤거리를 방황할 수도 있다. 그리고 그 누군가는 고통 속에 괴로워한다. 무슨 원인의 차이가 있는 것은 아니다. 원인은 똑같다. 정도의 차이다. 누군가 무엇에 빠져있는데 빠져나오지 못하고 고통받고 있다면 이유는 상황중독 때문이다. 중독으로 인한 고통(음의 전위차)을 감수하면서 까지(하향 조정하여) 쾌락(양의 전위차)을 추구하는 것은 어린 시절 불편함을 견디면(저절로) 보상되던 방법을 (무의식적으로) 여전히 사용하고 있기 때문이다. 그렇지만 그것이 어린 시절 고통을 즐기는(견디는) 방법을 터득했기 때문임을 모르는 사람이 대부분이다. 그래서 같은 실수를 계속 반복하게 된다. 그 정도가 약하면 굉장히 건강한 삶을 살 수 있는 반

　　　　　　　　　　　　　　　　　　마음의 지도

면 그 정도가 강하면 엄청난 고통의 파도를 끊임없이 맞으며 살아가야 한다.

참전용사(베테랑veteran)형

매개체형의 특수한 형태로 볼 수 있다. 현재 당하고 있는 고통이나 압박감을 덜기 위해 상황을 재현하기보다는 매개체를 쓰는 경우를 말한다. 베트남에 파병된 미군 병사들이 전쟁의 압박감을 견디기 위해 마약을 사용했던 것이 대표적인 예일 수 있겠다. 또는 말기 암 환자들이 통증을 견디기 위해 사용하는 의료용 마약도 같은 의미다. 처음에 파병 미군들이 전쟁상황의 고통을 견디고자 마약을 남용하기 시작했을 때 미국 사회는 걱정하고 불안해했다. 하지만 막상 미군들이 미국 본토로 귀환했을 때 지속해서 마약을 사용하는 비율이 예상보다 현저히 떨어졌다. 왜일까? 그것은 통증 치료용 마약에는 중독되지 않는 경우와도 같다. 둘의 공통점은 바로 '양'의 에너지 변화량에 주목하지 않고 '음'의 에너지 변화량에 주목한다는 것이다. 그렇다는 말은 비교기준 하향조정이 일어나지 않았다는 뜻이다. 고통이 너무 심하여 그 고통을 자신의 일반적인 기준으로 도저히 받아들일 수가 없을 때 고통을 따라 비교기준이 내려 오는 것이 아니라 통증이 없는 상태에 머물러 있는 것이다. 그러므로 기분을 띄워주는 약물을 투여했을 때 그 양의 에너지 변화량(+Δ)은 쾌감으로 오지 않고 통증의 예방 혹은 완화로만 여겨지게 된다. 만약 비교기준이 하향조정되었다면 그 에너지 변화량은 고스란히 쾌감으로 느껴졌을 것이다. 비교기준 하향조정이 일어나지 않는다 하더라도 여전히 약물 중독의 위험은 남는다. 고통(-∆)을 상쇄하는 만큼의 양이나 그것보다 적은 양의 약물은 고통의 완화로 느껴지겠지만 고통을 상쇄하는데 드는 양보다 훨씬 더 많은 양의 약물은 오히려 쾌감을 자극할 가능성이 있기 때문이다.

상황중독2형 (상황중독의 변이)

상황중독의 종류라고는 했지만 어떻게 보면 상황중독의 또 다른 부작용이라고도 할 수 있는 부분이다. 지금껏 상황 중독이라는 것은 쾌감을 느끼기 위해 음의 전위차(에너지 변화량을 간단히 줄여서 전위차라고 하기로 하자.)를 무시하고 다시 '음'의 에너지쪽으로 '정서적 다이빙'을 하는 것이라고 설명하였다. 이럴 경우 치료는 음의 전위차를 무의식적으로 생각하지 말고 스스로 의식하라고 일깨우는 것이다. 양의 전위차에 모든 의식이 집중되어 감당해야 할 음의 전위차를 무시하는 것을 스스로 인식하라고 각성시키는 것이다. 만약 환자가 이 상황중독 자체를 괴로워하여 고치고자 하는 의사가 있다면 이런 간단한 해석만으로도 쉽게 벗어나게 된다. 스스로 괴롭고 하기 싫은 상황중독을 계속 반복하는 것에 대한 이율배반감을 많이 느낄수록 치료효과는 더 좋아진다. 하지만 임상에서 이러한 설명으로 상황중독이 나아지지 않는 경우가 있다. 그것은 설명이 정확하지 않았기 때문이다. 다시 음의 전위차를 무릅쓰는 정서적 다이빙을 하는 것까지는 같지만 목적이 다른 경우다. 음의 전위차를 무릅쓰는 목적이 양의 전위차를 즐기기 위해서가 아니다. 오히려 언제 올지 모르는 음의 전위차를 너무 두려워한 나머지 미리 음의 전위차를 만들어 반쯤 먼저 내려가 있겠다는 경우다. 즉 음의 전위차 후에 올 양의 전위차가 목적이 아니라(같이 겹칠 수도 있다.) 한꺼번에 느낄 음의 전위차(에너지 절벽)가 너무 고통스럽기 때문에 미리 반쯤 내려가 있어서 떨어질 때의 충격을 줄이겠다는 심산이다. 이것은 상황중독과 행동패턴이 너무나 똑같아서 상황중독으로 오인을 할 수가 있다. 이것이 임상에서 상황중독과 구별되어 인식되는 경우는 상황중독을 이해하고 상황중독을 벗어나고 싶어 하는 데도 없어지지 않는 정서적 잠수가 있을 때이다. 이것은 이것의 목적을 쾌감이 아니라 음의 전위차에 대비한 한 계단 내려딛기step down라고 해석할 때에야 비로소 사라진다.

상황중독2형과 에너지 절벽의 차이

이미 〈3장 에너지 경제론〉에서 '에너지 절벽'으로 같은 내용을 소개한 적이 있다. 원리는 같은 것이다. 하지만 상황중독2형과 에너지 절벽은 임상양상에서 조금 다르게 나타난다. 상황중독2형은 상황중독1형과 임상양상이 거의 같아서 분간할 수 없다. 상황중독1형은 양의 전위차(기분 좋음)를 추구하여 양의 전위차만 신경 쓰고 양의 전위차만 의식한다. 음의 전위차(기분 나쁨)를 무시하는 것이다. 상황중독2형도 겉으로 보기에는 음의 전위차(기분 나쁨)를 무시하는 듯한 양상을 보인다. 겉으로는 양의 전위차(기분 좋음)를 추구하는 듯하지만 무의식적으로는 음의 전위차(기분 나쁨)를 걱정하는 것이다. 그래서 상황중독1형으로 판단을 하고 해석해보지만 해결되지 않는다. 그때야 비로소 상황중독2형이라고 판단 할 수 있는 것이다. '에너지 절벽'은 원리가 같지만 임상양상은 조금 다르다. '에너지 절벽'은 음의 전위차(기분 나쁨)를 무시하기보다는 과도하게 경계를 하는 것이다. 상황중독2형과 다른 점은 바로 여기에 있다. 음의 전위차를 무의식적으로 의식하면(무의식적으로 의식한다는 말은 의식하고 중요시하는 마음 상태가 심리적 관성이 되었다는 의미다. 음의 전위차를 중요시 여기는 심리적 관성이 무의식적으로 작용한다는 말이다.) 상황중독2형이며, 음의 전위차를 의식적으로 느끼고 중요시한다면 심리적 절벽에 대한 불안감이라고 할 수 있다. 모든 불안은 불안의 종류와 상관없이 이 에너지 절벽을 의식하는 데서 오는 것이다. 다가올 에너지 절벽이 너무 두려워 그것을 대비하는 데에 너무 많은 에너지 소모(기분 나쁨)가 발생한다. 에너지 절벽에 대한 과도한 경계가 순기능을 하는 것이 아니므로 그 과도한 경계 자체를 힘들어하는 경우가 생긴다. 그것이 바로 강박사고와 강박증으로 나타나기도 한다.

상황중독의 임상적 의미

인간은 왜 짜고 달고 매운 강렬한 맛의 음식을 선호하는지, 왜 여자들은 나쁜 남자를 더 선호하는지, 왜 그렇게 불륜은 달콤한 것인지, 왜 목숨을 걸고 한 사랑이 식는지의 문제부터 매저키즘이나 자기학대, 손톱 물어뜯기, 틱, 다리 떨기, 발모광, 자위, 각종 약물중독이나 섹스중독, 도박중독이나 알코올중독, 카페인중독, 니코틴중독에 이르기까지 인간사 전반의 문제 행동에 모두 이 상황중독이 개입되어 있다.

상황중독의 임상적 의미를 따로 설명하는 이유는 지금껏 설명한 상황중독에 대한 학문적이고 추상적인 이해가 생활에서 벌어지는 상황

마음의 지도

중독의 실제의 예에서는 잘 적용이 되지 못하기 때문이다. 그것이 이 상황중독이란 개념이 그다지 복잡하지 않은 개념임에도 지금껏 세상에 나오지 못한 또 다른 이유일지 모른다. 상황중독은 원인과 결과가 수년에서 십수 년의 유격을 갖고 형성되는 것이다. 어린 시절의 경험이 어른이 된 후 미치는 영향을 중독적인 관점에서 보기가 어려웠던 탓일 테다. 그것은 모든 일반적인 사람이 다 마찬가지이다. 막상 이러한 상황중독에 관해 이야기를 듣고 충분히 이해했음에도 불구하고 정작 자신에게 적용할 수 있게 되기까지는 시간과 훈련이 필요한 것을 보게 된다. 상황중독의 모든 정의와 의미를 알고서도 사람은 자신이 그런 중독에 걸릴 만한 경험을 한 적이 없다고들 한다. 그럴 만큼의 굴곡진 인생도 아니었다고 한다. 또는 전혀 결핍상황이 없었다고 항변한다. 하지만 조금만 문진을 하면 이내 차곡차곡 접혀 있던 주름진 과거사가 자신의 눈 앞에 펼쳐지게 된다. 꼭 그렇지 않다고 하더라도 약간의 음과 양의 전위차가 주는 파동을 느끼고 그 파동을 즐기는 방법만 깨달으면 알게 되는 것이다. 상황중독은 곧 '내' 마음의 깊은 곳에 장착되어 마음의 전 영역에 걸쳐 영향력을 발휘하게 된다.

일반적으로 결핍이 있었다거나 유년 시절 불행했을 경우 **반드시** 상황중독이 존재한다. 이 문장은 반대자들로부터 공격을 받을 구실을 제공해주는 말일 수도 있다. 누군가는 말할 것이다. 섣부른 일반화라고. 그렇다면 좀 더 과격한 말을 해보자. 세상의 모든 사람은 반드시 상황중독에 걸려 있다. 정도의 차이만 있을 뿐이다. 물론 그것을 증명할 수는 없다. 하지만 적어도 아파체타를 심정적으로 이해하는 사람이라면 상황중독에 걸려있는 것이다.

5) 상황중독의 치료

상황중독을 치료하여 완전히 없애는 것은 불가능하다. 단지 정도를 약화할 수밖에 없다. 그렇지만 그것만으로도 완치에 가까운 효과를 보게 된다. 먼저 상황중독을 벗어나기 위해서는 이 상황중독에 대한 이해가 필요하다. 무엇보다 양의 전위차를 이해해야 하고 두 번째 그 양의 전위차를 선행하든 후행하든 항상 음의 전위차가 짝 지워져 있다는 사실을 깨달아야 한다. 그리고 이때까지 그 양의 전위차를 느끼기 위해 '내'가 눈치채지 못하거나, 무시하거나, 감수한 음의 전위차를 확실히 인식하는 것이 중요하다. 그 인식을 자신의 상황중독적 행동에 실시간으로 떠올려주면 된다. 더 이상 괴로웠던 음의 전위차를 견디지 않아도 된다는 것을 깨닫게 된다. 항상 음의 전위차가 양의 전위차보다 더 크다. 그것을 깨닫는 순간 더 이상의 손해 보는 짓은 하지 않게 된다. 그렇다고 완전히 상황중독이 치료되는 것은 아니다. 단순히 더 안전한 상황중독, 더 약한 상황중독으로 옮겨가게 되는 것이다(약독화). 상황중독의 약독화가 몇 번 반복해서 이루어지면 더 이상 자신을 해치면서까지 쾌감을 추구하던 행동을 멈추게 된다. 그리고 일반인의 생활 속에서 느끼는 작은 파동들을 통한 환기venti-lation 정도로 만족할 수 있게 된다.

상황중독의 치료에는 한 가지 조건이 있다. 상황중독의 당사자('내')가 자신이 반복해서 하는 어리석은 행동에 대해 괴로워하고 그만두고 싶어 해야 한다. 자신의 중독행위를 스스로 즐기고 있다고 생각하거나 자신의 중독행위로 인해 자신이나 주변의 타인이 고통을 받는 것을 모르고 있다면 상황중독의 이론적인 배경을 알려고도 들으려고도 하지 않기 때문이다.

사람들을 임상에서 만나다 보면 자신의 중독적 행위의 위해성을 애써 외면하면서 알고 싶어 하지 않는 사람이 많았다. 깨닫는 순간 멈춰야 하기 때문이겠다. 자신의 현재 불편감(결핍감, 압박감, 지루함)을 견뎌낼 유일한 쾌감추구 방식을 그만두라고 할까 봐 전전긍긍하는 것이다.

상황중독의 치료에 대해서는 이것 하나만 말하고 싶다. 상황중독의 치료는 억지로 참아서 되는 것이 아니다. 참는다면 그것은 치료가 아니며 참았다 하더라도 언젠가 다시 자신의 몫을 받아 가게 된다. 자신의 상황중독적 행위를 할 때 '지금 내가 하는 이 행동이 상황중독이구나.' 또는 '내가 이 쾌감을 즐기기 위해 당해야 했던 손해가 막심했구나' 하는 생각만 해주면 된다. 그다음에도 또 그다음에도 그것만 하는 것이다. 그렇게 되면 자연스럽게 그 행동에 대한 흥미가 떨어지고 더 이상 그 행동을 하고 싶어지지 않게 된다. 그것이 상황중독 치료의 전부이다. 물론 여기에 보조적이지만 좀 더 근본적인 치료인 마중물 요법(《6장 마중물 요법》 참조)을 같이 하면 더 빨리 치료된다. 마중물이야말로 가장 근원적인 치료 방법이며 만병통치약이자 에너지 바로 그 자체이기 때문이다. 굉장히 큰 에너지가 들어오는 것 같은 양의 전위차를 추구하는 것은 그 이상 가는 음의 전위차를 감당해야 하므로 그것은 진정한 에너지가 아니다. 에너지인 척 자신을 속이는 것뿐이다. 진짜 에너지인 마중물 요법을 할 수 있게 되면 더 이상 가짜 에너지에 연연해하지 않는다. 마중물을 했을 때 얻어지는 에너지를 그래프로 나타내자면 상황중독보다 굉장히 작은 양의 전위차를 나타내게 될 것이다. 하지만 상황중독은 반드시 음의 전위차가 동반되는 반면 마중물의 작은 양의 전위차는 음의 전위차를 동반하지 않는다. (동반하더라도 항상 흑자다.) 작은 전위차의 에너지가 들어오는 것은 실시간으로 느낄 수 없을 수도 있다. 하지만 시간이 지날수록 점점 에너지가 쌓이는 것을 느끼게 된다. 에너지가 들어오는 순간을 느끼지 못해도 에너지가 쌓여 있는 상태를 느끼는 것이다.

마중물과 상황중독은 서로 상호 배척하는 관계에 있다. 마중물에 충실하게 되면 상황중독에서 얻어지는 급격한 에너지 변화가 너무 위험하게 느껴진다. 자연스럽게 상황중독은 줄어들게 된다. 하지만 상황중독에 심취해 있는 사람들에게는 마중물이란 귓등에도 걸리지 않는 헛소리일 뿐이다. 마중물을 열심히 하는 사람이라고 해서 상황중독을 완전히 배제하고 살아가는 것은 아니다. 언제나 마중물을 열심히 할 수 있는 것은 아니기 때문이다. 마중물을 잘할 때는 상황중독이 좀 덜 나타나지만, 환경이 바뀌어서 마중물을 잘할 수 없게 되면 다시 상황중독이 득세하게 된다. 임상적으로 마중물을 잘하던 사람이 다시 재미를 추구하고 술을 마시며 심심해하고 지루해한다면 마중물이 잘 안 되는 징후로 보아야 한다.

6) 상황중독의 내분비학적 가설

지금까지의 모든 이론도 물론 가설이므로 새삼스럽게 내분비학적 '가설'이라는 말을 따로 하는 것 자체가 이치에 맞지 않는 설명인지도 모르겠다. 그래도 심리학적인 이론은 임상에서 충분히 검증 가능한

마음의 지도

이야기이지만 내분비학적인 가설이란 실험적인 증거가 뒷받침되어야 하는 이론이라 생각된다. 실험으로 검증하지 못한 상황중독의 내분비학적 가설은 단순히 아이디어 수준이긴 하지만 또 다른 관점에서의 상황중독에 대한 이해를 늘려주는 일이기에 소개해 보기로 한다.

스트레스가 주어지는 상황에서는 당연히 스트레스에 대응하는 여러 호르몬이 나오게 된다. 그러한 스트레스 호르몬이 분비되는 상황이 만성적으로 이루어질 경우가 문제이다. 스트레스가 지속되어 항상 스트레스가 존재하리라 예측되는 경우 그러한 예측 자체가 스트레스이다. 스트레스 호르몬은 그 예측이란 스트레스에 대응하여 미리 분비된다고 할 수 있다. 만성적인 스트레스로 인하여 스트레스 호르몬이 미리 분비되는 상황이 바로 앞에서 얘기했던 비교기준 하향조정이 될 것이다. 그렇게 만성적으로 스트레스에 대응하여 미리 분비된 스트레스 호르몬이 또 당연한 듯 새로운 하루의 스트레스를 감당하는 생활이 마치 일상인양 반복되어 일어난다. 문제는 그런 생활 도중에 돌발적으로 예측했던 스트레스가 갑자기 사라졌을 경우다. 예측했던 스트레스인 만큼 스트레스 호르몬도 미리 분비된 상황에서 스트레스 원인이 사라진다면 스트레스를 줄이기 위해 분비되었던 호르몬은 고스란히 '나'의 기분을 상승시키는 마약으로써의 기능을 하게 된다. 꼭 필요한 곳에 필요한 만큼만 분비되는 내인성 마약이므로 중독되지 않을 수 있었겠지만, 만성적인 스트레스와 만성적인 호르몬의 예측된 분비는 돌발적인 스트레스 제거 상황에서 고스란히 마약으로 기능하는 것이다. 이것이 최초의 양의 전위차로 느껴지게 되고 만성적인 스트레스 상황에서 이러한 양의 전위차가 몇 번 더 발생하게 되면 정말 뿌리 깊게 내인성 약물중독이 발생하는 것이다. 그리하여 내인성 약물중독이 발생한 '나'는 내인성 약물중독을 일으킬만한 스트레스 제공자 또는 스트레스 제공환경을 찾아다니게 된다. 이런 상황을 정서적 잠수 또는 정서적 다이빙이라는 말로 소개한 바 있다. 가장 극명한 예는 임상에서 심심치 않게 보게 되는 '나쁜 남자' 스타일의 양육자 밑에서 매 맞고 자란 여자가 다시 '나쁜 남자'에게 끌리게 되는 상황을 들 수 있을 것이다. 한마디로 내분비학적 가설을 정리하자면 이렇다. '상황중독이란 내인성 마약 중독 또는 내인성 약물 중독이다.'

상황중독을 한 가지 방식의 설명만으로 설명하는 것은 한계가 있다. 더구나 검증되지 않은 가설이므로 전면에 내세우기는 무리가 있다. 무엇보다 만성적인 스트레스를 겪지 않았다고 생각되는 사람이 '그렇다면 나는 상황중독에 걸리지 않았다' 하고 단정할 것이기 때문이다. 내인성 약물중독은 가장 극단적인 예로서 이해가 쉽게 되기 위한 설명일 뿐이라고 말하고 싶다. 상황중독을 처음 듣는 사람들에게 가장 빨리 이해시킬 방법이기 때문이다. 상황중독이란 단순한 내인성 마약에 의한 중독으로 치부해 버리기엔 조금 더 복잡하고 조금 더 정서적인 부분이 많이 포함된다. 좀 더 방법이 다양하고 그 정도가 천차만별이며 지구상의 모든 사람은 어느 정도의 상황중독을 가지고 살아간다고 할 수 있을 만큼 보편적인 현상이다. 또한 상황중독은 '내'가 에너지의 허구적인 변화량에만 신경 쓰고 있는 자기 자신을 깨닫기만 하면 스스로 쉽게 벗어나는 경우도 있기 때문에 기존의 약물 중독과는 달리 신체적인 문제와 함께 인지적인 영역까지 포함한다고 할 수 있다.

7) 도스토옙스키의 상황중독

이 상황중독에 빠져서 끝나지 않는 자기 학대를 마치 커다란 즐거움인 양 반복해서 실행하는 많은 사람을 보게 된다. 물론 상황중독이 절대적으로 근절될 수 있는 것은 아니며 상황중독 자체가 절대로 걸려서는 안 되는 심각한 질병은 아니다. 더구나 심하게 지나친 병적 행동이 동반되지 않는 한 약간의 상황중독은 심심한 일상의 조미료 역할을 톡톡히 할 수 있을 것이다. 그렇다. 문제는 정도의 차이다. 동네에서 이웃들끼리 분기별로 한 번씩 부부동반으로 카드놀이인 훌라를 한다고 하자. 즐겁게 떠들고 웃고 놀면서 딴 돈의 70%를 환원시키는 룰을 통해(하루 저녁 따 봐야 부부당 1~2만 원) 이웃을 배려하는 정신까지 갖추었다면 이것을 나쁘다고 할 사람은 없을 것이다. 하지만 이것 역시 상황 중독이며 상황중독이 약독화되어 있다고 할 수 있는 것이다.

세계 문학사에 족적을 남긴 도스토옙스키는 생전에 지독한 도박중독에 빠져있었다. 그러한 상황은 그에 대한 전기를 통해 쉽게 확인이 되는 부분이다. 수많은 위인의 도박중독보다 도스토옙스키의 도박중독에 더 주목하는 이유는 그가 가장 극적이고 극명한 상황중독을 겪었다고 생각하기 때문이다.

도스토옙스키를 도박장으로 몰고 간 중요한 충동, 때로는 잠재적인 충동은, 경제적 이익에 대한 합리적 계산이 아니라 강렬한 정서와 비정상적인 흥분, 때때로 자기 작품의 인물들에게 전가시키는 깊은 도덕적 타락에 빠지고 싶은 욕망의 추구였다.

내 신경은 산란하고 (한 도박관에서 그는 아내에게 편지를 썼다.) 한자리에 계속 앉아 있었지만 피곤하다오. 그러나 동시에 원기는 왕성하오. 나는 초조하고 흥분한 상태요. 그리고 내 성질에 이것은 때때로 필요하다오.

그것은 일종의 도취였다. 그가 노름을 하고 있는 동안에는 안나로 선 그를 볼 기회가 거의 없었으며 어쩌다 그런 그를 보고서 그녀는 〈쳐다보기도 무서울 정도로 뻘건 눈에 뻘건 얼굴을 하고 있었는데 꼭 술주정뱅이 같았다〉고 묘사하고 있다. 그는 룰렛에의 탐닉 속에서, 자기 애인을 향한 정열의 내용과 똑같은 무모하고 흥분된 체험, 똑같이 난폭한 감정, 절묘한 승리감 또 그에 못지않게 절묘한 굴욕감의 순간들을 발견했다[7]

그가 그토록 명료하게 자신의 도박이 주는 폐해를 인정하면서도 끊임없이 도박에 손을 뗄 수 없었던 이유, 그 후 아내와 지인에게 끝없이 도박자금을 구걸함과 동시에 자신을 위해 구차한 변명을 하면서까지 몰두할 수밖에 없었던 이유가 바로 상황중독이라고 생각한다. 도스토옙스키는 28세가 되는 1849년에 뻬뜨라셰프스키 사건으로 인해 인생을 거의 끝낼 뻔한 경험을 하게 된다.

군법회의에서 내린 사형 판결은 바뀌었다. 그러나 사형을 집행하는 듯한 쇼를 벌이기로 결정했다. 이 결정은 젊은이들에게 두려운 인생

---

17) E. H. 카, 『도스또예프스끼 평전』, 열린책들

의 교훈을 준다는, 잔인하면서도 그러나 소박한 바람에서 나온 것이지 단순히 그의 넓은 자비심을 보이려는 황제의 허영심에서 나온 것만은 아니었다. 사형 중지 결정을 알지 못했던 죄수들은 마차로 처형장까지 갔다. 사형 선고문이 읽히고 사제는 십자가를 들고 마지막 참회를 말하라고 했다. 죄수들은 순서대로 줄을 섰고 앞의 세 사람은 실제로 기둥에 묶여 사격대를 향했다. 이때 황제의 감형장을 가진 전령이 들어서게 되어 있었다. 그래서 진짜 선고문이 처음으로 읽히고 죄수들은 감옥으로 되돌려 보내졌다.[18]

이 사건이 도스토옙스키의 인생에 엄청난 충격을 주었으리라고 짐작되는 것은 당연하다. 사형 판결이 내려지고 사형장으로 끌려가기까지의 고통은 너무도 잔혹한 일이었다. 그것은 사람을 극도의 공포와 극도의 불안과 극도의 인내를 필요로 하는 일이었을 것이다. 에드워드 핼릿 카E. H. Carr가 골라 뽑은 도스토옙스키의 등장인물을 통해서 그가 토해내고 싶었던 심경을 들어보자.

작가가 좋아하는 주인공 미쉬낀은 이렇게 말하고 있다.

살인을 했다고 해서 사람을 죽이는 것은 그 범죄에 비해 너무도 가혹한 형벌이오. 선고문을 낭독하고 사형을 집행하는 것은 살인강도 자체와는 비교도 안 될 정도로 가혹한 것이요. 밤중에 숲속에서 강도의 칼에 맞아 살해당할 위기에 처해 있는 자는 마지막 순간까지 구원받을 수 있다는 희망을 가질 수 있어요. …그런데 열 배나 편히 죽을

---

18) E. H. 카, 『도스또예프스끼 평전』, 열린책들

수 있는 이 마지막 희망을 〈분명히〉 빼앗아 가버린다는 얘기입니다. 바로 사형선고가 그렇게 한다는 뜻이지요. 피할 수 있다는 희망이 분명히 없을 거라는 사실 속에 처참한 고통이 있는 겁니다. 이보다 더 심한 고통은 이 세상에 없어요. …인간이 미치지 않고서도 그러한 고통을 참아 낼 수 있는 능력이 있다고 누가 말했지요? 무얼 하려고 그처럼 추악하고 불필요한 욕설을 내뱉었지요? 어쩌면 사형 선고를 받고 고통을 당한 뒤 〈가라, 너를 용서해 주겠다〉는 말을 듣고 풀려나온 사람이 있을지도 몰라요. 바로 그러한 사람은 상세히 얘기해 줄 수 있을 겁니다. 그러한 고통과 처참함에 대해서는 그리스도도 말했어요. 정말이지, 인간을 그렇게 대해서는 안 됩니다.[19]

살인강도 당한 피해자보다 사형당할 살인강도의 죽음이 몇 배는 더 고통스럽다는 부적절한 말로 그 고통을 표현하고 있다. 그 정도로 이미 알고 있는 죽음을 기다리는 것이 힘들었다는 얘기일 것이다. 미치지 않고서는 참아낼 수 없는 고통이라고 했다. 그리고 그것을 죽을 힘을 다해 참았을 것이고 결국 자포자기할 수밖에 없었을 것이다.

이 과정에서 비교기준의 하향 조정이 일어났을 것이다. 이미 자신은 죽은 목숨이나 다름없었고 앞날을 기대할 수가 없었다. 그러므로 자신의 상태를 죽어가는 사람의 마음으로 다시 리셋reset하게 되는 것이다. 그리고 극적인 순간이 찾아오게 된다. 해방의 순간이다. 바로 평범함이란 비교기준으로의 맹렬한 대쉬다. 황제의 전령이 황제의 진짜 선고문을 읽는 것을 듣는 것과 동시에 밀려오는 안도감은 도스토

마음의 지도

엡스키의 전 생애를 통틀어 가장 극적이고 강렬한 쾌감을 느낀 순간이었을 것이다. 얼마나 황홀한 순간이었겠는가. 죽음에서 새 생명을 얻은 것이었다. 직전까지만 해도 죽어 있던 목숨이 몇 초(자신이 죽지 않아도 된다는 것을 인지하는 시간)도 안 되는 시간에 다시 살아난 기적을 경험한 것이다. 어떤 쾌감도 이렇게 짧은 시간에 이렇게 강렬하게 감전시킬 수는 없을 것이다.

도스토옙스키가 자기의 의지와는 상관없이 경험하게 된 강렬한 경험은 뼛속 깊이 그 상처와 함께 쾌감도 불어넣었을 것이다. 그 후 오랜 시간이 지나 자신은 평범한 생활로 되돌아왔지만 한 번 경험한 상황중독은 그 무엇도 재현할 수 없었다는 것을 뼈저리게 느끼고 있었을 것이다. 눈으로 보고 즉시로 당락을 확인할 수 있는 도박 말고는 죽었다 살아나는 쾌감에 비견될 수 없는 것이다. 그나마 그 신속성(전위차의 기울기)에서만 비견될 뿐이며 그 양(전위차의 높이)에는 미치지 못한다. 평생 도스토옙스키는 자신의 쾌감을 재경험하려고 노력한 것이다. 그 쾌감을 그림자라도 맛보기 위해서는 그보다 더 막대한 음의 전위차를 감내해야 한다는 것과 거기에는 자신만이 아닌 가족의 고통도 포함되어 있다는 사실을 철저히 외면해야 했다. 이 사례야말로 아파체타와 함께 상황중독을 가장 잘 이해할 수 있는 표본이라 할 수 있다(프로이트는 아버지에 대한 외디푸스적인 죄책감으로 자신을 처벌한 것이라고 하였다).[20]

---

20) 지그문트 프로이트, 『예술, 문학, 정신분석 (프로이트 전집 14)』, 열린책들

6장

마중물 요법

만약에 학교 운동장만 한 밭을 가진 농부가 있다고 치자. 지금 몇 년 만에 닥친 가뭄으로 인해 밭이 타들어 가고 있다. 이대로라면 곧 모든 작물이 다 말라 죽을 것이다. 밭 옆에는 몇 년 동안 써보지 않았던 옛날식 수동 펌프가 있다. 그러나 물 한 동이 없어서 시도조차 못 해보고 있다. 그러다가 군에서 긴급히 투입한 물차가 왔다. 급한 김에 모든 물통에 물을 채우고 나서 물차는 가버렸다. 이 농부가 선택해야 할 다음 행동은 무엇일까. 모든 사람이 이 농부라고 가정하자. 여기서 대부분 사람은 물통에 채운 물을 한 바가지도 남김없이 다 밭에다 뿌릴 것이라고 자신 있게 얘기한다면 과연 '그렇다' 하고 자신이 '마중물도 남기지 않고 물을 써버리는 어리석은 사람이 맞다.' 하고 동의할 사람이 얼마나 될까? 하지만 실제 마음의 에너지를 물이라고 비유한다면 모든 사람이 마중물은커녕 펌프가 어디 있는지도 찾지 못한 채 모든 물을 밭에다 뿌리는 것을 보게 된다. 더 맛있고 달콤한 에너지가 나는 밭은 인간관계이므로 자기가 쓰지 않고 밭에다 뿌려야 한다고 생각하는 것이다. 펌프가 어디 있는 줄 알면 당연히 펌프에 물을 부을 것이라고 항변을 할지도 모르겠다. 그러면 당연히 물을 조금 남겨 펌프에 부어 보기라도 할 것이 당연하다고 생각할 것이다. 이제 펌프가 바로 자기 자신이라고 얘기하자. 만화처럼 의인화된 수동식펌프에 손이 달려있다고 생각해 보자. 그리고 수동식펌프가 물차에서 받은 몇 통의 물을 밭에다 뿌리고 있는 상상을 해 보자. 수동식펌프 스스로 자신이 수동식펌프인지 깨닫지 못하면 자기가 어렵사리 얻은 물 모두를 밭에 뿌리고 마는 우스꽝스러운 모습을 범할 수밖에 없다. 만약

　　　　　　　　　　　　　　　　　마음의 지도

간신히 자신이 수동식펌프인 것을 알았다고 하자. 그리고 자신에게 물을 부어 밭을 적시고도 남을 물이 나왔다고 하자. 양팔 양손 달린 수동식펌 프는 너무 기뻐 만세를 부르며 마지막 한 방울까지 짜내어 밭에다 물을 뿌린 뒤 뭔가 허전함이 남아 주위를 둘러보았다. 역시나 물 한 바가지 남기지 않고 다 밭에다 뿌린 것이다. 아니 뿌린 즉시 그것을 인지하는 것도 어려운 일이다. 한번 물을 뿌렸으므로 작물들이 자라기 시작하고 그 모습을 보면서 기뻐하다가 다음에 물을 뿌릴 순간이 되어서야 물이 한 바가지도 없다는 것을 깨닫는다. 하지만 양손 달린 수동식 펌프를 어리석다고 할 수 없다. 우리 모두의 모습이기 때문이다.

마중물 요법이란

마중물 요법이란 간단하다. 가장 기본적인 욕구(기본적 일상 서비스에 대한 욕구)와 그 욕구의 열쇠라고 할 수 있는 기본적인 에너지를 동시에 인지하는 것이다. 기본적 일상 서비스는 모든 사람이 하는 것이다. 그 일상 서비스를 스스로에게 해주고 있는 그 순간을 포착해 스스로에게 "내가 나를 위해 **해줄게."라고 말하는 것이 마중물 요법이다. "내가 나를 위해 **해줄게."라고 말한 다음 "응."이라고 대답도 한다. 기본적 일상 서비스를 말 그대로 스스로 해준다. 그 후에 또 덧붙여야 할 것이 있다. "○○아/야. **해줘서 고마워. 잘했어."라고 말해야 한다. 그리고 다시 "응."이라고 대답도 한다. 기본적 일상 서비스의 행위 앞뒤로 "내가 나를 위해 **해줄게."와 "○○아/야. **해줘서 고마워. 잘했어."를 앞뒤로 덧붙여 말하고 스스로 대답도 하는 것을 마중물 요법이라 이름 지었다. 기본적인 일상 서비스가 먹기, 씻기, 자기, 빨래하기, 청소하기라는 것을 생각하면 다음과 같이 도식화 할 수 있다.

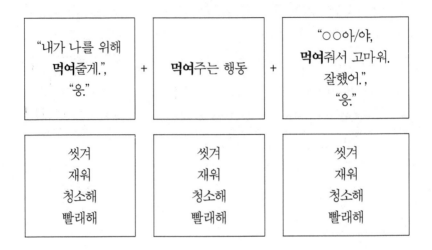

마중물은 이 다섯 가지에다 두 가지가 첨가된다. 먹여주는 행동에 음식을 해주는 것과 음식을 먹고 설거지를 해주는 행동이 추가되는 것이다. 이 두 가지 다 먹는 것에서 파생된 것이지만 중요도로는 다른 마중물들과 비교해도 뒤처지지 않기 때문에 목록에 같이 올리게 되었다.

마음의 지도

"내가 나를 위해 **먹여**줄게.", "응."	+	**먹여**주는 행동	+	"○○아/야, **먹여**줘서 고마워. 잘했어.", "응."

음식해 설거지해 씻겨 재워 청소해 빨래해	음식해 설거지해 씻겨 재워 청소해 빨래해	음식해 설거지해 씻겨 재워 청소해 빨래해

이것을 충실히 한다는 전제하에 "내가 나를 위해 일해"주는 것을 첨가할 수는 있다. 하지만 일하는 것보다 이 일곱 가지가 더 중요하다는 것을 강조하기 위해 위의 일곱 가지만으로 한정하기로 한다. 대부분의 사람은 이 마중물 요법을 하라고 할 경우 왜 하라고 하는지 궁금해하고 의아해한다. 그리고 잘 실천하지 못한다. 앞으로의 논의는 이 마중물 요법을 왜 해야 하는지 그 이유에 대해 여러 가지 관점별로 나누어 설명하고 그 임상적인 효과에 관해 얘기할 것이다. 그리고 맨 마지막에는 이 마중물이 잘 안 되는 사람들을 위한 조언에 관해 설명하기로 하자.

1) 잠겨있는 욕구를 푸는 열쇠, 마중물

이미 욕구의 단계를 설명하면서 기본적인 욕구들에 관해 설명하였다. 그리고 그 대부분의 욕구가 양육자에 의해 일방적으로 주어지면서 '내'가 필요한 것으로 학습된다는 것도 설명하였다. 모든 '나'의 결핍은 결국 가장 기본적인 욕구들이 채워지지 않는 것으로 시작을 하게 되지만 '내'가 처음 인식하는 결핍은 확인욕구에 대한 결핍이다. 그리고 확인욕구에 대한 결핍은 인정욕구에 대한 결핍으로 강화된다. '나'는 그 결핍을 채우기 위해 남아돌아 필요 없는 확인욕구와 인정욕구를 (심지어 기본적 욕구도) 대리욕구로 집착하기만 한다. 그 대리욕구가 어디에서 기인한 것인지 모르기에 욕구가 근본적인 해소되지는 않는다. 근본적으로 해소되지 않는 욕구는 결핍으로 남고 다시 그 결핍을 해소하기 위해 대리욕구에 집착하는 악순환이 계속되는 것이다. (〈1장 본능과 욕구〉 참조)

기본적인 욕구를 충족시키는 마중물

이미 기본적인욕구와 마중물의 종류가 같다는 점에서 앞으로 할 얘기들을 미리 짐작할 수 있을 것이라 믿는다. 모든 결핍의 가장 근본적인 결핍은 기본적인 욕구들과 기본적인 욕구들을 둘러싼 대리욕구들의 결핍에 있다. 그것을 '내'가 모를 뿐이다. 그러므로 기본적인 욕구들의 결핍을 스스로에게 기본적인 에너지로 채워줌으로써 그 욕구를 해소할 수 있다. 기본적인 에너지를 채우는 것이 스스로에게

마음의 지도

기본적인 에너지를 해준다고 말을 하는 것이다. 이미 '나'는 기본적인 에너지를 스스로에게 채워주고 있으므로 말만 해준다고 스스로에게 일깨워줘도 그 효과는 매우 큰 것이다. 기본적인 욕구란 기본적인 에너지를 누군가로부터 받고자 하는 것이다. 하지만 이미 그 기본적인 에너지는 자기 스스로에게 받고 있다. 받고 있지만 다른 사람으로부터 받기를 원하여 자기 스스로 오는 에너지를 애써 외면하고 받기 싫어하는 것이다. 그리고는 최대한 불쌍한 자신을 타인(양육자)에게 호소하려고 한다. 하지만 그 방법은 영유아기 때 쓰던 방식이다. 물론 그때 부모로부터 '내'가 만족스럽게 받지 못한 사람일수록 그 방식에 집착하기 마련이다. 하지만 이제는 아무리 기다려도 영유아기 때 방식으로 에너지를 주는 사람은 없다. 결국 스스로 해야 한다. 그것을 깨닫는 데 많은 시간이 걸리는 것 같다. (물론 영유아기 때 방식으로 에너지를 채워주는 관계가 있다. 그것이 연인 관계인데 서로를 아기라고 부르며 서로의 부족했던 판타지를 채워주게 된다. 하지만 대가가 있으므로 공짜가 아니어서 그것이 근본적인 해결책은 아니며 상대방과의 관계에 따라 다시 깨어나 현실로 돌아와야 할 때도 있다.) 마중물은 가장 직접적인 방식으로 그 기본적인 욕구를 채워주게 된다. 내가 나를 위해 **해줄게라는 말을 직접 입 밖으로 내어서 말해보자. 다른 사람이 옆에 있어 소리 내 말하기 쑥스럽다면 머릿속으로 한 자 한 자 곱씹어 말해보자. 그 말 자체가 '나'는 이미 '나'에게서 기본적인 욕구 충족을 기본적인 에너지 형태로 공급받아 왔으며, 공급받고 있고, 공급받을 것이란 사실을 인식하게 만들어 준다.

청각적확인욕구를 충족시키는 마중물

확인욕구에는 시각 확인욕구와 촉각 확인욕구가 가장 중요하지만 간과해서는 안 될 것이 청각 확인욕구다. 기본적 에너지의 공급자가 자신이 옆에 있다는 것을 알려주는 것만으로도 영유아는 불안이 감소한다. 시각 확인욕구와 촉각 확인욕구가 잘 충족이 안 된다 하더라도 끊임없이 기본적 에너지를 공급해주겠다고 '내'가 속삭여 준다는 것을 주목하자. 그리고 그 속삭이는 '내'가 실제로 '나에게 기본적인 에너지를 공급하고 있다는 것은 흔들리지 않는 진실이다. 그 진실을 바탕으로 그 에너지 공급자인 '내'가 에너지가 필요한 '나에게 언제나 시간차 없이 즉각적으로 나타나 주겠다는 다짐이다. 그러므로 양육자가 해주는 확인욕구 충족보다 더 확실한 확인욕구의 충족이 될 수 있다.

확인욕구란 누군가를 보고 싶어 하는 욕구 이므로 스스로 청각확인욕구를 채우다 보면 누군가를 좀 덜 보고 싶어 하게 된다는 의미다. 누군가를 보고 싶어 하는 욕구가 채워지지 않는다는 것은 좀 더 외로워진다는 뜻이며 반대로 누군가를 보고 싶어 하는 욕구가 스스로 채워진다는 것은 좀 덜 외로워진다는 뜻이다.

인정욕구를 충족시키는 마중물

직접 '나'를 먹이고 씻기고, 재우고, 청소해주고, 빨래해준 다음에 에너지 공여자인 '나에게 에너지를 받은 '내'가 이름을 부르고 고마워하며

마음의 지도

칭찬을 해준다면 그것이 인정욕구를 충족시키는 것과 다름없다.

원래 인정욕구란 확인욕구가 비활성화되어 있으면 그것을 활성화하며 앞으로도 비활성화될지 모르는 확인욕구를 미리 활성화해주는 역할을 한다. 그렇지만 그 인정욕구의 인정이라는 것의 기준이 상대방에게 있기 때문에 '나'를 인정받게 하기 위해 얼마나 노력해야 하는가의 한계를 '내'가 모른다는 데에 문제가 생긴다. 인정욕구를 모든 욕구의 주된 대리욕구로 삼는 '나'는 그만큼 에너지 소모가 극심할 수밖에 없다. (사람의 관계에서 지쳐 공황장애가 생기는 이유도 이 인정욕구가 너무 강하기 때문이다. 인정욕구가 강하다는 뜻은 어떤 대가를 치르더라도 반드시 인정받고 말겠다는 의미다. 그래서 좀 더 많은 희생을 치르고 인정을 받게 된다. 이런 에너지 교환이 자주 일어날수록 에너지 교환비율이 커진다. 10배 20배 30배의 에너지를 주고 인정에너지 하나를 받게 되는 경우가 발생하는 것이다.) 성인인 경우 '내'가 '나'를 위해 기본적인 에너지를 제공하고 있으므로 그 기본적인 에너지를 향한 기본적인 욕구를 채우기 위해 간접적인 대리욕구로서 누군가를 보고 싶어 하고 (확인욕구), 그 누군가를 본다고 하더라도 '나'를 외면하지 않게 하기 위해 누군가의 마음에 들려고 노력하는 것(인정욕구)은 터무니없는 에너지 낭비일 수밖에 없는 것이다. '나'에게는 영유아 시절 '나'의 능력이 없어 전적으로 양육자에게 의지할 수밖에 없을 때의 심리적인 관성이 남아 있다. 그 심리적인 관성을 깨기 위해서는 성인이 되어도 여전히 타인에게 의지하여 타인의 손으로 기본적 에너지를 얻고자 하는 '나'에게 이미 '나'는 성인이므로 '나' 이외의 양육자가 필요 없노라고 선언해야 한다. 그리고 못 미더워하는 '나'에게 실제로 기본적인 에너지를 잘 공급하면서 '나'에게 지속적인 믿음을 주어야 한다. '내'

가 '나'에게 하는 무제한의 칭찬이라면 '내'가 밖으로 나가 남으로부터 인정을 받기 위해 노력하는 모든 에너지 낭비들이 필요가 없어진다는 것을 체험으로 깨닫게 해야 한다. 이것은 마중물 요법이 에너지를 만들어 내는 방법 중에 하나다.

2) 자존감 회복의 열쇠, 마중물

임상에서 환자들에게 마중물을 시킬 경우 제대로만 하면 전방위적인 삶의 회복이 일어나는 것을 볼 수 있다. 물론 심리적 에너지가 회복되므로 일어나는 일일 것이다. 하지만 에너지만으로는 일어날 수 없는 회복도 일어나는데 그것은 바로 자존감의 회복이다. 자존감이 낮은 '나'는 자기 자신에 대한 평가가 낮다는 뜻이다. 하지만 실제로는 단순히 평가가 낮은 것으로 끝나지 않는다. 자존감이 낮은 '나'는 항상 자기비하가 심하다. 작은 문제만 생겨도 '나'에 대한 욕설과 비난을 퍼붓게 된다. 아마도 자기비하가 먼저 오고 자기비하의 결과로 자존감이 낮아지는 순서가 맞을 것이다. '내'가 '나'를 비난하지 않으면 자존감이 낮아질 이유가 없는 것이다.

자기 비하의 첫 번째 원인

자기 비하는 양육자로부터 발생할 수밖에 없다고 생각한다. 양육자에게 인정을 받아 내는 과정에서 발생한다. 인정욕구를 채우는 과정에서 반드시 자기변형적 태도autoplastic attidude를 보여야 한다는 것은 누누이 말해왔던 얘기다. 자기변형적 태도가 생기지 않는다면 인류는 지금보다 훨씬 더 큰 재앙에 직면했을 것이다. 이것이 양육자에 의해 과하게 발생해서도, 덜 발생해서도 문제가 되는 것이다. 자기변형적 태도가 강하면 강할수록 자신이 양육자에게 인정받지 못하는 이유를 자신의 태도를 양육자의 기준에 맞추지 못했기 때문으로 인식한다. 결국 인정받지 못하는 이유는 자기 자신의 책임이 되는 것이다.

이 자기변형적 태도에는 과거의 경험을 바탕으로 양육자의 반응을 예측하는 기능(경험적 예측: 이 기능은 '내'가 영유아기부터 유일하게 능동적으로 사용하는 인지적 기능이다. 이 기능으로 모든 결핍 예방욕구가 만들어진다.)이 포함되어 있다. 양육자의 평상시 태도를 미루어 짐작하여 '내'가 자신을 변형시킬 기준을 마련해야 한다. '나의 이 예측기능을 프로이트식으로 말하자면 초자아superego라고 부를 수 있겠다. 자신의 행동에 대한 양육자의 반응을 예측하는 과정에서 자기변형적 태도가 발생한다고 정리할 수 있다. 이러한 자기 비하는 중요한 자기 제어의 기능을 하므로 '필요악'으로서의 역할을 담당하고 있으며 기존의 심리치료로도 얼마든지 치료가 가능한 부분이었다. 자기 비하의 좀 더 큰 영역이 다른 부분에서 일어나며, 직접적으로 자신을 비난할 원인을 '내'가 매일 같이 항구적으로 제공하고 있다는 것을 알아야 한다.

자기비하의 두 번째 원인

지금부터 이상한 우화를 하나 얘기해 보겠다. 일견 말이 안 되고 억지 같은 느낌이 들어도 끝까지 집중하여 읽어 보자.

어머니와 딸이 있다고 하자. 어머니는 딸을 위해 모든 것을 제공해준다. 딸에게 먹이고 씻기고 재우고 청소해주고 빨래해주면서 하루하루를 보낸다. 이 어머니의 특징은 무척 자기 딸을 사랑한다는 것이다. 그래서 매일 같이 딸에게 사랑한다고 말을 한다. 하지만 정작 기본적 일상 서비스를 하는 데는 귀찮아하고 힘들어한다. 매일 같이해야 하는 일상사이기에 지겹기도 한 것이다. 딸에게 밥을 해주면서 싫은 기색이 보이기도 하고 씻겨주면서 귀찮아하는 태도를 보인다. 청소와 빨래는 대충하거나 건너뛴다. 해주더라도 딸에게 짜증을 내면서 한다. 딸은 삶에 필요한 기본적인 일상 서비스를 받고는 있지만 해주는 어머니의 태도로 인해 어머니가 자신을 좋아하지 않는다고 생각한다. 어머니에게 감사해하지 않고 긍정적인 반응이 없다. 어머니는 모든 기본적인 일상 서비스를 다 해주는 자신에게 돌아오지 않는 긍정적인 피드백을 얻고 싶어 한다. 자기 딸이 해주지 않으므로 어머니는 그 긍정적인 반응을 얻기 위하여 뜬금없이 옆집을 찾아가게 된다. 옆집에 사는 사람에게 자기 집의 재료를 가져다가 음식을 해주고 옆집 아이를 씻기며 옆집을 청소하고 옆집 빨래를 열심히 해준다. 옆집 사람은 어머니에게 너무나 고마워한다. 어머니가 보이는 행동은 자기 딸에게 하는 행동보다 훨씬 더 진심이 담겨 있는 것처럼 보이며 훨씬 더 살뜰히 챙겨주기 때문에 옆집 사람은 어머니를 진심으로 좋

마음의 지도

아할 수밖에 없다. 그래서 옆집 사람은 어머니에게 보답하려고 어머니가 해준 음식을 먹고 남긴 것을 다시 어머니에게 주며 말하게 된다. '너무 감사해요. 당신은 너무 착하고 정말 멋진 사람이에요. 당신은 우리 가족과 같은 존재입니다. 우리가 힘들 때 가장 먼저 당신이 생각날 것 같아요. 당신도 언제든 힘들 때 이 집을 찾아오세요. 당신에게는 항상 열려 있답니다.' 옆집 사람들에게 들은 극찬으로 인해 어머니는 자신이 살아가는 이유를 찾았다고 생각한다. 그리고 옆집 사람이 먹고 남은 음식(원래 딸에게 줄 음식)을 받아 들고 옆집 사람들에게 얘기한다. "너무 감사합니다. 저에게 이런 후한 칭찬을 해 주시고 또 음식까지 남겨주시다니 제가 몸 둘 바를 모르겠습니다. 당신들은 너무 친절하시네요. 복 받으실 거예요." 그리고는 옆집 사람이 건네준 음식을 가져다가 자기 딸에게 준다. "내가 너 먹이려고 사다 놓은 불고기를 옆집 사람들에게 정성을 다해 만들어 주었더니 옆집 사람이 친절하게도 남겨 주었구나. 그리고 나에게 정말 착하고 좋은 사람이라고 칭찬을 해주었단다. 이 엄마가 자랑스럽지 않니? 참, 너 주려고 사다 놓은 아이스크림도 옆집 사람에게 주었더니 정말 좋아하더구나." 딸은 어머니가 건네준 음식을 먹으면서 어이없는 눈으로 어머니에게 말한다. "엄마 미친 것 아냐? 어떻게 자기 딸에게 줄 음식을 남을 주고 남이 먹다 남긴 것을 자기 딸에게 줄 생각을 해? 엄마가 나를 사랑하기나 해? 엄마가 나에게 사랑한다고 말하는 것은 모두 거짓말이야. 엄마가 나를 사랑한다면 나에게 이렇게까지는 하지 않을 거야. 엄마는 나쁜 엄마야. 엄마가 정말 정말 싫어. 나는 엄마가 내 엄마가 아니었으면 좋겠어. 아니 엄마가 죽었으면 좋겠어." 어머니는 딸에게 그런 말을 듣고 견딜 수가 없다. 어머니의 자존감은 땅에 떨어질 것이다. 딸로부터 견딜 수 없는 말을 듣고 경멸을 당한 뒤에 누군 가의 위로를 찾아 다시 옆집에 간다. 그리고 전보다 더 최선을 다해 옆집을 돕고 옆집 아이를 키운다. 그리고 옆집 사람들에게서 듣는 한 마디의 칭찬에 간절히 목말라 한다. 그리고 딸은 그런 어머니의 모습 에 더 절망하게 되며 더 어머니를 비난하게 된다. 악순환으로 인해 어머니는 딸에게 모진 말을 듣고 상처를 받으며 그 상처를 치유하기 위해 더 옆집을 찾게 되며 그 집으로도 모자라면 또 다른 옆집을 찾 아 나서게 된다.

이런 우스꽝스러운 우화가 현실에서는 절대 일어날 일이 없다고 생 각한다면 오산이다. 가끔 임상에서 만나게 되는 무골호인의 아버지가 가족들에게는 폭군으로 군림하는 경우를 가끔 볼 수 있다. 바깥에서 는 상냥한 엄마가 집에서는 냉정한 경우도 있다. 아마 그런 얘기를 떠 올렸을지도 모르겠다. 하지만 이 얘기는 가족 간의 관계 문제를 염두 에 둔 얘기가 아니다. 이것은 '나' 자신의 문제이다. 어머니와 딸을 둘 다 '나'라고 해보자. 어머니는 '나'에게 기본적 일상 서비스를 해주는 '나'이고 딸은 '내'가 해주는 것을 받는 '나'이다. '내'가 '나'에게 아무리 사랑한다는 말을 해주어도 기본적 일상 서비스해 주는 태도에 해주 기 싫은 듯한 모습을 보이고 억지로 하는 듯한 느낌이 든다면 '나'는 '나'의 마음과는 별개로 '내'가 '나'를 싫어한다고 생각한다. '나'는 '나'의 마음을 알고 태도를 알고 있으므로 미적대거나 미루고 하기 싫어하 는 모습을 향해 바로 비난을 쏟아내게 된다. 하지만 '나'는 그런 비난 을 듣고 자존감이 떨어진다. 그리고 자존감을 회복하기 위해 칭찬을 들을 만한 다른 사람에게 찾아간다. 그리고 그 사람에게 최선을 다한

　　　　　　　　　　　　　　　　　마음의 지도

다. 때로는 밥을 사줄 것이고 같이 영화를 보아줄 것이다. 친구가 힘든 일이 있으면 친구의 마음이 풀어질 때까지 위로해줄 것이며 때로는 집으로 불러 식사를 대접한다. 그리고 어지간한 손해는 감수하고 넘어간다. '내'가 그런 행동을 보이는 이유는 단 하나다. 다른 누군가로부터 칭찬을 듣기 위해서다. 하지만 '나'는 '나'에게 하는 것보다 훨씬 더 발 벗고 나서며 망설임 없이 해주는 '나'의 모습을 보고 더 분개하며 더 비난하게 된다. 나의 비난이 강화되면 될수록 또 '나'는 떨어진 자존감에 힘들어한다. 결국, 다른 사람들의 칭찬을 얻으러 또다시 밖으로 나가게 된다.

'나'에게 잘해주고 싶지 않은 사람이 어디에 있겠는가. 하지만 일반적인 '나'는 '나'를 늘 비난하고 있다. 그것은 잘해주고 싶다는 마음이 없어서가 아니다. '나'의 '나'에 대한 태도 때문이다. '나'의 불성실한 태도로 인해 '내'가 살아가는 데 있어 가장 중요한 기본적 일상 서비스가 만족스럽게 채워지지 않으면 '나'는 '나'를 비난할 수밖에 없는 것이다. 하지만 일반적인 사람은 그 비난이 어디에서 비롯되었는지 잘 모른다. 그것은 '나'의 태생적 한계에서 비롯되었다. 태어나면서부터 무능력한 '나'를 키우는 것은 전적으로 양육자의 의지이다. 기본적인 일상 서비스는 '나'의 의사와 상관없이 양육자의 의사로 제공되는 것이다. 커서는 '내'가 '나'에게 양육자 대신 정성껏 해주어야 한다. 하지만 아무리 커서도 '나' 보다는 양육자가 '나' 대신해주는 것을 더 원한다. 양육자의 책무는 '나'의 의식 밖에서 이루어지는 일이다. 인식하고 있지 않던 일이 타의에 의해서 억지로 '내'게 떠맡겨지는 것처럼 느껴지는 '나'는 '내'가 하는 것이 당연하다는 것을 이해하기 어렵다. '내'가 양육자보다 더 '나'를 잘 보살필 수 있다는 가르침을 깨닫기에는 '나'의 마음이 너무 어리다. 그렇게 한 번 인식 밖에서 벌어졌던 일을 '나'의 인식 내로 끌어들여서 주체를 바꾸어 가며 재인식하는 것은 거의 불가능한 일인 것이다.

일반적인 '나'는 하루하루 살아가는 일 중에 기본적 일상생활(기본적 에너지, 기본적 욕구)에는 관심이 없다. 오로지 오늘 만나고 싶은 사람을 생각하고(확인 에너지, 확인욕구), 그 사람에게서 위로와 칭찬받을 생각을 하고(직접적 인정에너지, 직접적 인정욕구) 어떠한 일의 성사 여부나 해야 할 일, 틀어진 관계를 다시 바로잡는 일(간접적 인정 에너지, 간접적 인정욕구)에 정신을 집중한다. 좀 더 표층적인 사람은 확인욕구 조차 중요하게 생각하지 않는다. 확인욕구는 인정욕구에 가려져 있어 확인욕구 자체의 중요성을 이해하지 못한다. 그럴수록 심층에서 일어나는 자기 자신에 대한 불만과 비난에 대해서는 귀를 닫고 (닫는다고 닫히지 않지만) 타인이 주는 칭찬(인정 에너지, 인정욕구)에만 매달리게 되는 것이다. **'나'와 '나'의 관계도 인간관계다.** 받는 '나'(딸) 는 주는 '나'(엄마)에게 있어 가장 중요한 인물이다. '나'(딸)를 버려두고 다른 사람에게 '내'(딸)가 쓸 에너지를 퍼다 주면 '나'(딸)는 '나'(엄마)를 다시는 따뜻한 눈으로 바라보지 않을 것이다.

자기 비하를 막는 도구로서의 마중물

자기 비하를 막고 자존감을 높이는 것 그 자체로도 가치가 있지만 자기 비하를 막지 못하면 자존감을 높이기 위해 막대한 에너지를 타인에게 써야 하므로 자기 비하를 막는다는 것만으로도 엄청난 에너지 낭비를 막을 수가 있어 더욱 중요하다. 자기 비하는 결국 '내'가 '나'를 대하는 태도 때문이다. '내'가 생존하는 데 있어 가장 중요하고 기초적인 삶의 기본적인 서비스를 억지로 해주는 듯한 태도는 바로 자기 비하를 불러낸다. 그렇지만 기본적인 서비스를 '내'가 안 해 주는 것은 아니다. 양질은 아니지만 이미 해주고 있다. 하지만 '나'는 억지로 해주는 기본적인 서비스를 받으면서도 인정을 하지 않는다. 마지못해 억지로 해주는, 마음에도 없는 기본적인 서비스는 받지 않겠다는 뜻이다. 그것은 아무 거리낌 없이 해주고 받던 양육자의 기본적 서비스와 '내'가 해주는 기본적 서비스와의 태도의 차이에서 기인한다. 양육자의 기본적 서비스는 정말로 간절히 다시 받고 싶어 할 만큼 상냥하고 적극적이며 자발적이었던 것이지만 '나'의 기본적인 서비스는 마지못해 받을 만큼 마지못해서 해주는 것으로 인식되는 태도의 차이가 있다. 그 상대적 태도의 차이는 결핍을 만들고 그 결핍이 분노를 만들게 되는 것이다. 자기 비하는 양육자가 삶의 기본적 서비스를 제공할 때 보여주는 태도를 똑같이 재현하지 못하는 '나'에 대한 분노다.

그러므로 마중물을 하는 가장 중요한 부분은 마중물 요법을 하는 중에 '내'가 취해야 할 태도이다. 무심코 일상적인 무심함으로 나에게 대했던 기본적 서비스를 자신에게 가장 부드러웠던 양육자인 어머니의 가장 상냥하고 살가웠던 시기의(영유아기) 목소리와 태도를 흉내 내어 자신에게 말해주는 것이 마중물 요법의 가장 핵심적인 부분이다.

"내가 나를 위해 **해줄게.", "응." + **행동 + "○○아/야. **해줘서 고마워. 잘했어.", "응."

이 말들을 기본적인 서비스에 앞뒤로 붙여서 하게 되면 '내'가 '나'에게 내는 화를 풀고 이미 해주고 있던 기본적인 서비스를 스스로 인정하고 받아들임으로써 양육자와의 관계(원초적 관계)를 타인과 재현하려고 애쓰는 데 들어가는 모든 에너지를 아낄 수가 있다. 화를 푼다는 것은 자기 비하를 멈춘다는 뜻이고 '내'가 스스로 해주는 밥상을 엎어버리지(실제로는 밥상을 받고 잘 먹지만 태도는 마치 받지 않은 것처럼 행동하는 것이라고 표현하는 것이 조금 더 정확하다. 받지 않은 것처럼 생각되기 때문에 '나' 아닌 누군가에게 밥상을 구걸하러 다녀야 하는 것이다.) 않아 한번 낭비되던 에너지가 절약된다. 그것이 마중물로 인해 절약되는 첫 번째 에너지다. 거기에 자기가 엎어버린 밥상을 다시 차려 달라고 구걸하기 위해 남에게 주는 에너지도 절약되므로 두 번째로 절약된다. 마지막으로 밥상을 엎어 버리기만 하는 것이 아니라 자신을 심한 말로 비난하고 상처를 주므로 이 상처를 회복하기 위한 에너지가 따로 낭비된다. 물론 두 번째 세 번째 에너지는 비슷하게 타인으로부터 에너지를 구걸해야 하므로 구분이 어려울 수도 있으나 단순히 화가 나서 자신의 밥상을 스스로 거부하는 것과 자신을 상처주는 것은 차이가 있다. 자기비하가 심하면 자기비하로 상처 난 자존감을 치유하는 데 불필요한 에너지가 들게 된다.

요약해보자. 스스로 해주는 기본적인 서비스를 거부하고(첫 번째 에너지 낭비) 그것을 다시 원초적 관계를 통해 복원하고자 하는 데 들어가는 에너지가 겹으로 소모(두 번째 에너지 낭비)되는 것이다. 또한 그 과정에서 자신에게 욕을 하거나 비난을 하여 상처가 나게 되며 그 상처에서 회복하기 위한 칭찬을 다른 사람에게서 듣기 위해 세 겹(세 번째 에너지 낭비)으로 에너지가 낭비된다. 다중적으로 낭비되는 에너지를 예방하고 '내'가 차려준 첫 번째 밥상을 감사해하며 스스로 양질의 에너지로 인식하여 잘 활용하게 만들어 주는 것이 바로 마중물 요법이라고 할 수 있다.

눈썰미가 있다면 첫 번째 에너지 절약이 기본적 에너지에 대한 마중물에(기본적 일상 서비스를 스스로에게 늘 해주고 있다는 것을 인식시키는 행위) 해당하고 두 번째 에너지 절약이 확인 에너지의 충족(마중물 요법을 스스로에게 들려주어 기본적 일상 서비스를 해주는 주체가 '나'의 옆에 실시간으로 있다는 것을 알리는 행위)에 해당하고 세 번째 에너지 절약이 인정 에너지의 충족(스스로를 칭찬해주어 인정하는 행위)에 해당한다는 것을 눈치챌 수 있을 것이다.

3) 마중물이 다섯 가지 기본적 일상 서비스인 이유

이미 기본적 일상 서비스가 다섯 가지인 이유는 본능과 욕구편에서 설명하였다. 기본적인 욕구가 다섯 가지인 이유를 설명하면서 자연스럽게 기본적 일상 서비스(기본적 에너지)를 설명한 것이다. 욕구와 에너지는 거푸집과 주물의 관계와 같다. 거푸집을 보면서 거푸집을 통해 생산될 주물을 떠올리는 것과 마찬가지로 욕구를 보면서 거기에 채워질 에너지를 바라보게 되는 것이다. 그러므로 욕구와 에너지를 엄격하게 구분하지 않는 것에 마음을 빼앗길 필요는 없다.

임상에서 마중물 요법을 적용하다 보면 환자들이 마중물 요법을 혼동하여 이것저것에 마구 붙이는 모습들을 보게 된다. "내가 나를 위해 쇼핑을 해줬어요. 그것도 되는 거죠?", "내가 나를 위해 사람들을 만나준다고 했어요.", "내가 나를 위해 여행을 보내줬어요." 물론 절대적으로 해서는 안 될 언급들은 아니다. 기본적인 다섯 가지의 마중물을 하지 않고 하는 것은 크게 의미가 없다는 뜻이다. 이러한 혼동이 주는 마중물에 대한 잘못된 이해를 막고자 마중물 요법에 적용된 기본적 일상 서비스의 선정 기준에 관해 설명하고자 한다.

의식주에 해당하는 기본적 일상 서비스

기본적 일상 서비스는 가장 기본적으로 의식주에 해당한다. 그것은 인간이 살아가는 데 있어 없어서는 안 되는 필수 조건에 해당한다. 의衣는 결국 체온 유지에 책임이 있다. 식食은 에너지 공급의 책임이 있으며 주住는 안전을 담당한다. 하지만 현대 사회에서는 이 역할의 의미가 많이 바뀌게 되었다. 중세시대만 해도 가난한 평민들은 음식 마련에 모든 에너지를 써야 했고 옷과 집은 형편이 되는대로 살았다. 현대 사회에서는 음식이 없어 굶는 사람은 많지 않으며(그래도 아직 굶는 이들이 있다.) 집도 질의 차이가 있겠지만 충분히 제공된다. 옷 역시 브랜드에 신경 쓰지 않으면 크게 걱정할 필요 없이 산다. 문제는 인간의 삶에서 단순히 의식주가 눈앞에 있는 것만으로는 의식주가 적용될 수 없다는 데 있다. 옷은 있지만 더럽고 음식 재료는 있지만, 음식을 하지 않으며 집은 있지만, 청소 하지 않아 쥐와 벌레가 나온다면 중세시대 가난한 평민들과 다를 바 없는 평가를 받게 된다. 그래서 제대로 된 인간의 삶에 맞게 에너지 공급과 체온 유지와 안전에 해당하는 항목을 따로 정리해 보자. 옷을 깨끗하게 세탁하는 것

마음의 지도

과 적당한 열량의 신선한 음식을 그때그때 공급하는 것과 쾌적하고 안전한 주거공간을 유지하는 것이 해당한다. 삶의 가장 기본인 의식주에 대한 이런 기준들을 자기가 스스로 직접 해야 하는 것이 정말 중요하다. 만약 이것을 읽은 어떤 사람은 조금 답답해질지도 모르겠다. 자신이 하지 않는 기본적 일상 서비스가 너무 많기 때문이다. 또 어떤 사람은 자기는 모두 다 하고 있으니 마중물을 할 필요가 없겠노라고 조금은 으스대고 있을지도 모르겠다. 하지만 그럴수록 두 사람 모두 꼭 마중물을 해야 하는 사람들이다. 한 명은 마중물이 절실한 상태이기 때문이고 한 명은 마중물의 효과가 극대화될 수 있는 사람이기 때문이다.

일반적인 사람이라면 이것을 모두 자기 스스로 실행하는 사람이 많지 않다. 그래서 대부분의 아침을 거르거나 외식을 하거나 도우미를 고용하거나 돈을 주고 세탁물을 맡긴다. 물론 모두 아무런 저항 없이 거뜬히 스스로 해내는 사람도 있을 것이다. 하지만 잘 해내는 사람조차도 아무런 대가 없이 의식주의 책임을 벗겨주겠다고 한다면 좋아하지 않을 리가 없다. 그 얘기를 듣고 좋아한다면 아닌 것 같아도 부담을 가지고 있는 것이다. 가지고 있는 에너지가 넉넉해서 의식주를 해내는 데 들어가는 에너지가 별로 신경 쓰이지 않을 뿐이지 의식주를 챙기는데 에너지가 소모되지 않는 사람은 없다. 자기 자신만을 위한 삶도 그러할진대 누군가를 부양해야 하는 사람이라면 더욱 극심한 부담이 지워지게 되는 것이다. 그리고 그 부담이 '나'의 에너지를 소모하는 가장 근본적인 문제다.

의衣

그래서 임상적으로 중요하게 생각해야만 하는 것으로 의식주를 유지하는 데 있어 정말 하기 싫어하고 억지로 하는 것들이 부각되는 것이다. 옷을 통해 체온을 유지하려면 필연적으로 옷을 입는 동작을 해야 한다. 옷을 입는 행동이야말로 체온을 유지하는 데 있어 가장 결정적인 행동일 것이다. 하지만 다행스럽게도 '나'의 발달과정에서 수천 번 수만 번을 반복하게 되며 마치 아무 생각 없이 운전하듯 아무 생각 없이 옷을 갈아입게 된다. 즉 절차 기억procedural memory의 영역으로 포함되어 있어 누가 시키지도 않고 스스로도 인식하지 못한 상태에서 옷을 입게 되는 것이다. 그리고 이러한 무의식적 행동에는 심리적 에너지가 소모되지 않는다. (무의식적 행동 자체에는 에너지 소모가 거의 없다. 하지만 무의식적 행동 자체에 의식이 없기 때문에 모순된 행동을 인지하지 못한다. 무의식적 행동 몇 개가 모여 모순을 일으킬 때 에너지 소모가 발생하는 것이다.) 임상적으로도 크게 중요하지 않다(정말 중요하지만, 신경 쓰지 않아도 저절로 중요하게 지켜지므로 따로 에너지를 들일 필요가 없다.)는 뜻이며 그렇기 때문에 옷을 입는 행동은 기본적 일상 서비스에서 뺄 수가 있다. (만약 누군가 매일 옷을 갈아입는 것을 귀찮아하고 힘들어한다면 그 사람은 마중물 요법에 '내가 나를 위해 옷을 입혀줄게'라는 문구를 넣을 수 있을 것이다. 그것은 빨래를 직접 하지 않는 사람들 역시 빨래 마중물을 할 수 있게 만든다.) 그중에서 가장 억지로 해야 하고 에너지 소모가 많은 것이 바로 빨래인 것이다. 옷을 깨끗이 빨아 입지 않으면 피부의 감염이 쉽게 일어나므로 반드시 해야 하는 일이면서도 세탁기를 돌리고 털어서 널고 다시 걷어서 개어 보관

하는 일들은 참으로 성가신 일 중에 하나라고 할 수 있다. 그래서 '나'는 빨래를 하는 행동에서 많은 심리적 에너지를 소모하게 된다고 느낀다. 반대로 누군가 자신을 위해 빨래를 해주는 행동에서 많은 에너지를 얻는다고 생각한다.

식食

먹는 것은 생리적인 욕구이므로 배가 고프면 '내'가 적극적으로 찾아서 먹는 것이기 때문에 억지로 하는 행동이 아니다. 그래서 마중물에 포함된 것에 의문을 가질 수도 있다. 하지만 먹는 행동은 하루 두세 번씩 매일 해야 하는 일이며 먹기 위해서 장을 보아야 하고 음식을 만들어야 한다. 그리고 사람마다 조금씩 차이는 있겠지만 장 보는 것을 억지로 하는 사람이 있으며 음식을 만드는 것을 억지로 하는 사람이 생긴다. 너무 자주 같은 행동을 반복해야 하는 일이므로 아무리 장보기 좋아하고 요리하기 좋아하는 사람이라 하더라도 싫어질 때가 있는 것이다. 심지어 음식을 떠서 먹는 행동도 마냥 즐겁지만은 않을 때가 생긴다. 평생 살면서 매 끼니가 다 맛있고 매 끼니가 다 즐거울 수는 없는 것이다. 음식을 맛으로 먹는지 영양으로 먹는지 감량을 위해 먹는지에 따라서도 크게 달라진다. 음식을 맛, 즉 즐거움으로 먹는 사람이 있다면 맛없는 음식을 먹는 것은 고역이 될 것이다. 영양으로 먹는 사람이라면 매 끼니를 즐거움이 배제된 음식을 먹고 있다고 봐야 한다. 그리고 그것은 자기 몸에 좋기 때문에 싫어도 억지로 하는 일이다. 만약 어떤 사람이 몸에 좋지만, 맛은 없는 음식만을 먹으면서도 자신은 맛있고 즐겁게 먹고 있다고 한다면 그 사람은 음식이 맛있어서라기보다는 확인 에너지나 인정 에너지(건강함을 추구하는 것은 안전함을 추구하는 것이다. 안전욕구는 내재화된 확인욕구다. 양육자가 '나'의 안전을 책임져 주던 그때 그 상태 그대로 '나'에게 안전을 제공해주고 싶은 것이다. 그 역할을 '나'에게서 바라며 그런 '내'가 영속적으로 해줄 만큼 건강한지 확인하는 것이다. '나'의 존재를 계속 확인하는 것이므로 안전욕구는 확인욕구에 포함된다. 또는 '나'의 몸매를 다른 사람의 취향에 맞춰서 인정을 받아야 다른 사람이 나의 옆에서 떠나지 않고 확인에너지를 줄 것이다. 몸매 관리를 통한 타인들의 부러움을 받는 인정에너지도 충족될 수 있다.)에 더 큰 의미와 비중을 두고 있어서일 가능성이 더 크다. 물론 맛도 있고 몸에도 좋은 음식을 해 먹을 수도 있다. 하지만 바로 그 점이 평상시 신경 쓰지 않던 가외의 에너지가 들어가는 지점이 된다. 다시 말해 '나'의 즐거움을 위해 맛있는 음식을 해 줄 것인가 아니면 '나'의 건강을 위해 몸에 좋은 음식을 해 줄 것인가의 음식 내용에 대한 고민 자체가 생리적 욕구만으로 해결되지 않는 '나'를 위해 억지로 써야 하는 에너지인 것이다. 그러므로 누가 음식을 해줄 것이며 누가 설거지를 해줄 것인지는 더 큰 숙제이자 부담이다. 음식을 둘러싼 일련의 행위들은 누구의 에너지든 에너지가 소비되는 역동적인 에너지 장이 되는 것이다.

주住

같은 논리로 집에 대한 것도 마찬가지다. 집은 안전을 위한 공간이나 그 안전을 위해 따로 노력해야 할 일이 별로 없다. 만약 창문이나 문, 전기 배선이나 수도 배관, 난방 장치가 고장 났다면 신경 써서 고쳐야 한다. 자신이 고칠 수가 없다면 신속하게 전문가를 불러야 한다. 이것 또한 에너지가 쓰이는 일이지만 매일 같이 사용하는 에너지는 아니다. 그러한 일이 있을 때만 신경 쓰면 되는 것이다. 하지만 위험한 물건들이 함부로 어질러져 있거나 미생물이 번식하거나 해충이나 쥐가 출몰하는 것을 방지하는 것은 매일 매일 에너지를 들여야 가능해지는 일이다. 매일이 아니라고 해도 어느 정도 일상적으로 신경 쓰지 않으면 안 되는 일이다. 억지로라도 거의 매일 해야 하는 것이 바로 청소다. 그렇게 거의 매일 집에 대해 신경 써야 하는 것이 청소라면 그렇게 자주 신경 쓰지 않아도 되지만 안전에 너무 중요한 부분을 담당하는 부분이 전기장치와 상하수도 배관과 냉난방 장치다. 어느 것 하나 잘못되면 생활이 이어지지 않는다. 다 고장 나면 집이 집으로서의 기능을 하지 못하는 것이다. 그렇다고 딱히 전기 배선이나 수도 배관이나 냉난방장치를 매일 같이 억지로 점검해야 하는 것은 아니다. 오히려 이것들을 이용하여 매일 신경 써야 하는 다른 일이 존재한다. 수도가 없을 때 벌어질 일은 상상하기에도 끔찍하지만, 가끔 수도 배관을 신경 쓰는 행동으로 충분히 막을 수가 있다. 전기와 난방장치 역시 마찬가지다. 그것보다는 수도와 전기와 난방 장치가 잘 유지 되어서 매일 따뜻한 물이 잘 나올 때 '내'가 어떤 핑계도 대지 못하고 억지로 해야 하는 일이 발생한다. 몸을 씻는 것이다. 아무리 피곤하더라도 자기 전에 이빨을 닦고 손발을 씻어야 한다. 아무리 바쁘더라도 세수는 해야 출근을 할 수 있는 것이다. 안 씻고 출근했을 때의 불쾌감을 생각해서라도 씻는 것이 자동으로 이루어졌으면 한다. 아무리 나이가 들어도 씻는 것은 귀찮은 일로 여겨진다. 만약 누군가 자신은 즐겁게 씻고 있고 절대로 억지로 하지 않는다고 한다면 한 가지만 자문해 보자. 쉬는 날 어떤 공적 사적 업무도 없고 혼자 집에서 쉬고 있을 때 그때도 씻는지를. 만약 휴일에 씻지 않는다면 평일에 씻는 것은 타인에게 욕먹지 않기 위해 억지로 씻는 것에 불과한 것이다. 스스로 그것을 즐겁다고 여기는 것일 뿐이다.

기본적 일상 서비스(마중물로 사용되는)의 기준, '억지로' 하는 의식주

억지로 하는 의식주를 기본적 일상 서비스, 기본적 욕구, 기본적 에너지라고 부른다고 생각해도 무방하다. 대부분의 기본적 일상 서비스는 사람의 의지에 따라 다르지만 거의 스스로 해야 하는 일들이다. 그것도 하기 싫은 일을 억지로 해야 한다. 그래서 꼭 누군가에게 대신 받았으면 하는 일들이다. 그것은 어머니에게 받았던 것들이며 부분적으로 현재도 받고 있고 앞으로도 영원히 누군가에게 받고 싶은 일이다. 누군가 계속해줄 사람이 있다면 절대로 하지 않을 일이기도 하다. 그래서 최대한 해줄 사람을 구해보지만(기본적 일상 서비스를 누군가에게 받는다는 것은 확인욕구와 인정욕구를 채우고자 하는 궁극적인 목표이지만 양육자의 존재로 인해 한 번도 의식된 적이 없는 목표이기도 하다.) 그 노력이 결실을 보지 못할 때(확인욕구와 인정욕구가 좌절될 때) 엄청난 외로움을 느끼게 된다. 그리고 결국 스스로 기본적 일상 서비스를 할 수밖에 없다는 것을 깨닫고 억지로 억지로 하루하루를 살아간다. '나'는 살아가는 것 자체가 고통인 것이다.

억지로 하는 의식주가 기본적 일상 서비스라는 항목을 정해준다고 한다면(정확하게 그렇지는 않다.) 개개인에 따라 지금 여기에 나열되지 않은 것도 첨가 할 수 있다. 누군가 애완동물을 키운다면 그것 역시도 '내'가 사는 공간에 해당하므로 애완동물의 변을 치우는 것도 마중물을 할 수가 있는 것이다. 하지만 의식주에 해당하는 것이 아닌 것은 모두 대리 욕구일 가능성이 크므로 대리 욕구를 채워 봐야 원래 원인이 되는 기본적 욕구의 결핍은 간과하게 되는 경향이 있다. 모든 정신 병리가 기본적 욕구를 무시한 채 대리욕구에 집착하기 때문이라는 것을 인정한다면 대리욕구에 마중물을 붙이는 것은 조금 경계해야 할 행동이라고 할 수 있다. 그러므로 마중물이란 의식주에 해당한다고 판단되는 행동 중에 억지로 해야 하는 것들에 적용이 될 수 있다는 것을 인지하자. 일반적으로 먹는 것에 관련된 것, 몸을 청결하게 하는 것과 관련된 것, 자는 것과 관련된 것, 집안을 깨끗하게 청소하고 정리하는 것과 관련된 것, 체온을 유지하고 옷으로부터 감염을 예방하기 위한 것과 관련된 것, 다섯 가지 범주의 행동이면 마중물의 거의 모든 것이라고 할 수 있으므로 다른 것은 신경 쓰지 않아도 된다. 사람에 따라 배변활동을 마중물에 넣을 수 있는데 변비에 가깝다면 먹는 쪽으로 포함이 될 것이며 치질(치핵)이라 얘기하는 것에 가깝다면 씻는 쪽으로 포함할 수도 있다. 또 사람에 따라 상황에 따라 다섯 가지의 마중물을 잘하고 있다는 전제하에 생계를 위해 일하는 것도 포함이 될 수 있다. 일보다는 다섯 가지의 마중물에 더 신경 써서 마중물을 해야 한다는 것이 중요한 조건이다. 자기 자신은 이미 잘하고 있고 억지로 하지도 않으므로 마중물을 할 필요가 없다는 생각이 든다면 그냥 마중물을 억지로라도 해보라고 권할 수밖에 없다. 마중물을 억지로 하면 그 효과가 상당히 제한되지만 마중물을 효과를 직접 체험하지 않고서는 자신이 지금껏 잘해 왔고 억지로 하지 않고 있다고 생각했던 것이 착각이었다는 것을 깨닫지 못한다. 설령 착각이 아니라 실제로 모든 마중물의 행동을 완벽하게 하며 억지로 하지 않고 즐겁게 하는 사람이 있다고 해도 "내가 나를 위해 **해 줄게"라는 말을 직접하고 직접 듣는 것에서 오는 확인에너지(확인욕구의 충족)와 "○○아/야. **해줘서 고마워. 잘했어."를 듣는 순간 채워지는 인정욕구(인정에너지)는 생기지 않을 것이므로 더 이상의 논의가 무의미하다.

잠

잠은 모든 마중물의 총화

잠은 의식주 중에 주에 해당한다고 볼 수 있다. 하지만 꼭 주에만 해당한다고 볼 수는 없다. 식과 의가 잘 갖추어지지 않아도 역시 잠을 쾌적하게 잘 수가 없다. '쾌적'하게 잘 수 없다는 말이 잠에 대해 중요한 지적을 하고 있다. 잠이란 가장 힘들이지 않고 채울 수 있는 가장 생리적인 욕구이기 때문에 어지간한 여타 환경에 상관없이 졸리면 잘 수밖에 없다고 생각할 수 있다. 잠은 졸리면 어떻게든 자겠지만 단순히 잔다고 모든 잠이 동일한 질을 가지고 있는 것은 아니다. 사회가 산업화 되면서 과거보다 인간이 잠을 잘 때도 쾌적하게 자는 것과 그렇지 않은 것의 기준이 더 세분화 되었고 더 다양해졌다. 그 결과로 잠에 대한 질의 차이가 점점 더 많이 나게 되었다. 더운 여름 날 씻지도 못하고 에어컨디셔너도 없다면 잠을 자도 잔 것 같지 않을

마음의 지도

것이기 때문이다. 추울 때 역시 방구들에 땐 군불이 꺼질까 잠에서 깨어 수시로 들락거려야 했다면 보일러는 믿고 숙면을 할 수 있게 해준다. 현대화된 주거 시설이 꼭 잠에 긍정적인 것만은 아니다. 기술의 발전으로 인해 잠에 부정적인 면도 생겨났다. 너무 밝은 조명과 24시간 나오는 IPTV는 숙면의 가장 큰 적이다. 언제든 스마트폰을 손끝으로 누르기만 하면 최신 유행의 가요들이 귓전을 때린다. 전등과 TV를 켜놓고 자거나 가요가 울리는 이어폰을 낀 채 저절로 잠드는 잠이 숙면일 리는 없는 것이다. 잠을 잘 자기 위해서는 TV와 스마트폰의 유혹부터 이겨야 한다. 그것뿐만이 아니다. 전등과 TV를 켜놓고 자는 이유는 계획된 잠이 아니기 때문이다. 그러므로 씻지도 않았을 것이며 옷도 갈아입지 않았을 가능성이 높다. 씻고 옷을 갈아입었다고 해도 이불을 덮지는 않았을 것이다. 양치질을 하지 않고 이불을 덮지 않고 잤다면 환절기에는 반드시 감기에 걸리게 된다. 잠은 저절로 드는 것이므로 잠자는 것은 신경 쓸 필요가 없다는 생각은 조금 바꿔어야 한다.

다섯 가지 마중물을 하다 보면 가장 잘 안 되는 것이 잠이다. 일반적으로 사람들에게 다섯 가지 마중물을 알려주면 가장 먼저 잊고 머릿속에서 지워버리는 것 중의 하나이기도 하다. 잠은 항상 저절로 자는 것으로 생각하기 때문이다. 하지만 생활하는 도중에 발생하는 부산물 같이 오는 잠이라고 하기에는 잠은 너무도 중요한 위치를 차지하고 있다. 잠은 마중물의 총체적인 접점이다. 잘 먹지 못하고 잘 씻지 못하고 잘 청소가 되지 않은 상태에서 지저분한 이불과 옷으로는 잠을 '잘' 잘 수가 없다. 모든 마중물이 잠에 결정적인 요인은 아니지만, 숙면을 방해할 정도의 영향력은 충분하다고 할 수 있다. 그리고 숙면은 다음 날 하루 일과를 하면서 쓸 에너지를 생산하는 가장 중요한 공급원이다.

잠은 가장 희생되기 쉬운 에너지

인간 사회에서 에너지는 다양한 모습으로 나타난다. ('나를 기분 좋게 만드는 모든 것은 에너지다.') 하지만 어디를 가도 누구를 만나도 공통으로 평가할 수 있는 에너지가 있다. 돈이다. 돈을 받으면 그 어떤 종류의 에너지보다 기분이 좋아지므로 당연히 돈은 가장 역량 있는 에너지라는 생각이다. 또 돈이라는 에너지는 기분이 좋아지게 하는 데 실패할 확률이 낮다. 돈이란 기준으로 통일해 평가하는 경향이 우세하면 할수록 돈을 조금이라도 더 버는 것이 '나'의 가치를 조금이라도 더 높이는 중요한 수단(인정욕구, 인정에너지)이 되기 때문에 많은 에너지를 돈 버는 일에 투자하게 된다. 그러다 보면 무엇인가 많이 참아야 하는 (무엇인가 많이 참아서 기분이 나빠지는) 일이 발생을 하는데 모든 돈 버는 현장에서는 반드시 일어나는 일이다. 고객을 위해 참고 미소 지어야 하며 상사에게도 참고 웃어야 한다. 힘든 노동일 역시 참고 견디어야 하며 장시간의 지루한 반복 작업도 참고 견디는 일인 것이다. 돈을 벌면서 오랜 시간 참는다는 것은 참는 대가로 보상을 바라게 되는 원인이 되기도 한다. 그래서 많은 사람은 돈을 벌기 위해 무언가를 억지로 참고 나면 그 억울함을 풀기 위한 보상을 받기(기분이 좋아지기) 원한다. 하지만 이미 퇴근하면 7시 8시가 되며 씻고 저녁을 먹으면 9시가 된다. 곧 다음날 일을 위해 일찍 자야 하는 상황이다. 거기서 사람은 선택해야 한다. 스스로에게 다음날을 위해 잠을

마음의 지도

재울 것이냐 아니면 무언가 재미있는 것으로 보상을 할 것이냐의 갈림길에 서게 되는 것이다. 많은 사람은 충분한 휴식을 택할 것이다. 하지만 또 많은 사람은 일과시간 동안 있었던 짜증과 불편함 억울함 등을 털어 버리기 위해 술자리나 유흥을 즐긴다. 또 다른 사람은 게임을 하거나 영화를 본다. 또 어떤 이들은 SNS에 몰두한다. 그리고 그 시간을 위해 잠자는 시간을 희생시킨다. 자신을 위해 휴식을 택한 사람이 늘 휴식만 택하는 것은 아니며 반대도 마찬가지일 것이다. 일반적인 '나'라면 대부분 잠을 참을 수 있는 한도 내에서는 잠을 희생시키고 즐기려고 드는 경향이 생긴다는 뜻이다. 일반적으로 인정하는 (기분 좋아지게 하는) 에너지인 돈을 벌기 위해 많은 분노(기분 나쁨)를 참다 보면 그 분노를 일으킨 결핍(기분 나쁨)을 즐거움(기분 좋음)으로 채우려고 하게 되며 그 즐거움을 위해 기본적 에너지, 특히 잠을 희생한다는 것을 지적하고 싶다.

그리고 이것은 잠에 대한 마중물뿐만 아니라 모든 마중물이 중요하다는 것을 뜻한다. 마중물을 통하여 억지로 하는 기본적 생활 서비스들에서 소모되는 에너지만이라도 충분히 줄이게 되면, 하루 일과가 끝나고 나서도 '반드시 보상받아야 할 것 같은 느낌'은 사라지게 된다. 그 정도면 '나'를 기분 좋게 잠재울 수 있게 된다. 마치 잠에 대한 마중물을 제대로 한다는 것은 이미 다른 마중물도 제대로 했다는 것과 같다. 잠이란 전체 마중물의 수행 정도를 표시하는 계기판의 바늘 같은 것이다.

4) 마중물 요법의 구체적 예문

의衣

빨래하기

"내가 나를 위해 빨래해 줄게.", "응." … "○○아/야. 빨래해 줘서 고마워. 잘했어.", "응."

"내가 나를 위해 빨래를 널어 줄게. "응." … "○○아/야. 빨래 널어줘서 고마워. 잘했어.", "응."

"내가 나를 위해 빨래를 걷어 줄게.", "응." … "○○아/야. 빨래 걷어줘서 고마워. 잘했어.", "응."

"내가 나를 위해 빨래를 개어 서랍에 넣어 줄게.", "응." … "○○아/야. 빨래를 개어 서랍에 넣어줘서 고마워. 잘했어.", "응."

식食

먹기

"내가 나를 위해 먹을 것을 사다 줄게.", "응." … "○○아/야. 먹을 것 사다 줘서 고마워. 잘했어.", "응."

"내가 나를 위해 음식을 만들어줄게.", "응." … "○○아/야. 음식 만들어줘서 고마워. 잘했어.", "응."

마음의 지도

"내가 나를 위해 먹여 줄게.", "응." … "○○아/야. 먹여줘서 고마워. 잘했어.", "응."

"내가 나를 위해 설거지해 줄게.", "응." … "○○아/야. 설거지해 줘서 고마워. 잘했어.", "응."

주住

씻기

"내가 나를 위해 씻겨 줄게.", "응." … "○○아/야. 씻겨 줘서 고마워. 잘했어.", "응."

"내가 나를 위해 샤워 시켜 줄게.", "응." … "○○아/야. 샤워 시켜 줘서 고마워. 잘했어.", "응."

"내가 나를 위해 머리 감겨 줄게.", "응." … "○○아/야. 머리 감겨 줘서 고마워. 잘했어.", "응."

"내가 나를 위해 손 씻겨 줄게.", "응." … "○○아/야. 손 씻겨 줘서 고마워. 잘했어.", "응."

"내가 나를 위해 이빨 닦아 줄게.", "응." … "○○아/야. 이빨 닦아 줘서 고마워. 잘했어.", "응."

"내가 나를 위해 세수해/화장 지워 줄게.", "응." … "○○아/야. 세수해 줘서 고마워. 잘했어.", "응."

"내가 나를 위해 발 닦아 줄게.", "응." … "○○아/야. 발 닦아 줘서 고마워. 잘했어.", "응."

잠자기

"내가 나를 위해 재워 줄게.", "응." … "○○아/야. 재워줘서 고마워. 잘했어.", "응."

"내가 나를 위해 불 끄고 재워 줄게.", "응." … "○○아/야. 불 끄고 재워줘서 고마워. 잘했어.", "응."

"내가 나를 위해 TV 끄고 재워 줄게.", "응." … "○○아/야. TV 끄고 재워줘서 고마워. 잘했어.", "응."

"내가 나를 위해 샤워하고 재워 줄게.", "응." … "○○아/야. 샤워하고 재워줘서 고마워. 잘했어.", "응."

"내가 나를 위해 깔끔한 이불을 깔고 재워 줄게.", "응." … "○○아/야. 깔끔한 이불을 깔고 재워줘서 고마워. 잘했어.", "응."

"내가 나를 위해 따뜻한 이불을 잘 덮고 재워 줄게.", "응." … "○○아/야. 따뜻한 이불을 잘 덮고 재워줘서 고마워. 잘했어.", "응."

청소하기

"내가 나를 위해 청소해 줄게.", "응." … "○○아/야. 청소해줘서 고마워. 잘했어.", "응."

"내가 나를 위해 걸레질을 해줄게.", "응." … "○○아/야. 걸레질해 줘서 고마워. 잘했어.", "응."

"내가 나를 위해 물건을 정리해줄게.", "응." … "○○아/야. 물건을 정리해줘서 고마워. 잘했어.", "응."

"내가 나를 위해 형광등을 갈아줄게.", "응." … "○○아/야. 형광등을 갈아줘서 고마워. 잘했어.", "응."

마중물 요법의 구체적 방법

마중물을 할 때 첫 번째로 중요한 것은 횟수다. 일단 많은 횟수가 중요하다. 두 번째가 진정성이지만 진정성을 확보하기 위해서라도 좀 더 많은 횟수가 필요하다. 마중물을 많이 하기 위해서는 최대한 마중물을 붙여서 해야 한다. 마중물 한번과 한번 사이에 빈틈이 생기게 되면 여지없이 다른 잡념이 파고든다. 잡념은 마중물의 가장 큰 적이다. 마중물은 항상 '내' 눈이 '나'를 향하고 있어야 가능한 것인데 잡념은 '나'를 향한 눈을 자꾸만 바깥으로 돌리는 역할을 한다. 만약 샤워할 때를 예로 들어보자. "내가 나를 위해 머리 샴푸 해줄게.", "응.", "○○아/야. 머리 샴푸 해줘서 고마워. 잘했어.", "응." 이렇게 한 회를 끝내고 바로 이어서 다음 회를 말한다. 아직 샴푸가 다 끝나지 않았다면 똑같은 말을 두 번 세 번 반복해서 말한다. 그 다음 머리를 헹구게 되면 그 행동에 맞춰 말을 바꾼다. "내가 나를 위해 머리 헹궈줄게.", "응.", "○○아/야. 머리 헹궈줘서 고마워. 잘했어.", "응."이라고 말한다. 그러고 나서 씻는 몸의 부위가 바뀌면 그 부위를 바꾸어 다시 다음 회를 말하면 된다. 밥을 먹을 때도 마찬가지다. 밥 숟가락질 한 번, 젓가락질 한번마다 마중물을 해준다. "내가 나를 위해 밥 먹여줄게.", "응.", "○○아/야. 밥 먹여줘서 고마워. 잘했어.", "응." 이렇게 말한 후 바로 붙여서 젓가락질 또는 숟가락질과 함께 다음 회를 말한다. 여전히 같은 동작이면 같은 말을 두 번 세 번 붙여서 말을 한다. 그 후 다른 동작을 붙여서 말한다. "내가 나를 위해 김치 먹여줄게.", "응.", "○○아/야. 김치 먹여줘서 고마워. 잘했어.", "응."이라고 말한다. 그렇게 음식과 동작에 맞춰 하나하나 횟수를 늘려나간다.

이렇게 한 번만 잘 씻고 한 번만 밥을 잘먹어도 마중물을 50번 이상은 할 수 있다. 하지만 해보면 알겠지만 잘 되지 않는다. 여러가지 이유가 있겠지만, 마중물을 하기 위해서 몇 십분 동안 자기 자신에게 집중하고 있는 일이 어렵기 때문이다. 그러니 처음 시작할 때는 하루에 최소 30번을 넘기기 위해서 노력하자. 그리고 그것이 잘 되면 목표를 하루 50번을 넘기는 것으로 잡는다. 그것마저도 성공하면 하루 100번 이상 할 수 있도록 노력해 보자.

마중물은 '원초적 관계'를 재현하는 데 그 목적이 있다. 그러므로 '원초적 관계'를 처음 느껴봤을 시기인 영유아기를 재현해주는 것이 훨씬 도움이 된다. 그래서 마치 아이를 어르듯 혀 짧은 소리를 내면서 해주는 것이 훨씬 더 치료적이다. 처음에는 쑥스럽겠지만, 곧바로 받는 '나'의 느낌 자체가 다르다는 것을 알게 될 것이다. 이 부분은 진료실에서 마중물 요법을 설명할 때 언급하지 않았는데도 나중에 "자연스럽게 말투가 바뀌었다. 나도 모르게 그런 어린애 말투를 쓰고 있더라. 너무 웃겼다." 하고 웃으며 말하는 경우를 보기도 했다. 그 경우 자신이 원하는 것을 이미 알고 스스로 찾아서 그렇게 해주었던 것이다. '내' 어릴 때 받고 싶었던 부모님의 관심을 지금이라도 어린애가 되어서 뒤늦게 받는 현상이 벌어지는 것이다. 퇴행은 치료에서 자주 일어나는 현상이며 근본적인 치료가 일어날 수 있는 절호의 기회이기도 하다.

마음의 지도

개인적 마중물

마중물을 처음 시도하는 사람들에게는 항상 자신이 현재 하는 기본적 일상 서비스에 마중물을 갖다 붙이도록 한다. 하지도 않는 기본적 일상 서비스를 처음부터 같이 하도록 강조하는 것은 오히려 역효과가 나타난다. 그래서 양육자가 여전히 존재하여 일부분의 양육을 의존하는 경우에는 양육자의 역할을 뺀 개인적 마중물에 집중하도록 한다.

"내가 나를 위해 먹여 줄게.", "응." … "○○아/야. 먹여줘서 고마워. 잘했어.", "응."

"내가 나를 위해 씻겨 줄게.", "응." … "○○아/야. 씻겨줘서 고마워. 잘했어.", "응."

"내가 나를 위해 재워 줄게.", "응." … "○○아/야. 재워줘서 고마워. 잘했어.", "응."

가족적 마중물

"내가 나를 위해 음식을 만들어 줄게.", "응." … "○○아/야. 요리해줘서 고마워. 잘했어.", "응."

"내가 나를 위해 설거지해 줄게.", "응." … "○○아/야. 설거지해줘서 고마워. 잘했어.", "응."

"내가 나를 위해 청소해 줄게.", "응." … "○○아/야. 청소해줘서 고마워. 잘했어.", "응."

 "내가 나를 위해 빨래해 줄게.", "응." … "○○아/야. 빨래해줘서 고마워. 잘했어.", "응."

 가족적 마중물이란 기본적 일상 서비스 중에 가족 단위로 일어나는 일상 서비스를 말한다. 빨래나, 청소, 밥하기, 설거지하기 등은 가족 중에 하지 않는 구성원이 있고 항상 이 기본적 일상 서비스를 해야 하는 구성원이 따로 있다. 따라서 가족 중에서도 양육자와 피양육자로 나누어지며 마중물 요법도 그 위치에 따라 조금 달라진다. 현재 하고 있는 기본적 일상 서비스 중에 하고 있는 것에 마중물을 붙이라고 할 경우, 양육자와 피양육자의 마중물은 다를 수밖에 없는 것이다. 양육자, 가정주부의 역할을 하는 사람일 경우, 이미 하고 있는 기본적 일상 서비스에 마중물만 붙이면 되므로 더 효과가 좋다. 피양육자의 경우, 이미 하고 있는 기본적 일상 서비스가 많이 제한되므로 마중물의 효과 역시 제한된다. 하지만 양육자일 경우 처음 마중물을 적용하는데 있어 어려움이 있다. 늘 봉사하고 희생한다고 하는 마음을 내려놓고 '나'를 위해 한다고 생각하는 인식의 전환이 어렵다. 그것을 내려놓는 순간 그때까지 누적되어 온 봉사와 희생의 대가 역시 포기해야 하기 때문이다. 피양육자의 경우 처음 마중물을 시작할 때는 쉽게 시작된다. 하고 있는 기본적 일상 서비스가 얼마 없기 때문이다. 그리고 개인적 마중물은 원래 자기 자신만을 위해 하는 것이니만큼 인식의 전환도 더 쉽게 일어난다. 하지만 개인적 마중물에 갇혀서 나중에 가족적 마중물로 확장하기가 어려울 수 있다.
 피양육자의 경우 개인적 마중물로 시작하고 양육자의 경우 전체

마음의 지도

마중물로 시작하는 것은 일반적인 사람들의 일반적인 경향을 얘기하는 것이다. 하지만 모든 사람이 꼭 그렇게 하라는 법은 없다. 피양육자의 경우도 처음부터 가족적 마중물까지 다 한다고 문제 될 것은 없으며 양육자라고 처음부터 모든 마중물을 다해야 하는 것은 아니다. 중요한 것은 자신이 최대한 할 수 있는 범위 내에서 무리하지 않고 할 수 있어야 한다. 그리고 그 기준은 마중물을 하면서 너무 지친다는 인상을 받으면 안 된다는 것이다. 그래서 처음에는 현재 하는 행위에만 마중물을 시작하는 것이다.

원래 외우기 쉽게 설명하기 위해 먹고, 자고, 씻고, 청소, 빨래라고 설명한다. 하지만 꼭 해야 할 마중물은 음식 만들기, 설거지하기가 포함된 일곱 가지다. 음식 만들고, 설거지하는 것이 먹는 것에 포함할 수 있기 때문에 외울 때는 다섯 가지로 외우지만 음식 만들고 설거지하는 일의 중요성은 다른 범주의 마중물들과 마찬가지로 비슷하기 때문에 마중물을 할 때는 일곱 가지로 한다.

5) 마중물 요법의 반응 유형

마중물 요법은 이론 전개에 중점을 둔 설명보다는 실제적인 행위에 초점을 맞춘 설명이 더 유용할 것으로 생각된다. 어차피 마중물은 이 모든 이론과 설명에 우선해서 직접 해보는 것이 더 중요하기 때문이다. 앞으로 설명할 모든 반응 유형 또한 임상에서 마중물 요법을 맞닥뜨린 사람들과의 대화에서 얻은 경험에서 비롯되었다. 실제로 이론을 읽고 이해하고 그다음에 실천하는 것보다는 먼저 실천하고 나중에 이론을 읽는 것이 훨씬 더 이해가 빠를 수밖에 없다. 다만 자신의 반응이 일반적이지 않다고 생각하여 마중물이 효과가 없다는 결론을 내리고 마중물 요법을 중단하는 사람이 없도록 미리 설명해두고자 하는 것이다.

전폭적 수용형

어떤 사람은 마중물을 설명해주는 과정에서 이미 자신이 스스로에게 해보는 상상을 하고는 감동을 하고 눈물을 흘린다. 가슴 벅찬 뭉클함에 흐느끼기도 한다. 자기 자신을 돌보지 않았고 스스로 자신을 외면했던 것을 즉시로 깨닫고 외롭고 가여운 자신에 대한 연민이 밀려오는 것으로 보인다. 이런 경우 전폭적인 증상의 호전과 생활의 개선을 기대할 수 있다. 빠르게는 1주 만에 길게는 4주 만에 자신의 발목을 잡고 있던 무기력감과 우울감 자존감저하에서 벗어나 즐겁고 활기찬 하루하루를 살아가는 것에 대단히 만족하게 된다. 이미 마중물의 효과를 스스로 깨우치고 있으므로 마중물을 하는 방법에 대한 구체적인 사안과 마중물의 경과와 목표 등을 설정해주기만 하면 되는 경우다. 마중물을 하기 전과 하고 나서의 효과가 가장 극적인 경우다.

부분적 수용형

저항형과 함께 가장 일반적이고 대부분의 사람들에 해당하는 경우라고 할 수 있다. 마중물을 전적으로 신뢰하지 않지만 그래도 좋은 얘기 같고 의사가 적극적으로 추천하기 때문에 마지 못 해하는 경우다. 약이 같이 처방되었을 경우 마중물보다는 같이 처방한 약물의 효과라고 믿는 경우가 더 많다. 하지만 꾸준하게 격려하고 설명을 통해 마중물을 유지하도록 하는 것이 중요하다. 대리욕구가 엄청 비대해져 있는 사람이라면 마중물이 기본적 욕구들과 확인욕구들과 인정욕구들을 다 채워줄 수 있는 유일한 요법이라는 설명을 해줄 필요가 있다. 때에 따라 자기비하가 심한 사람이라면 앞에서 언급한 엄마와 딸의 우화에 비유하여 딸에 대한 태도가 딸이 엄마를 싫어하는 가장 중요한 이유라는 것을 알리고 자신에 대한 태도를 변화시킬 수 있는 간편하고 효과적인 요법임을 상기시키는 것도 도움이 된다. 그러다 보면 효과가 나타나는데 다양한 방향으로 효과가 나타난다. 그 효과가 나타날 때를 놓치지 않고 마중물의 효과임을 설명하여야 한다. 만약 환자가 받아들이게 되면 스스로 마중물을 유지할 수 있게 되는 체험적 깨달음이 형성된다. 그 이후는 전폭적 수용형과 같은 반응이 일어난다.

저항형

많은 사람이 제일 처음 마중물 요법을 소개받았을 때 보이는 반응은 '유치하다.', '낯간지럽다.'이다. 자기 자신에게 혼잣말로 중얼거린다는 것은 정말 누가 볼까 무서운 광경이며 스스로 생각해도 스스로에게 창피한 일이라고 생각한다. 듣기에 좋은 얘기라고 생각하므로 해야 한다고 생각은 할 수 있지만 절대로 실행에 옮기기에 쉽지 않은 유형이다. 이런 유형 중에 또 다른 사람은 아무것도 하기 힘들고 의욕이 없어서 치료자를 찾았는데 치료자가 뭔가를 시키는 것에 거부감을 느낀다. 치료는 누군가에게 맡기고 자신은 아무것도 하고 있지 않아도 저절로 치료되기를 원한다. 마치 마사지 숍에 와서 마사지를 받는 동안 자신은 아무것도 하지 않고 쉬고 싶어 하는 것과 같은 마음이다. 또는 에너지가 없어서 치료자를 방문했는데 치료자가 무슨 말을 하는지는 신경 쓰지 않고 자신이 원하는 바대로 위로만 얻고 가려 하는 사람들도 해당한다. 마중물에 대한 설명은 자신에 대한 관심으로 여기며 좀 더 자세한 설명으로 마중물을 하게끔 만들려는 치료자의 시도 또한 모두 자신에 대한 관심으로 여긴다. 관심을 더 받기 위해 마중물을 잘 하지 않는다. 또 다른 사람 중에 분노가 너무 많아서 자신의 분노를 주체하지 못하여 타인에게 투사하는 사람들 역시 마중물에 저항한다. 타인의 행동과 타인의 말에 민감하며 자신의 말과 행동에도 신경을 쓰지만 정작 자신의 마음 상태는 전혀 보려고 하지 않는 사람이다.

장기간의 약물치료와 마중물 요법을 권고받은 D씨의 경우를 보자. D씨는 스스로 약물치료가 잘 맞는다고 생각했고 약물만 있으면 어느 정도 증상이 완화되므로 약물을 더 중요시했다. 지속해서 마중물 요법을 권유받았지만 그렇게 큰 효과가 없다고 생각했다. 그리고 강권에 못 이겨 마중물을 하기는 하지만 도움이 되지 않는다는 대답만을 주기적으로 해왔다. 자기 자신에 대해 성찰은 하려고 노력하는 모습이었고 치료자의 마중물에 대한 자세한 이론적 설명으로 마중물을 하면 좋은 것으로 여겨서 하고자 노력하는 모습도 보였다. 하지만 마중물이 성과를 보이는 것 같지 않았고 본인 역시 그러한 느낌이었다. 마중물 요법으로의 접근이 벽으로 가로막혀 있는 느낌이었다. 면담은 주로 약물에 대한 반응을 위주로 보고하는 방향으로 이어졌다. 그러던 중 8개월이 지났다. 약 2주간의 투약 공백 후에 D씨가 찾아왔다. 약 2주 동안 약을 먹지 않았는데 예전만큼 심한 증상은 없었다고 했다. 그러면서 자신이 꾸준히 해왔던 마중물의 의미와 마중물의 효과에 대하여 스스로 얘기하였다. 왜 마중물을 하라고 했는지 깨닫게 되었다는 얘기였다. 그 후에 대화의 주제는 마중물의 즐거움으로 바뀌었고 생활이 어떻게 바뀌었는지에 대한 얘기가 이어졌다. 사실 D씨에게는 마중물이 통하지 않는다고 생각하고 있었기에 D씨의 변화는 인상적이었다. 마중물이 모든 사람에게 통하는 것은 아니라 제한적이어서 그 제한점에 대해 생각하고 있었고 전통적인 정신치료의 방법으로 조금씩 접근하고 있던 때였기 때문에 더욱더 놀라웠다.

의외로 자기 자신과 대화하는 것을 쑥스러워하거나 싫어하는 사람이 많다. 또는 자신과 대화하며 의미를 부여하거나 자신과의 대화 속에서 감정이 끌려 나오는 것을 수치스럽게 생각하는 사람(특히 남자)들이 많다. 그것은 결핍이 심하여 분노가 많다는 것과 그 분노를 뒷마당 퇴비처럼 쌓아 놓고 처치하지 못하고 있어 곤란해하는 것을 나타낸다. 혹은 분노가 결핍을 해결하지 못하고 있으므로 다른 사람(대리 욕구)이 그 결핍을 채우게 하려고 모든 신경을 곤두세우고 있다. 그 이상도 이하도 아니다. 다른 사람(대리 욕구)에게서 눈을 돌려 자신을 바라보고 자신에게서 분노를 걷어 내면 누구든 마중물의 무궁무진한 효과를 볼 수 있게 된다.

거부형

강렬한 대리욕구나, 끓어오르는 분노, 극심한 불안에 휩싸여 당장 현실이 컨트롤 되지 않는 소수의 사람이다. 먼저 입원치료나 약물치료가 필요하며 약물치료를 통해 안정적인 정서 상태를 바탕으로 자신의 내적 성찰을 유도하여 마중물 요법을 적용할 수 있다. 극도로 예민하고 힘들어하는 상황에서 마중물에 신경을 쓰기란 사치인 것처럼 행동하지만 누구보다 마중물이 필요한 사람이다.

6) 마중물의 효과

마중물이 이론적으로 작용하는 부분은 이미 설명하였다. 그러면 마중물이 작용하는 실제적인 효과에 대해 알아보자. 이론적인 얘기보다는 실제 마중물 요법을 시행하는 환자의 입장에서 느끼는 주관적인 효과에 대해 열거해 보도록 하자. 꼭 환자가 아니더라도 모든 일반적인 사람에게 다 적용되는 부분이다.

대리욕구 감소로 인한 절제력 향상

인간이 살면서 발생하는 모든 욕구는 전부 기본적 욕구의 대리 욕구라고 할 수 있다. 기본적인 욕구가 잘 채워지면 새로이 발생하는 대리 욕구가 줄어든다. 이미 발생한 뒤 채워지지 않았던 대리욕구 역시 마중물로 인해 부분적으로 채워 주게 된다. 대리욕구가 줄어든다는 말은 무엇인가에 집착하거나 무엇인가를 남용하거나 무엇인가에 중독되는 것이 줄어든다는 말이다. 새로 입대한 신병이 춥고 배고프고 힘든 상황에서 엄마가 보고 싶은 것은 기본적 욕구가 잘 채워지지 않기 때문에 대리욕구인 확인욕구가 증가하는 것이다. SNS에 열중하는 것은 현실에서의 인정욕구가 채워지지 않기 때문일 수도 있다. 마찬가지로 인정받지 못하고 외로울 때 집안에 틀어박혀 잠자고 폭식하는 것이 반복되는 이유도 당장 채울 수 있는 기본적인 욕구가 확인욕구, 인정욕구의 대리욕구가 될 수 있기 때문이다. 마중물을 통해 기본적 욕구와 확인욕구, 인정욕구를 스스로에게 해줄 수 있다면 전반적인 결핍이 줄어든다. 그것은 다른 대리욕구가 새롭게 발생하는 것을 방지하는 것과도 같은 얘기다.

심리적 에너지 회복으로 인한 의욕 회복

심리적 에너지 회복은 이미 설명하였다. 세 가지 의미로 에너지가 손실되는 것을 막는 것만으로도 그만큼의 에너지를 발생시키는 것과 맞먹는 효과가 있으며 실제로 환자 입장에서 느껴지는 바로는 에너지가 새로 생기는 느낌이 든다. 장기간의 마중물로 어느 정도 에너지가 생기면 하기 싫어 자꾸만 미루던 일들을 크게 힘들이지 않고 시작하는 경험을 맛보게 된다.

결핍 충족으로 인한 분노 발생 감소

현재의 결핍을 막고 과거의 결핍도 채워주게 되다 보면 분노가 줄어드는 것을 느끼게 된다. 분노는 결핍의 결과이기 때문이다. 분노로 인해 마중물이 방해되는 경우가 더 많으므로 마중물로 분노가 줄어들게 되기까지는 많은 어려움을 이겨내야 한다. 하지만 자신의 상태를 성찰하고 관심으로 지켜보는 눈을 가지고 있다면 분노가 많아도 마중물이 가능하며 마중물을 통해 분노가 감소하는 것을 느껴볼 수가 있다.

예를 들어 세 아이를 키우는 엄마는 늘 자신이 희생하고 아이들을 위해 봉사해야 한다고 생각한다. 어쩔 수 없이 아이들이 대학을 졸업할 때까지는 무슨 일이 있더라도 희생하겠다고 마음먹는다. 하지만 자신이 희생하는 만큼 자신의 말을 잘 따라주고 자신이 하고 싶은 것, 먹고 싶은 것, 입고 싶은 것을 희생해 온 만큼 자신의 기대대로 성장해주기를 원한다. 만약 아이들이 그런 기대대로 자라주지 못한다고 느낄 때는 자신도 주체 못 할 분노가 생기기 시작하는 것이다. 단순히 짜증이 늘어날 수도 있다. 하지만 그 짜증을 막을 수는 없는 것이다. 어떤 엄마가 자신은 절대로 아이들에게 기대하지 않으며 자신은 절대로 희생하지 않는다고 말을 하는 사람이 있다 하더라도 그 자신을 믿어서는 안 된다. 마중물을 해야 희생한다는 생각이 무의식에서라도 사라지게 되며 결핍의 해소와 함께 분노는 한층 가라앉게 된다.

억압의 회복을 통한 분노 억압 증가

실시간으로 발생하는 직접적인 결핍에 의해 발생하는 분노도 있지만 원래 존재하던 분노도 있기 마련이다. 평상시 잘 억누르고 잘 추스르던 분노가 심리적 에너지가 쇠약해짐에 따라 억압하던 에너지를 뚫고 터져 나오게 되는 경우가 있다. 극심한 스트레스로 인해 분노가 조절이 안 되는 경우를 예로 들 수 있다. 스트레스 상황에 온통 쏠린 자신의 에너지와 관심을 자기 자신에게 돌려 마중물 요법만 할 수 있다면 어느 정도의 에너지가 차게 되고 그 에너지가 분노를 저절로 억눌러 주는 효과를 볼 수 있다. 에너지가 분노를 저절로 누르는 이유에 대해서는 〈4장 무의식의 형성〉 中 '심리적 관성'에서 '기본적 억압'을 설명하면서 이미 언급하였다. 새로 생긴 분노가 너무 커서 기존의 분노에 추가되어 더 이상 누르고 있는 에너지가 버티지 못하고 터져 나올 때는 마중물을 통해 효과를 보기엔 너무 느리고 제한적이다. 새로 생긴 큰 분노로 인해 극도로 흥분되고 예민해져 있기 때문이다. 아무리 애써도 '나'의 주의를 '나'에게로 돌리기 어렵다. 이럴 때는 약물치료에 보조적인 치료로 사용할 수 있다. 만약 평상시 분노를 잘 다스리며 큰 문제 없이 살던 사람이 일상생활에서의 심리적 에너지 수급에 문제가 있어 지속적인 심리적 에너지 적자를 본다고 가정을 하자, 적자 누적으로 인해 억압에 이용되던 에너지마저 고갈되어 탈억제disinhibition가 일어나는 경우에는 예상 못 한 짜증과 분노가 나오며 자기 자신도 당황해한다. 아주 사소한 분노가 예전과 다르게 통제되지 않고 들어오는 족족 되튀어 나가는 것을 보게 된다. 바로 이런 상황에서 마중물은 조금 더 효과적이다. 짜증, 투덜거림, 누군가에 대한 이유 없는 미움 등의 일상생활에서의 불평이 줄어드는 것을 느낄 수 있다.

억압에 사용되는 에너지 회복으로 인한 부정적 감정 감소

위의 내용과 비슷한 이유로 부정적인 감정의 생각들이 줄어들게 된다. 잠 못 자는 증상으로 인해 고생하는 사람 중의 상당수가 쓸데없는 잡생각이 꼬리에 꼬리를 물고 떠올라 잠을 못 자게 된다고 호소한다. 그것 역시 평상시는 심리적 관성으로 자연스럽게 억압되어 있던 부정적인 감정을 가진 생각들이 에너지가 소진되면서 억압이 풀리게 되며 그 약해진 억압을 뚫고 올라오기 때문이다. 심리적 에너지가 다시 차면 어떠한 노력 없이도 저절로 사라지게 되는 것들이다. 불면이 심할 경우는 마중물을 시작할 에너지조차 없으므로 약물에 도움을 받아야 한다.

인정욕구와 확인욕구 충족을 통한 외로움 감소

인정욕구와 확인욕구가 충족된다는 것은 이미 설명하였다. 그것의 실제적인 느낌은 덜 외로워지는 것이다. 아무도 '나'를 지지해 주지 않고 아무도 '나'를 인정해 주지 않을 때 외로움을 느낀다. 지속해서 왕

따 문제가 불거지며 학교 폭력의 일환으로 다룰 만큼 무리를 지어 한 사람을 따돌리는 것이 큰 상처를 받게 만드는데 무엇보다도 그 상처는 외로움이다. 그것도 타인에 의한 강제적인 외로움이다. 따지고 보면 강제적 외로움을 폭력이라고 느낄 정도로 인간들은 외로움을 두려워하는 것이다. 강제적 외로움을 두려워하는 이유는 에너지를 인간관계에서 얻어야 한다고 생각하기 때문이다. 결국, 외로워지면 에너지를 받을 곳이 없어진다는 뜻이다. 에너지를 조금이라도 스스로 만들 수 있다는 것을 알게 되면 외로움도 사라지게 된다.

외로움 감소로 인한 타인에 대한 의존심 감소

이미 설명했다시피 타인에게 에너지를 받아야 한다고 생각하므로 타인의 의도에 대해 신경을 쓸 수밖에 없다. 타인이 '내'게 에너지를 줄 것인가 말 것인가를 눈치 봐야 한다. 그리고 '내'가 어떻게 하면 타인에게서 에너지를 얻을 것인가를 고민하게 된다. 그 고민을 하면 할수록 '나'의 생각과 말과 행동은 타인에게 종속될 수밖에 없다. 에너지는 타인에게서 받는 것이 아니라 자신이 스스로 만드는 것이라는 것을 깨닫게 되면 모든 생각과 말과 행동은 타인에게서 벗어나 독립을 할 수 있게 된다. 그것은 세상을 살아가는 '나'를 누군가의 '내'가 (엄마의 아들딸, 아버지의 아들딸, 부인의 남편, 남편의 부인, 아이들의 엄마, 아이들의 아빠로서의 '내'가) 아니라, 온전히 '나' 자신으로 살아가게 만드는 유일한 방법이다.

의존심 감소로 인한 분리불안 감소

의존심이 감소하다 보면 내가 의지할 사람이 없어지는 것에 대한 불안감에서 해방될 수 있다. '나'에게 에너지를 줄 사람이 없어진다고 하더라도 '나'는 완전히 에너지에서 소외되지 않는다. 마중물을 통해 '나'는 '나'에게서 에너지를 얻을 수가 있다. 그것도 거의 대가 없이 얻는 것이다. 굳이 다른 사람이 자신을 떠날까 봐 눈치 보며 전전긍긍하지 않아도 된다.

외로움 의존심 불안감의 감소로 대인관계 안정화

사람을 만나지 못해도 별로 외롭지 않으므로 사람과의 관계에 목숨 걸지도 않는다. 그 생활이 지속된다고 해도 조바심이 나지 않기 때문에 인간관계에 끌려다니지 않는다. 대인관계를 '나'의 형편에 맞추어 유지할 수가 있다. 또 대인관계가 에너지원인 사람은 투자한 만큼 에너지가 나오지 않으면 그 관계를 차단해야 하므로 절친인 듯해도 금방 청산된다. 그게 아니면 관계가 질척거리게 된다. 무심한 듯 항상 그 자리에 있는 사람일수록 작은 일에 일희일비하지 않으며 항상 같은 마음과 태도로 인간관계를 유지할 수가 있다.

마음의 지도

자존감 회복으로 인한 행복감 증가

앞에 열거한 효과들은 충분히 이론적으로 이해가 가능한 부분이지만 자존감 회복이 행복감을 주는 것은 전혀 기대하지 못했던 부산물이다. 정확히 말하면 행복감이 증가하는 것이 아니라 행복하지 않다고 생각하게 만드는 공허감과 허무감이 사라진다고 해야 할 것이다. 마중물을 통해 가장 기본적인 것부터 충실히 '나'에게 해주는 '나'를 저절로 인정하게 되는 데서 오는 것으로 추측된다. 기본적 에너지를 얻기 위해 '나'는 '나'를 외면하고 오히려 타인에게 더 신경 쓰고 타인을 더 잘 보살피게 되면, '나'를 어머니와 딸로 나누어 설명하였듯이 '내(딸)'가 '나(딸)'보다 다른 집 남의 딸을 더 챙기는 '나(어머니)'를 원색적으로 비난하게 되며 항상 스스로를 이중적이며 위선자라고 생각하게 된다. 처음에는 이렇게 자신의 이중성을 인식하는 것이 공허함과 허무감, 채워지지 않는 허전함, 먹어도 먹어도 만족하지 않는 허기의 근원인 줄 알 수가 없었다. 하지만 마중물을 통해 자신을 위선자라고 평가하는 것이 사라짐과 동시에 공허함과 허무감도 사라지는 것을 관찰하게 되었고 그로 인해 인간의 불행감의 근원이 무엇인지를 깨닫게 되었다.

심리적 허기 감소로 인한 체중 조절에 도움

심리적 허기란 대리욕구로 발생한 식욕이라고 할 수 있다. 인간관계에서 인정을 받지 못하고 인정을 받지 못해 외로워지게 되면 '나'는

'나'를 위로하거나 기분 좋게 할 수 있는 방법을 찾다가 결국 다시 먹는 것으로 돌아오게 된다. 자괴감이 들고 외로울 때면 허기까지 몰려오게 되는 경우다. 이 허기는 원래 가지고 있는 허기가 아니라 인정욕구 확인욕구의 대리 욕구로서의 식욕이다. 당연히 폭식증이 있는 모든 사람의 허기와 식욕은 이 대리욕구다. 이 대리욕구가 많다는 것은 어린 시절 결핍이 많다는 뜻이다. 그러한 모든 결핍을 채울 수 있는 유일한 방법으로 식욕을 택한 것이다. 그러므로 몸이 필요한 칼로리보다 훨씬 많은 양을 먹게 되는 것이다. 당연히 마중물에 충실하면 대리욕구들이 마중물로 충족이 되기 시작하면서 심리적 허기도 줄어들게 된다. 실제로 치료과정에서 극적으로 나타나지는 않지만, 내적인 경험이나 식습관이 바뀌는 경험을 하게 된다. 이 문제는 신체적인 문제와 연결되어 있기 때문에 모든 마중물 효과 중 가장 최종적으로 나타나게 된다.

이러한 상기의 효과들은 사람에 따라 상황에 따라 부분적으로 느끼는 것이다. 물론 이 모든 효과를 한꺼번에 느끼는 사람들도 있겠지만 대부분은 이 효과 중에 한두 가지를 경험하게 된다. 그것도 마중물을 긍정적인 마음으로 꾸준히 했을 때의 얘기다. 억지로 하거나 마중물에 대해 부정적인 마음이 있거나 자신은 늘 자신을 위해 살아왔다는 생각으로 마중물의 문장 그대로 말해주지 않는다면 효과는 제한적일 수밖에 없다. 그리고 억지로라도 해야 한다. 부정적인 마음이 있다고 하더라도 참고 꾸준히 마중물을 해야 한다. 마중물의 치료효과를 체험하는 데까지 걸리는 시간도 지연되고 그 결과도 제한적이겠지만 전혀 없는 것은 아니며 앞으로 효과를 보기 위해서는 태도의 변화부터 선행되어야 하기 때문이다. 태도의 변화를 위해서는 억지로

마음의 지도

라도 꾸준히 마중물을 해야 한다. 간단한 예를 들어보자. 엄마와 딸의 관계를 가지고 다시 '나'와 '나'의 관계를 비유해보자. 5년간 집을 나갔다가 들어온 엄마가 있다고 하자. 당연히 딸에게 미안해할 것이다. 그래서 화해하기 위해 최선을 다해 노력할 것이다. 하지만 딸은 엄마를 그대로 받아들이지 않을 것이다. 화를 낼 것이고 투정을 부릴 것이고 엄마의 노력을 거부할 것이다. 만약 엄마가 자신의 사과와 화해의 노력을 받아주지 않고 거부한다고 해서 며칠 노력하지도 않고 더 이상 노력하지 않겠다고 하고 다시 떠나갈 것이라고 선언하면 딸의 화는 끝내 풀지 못할 것이다. 엄마는 딸의 거부를 무릅쓰고라도 지속적인 노력을 해야 딸의 분노를 풀 수가 있다. 만약 마중물을 하는데 거부감이 든다면 이 엄마와 딸의 비유를 생각하자. 워낙 '내(엄마)'가 '나(딸)'를 방치했다는 뜻이다. 그래서 딸(받는 '나')이 엄마(주는 '나')에게 화를 내고 있다는 뜻이다. 이 정도 화는 이겨내고서라도 잘 하라는 뜻이다. 그러니 딸이 그러면 그럴수록 엄마는 딸에게 더 정성껏 해주어야 한다. 딸의 마음이 풀릴 때까지 딸을 보살펴야 한다. 그러니까 하기 싫어도 해야 한다.

7) 마중물 요법의 진행 단계

1단계: 억지로라도 하고 있는 기본적 일상 서비스에 마중물 요법하기

제일 먼저 마중물을 시작할 때는 모든 기본적 일상 서비스에 해당하는 마중물을 전부 할 수 없는 경우가 대부분이다. 일부 기본적 일상생활이 가족단위별로 이루어지므로 다섯 가지 기본적 일상 서비스를 모두 다 하는 사람이라면 전업주부 말고는 없다고 할 수 있다. 각자의 위치에서 자신이 하는 몇 개 안 되는 기본적 일상 서비스라도 충실히 해야 한다. 그리고 그 기본적 일상 서비스 앞뒤로 마중물을 붙여서 스스로에게 소리 내어 말해서 '내'게 **들려주는** 것(다른 사람이 들을까 봐 걱정이 되면 마음속으로 말해서 들려준다.)이다. 그리고 위에서 얘기한 마중물의 효과 중 무엇 하나라도 느낄 수 있어야 한다.

마중물을 반복적으로 하다 보면 억지로 하던 기본적 일상 서비스들이 모두 자기를 위해서 하는 것으로 느껴지면서 억지로 하는 느낌이 줄어들게 된다. 이것이 모든 마중물의 효과가 나타나는 시작이 될 것이다. 이 부분이 사람마다 반응이 많이 달라지는 부분이다. 분노가 많은 사람일수록 자신이 스스로 해주는 것을 방해한다. 분노가 많다는 것은 결핍이 많다는 뜻이므로 자신의 결핍이 많은 사람은 그 결핍을 누군가가 채워주기 원한다. 그 누군가 나타날 때까지 결핍이 많은 현실을 참고 기다릴 수밖에 없는 것이다. 그리고 그 누군가를 기다리는 시간이 길면 길수록 참아야 하는 결핍이 크면 클수록 그 누군가가 자신의 인생을 구원해 주기를 바라는 마음도 커지게 된다. 그러므로 그 누군가를 기다리기보다는 스스로 해야 한다고 말하는 순간 더 화를 내고 억울해한다. 그 분노를 극복하는 것이 많은 사람의 숙제가 될 것으로 보인다.

2단계: 마중물을 통해 회복된 후에도 계속 마중물 요법을 유지하기

1단계를 통해 에너지가 생기기 시작하면 평상시 에너지가 없어서 못 했던 유흥과 오락에 에너지를 다 써버리고 다시 방전되는 사람이 있다. 여기서 모인 약간의 에너지는 다시 에너지를 만들기 위해 '나'에게 재투자 되어야 한다. 물론 아무 데도 나가지 말고 친구도 만나지 말고 집안에 틀어박혀 집안일이나 하고 있으라는 뜻은 아니다. 조금의 에너지가 생긴 것을 하나도 남김없이 예전 버릇대로 남 주고 오는 것만은 삼가 달라는 것이다.

우울해서 아무도 만나기 싫어하고 아무 데도 안 나가고 직장만 간신히 나가던 사람이 있다고 치자. 마중물을 통해 조금의 에너지가 생기면 평상시 그토록 가고 싶어 했던 친구들 모임에도 나가고 술도 마시고 밤늦게까지 놀다가 들어온다. 그리고 귀찮아서 이빨도 닦지 않고 씻지도 않고 잔다. 새벽에 들어왔으니 잠도 몇 시간 잘 수 없어 피곤하고 충혈된 눈으로 다시 일터에 나가야 한다. 그 정도 되면 이미 방전된 체력과 심리적 에너지로 인해 원래의 증상으로 돌아오게 된다. 마중물을 할 에너지까지 고갈되어 사라진 뒤다. 그 상태에서 오히려 많이 하지도 않은 마중물을 효과가 없다고 판단한다. 마중물은 해봐야 소용없는 것이 되어 다시는 삶에 적용되지 못하게 되고 그 사람은 전보다 더 깊은 우울증에 빠지게 될 것이다.

마중물 요법이 '마중물'인 이유

'나'에게 부을 마중물마저 밭에다가 뿌리는 우를 범해서는 안 되는 것이다. 그리고 마중물을 단 한 번만 부으면 계속 물이 나올 것이라 착각해서도 안 된다. 마중물은 살아있는 한 계속해야 하는 인간의 보편적 일상생활이 되어야 한다. 이것이 펌프에 붓는 마중물을 차용하여 마중물 요법으로 명명한 이유다.

결핍이 그렇게 많지 않은 사람들도 마중물을 계속 이어가지 못하는 경우가 많다. 마중물이 너무 잘되어서 억지로 하던 모든 기본적 일상 서비스를 저절로 힘들이지 않고 하게 되면 더 이상 마중물을 갖다 붙이는 행동이 자연스럽게 사라지는 현상이 생긴다. 조금만 충족되어도 금방 좋아지므로 더 이상 마중물을 신경 쓰지 않게 되는 것이다. 하지만 마중물의 특성상 좋아지기 시작하면 금방 선순환이 이루어지지만, 악순환이 시작되면 또 걷잡을 수 없이 에너지가 소모되기 시작한다. 악순환에서 선순환으로 바꾸는 방법은 마중물밖에 없으나 다시 악순환에 빠지면 혼자서는 빠져나올 동력을 잃어버리는 경우가 많다. 마중물 요법은 기본적 일상 서비스와 마중물 문구로 이루어진다. 억지로라도 기본적인 일상 서비스를 하고 있어야 마중물 요법을 할 수가 있는 것이다. 만약 기본적 일상 서비스를 할 수가 없을 만큼 에너지가 없어지면 마중물 문구를 붙일 수가 없으므로 급속도로 악순환에 빠지게 되는 것이다. 다행히 사회적인 관계를 조금이라도 유지하고만 있다면 억지로 먹는 것과 억지로 자는 것과 억지로 씻는 것은 하고 있다고 봐야 하므로 그 행동들에 마중물 문구를 붙일 수가 있다. 다 꺼진 불이라도 화로에는 불씨가 남아 있는 것이다.

마음의 지도

3단계: 가족적 마중물로 확장

기본적 일상생활을 통해 마중물 요법을 하게 되고 그것을 끈기 있게 할 수 있게 되면 일상적인 스트레스 상황을 버텨낼 수 있는 심리적 체력이 생기게 된다. 하지만 돌발적인 스트레스 상황도 버티어 내려면 좀 더 많은 양의 에너지가 필요하다. 다섯 가지 기본적 일상 서비스 중에 스스로 하지 않는 것이 있다면 좀 더 에너지를 만들어 낼 수 있는 여지가 있는 것이다. 다시 에너지를 집중해서 하지 않고 있는 기본적 일상 서비스를 억지로라도 하는 일상 서비스로 바꾸어야 한다. 물론 마중물 문구를 같이 붙여주면 더 쉽게 할 수 있다. 어머니가 해주던 밥을 스스로 해본다든지 자신이 먹은 그릇을 스스로 설거지 해본다든지 하는 것이다. 하지 않던 일을 한다는 것은 당연히 어려운 일이다. 몇 개라도 하는 기본적 일상 서비스에 마중물을 충실하고 안정적으로 하고 있다면 에너지가 모일 때까지 기다리자. 에너지가 모이다 보면 하지 않고 있는 기본적 일상 서비스가 자연스럽게 신경이 쓰일 것이다. 어느 순간 조금만 에너지를 쓰면 쉽게 심리적 관성이 바뀌게 된다. 그토록 어렵던 설거지도 에너지가 생기면 얼마든지 할 수 있게 되며 엄마를 도와주는 자신이 낯설고 쑥스러워 포기하던 청소 역시 별것 아닌 듯, 할 수 있게 된다. 그렇게 하지 않던 기본적 일상 서비스를 마중물을 통해서 하는 것으로 바꾸는 과정에서 막대한 에너지가 쏟아져 나오는 것을 느낄 수가 있다.

8) 마중물로 성장하기

에너지 채우기- 자기 자신에게만 집중하기

인생을 살아가다 보면 사람은 자신에게 주어진 역할에 맞추어 살아가는 사람이 많이 생긴다. 특히 우리나라 사람들일 경우 자기 자신보다는 자신이 관계하는 사람들에 더 신경을 쓰는 사람이 많다. 자기 자신이 어떤 사람이냐가 아니라 자기가 관계하는 사람이 어떤 사람이냐가 더 중요한 것이다. 그렇기 때문에 자기의 아버지가, 자기의 아들이, 자기의 친구가 어떤 사람이냐에 따라 자신에 대한 평가도 달라진다고 생각하는 경우가 많다. 이는 우리나라 인간관계의 심리적 물리적 거리가 매우 가깝기 때문이라고 보인다. 인간관계의 거리가 가깝기 때문에 좀 더 자기변형적 태도autoplastic attitude가 유용하며 개인적인 성향이 강한 나라들 보다 훨씬 더 타인에 대한 자신의 태도를 신경 쓰게 된다. 즉, 관계가 중요한 것이다. 그리고 그런 관계에 에너지를 투자하기 때문에 자신이 관계하는 사람이 어떠하냐에 따라 자신의 인생을 간접평가 받고 싶은 것이다. 하지만 이것은 심리적 에너지 낭비의 가장 큰 원인이며 낭비된 만큼이나 그 관계가 '나'의 기대에 못 미치면 화가 나게 된다. 우리나라 엄마들이 자식에 집착하는 가장 큰 이유다. 자식이란 엄마들의 트로피이기 때문이다. 그 트로피를 위해 인생의 모든 것을 투자하여 전력 질주해왔지만 그 트로피가 초라해진다면 참을 수 없는 분노가 솟구치게 된다. 그러므로 그럴 가능성이 조금만 보여도 엄마들은 그 가능성마저 지우기 위해 애를 쓰는 것이다.

마음의 지도

마중물은 그렇게 관계로 쏠려 있는 '나'의 눈을 타인에게서 자기로 돌리게 만든다. 아니 자기에게로 돌려지지 않으면 마중물 자체가 잘 안 된다. 60세 가까이 된 중년 여성이 자신의 말을 듣지 않고 형편없는 결혼을 하겠다고 고집을 부리는 아들 때문에 심각한 심적 타격을 받았다면 어김없이 인생무상을 얘기한다. 아들을 위해 자신의 모든 것을 바치고 최선을 다해 아들을 키웠음에도 불구하고 아들은 고마워하지 않는다. 아들 자신은 자기가 하고 싶은 결혼을 하려고 하는 것이며 그것을 막는 엄마를 이해하지 못하고 오히려 어머니에게 분노한다. 중년 여성은 그런 아들이 야속하고 배신감마저 들게 된다. 그 배신감으로 인해 갈등이 늘어나고 그 갈등으로 인해 입장차는 더 극명해진다. 서로에 대해 섭섭함과 언짢음은 극도의 분노로 표출이 되며 그러한 관계가 계속 더 악화할 뿐이다. 그 아들은 중년 여성의 인생 목표였을까? 중년 여성은 그 아들을 낳기 위해 탄생한 사람일까? 그 아들을 낳고 부족함 없이 키우기 위해 몇십 년을 공부하고 또 몇십 년을 일해 온 것일까? 당연히 아니다. '나'는 '나'를 살다 보니 어른이 되었고 아들은 '내'가 어른으로 살다 보니 성장과제를 해결해 가는 도중에 생긴 부산물일 뿐이다. '나'를 위해 살다 보니 결혼을 했고 '나'를 위해 살다 보니 아들을 낳은 것이지 아들을 부족함 없이 키우기 위해 '내'가 태어난 것이 아니다. 일상 생활 중에 타인에게서 눈을 거두어 자신에게 두는 것이야말로 모든 인간관계에서 생기는 문제 해결의 가장 기본이 된다.

타인의 에너지를 기대하지 말기- 타인을 배제하기

마중물은 그냥 에너지를 채우기만 하는 도구는 아니다. 인간관계에 대한 편향된 사고를 바꾸어주는 유용한 도구가 된다. 먹기, 씻기, 자기는 개인적인 부분도 포함되어 있어 자신의 에너지를 올려주는 데 사용되는 부분이지만 먹기, 빨래하기, 청소하기는 가족 중에 누군가가 해주는 사람이 있는 경우가 많다. 즉, 단순히 먹기, 씻기, 자기는 '나'의 에너지를 채우는 데 사용되는 마중물 요법(개인적 마중물 요법)이다. 음식 만들기, 설거지하기, 빨래하기, 청소하기는 나뿐만 아니라 가족들도 역시 혜택을 보는 마중물 요법(가족적 마중물 요법)이다. 많은 주부에게 마중물을 설명하고 적용토록 하다 보면 마중물로 인해 더 화가 난다고 얘기하는 모습들을 심심치 않게 본다. 늘 자신만 희생하고 자신만 봉사하는 것에 대한 불만 때문이다. 돕지 않고 받기만 하는 가족들은 하나도 바뀌지 않았는데 어떻게 자신이 더 노력하고 바뀌어야 하냐는 생각에 더 억울해한다. 그래서 가족들을 응징하고 싶은데, 적어도 가족들이 바뀌는 방법을 알고 싶은데 자신을 바꾸라고 하면 더 화가 난다고 한다. '나'를 위한 마중물 요법은 좋지만 '우리'를 위한 마중물(가족적 마중물) 요법은 싫은 것이다. 하지만 '우리'를 위한 마중물 요법이 잘 되어야 완벽한 심리적 독립을 이룰 수 있다는 것을 잊지 말자. 가족들이 바뀌기를 기대하는 한 '나'는 가족들에게 종속되어 있을 수밖에 없다는 것을 잊지말자. 가족적 마중물은 가족의 반응과 상관없이 '나'의 기분을 안정적이고 평온하게 만들어 준다. 우리가 누군가를 그리워하고 누군가의 말과 태도와 행동에 우리의 감정이 종속된 것은 원초적 관계(영유아가 어머니에게서 에너지를 조건 없이 일방적으로 받는

마음의 지도

관계)를 재현하고 싶기 때문이다. 각 가정의 주부들도 마찬가지이다. 자신이 원초적 관계를 제공하는 사람이기도 하지만 그런 자신도 누군가와의 원초적 관계를 통해 보상을 받고 싶은 것이다. 실제로 그런 원초적 관계를 받을 수 있는 가능성이 있는 관계는 남편과의 관계 아니면 효도하는 자식과의 관계일 것이다. 만약 이 두 관계에서 에너지를 돌려받을 가능성이 전혀 없어진다면 주부들은 극심한 결핍감을 맛보게 되는 것이다. 하지만 이미 가족들을 위해 제공해주는 원초적 관계가 자신에게도 해당한다는 사실을 잊지 말자. 자신이 가족에게만 베풀고 있다고 생각하지는 말자. 가족 내 유일한 원초적 관계 생산자인 주부는 그렇기 때문에 혼자 존재할 수 있는 유일한 사람이다. 그것을 가족적 마중물을 통해 자기에게도 해주고 있다는 것을 깨닫기만 하면 된다. (바로 그 점이 은퇴 후 여자들이 남자들보다 훨씬 강해지고 주도권을 쥐게 되는 이유다.) 원초적 관계를 자신이 자신에게 해줄 수 있다는 것을 이해하고 받아들인다면 주부는 누구에게도 기대하지 않고 생활할 수 있는 사람이 된다. 그 얘기는 누구에게도 심리적으로 의존하지 않고 살아갈 수 있는 사람이 된다는 말이다.

다른 사람을 향해 널리 퍼져 있는 관심을 자신에게로 좁혀야 한다. 가족들과는 전혀 별개의 '나' 자신을 계속 가족들이 없으면 못 사는 사람으로 만들 필요는 없다. 주부라고 한다면 이미 다른 사람들 없이도 혼자 잘 살 수 있는 사람들임을 잊지 말자. 단지 가족들이 자신을 도와주지 않는다고 해서, 가족들이 자신을 무시하고 하인 취급을 한다고 해서 서러워할 필요는 없다. 이미 주부는 한 사람으로서 독립적인 사람이다. 자신은 이미 집안 청소를 하고 있다. 그 청소를 다른 가족들이 하지 않아 속상해할 필요 없다. 지금 당장 자신이 사는 집안에 자신 말고는 아무도 없다고 생각하자. 자신이 자신의 집안을 청소하는 것은 당연하다. 자신이 안 보는 사이 자꾸 집안이 어질러진다면 키우는 강아지가 어질렀다고 생각하자. 그리고 내가 사는 그 공간의 주인으로서 '나'를 위해 청소해주는 것이다.

자신에게 집중하기와 타인을 배제하기가 같은 듯하지만 조금은 다르다. 자신에게 집중하는 중간중간 타인(특히 가족)들에게 방해되는 느낌이 들 수밖에 없다. 가족들이 자꾸 신경 쓰이게 만들고 가족들이 '나'에 비해 너무도 이기적이란 생각에 억울함이 북받쳐 오른다. 가족들에게 많은 에너지를 빼앗기고 있다고 생각하므로 자신에게 집중할 수가 없다고 생각한다. 그러므로 타인에 향한 나의 눈과 신경을 자신에게로 돌려놓고 자신을 바라보아야 한다는 것을 말하는 것이다. 가족은 어떻게 보면 '나'의 인생에 부산물이자 결과물일 뿐이다. 가족이 '내' 인생의 목표나 목적일 수는 없는 일이다. 그러므로 '나'는 가족과는 전혀 별개로 자신의 공간에서 나를 위해 살면 된다. 이 얘기가 자신의 가족들을 실제로 애완견 취급하라거나 유령 취급을 하라는 얘기가 아니다. 가족을 위해 기본적 일상 서비스를 해준다고 생각하면 억지로 해야 하는 짜증 나는 일이지만 오로지 '나'를 위해 일한다고 생각하면 즐겁고 힘이 나는 일로 바뀌기 때문이다. 가족들은 '나' 혼자 살아가는 공간에서 나를 위해 밥을 했더니 양이 너무 많아 이웃을 초대해서 숟가락만 없은 것이라고 생각하자. 그러기 위해 타인에게 열려있는 눈과 귀를 닫고 자신만을 바라보라는 의미다.

에너지 만끽하기- 멈춘 성장 촉진하기

자기 자신에게 집중된 관심은 기본적 에너지(기본적 일상 서비스)를 나에게 쏟아붓기 용이하게 만든다. 사실 자신에게 집중된 관심 자체가 확인 에너지와 인정 에너지를 주는 것이므로 그것만으로도 의미가 있는 것이다. 거기다가 현재의 '나에게 열심히 기본적 에너지까지 채워주게 되면 현재의 결핍에 관련된 문제들(결핍에 따른 분노, 그리고 그 분노의 억압으로 인한 에너지 소모나 억압이 실패했을 때 터져 나오는 폭발적 분노, 극도의 억압으로 인한 대리욕구의 비정상적 돌출이나 전환)에 있어 상태가 악화하는 것을 막을 수는 있다. 하지만 결핍은 현재의 결핍만 있는 것이 아니다. 그 결핍은 과거의 결핍 기억들이 뭉쳐있는 것 위에 덧씌워지는 것이다. 현재의 결핍(현재의 안 좋은 감정기억단위)이 과거의 결핍(과거의 안 좋은 감정기억단위)에 덧붙여지는 것을 막는다고 하더라도 과거의 결핍은 여전히 남아 있게 된다. 마치 여러해 살이풀이 겨울이 되어 얼어 죽은 것 같이 보여도 다시 봄만 되면 싹을 틔우는 것과 같이 이 과거의 결핍은 항상 현재의 결핍을 끌어당겨 다시 싹을 틔울 생각을 호시탐탐 하게 되는 것이다. 마중물은 그렇게 현재의 결핍을 더 이상 과거의 결핍에 덧붙이는 것을 방지할 뿐만 아니라 과거의 결핍도 파헤쳐서 근본적인 결핍감을 해결해 줄 수 있다.

자기 자신에게 집중된 관심 하에 마중물 요법을 충실히 하다 보면 어느 순간 다 자라지 못한 어린 '나'와 맞닥뜨리게 될 때가 있다. 그 순간 그 어린 '나'의 결핍을 이해하고 보듬으며 하나하나 채워주다 보면 과거의 결핍 역시도 스스로 치유되는 경험을 해볼 수 있다. 이것은 안 좋은 감정기억단위에 대한 문제이다. '내'가 성장을 하는 도중에 결핍이 발생한다면 그 결핍으로 인해 안 좋은 감정기억단위가 생기게 되며 그 안 좋은 감정기억단위를 억압하는 과정에서 (《4장 무의식의 형성》 참조) 생각이 멈추고 생각이 멈추면서 성장이 멈추게 된다. 조금 다르게 말해보자. 뭔가 '내'가 성장 중에 받지 못한 결핍은 그냥 넘어가는 것이 아니라 나중에라도 꼭 받아내려고 한다는 것이다. 그러기 위해 성장을 멈춘 채 기다린다. 그러다가 비슷한 상황이 오면 어린 시절 받지 못한 결핍감에서 발생한 분노와 현재의 결핍감에서 발생한 분노가 합쳐진 다음 간헐적으로 터져 나오는 것이다. (너무 결핍이 많아 분노가 주체되지 않을 경우는 먼저 분노부터 해결해야 한다.) 분노가 어느 정도 해결이 되어 마중물을 잘 할 수 있게 되면 마중물을 하면서 문득문득 떠오르는 어린 시절 결핍상황들이 떠오르게 된다. 누울 자리를 보고 발을 뻗는다는 말처럼 결핍으로 억압되어 있던 어린 '내'가(억압되어 있던 '나'의 나쁜 감정기억단위들이) 받아내도 될 것 같은 상황으로 인식하고 무의식 밖으로 나타나는 상황이다. 이때 퇴행이 일어난다. (여기에서 퇴행은 완전히 어린아이로 돌아가는 것이 아니라 그 당시의 느낌과 그 당시의 기분을 현재에서 느끼게 되는 상황을 말한다.) 퇴행이 일어난다면 그 퇴행을 놓쳐서는 안 된다. 그 어린 시절의 결핍을 측은함과 애처로움으로 감싸며 성장이 멈춘 '나'를 키워준다는 느낌으로 마중물을 해주다 보면 충족감을 느끼고 다시 성장을 시작하게 되는 것을 볼 수가 있다. 마중물을 통해 에너지를 쏟아붓다 보면 그 에너지가 냉동 보존되어 있는 결핍된 상처들을 하나하나 녹여서 다시 채워 회복시켜준다는 것을 느끼게 된다. 성장은 그 과정에서 자연스럽게 일어난다. 결핍이 회복되면 더 이상 거기(어릴 때의 심리적 관성)에 머물러 있을 필요가 없기 때문에 자연스럽게 이미 성장

마음의 지도

해있는 좋은 감정기억단위의 방식을 받아들이게 된다.

에너지 나눠주기- 잉여 에너지 공유하기

마중물을 하는 데 있어 가장 큰 문제는 인식의 전환이다. '내'가 늘 먼저 주어야 얻는다는 생각을 바꾸어야 한다. '나' 먼저 챙겨야 본전 생각 없이 나눠줄 수가 있다. '내'가 먼저 준다고 생각하면 주는 순간 받는 것에 신경을 쓰게 된다. 이미 결핍이 있는 '내'가 그 결핍을 채우기 위해 먼저 주는 순간 '나'는 더 큰 결핍을 느끼게 되며 동시에 그 결핍을 참고 견뎌야 한다. 돌려받을 때 '나'는 그 결핍을 참는데 들어간 에너지까지 돌려받아야 한다. '내'가 준 에너지 그대로 돌려받았다 하더라도 '나'는 상대적 결핍감을 느낄 수밖에 없는데 하물며 '내'가 준 에너지를 그대로 돌려받지 못할 경우는 말할 필요도 없는 것이다. 그래서 먼저 자신을 채워야 한다. 그래서 타인보다는 자신을 먼저 생각하자고 하는 것이다. 하지만 여기에는 또 다른 인식의 전환이 필요하다.

그렇게 자신을 먼저 생각해서 에너지를 모았다면 이렇게 모은 에너지는 왜 모은 것일까? 수전노처럼 혼자서만 잘 먹고 잘 살려고 모은 것일까? 아닐 것이다. 모든 사람이 서로 적당한 자기변형적 태도를 가지고 서로 적당히 배려하며 사는 것이 사회가 나아가야 할 목표 지점이라면 그 사회를 구성하는 구성원들이 맹목적으로 희생한다고 해서 그 목적지를 갈 수 있는 것이 아니다. 세상은 그렇게 저절로 공평해지지 않기 때문이다. 적어도 자기를 지킬 힘이나 스스로 행복해질 에너지 정도는 남겨둬야 한다. 그래야 남을 줘도 본전 생각이 남지 않는다. 그래야 남을 줘도 행복하다.

달리 말하자면 결국 에너지를 모은 이유는 원래 남 주려고 모은 것이다. '내' 에너지가 없는 상태에서 남을 주면 '나' 혼자만 불행해지는 역효과가 나므로 먼저 '나'부터 채우자는 인식의 전환을 해왔다. 만약 자신이 충분히 에너지가 차서 흘러넘친다면 이제는 '나'만 채우는 일에 매몰되어서는 안된다. '나'를 먼저 채우고 남는 것이 있다면 남을 주어도 된다. 즉 남에게 에너지를 주어 남을 도울 때조차 나의 알맹이는 흔들림 없는, 에너지로 가득 찬 이타심(욕구이론 중에 인정욕구로 대부분 설명될 수 있겠지만 억지로 모든 이타심을 인정욕구로 끼워 맞추고 싶은 생각은 없다.)을 발휘하도록 하자. 그래야만 '우리'에 대한 '정'이 생기고 그 정이 '보험'이 되어서 '나'는 좀 더 안전해지고 좀 더 행복해진다고 할 수 있을 것이다.

9) 마중물 요법의 제한점

마중물 요법은 정확한 의미와 방법으로 할 수만 있다면 하는 사람 모두가 효과를 볼 수 있는 요법이다. 하지만 임상에서는 모든 일이 그렇게 이론적으로 해결되는 것은 아니다. 마중물을 적용했을 때 효과가 없는 사람은 다음과 같다.

• 마중물 자체를 거부하는 사람들

마음의 지도

- 마중물을 치료자의 권유로 하지만 억지로 하는 사람들
- 아직 부모의 사랑을 더 받고 싶어 하는 사람들 - 청소년들
- 분노가 많아 모든 대화의 초점이 분노에 맞춰져 있는 사람들
- 타인보다 자신이 바뀌는 것에 거부감을 가진 사람들
- 도덕적으로 부도덕하여 자신을 기만하는 사람들

하지만 이런 사람이야말로 마중물이 가장 필요한 사람이다. 이런 사람이 스스로 마중물에 대해 마음을 닫고 있어서 효과가 없을 뿐이다. 만약 자신의 마음속에 정말로 부모와 자신에게 마저 버림받은 불쌍한 어린 '내'가 존재한다는 것과 그 어린 '나'를 보살피고 다시 양육하고 성인으로 키워야 하는 사람 또한 '나' 자신이라는 것을 인정하게 되면 마중물은 효과를 볼 수 있을 것이다. 만약 자신이 위의 상태에 있다는 것을 인지하고 있고 진심으로 바꾸고 싶다면 먼저 주변의 정신과나 상담소에서 도움을 받도록 하자. 자기 자신을 있는 그대로 바라보는 훈련을 하는 것만으로도 마중물을 하는데 필요한 기초를 충분히 다질 수 있다.

진료실에서

새로운 이론을 정립하고 책을 쓰기 시작한 지도 벌써 십여 년이 지났다. 그 시간 동안 나는 새로운 이론을 진료실에서 충분히 적용할 기회를 얻을 수 있었다. 처음 진료를 시작했을 때는 내 진료실을 찾아오는 모든 사람에게 마중물 이론을 소개하려고 노력했었다. 하지만 환자들이 진료실에서 원하는 바가 각각 다르다는 것을 알고는 꼭 필요한 사람들에게 새로운 이론을 소개하는 쪽으로 바뀌었다.

약만으로도 증상이 조절되는 사람은 자신에 대해 시시콜콜하게 얘기하는 것을 싫어하였다. 때로는 거창한 이론이 아닌 단순한 마중물 요법의 문구 하나만으로도 큰 효과를 보는 사람도 존재했다. 그리고 때로는 자신의 이상한 증상에 대해 하나하나 얘기하며 원인을 물어보기를 좋아하는 사람들도 존재했다. 그랬을 경우 시간을 들여 나의 새로운 이론을 설명한 뒤 거기에 맞춰 이유를 유추하기도 했다. 물론 기존의 이론이 아닌 나의 새로운 의견이며 개인적인 견해임도 이야기하였다.

그 결과 내 이론의 핵심은 마중물 요법으로 대표된다는 것을 깨달았다. 대중들은 복잡한 욕구와 본능이론보다는 생활에서 직접 와닿는 치료법인 마중물 요법을 좀 더 쉽게 생각하고 감각적으로 접근하는 듯 보였다. 그래서 마중물 요법만으로도 전체적인 에너지 시스템을 직관적으로 깨닫는 것 같이 보이기도 했다. 실제로 마중물은 새로운 이론의 허브 같은 역할을 하게 되었다. 마중물을 하면 에너지가 생긴다. 에너지가 생길 만큼 꾸준히 마중물을 하기가 쉽지 않은 일이기는 하다. 하지만 나의 진료실에 정기적으로 꾸준히 방문하는 사람은 에너지가 생기고 느껴질 때까지 마중물을 하도록 격려받는다. 물론 마중물이 잘되지 않는다고 해서 스스로 비난하면 안 된다. 자기 비난이야말로 에너지의 가장 큰 적이기 때문이다. 마중물을 최대한 오랫동안 하루에 수십 번 함과 동시에 진정성을 가지고 할 수 있다면 실제적인 에너지가 충전되면서 여러 가지 변화들이 발생한다. 가장 빠르게 느껴지는 것은 분노의 감소이다. 조금 더 정확히 말하면 짜증의 감소다. 물론 생활을 압도할만한 거대한 분노라면 마중물 요법 몇 번으로 잠재우기에는 무리가 있다. 그런 경우에는 당연히 약물치료를 병행해야 한다. 하지만 전반적인 에너지 감소 또는 결핍에서 오는 짜증이라면 마중물 요법을 통해 에너지가 회복 또는 결핍의 회복이 나타나면서 극적으로 사라지는 경향을 보인다. 주로 자녀들에게 내던 짜증이 줄었다는 식으로 보고하게 된다.

그런 상태로 계속 반복적으로 마중물 요법을 하다 보면 자존감이 향상되어 대인관계 역시 새롭게 바뀌는 것을 볼 수 있다. 타인의 무리한 요구를 전혀 거절 못 하고 휘둘리던 사람이 당당하게 거절하고 나서 스스로 깜짝 놀라는 모습도 보게 된다. 늘 타인에게 의존하여 매달리던 사람들도 스스로 혼자 사는 것을 두려워하지 않게 된다. 버림받는 것이 무섭지 않게 되는 것이다. 또는 타인의 비난이 무서워서 매사를 완벽하게 하려고 안간힘을 쓰던 사람들도 조금은 어깨에 힘이 빠질 수가 있다. 약간의 비난도 두려워 매 순간 타인을 의식하던 사람은 결국 불안이나 극심한 긴장 상태에 빠지게 된다. 마중물은 타인보다는 자신에게 집중할 수 있도록 도와줌으로써 타인에 의한 과도한 긴장을 막아주기도 하는 것이다. 때로 자존감이 낮아서 타인의 부당한 공격을 당연한 것으로 받아들이는 사람에게도 도움이 된다. 타인의 순간적인 공격에 당황해서 어쩔 줄 모르다가 나중에서야 바보같이 멍하게 있던 자신을 자책하던 사람이 자신을 지키고 방어하는 모습을 보이기도 하는 것이다. 물론 이 경우에는 사람마다 특수성이 있겠지만 진료실에서 치료를 보조해주면 훌륭하게 바뀌는 것을 볼 수 있다.

어린 시절의 결핍도 천천히 회복된다. 긴 시간 동안 마중물을 할 수 있다면 결핍에서 비롯되는 허전함과 허무함이 사라지게 된다. 가슴 한가운데 커다란 구멍이 뚫려 그 구멍으로 찬바람이 드나드는 것 같은 느낌을 받던 사람들도 시린 구멍이 점점 메워지는 느낌을 경험을 하게 된다. 결핍에서 비롯된 분노들도 점점 사라지게 된다. 늘 말과 행동에 가시가 돋아 타인을 찌르던 사람이 점차 자신의 가시가 무뎌지고 사그라지는 것을 느끼게 된다. 그것은 본인 스스로 조절하거나 참는 식으로 오는 것이 아니다. 마치 원래 그랬던 사람처럼 자연스럽게 바뀌는 것이다. 이론적으로 가능한 얘기였지만 실제로 그 모습을 바라보는 것은 실로 경이로운 일이다.

결국 마중물은 에너지와 사랑과 선善을 같은 선상에 놓고 바라보게 해준다. 사람들을 공격하는 것은 자신의 결핍을 채우기 위한 본능적인 행동이므로 자신을 스스로 채울 수 있으면 타인에 대한 공격을 멈추게 된다. 결핍을 채우기 위해 다른 사람의 동정을 바라는 사람이 있었다면 더이상 불쌍한 표정으로 다른 사람의 자비를 구할 일도 없어지게 된다. 간혹 자신의 결핍을 타인에게서 채우기 위해 타인에게 필요도 없는 도움을 먼저 주는 경우가 있다. 자신의 마지막 남은 에너지를 전부 긁어서 타인에게 준 후 다시 되돌려주기를 바라는 것이다. 자신이 가지고 있는 전부를 투자했으니 받은 그 사람도 자신에게 그가 가진 전부를 돌려받기를 원한다. 물론 그런 경우 다른 사람이 그가 가진 전부를 주진 않는다. 그 사람이 받은 만큼만을 돌려주는 것이다. 그것이 당연하지만, 그것이 못마땅하다. 그런 사람들을 이기 적이라고 생각한다. 자신은 타인에게 헌신적이지만 타인은 그런 헌신 적인 자신에게 상처만 입힌다고 생각하게 된다. 자신은 다른 사람을 사랑하지만, 타인은 자신을 사랑하지 않는다고 여긴다. 타인에 대한 배신감으로 스스로 타인과 등을 지고 고립된다. 처음에는 타인에 대한 이타利他로 시작했지만 결국 증오로 끝나게 된다. 타인에 대한 증오이거나 자기 자신에 대한 혐오이거나 둘 다 마찬가지다. 만약 자기 자신의 결핍만 바라보고 자기 자신의 결핍을 채우기 위해 노력하는 사람이 있다고 하자. 그는 타인의 에너지를 쳐다볼 겨를이 없다. 자신의 에너지를 채우기에도 바쁜 것이다. 타인에게 관심을 두지 않고 자신의 결핍을 채우다가 (그럴 수만 있다면 - 이 가정이 임상에서 성립되기에는 어려움이 따른다.) 그 결핍이 다 차게 되었고 종국에는 꽉 차서 흘러넘친다고 하자. 그리고 흘러넘치는 것을 신경 쓰지도 않는다. 여전히 자신을 채우는 데만 집중한다. 넘치는 에너지는 자연스럽게 주변 사람들을 불러 모으게 된다. 사람은 그 사람이 쓰고 남아 흘러넘치는 에너지들을 얻기 위해 모여든다. 사람이 에너지를 주워 가지만 그 사람은 신경 쓰지 않는다. 자신의 에너지는 이미 결핍을 채우고

마음의 지도

넘치고 있으므로 버려진 에너지를 누가 가져가든 상관하지 않는 것이다. 만약 열에 한 번 가져간 에너지를 보답해주는 사람이 생기면 그것은 기대치 않았던 에너지이기 때문에 그 어떤 에너지보다도 원래 주인을 기쁘게 할 것이다. 에너지의 원래 주인은 타인이 가져가는 것에 대한 부담이 없었다. 그러므로 타인들은 부담 없이 에너지를 가져가게 된다. 그러다가 발생하는 자연스러운 보답은 서로를 큰 기쁨으로 둘러싸게 하는 것이다. 그러므로 에너지가 곧 사랑이자 선善이라고 할 수 있다. 사랑과 선은 모두 에너지를 타인에게 아무런 대가 없이 전달하는 행위이다. 처음부터 그 대상이 정해져 있으면 사랑일 것이며 의도된 대상이 정해져 있지 않으면 선이 될 것이다. 그리고 사랑과 선을 행하는 주체에게 지워지는 부담도 그리 크지 않다. 자기 자신에게 충실하여 자신에게만 신경 쓰고 자신만을 바라보고 에너지를 채우는 것만으로도 충분하기 때문이다. 물론 에너지가 꽉 차서 넘쳐야만 가능한 일이긴 하지만 말이다.

마중물 요법을 통해 알게 되는 몇 가지 사실들이 있다. 그중에 하나는 우울증과 불안장애 역시 동일하게 에너지가 없어서 발생하는 병이라는 것이다. 그리고 우울증과 불안장애의 차이라면 비난하는 주체가 자신이냐 타인이냐에 따라 나뉘는 것으로 보인다. 즉 우울증은 무기력한(에너지가 없는) 자신을 혐오하는 관점에서 보는 것이며 불안은 환경에서 오는 위험이나 타인의 비난을 방어할 힘(에너지)이 없다고 판단될 때 발생하는 것으로 생각된다. 주된 치료제인 항우울제 역시 에너지를 보충해주는 개념으로 쓰다 보면 훨씬 더 도움이 된다는 것을 깨닫게 된다.

또 다른 하나는 마중물 요법이 자존감과 맞닿아 있고 자존감이 바로 에너지라는 사실이다. 에너지가 높아지면 자존감도 높아진다. 역으로도 자존감이 높아지면 에너지가 높아질 것이다. 대체로 그렇다. 만약 자존감 중에 자기가치감이라면 그것은 바로 에너지로 환원될 수 있다. 하지만 자기효능감이라면 그렇지 못하다. 에너지가 현금이라면 자기효능감은 수표와 같은 기능을 보인다. 현금이 많으면 수표도 당연하듯 생길 터이지만 수표가 많다고 항상 현금이 많은 것은 아니다. 수표는 존재하되 현금이 없는 부도수표도 존재하는 것이다. 자기효능감에 집착하는 많은 사람은 자기효능감이 주는 에너지에 기대어 살고 있지만, 이 자기효능감을 만들기 위해서 더 많은 에너지를 써야 하는 경우는 그 자체로 독이 되기 때문이다. 마중물은 이 자기효능감을 좀 더 효과적이고 효율적으로 만들어 주는 데 탁월한 역할을 한다.

마지막은 성격에 관한 얘기다. 성격을 논하는 데 있어 많은 이견이 있을 수가 있다. 성격이야말로 개개인 한명 한명이 다르기 때문이다. 그리고 이 성격을 조금이라도 바꾸고 싶다면 오랜 시간과 많은 돈, 그리고 자기 자신의 치료에 대한 열정적인 에너지가 필요하다. 이런 성격에 대해서 하나의 요법만으로 변할 수 있다고 얘기하는 것, 자체가 위험한 도전이요 아슬아슬한 모험이다. 그리고 이 부분에 대해서는 좀 더 많은 논의가 필요하다. 하지만 성격 문제를 해결하기 위한 대부분의 얘기는 이미 앞에서 설명한 부분에 다 포함되어 있다고 할 수 있다. 욕구와 결핍과 분노, 그리고 그 결핍의 회복에 관한 얘기들을 관점만 바꾸면 성격의 변화로 얘기할 수 있기 때문이다. 아무튼 자세한 얘기는 책의 지면 관계상 차후의 기회에 하기로 하자. 다만 간단히 내가 진료실에서 자신의 성격 문제를 호소하는 환자들에게 자주

마음의 지도

하는 말을 소개하면서 마무리 짓도록 하겠다.

"저는 성격이란 것 자체가 없다고 생각합니다. 성격은 자기 어린 시절 환경의 결핍에서 오는 일종의 증상이라고 생각해요. 어떤 욕구든 제대로 만족스럽게 채워진 경험이 없는 사람이 정상적인 욕구를 가진 사람과 같은 방식으로 욕구를 채울 수는 없는 거예요. 그래서 주어진 환경에서 자신만의 방식으로 욕구를 채우게 되는데 그것이 사회적인 범주를 벗어나지만 않으면 됩니다. 그 욕구를 채우는 방법이 비도덕적이거나 불법적이라면 돌이킬 수 없겠지만 단지 그것이 사람들과 다르기만 하다면 조금 이상한 성격으로 보이게 되는 겁니다. 그래서 나는 성격은 타고나는 것도 아니고 자기 자신을 정의하는 아이덴티티 같은 것도 아니라고 생각합니다. 극단적으로 말해서 결핍된 환경이라는 '질병' 때문에 생기는 '증상'에 불과합니다. 만약 결핍이 충족되고 에너지가 충전되면 그런 증상은 저절로 사라지기 때문입니다. 자신의 에너지가 충만하게 흘러넘치는 상태가 되었을 때 보이는 자신만의 방식이야말로 진정한 자신의 성격이라고 생각합니다. 그런 의미로 제대로 된 자신의 성격을 알고 있는 사람은 거의 없다고 할 수 있습니다. 당연히 제대로 된 자신의 성격대로 사는 사람도 거의 없다고 할 수 있겠지요."